職業と選抜の歴史社会学

国鉄と社会諸階層

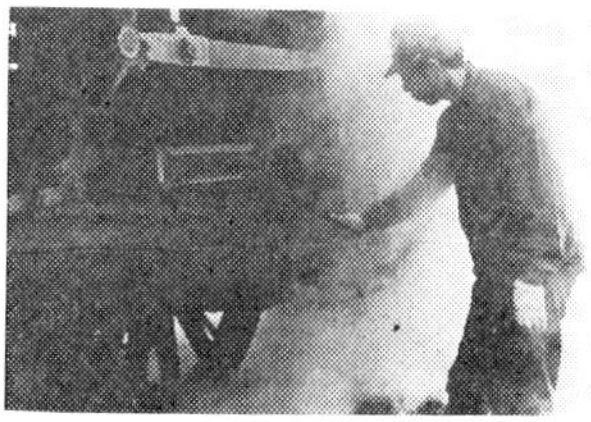

吉田 文・広田照幸▼編

世織書房

職業と選抜の歴史社会学＊目次

職業と選抜の歴史社会学

国鉄と社会諸階層

*

課題

序章・広田照幸

1 はじめに

近代日本の人々にとって、学校や学校以外の場でさまざまなことを学んだ機会は、その後の人生にどんな意味があったのだろうか。特に義務教育以後のさまざまな教育・学習機会を人々が自ら積極的に求めていったことは、どういう意味があったのか?

ここでは、義務教育段階以後のさまざまな教育・学習機会を、自ら求めて、文字を通してあるいは実地に見習い覚えていくプロセスを総称して、仮に〈学び〉と呼んでおこう。ではその、〈学び〉の機会は、近代日本の多種多様な人々の人生の道程にどういう影響を与えたのか。それを社会の選抜メカニズムとの関連で問いたいというのが、本書のわれわれの問題意識である。

学校教育やその後の教育機会が人々に及ぼした影響ということでいえば、それら〈学び〉の機会を通して政治的イデオロギー(特にナショナリズム)が伝達された点に注目する歴史研究は多い。かつては「天皇制イデオロギー」という語をキイワードとして研究されていたし、近年はB・アンダーソンの影響のもとで、国民国家の形成のための重要な機関として、学校や社会教育・マスメディアや家族といった装置が考察の対象となってきた。こうした観点からの研究―歴史記述は、確かに重要なものであることはいうまでもない。

しかし、学ぶ当事者の視点に立ってみると、①人々が政治的イデオロギー（価値体系や政治知識）を第一に求めていたわけではないし、②その後の人生で最も重要なものだったとは、当の学習者たちにはおそらく感じられてはこなかったであろう。〈学び〉の機会が持っていた政治的イデオロギーの伝達機能は、マクロな社会の変化を考えるうえでは重要なポイントではあるが、多くの人の「生きられた歴史」の中では、周辺的な意味のものでしかないように思われる。

〈学び〉が持っていた意味には、「知」それ自身を愛するといった側面があったかもしれない。一七九〇年から一八五〇年の間に書かれた、英国の労働者の自叙伝を分析したデヴィッド・ビンセントによると、知識を求めた労働者にとって、知識とは（読み書き計算を除いて）現実の労働に役立つものではなかった。それゆえ、「自叙伝を書いた人たちのなかには、より立派な職人になりたくて勉強をしたというような人は、ほんの一握りしかな」かったし(1)、「（中産階級だけでなく―広田）自己改良に励んでいた労働者自身も、有用な知識なるものを産業界での成功の鍵だなどと思っていたふしはほとんどな」かった(2)。書物を通して学ぶことの「有用性」は、何よりも、「自己の意識を変え、自分と外の世界との関係をかえるもの」(3)という点にあったというのである。たとえば、迷信からの解放、非合理的行動（泥酔等）からの解放、迷信を越えた自然現象への親しみ、これまで説明できなかった現象の原因が分かる、周囲の人たちにサービスできる、などであった。

日本でも、〈学び〉という行為にはこうした意味合いが重要であったことは確かである。ただし、本書では、〈学び〉がもつ、この側面については、ほとんどふれない。社会史的研究の重要な課題として、きちんと考察されるべき課題であることを指摘するにとどめておきたい(4)。

それと並んで——時代と場所を近代の日本社会に限定すれば、よりいっそう——重要なのが、〈学び〉と社会的選抜との関わりである。身分的制約がなくなり、自由に自分の人生を決められるようになった社会においては、何かを学ぶことは、特定の職業への入職やその職業内の昇進や成功を、しばしば決定的に左右するものであった。近代日本の青少年にとって自ら求めて学ぶことは、多かれ少なかれ彼らのその後の人生の大きな転機になっていた。多くの自伝をみていくと、〈学び〉への希求や学窓生活の想い出の記述は、その後の当人のライフチャンスやライフコースと、少なからずつながっている。いつ、どこで、何を学んだかということは、当人がその後どのような社会的選抜の機会を享受しえたのかという点に大いに影響を与えているのである。われわれはこの側面に焦点を絞って、〈学び〉が社会の人員の選抜過程に与えた意味について考えていきたいと思う。

ところで、先ほど、近代日本は「自由に自分の人生を決められるようになった社会」と述べたが、厳密にいうと、決してそうではなかった。当時の社会は階層間の貧富の差も大きく、また文化的な格差や情報の落差も大きかったため、自分の〈学び〉の機会を万人が平等に選べたわけではないし、職業選択の幅も出身階層などによって自ずと制約されていた。進学など露ほども考えたことのなかった人たち、もっと勉強をしたいと思いながら家族の反対であきらめざるをえなかった人たち、周囲の反対や学資・時間の不足という困難の中で勉強を続けた人たち、そして、当たり前のように高い教育を受けていった人たち……。さまざまな状況とさまざまな思いが、人々の〈学び〉の経験には刻印されていた。

では、人々の教育・学習機会と社会的な選抜との関係が、どのような構造になっていたのか。本書は、社会構造的にみて中以下の人々、すなわち経済的にも高等教育へ進めるほど恵まれておらず、社会の下積みとして自らのキャリアを始めるしかなかった人々に対して、どの程度〈学び〉の機会が開かれており、それがその後の選抜過程にどうつながっていったかを、いくつかの側面から明らかにしていく。

旧制高校や帝大の世界は華やかだし、高級官僚や財界・文壇のようなトップエリートの世界は、社会全体への影響力も大きいから、研究者の関心を集めやすい。しかし、考えてみれば、高等教育の学歴を手にして職業の世界に入ることができた恵まれた人たちは、ごく一部であった。尋常小学校卒業者数に対する高等教育卒業者数の割合を見ると、高等教育が大幅に拡充された後の一九三〇（昭和五）年でも四・〇%、一九二〇（大正九）年にはわずか一・五%にすぎなかった(5)。残りの部分、すなわち近代日本の青少年のほとんどは、そうした世界とは無縁な、ノンエリートの世界に生きていたのである。本書が扱うのは、戦前期の大部分の人たちが属していた、そうしたノンエリートの世界における〈学び〉と選抜である。

2　分析の枠組み

本書が具体的にとりあげるトピックは多岐にわたるため、先行研究をこの序論で網羅的に紹介し、検討することはとてもできない。各個別テーマに関わる直接的な先行研究は、次章以下の具体的な分析の際にふれてもらうこととしたい。ここでは、教育社会学の領域で、近代日本における教育と社会的選抜との関係を構造的に明らかにしてきた、天野郁夫の研究にふれながら、われわれの基本的な研究枠組みについて論じておきたい。

天野が一九八〇年代前半に出した二冊の本――『教育と選抜』『試験の社会史』(6)――は、選抜メカニズムの構造の歴史を解き明かしていった名著である。『教育と選抜』では、中国の科挙やヨーロッパの中世大学までさかのぼって対比しつつ、産業社会の選抜メカニズムの一般的な特徴を明らかにし、そのうえで日本の戦前期の学歴主義と学歴社会の成立と発展の基本的構造を描き出した。『試験の社会史』では、明治期に試験が制度化されていく過程をたどり、明治初期に移植された試験という制度が社会の選抜メカニズムの中核に組み込まれていく様子を詳細に描き出した。

特に、『教育と選抜』の序章は、天野の一連の研究の基本的枠組みを明示したものとして、ここでのわれわれの研究枠組みの原型となりうるものである。われわれは、天野の提示した研究枠組みを修正・発展させる形で、本書の各章の著者たちが共有する、問題の構図について述べたいと思う。

天野によれば、産業社会における人員の選抜と配分の過程には、「(野心の―広田)過熱と冷却の二つをバランスさせ、地位と役割のハイアラーキーに見合った人員配分を達成させるような、さまざまな制度や力がはたらいている」(7)。そうした選抜過程に関わる代表的制度として、①階級構造、②学校教育制度、③試験制度、④資格制度、⑤職業構造、⑥組織構造、⑦社会規範、という七つの制度に彼は注目する。そのうえで、学校教育が、選抜・配分の「過程全体を左右する、戦略的な位置を占めている」と述べている(8)。これを図示すると図1のようになる。

図1　学歴主義の分析枠組み（1）

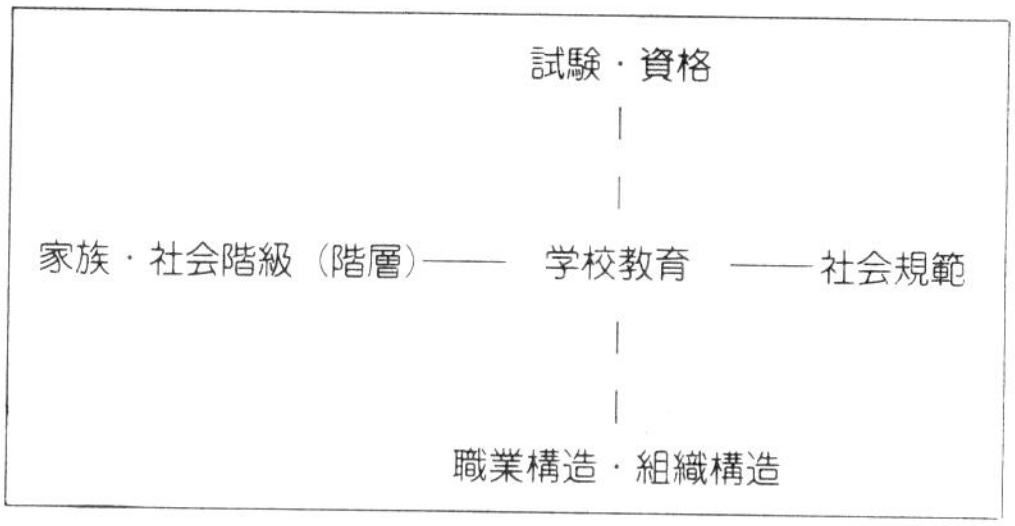

われわれ執筆者の多くは、この研究枠組みから多大な影響を受けてきたし、本書の多くの章の議論もその影響を色濃く反映している。

しかしながら、近代日本人の教育・学習機会と選抜の問題をトータルに考察していこうとすると図1の枠組みでは不十分な点がある、というのが我々の基本認識である。

図1のどこが不十分か。『試験の社会史』の最終章「試験と上昇移動の道」の記述を手がかりに考えてみよう。天野はその箇所で、試験制度が確立した時期には、人々が上昇移動する経路には二つのものがあったと総括している。一つは「学校制度内部での試験を次々にくぐり抜けて、学歴を取得する道」である。そして、中学校―高校―帝国大学の経路と、「さまざまなバイパス」として官公立専門学校と私立専門学校とが論じられている。また、もう一方には、「『学力』を武器に、各種の資格試験をめざす道」があった(9)。弁護士・行政官・外交官・判検事の試験や医師・中等教員の資格試験がとりあげられている。

しかし、すでに述べたように、戦前期の日本を考えてみれば、これらの経路をたどりえたのはごく一握りの人々にすぎなかった。天野が注目しているのは、社会のごく限られた人々の〈学び〉の経験なのである。

学校教育に関していうと、これら二著では正系の中等教育と多様な高等教育について扱われているにすぎない。現実には、傍系や低度の中等教育や高等小学校、あるいは社会教育や企業内教育・訓練、さらには通信教育（講義録など）やまったくの独学のような、さまざまな教育・学習機会が多様に存在していた(10)。また、職場で実務に携わりながら知識・技能を修得していくような「たたき上げ」の過程までを〈学び〉の内に含めるならば、多くの人々は学校の外で、さまざまな形で学習機会を持っていたといえる。

それゆえ、従来よりももっと広い層の人々の〈学び〉の社会史を描いていくためには、図1の「学校教育」は、①より低度のレベルの学校教育へと視野を広げる必要があるし、同時に、②多様な「学校外学習機会」を考察に加えていく必要があるといえる。

このことは、「試験・資格」についても同様である。辻功が簡潔に整理しているように、戦前期の日本では、実にさまざまな職業資格が作られていった(11)。社会的威信が必ずしも高いわけではないものを含め、数多くの職業資格が制度化されていった。資格を付与するための試験では、学歴のない者にも受験資格が開放されたものが数多くあった。たとえば、産婆に関する資格が確立したのは一八九九（明治三二）年のことだった。実務経験一年以上で受験でき、地方長官の実施する試験に合格することが資格要件であった。明治末以降には電気事業主任技術者をはじめとする工業関連の資格や、特許代理業（後の弁理士）、税務代理士（後の税理士）など経済・社会関連の資格も増えていき、その中には、辻が「実務型」の資格と呼ぶように実務経験のみで取得できるような資格も少なくなかった。また、官庁や大企業では、組織の内部昇進のしくみが整備されていく過程で、昇進のための試験制度や社内資格ともいうべきものも作られていった。

他方、「たたき上げ」による熟練自体が組織内・組織間での地位上の上昇移動をもたらすこともあった。平職工から役付工への上昇とか、「渡り職工」のように自分の技量を高めつつ賃金のより高い職場へと移動していくようなケースとか、万能的熟練を身につけて自営独立の道をたどるケースなど、さまざまな形態がありえた(12)。官庁や重工業、大商店などを除く中小経営の領域では、ずいぶん後の時期まで、高等学歴はおろか、中等学歴すら不要で、実務上の能力が内部選抜において重視されていたということができよう(13)。すなわち、試験や資格だけでなく、実務経験や熟練＝技能が、人々の選抜―配分過程に関わっていたことも見落としてはならないのである。

そうであるならば、多くの人々の〈学び〉の経験を考えていくためには、①より低度の資格や試験、多様な実施主体による資格や試験が考察される必要がある。また、②「技能」が、資格や試験と並んで選抜システムの要素として、図1に組み込まれる必要があるといえる。

その際、特に留意しなければならないのは、段階や種類の異なる学歴を持つ者の間に、あるいは正規の学歴を持つ者と学力や技能を持つ者との間に、一種の対抗関係があったということである。学校教育や学校外学習機会によって分化したさまざまな集団が、試験・資格・技能の社会的評価をめぐって、対立や競合、排除や同化などの複雑なドラマを展開していたであろう。たとえば、学力を蓄えて資格試験で資格を取得した者や、企業内で教育・訓練を受けた者が、同水準の教育内容を持った正規の学歴取得者と同等に評価されたのかどうかは重要な問題である(14)。また、「たたき上げ」や独学で技能習得した者が、専門資格の取得者や試験の合格者と、選抜過程において競合する状況もあった。こうした、技能と試験、技能と資格の複雑な関係のドラマをわれわれは読み解いていかねばなるまい。

次に、図1の「家族・階級」について考えてみよう。『教育と選抜』においては、実は家族はきちんと分析されてはいない。「階層」を通して、しかも主に「階層差」を通して間接的に語られているにすぎないのである。〈学び〉の経験を生きられた歴史としてたどるためには、諸階層の家族のとりうる多様な教育戦略の実態がもっと考察されねばならないだろう。家族の内部に目を向けると、性や出生順位により、子供それぞれに対するしつけ方のタイプをはじめ、学校教育への期待や職業的な見通しなども異なっていたであろう(15)。さらにふみこめば、家族の形態（拡大家族・核家族等）や家庭の経験したライフ・イベントと子供の教育—選抜との関係を問うていくことも必要かもしれない。

また、近代日本において見落とすことができないのは、「地域」の問題である。重要なのは第一に、生まれ故郷を離れた人々、すなわち「出郷者」の問題である。近代日本における人口増加のかなりの部分は、地方から都市へと移動することで、都市人口に吸収されていった。そこで人々は新たに教育・学習機会や職業を求め、定着して家族を形成していった。明治末〜大正期に急速にふくらんでいったのは、地方農村の家族を大きな補充基盤とした、都市の労働者層や新中間層のような階層であった。

第二に、地域差を本格的に検討する必要があるだろう。戦後すぐの時期の次三男問題の様相が、西日本と東北とで異なっていたり、山村と都市近郊農村とで異なっていたりすることを、松丸志摩三が指摘している(16)。農村のタイプの地域差や、地域別の教育機会や職業機会の差は、戦前期においても同様に、子供の教育・学習経験とその後の進路に大きな意味を持っていたはずである。

このように、地方—中央の関係や地域差を視野に入れるために、社会的選抜過程の考察に、家族と階層だけでなく、「地域」という要素を図1に新たに組み入れる必要があるのである。

つまり、個々の青少年を、家族—階層—地域の重層的な構造の中に規定された存在としてとらえ、特定の位置を占める彼ら個々人が、どういう機会（学習機会・職業機会）の選択肢や見通しを持っていたのかをふまえて、あらためて全体的な見取り図をマクロに整理し直していくことが必要であろう。

もう一つ図1に加えたいのは、「社会意識」である。選抜のイデオロギーについては、「社会規範」として図にすでに入っているが、選抜される側の意識（野心や価値観など）については、組み込まれていない。天野は、人々のアスピレーション（野心）の問題を「加熱―冷却」という形で、図１の議論とは別に論じていたから、社会意識についてはあえて図の中に組み込まなかったのかもしれない。だが、考えてみると、近代化の途上においては、すべての人が加熱された野心を抱いて選抜過程に参入していたわけではない。伝統的な生活世界に生きていた青少年の多くにとっては、近代学校へのアクセスや近代的職業への入職などには、大きな心理的障壁があったであろうし、他の価値観も伝統―近代の落差の中で多元的であったであろう。それゆえ、すべての人が加熱された野心を抱いて選抜過程に参入しうる存在であるとは前提しないで、腑分けしながら、選抜に関する社会意識を時期や階層ごとに研究していくことが必要になってくる。この点ですぐれた研究を展開してきているのが竹内洋であり、彼の研究については後であらためてふれることにする。

図２　学歴主義の分析枠組み（２）

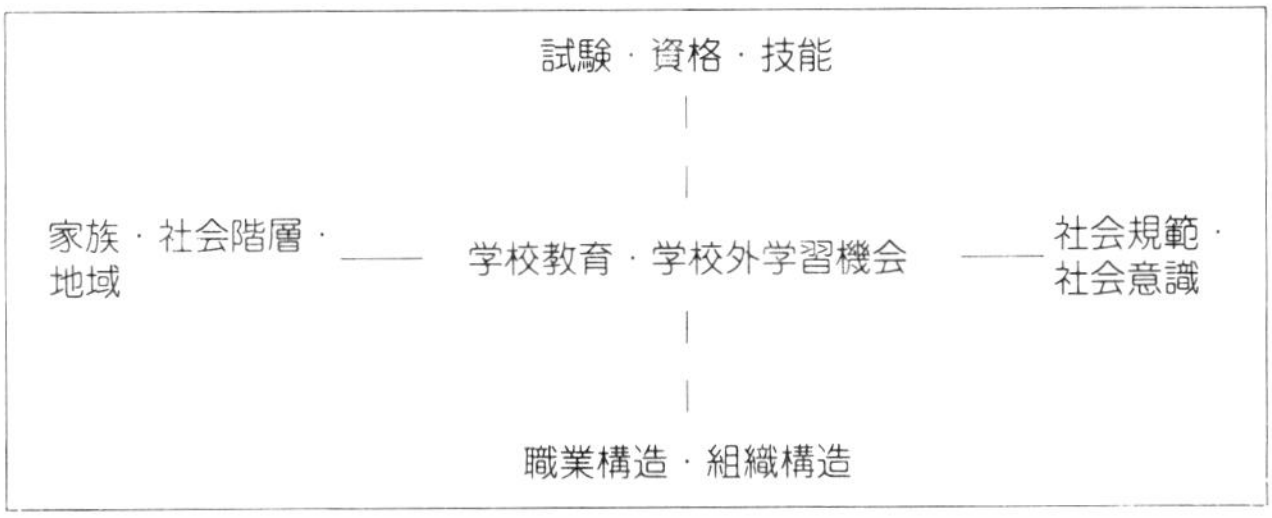

　最後に、職業構造や組織構造について、われわれはもっと幅広く研究をしていく必要がある。ここまで述べてきたように、学校だけでなく学校外の学習機会を考察に取り込むならば、そして、技能や地域や多様な社会意識を考察の視点に取り入れるならば、職業構造や、組織構造についての考察の幅はずいぶん広がることになる。右に述べた「地域」の問題ともかかわるが、労働市場がどのように形成されていたのか、教育・学習機会と職業機会とがどういう関係にあったのかは、青少年の〈学び〉のあり方にとって決定的に重要であろう。また、技術革新や社会の変化に伴う、特定の職種の興隆や衰退は技能や資格の市場能力の変化を引き起こす。さらに、組織内部の選抜メカニズムの変化や、特定職業内の多様なサブグループ間の競合や棲み分けなどの問題も重要である。

　ここまでの議論をまとめて図示すると図２のようになる。青少年の〈学び〉と社会的選抜の関係を問ううえで明らかにすべき課題は、図1のそれよりもはるかに大きな広がりを持つことになる。

3　近年の研究の展開

実は、天野郁夫自身も、今述べてきたような図1と、それに基づく制度史的なアプローチの限界は、百も承知であったようである。

第一に、『選抜と教育』『試験の社会史』以前の彼の研究のいくつかは、制度史的なアプローチとは異なる視点で、近代日本の学習者の多様な世界を照らし出していたからである。一九六三年の修士論文では、下級技術者の養成にまで視野が及んでいた(17)。一九六七年の論文「近代日本の初等義務教育におけるWASTAGEの研究」では、初等義務教育の「原級留置」と「中途退学」の計量的な分析を通して、学校へ行かなくなることの意味(「ウェステージを規定する要因」)にまで考察を及ぼしている(18)。第二に、彼の八〇年代半ばからの一連の研究は、図1の枠組みをはみ出して、より広い層を対象に「近代日本の学習者の世界」を明らかにする方向で、展開されてきているからである。これら二点を考えてみると、図1は、中・高等教育——社会の中・上層の選抜を考察するという、フォーカスを絞った研究のために天野が便宜的に採用したものであったように思われる。むしろ、図2のように拡張した枠組みこそが、天野の研究の関心の射程により近いものであるといえるのかもしれない。

また、近年の研究だけに限ってみても、図2のような問題の構図にあてはまる個別研究が、少なからずなされてきていることも付記しておかねばならない(19)。本書の各章はそれぞれオリジナリティのある議論を展開していると自負しているが、本書の問題枠組み(図2)そのものは、決して独創的なものだとはいえない。ただ、近年の個別研究が、関心や主題・対象に関して拡散的に見える中で、問題の構図をはっきり浮かびあがらせるうえで、あえて、枠組みを明瞭な形に図式化してみたまでのことである。

最近の天野は、旧来の制度史的なアプローチに基づきながらも視点を下方に降ろすことで、苦学・独学や講義録と各種の資格試験との関係について、研究を進めてきている(20)。また、もう一方で、それまで資料として使ってこなかった自伝類をもとにして、より射程の広い「学歴の社会史」を描いてみせた(21)。

一方、天野の「学歴の社会史」の主題と交錯しつつ、独自の視点に立って、近代日本の選抜の問題を広く考察してきているのが、竹内洋である(22)。彼の研究の対象は非常に広く、旧制高校生の教養や選抜の問題から、田舎青年の煩悶や「たたき上げ」の世界まで、実にさまざまなトピックが見事な手際で社会学的・社会史的に考察されている。多岐にわたる竹内の研究の諸論点をどう研究史上に位置づけるべきかは、あらためて別の機会に論じる必要がある。ここでの関心からいうと、竹内の一連の研究は、天野が与件として設定していた「加熱—冷却」の問題を、徹底して歴史的な文脈の中に置いて考察してきているということである。すなわち、加熱—冷却のイデオロギーや装置の歴史的形成や変容の問題、野心が加熱ないしは冷却された、多様な人々の意識や行動の問題が、竹内の多くの著作を貫く視点であるように思われる。

その意味では、彼の諸研究は、「社会規範・社会意識」を焦点に据えて図2の諸要素全体をカバーする、包括的な研究の枠組みであるといえる。「社会規範・社会意識」という、フォーマルな歴史資料に表れにくい質的で微妙なものを中軸とする、彼の職人芸的な分析は他者の追随を許さない見事なものである。

とはいうものの、イデオロギーや意識に焦点を合わせるぶん、他の要素の実態や変化についての分析がやや荒いという弱点がある。たとえば、講義録による学習機会や彼のいう「ささやか立身出世主義」イデオロギーは、本書が扱う人々の学校外学習機会や、それを支えたメンタリティとして重要であるが、どの程度実際に上昇移動機会が開かれていたのか（どの程度の人がささやかな上昇移動を遂げたのか）は十分考察されず、それらが野心の冷却機能や癒しの機能を果したという点が指摘されるにとどまっている(23)。確かにそうした側面はあったであろう。しかし、加賀美智子がいうように、大正・昭和期に短距離の上昇機会が社会全体に広範にあったこともおそらく事実なのである(24)。そうであるならば、単なる「冷却装置」としては切り捨てられない、選抜上の効用がどの程度あったのかを実証的に検討してみる必要があるといえるであろう。

4 本書の構成

とはいうものの、図2で示した枠組みは、今後のわれわれがめざすべき方向を示したものにすぎず、現段階では通史も概観もまだ描けそうにない。教育社会学だけでなく、異なる研究関心でなされてきた教育史や経済史、経営史など、さまざまな分野における諸研究の成果から学ぶことは多いが、それらも含めて研究の現状を考えてみても、いきなり全体史を描くことはまだできる段階に達していない。そこで、次章以下は、今述べた枠組みや関心から、さまざまなトピックスの分析を試みる。とりあえず、個別のトピックを考察していく中で「どういう研究が可能で、そこにはどういう研究上の可能性があるのか」の例を示したいと思うわけである。それぞれの章の著者は、図2を意識しながらも、その中の特定の問題に焦点を絞って考察を進めている。いわば、パッチワークのパッチ(断片)を作る作業である。近代日本の、決して恵まれていなかった階層の青少年たちが経験したであろう奮闘や挫折の物語の、トータルな像を描くための一つの出発点になればというのが、著者たちの共通の思いである。

第I部では、戦前期における非エリートの世界のいくつかの具体的課題に光を当てる。

第1章は、初等教育をおえた子供たちの進路分化の様子を、全国データの統計的分析を通して考察する。初等教育と労働市場との関係をマクロに概観するという意味で、後の各章の議論の前提となる章である。

第2章は、昭和初年の青少年の地域間移動の分析である。地方―中央関係を中心にすえてみた時、初等教育卒業者の進路の分化構造がいかなるものであったのかが考察される。村にとどまった者と出郷した者との分化、移動先や入職先が出生順位や性別でどう異なっていたのかなどが分析される。統計的な考察の向こう側に広がっているのは、ロマンティックな表現をすれば、心細い思いを胸に、家郷を後にした少年・少女のたちの姿、ということになるだろう。

第3章は、二種類の中等教育機関――甲種工業学校と各種学校――の卒業生が、電気系のどういう職業資格をとりえたのか、について検討する。帝国大学や高等工業などを卒業した技術者が、日本の近代産業を指導していったことはよく知られている。だが、官庁や企業には、さまざまな中等レベルの学校で学んで資格を取得し、中堅技術者になっていた者たちも数多く存在した。学校教育と職業資格との関係についての事例研究である。

第4章は、大正期の都市下層が、子供の教育に関していかなるまなざしを注いでいたかを考察する。そこでの「都市下層」は、決して一枚岩的なものではなく、新中間層をモデルにした新たな感性も生まれてきていたことを、進学や小遣いについてのデータを手がかりにして論じる。都市における家族・階層と教育意識の関わりを考察したものである。

第I部の各章は、相互に関連を持っているわけではないので、読者は興味のある主題を扱った章から読み始めてもらえばよいだろう。

第II部は、具体的な事例研究として、いわゆる国有鉄道（国鉄）を対象にとりあげる。

第5章は、明治末～大正期の国鉄内部のさまざまな職種の採用規程を、鉄道院―鉄道省レベルのものに限定して整理・考察する。学歴や試験・実務経験が、どのように採用や昇進に関する要件として制度化されていったのかについて考察を加えている。

第6・7章は、鉄道教習所について考察する。組織内部での教育機会は、人材の養成と選抜を効率的に行おうとする経営層にとっても、高い学歴を持たないで入職した青少年たち自身にとっても、きわめて重要な意味を持っていた。

ここでは制度の変遷をたどりながら、同時に、幹部職員の書いた資料や入所した青年たちが書いた体験記とをもとに、教習所が提供しようとしたものと、教習所に対する青年たちの「まなざし」とがいかなるものであったのか、について考察する。

第8章では、大正中期の二つの調査の再分析を通して、この時期の国鉄の組織内部がどういう学歴格差を持った構造になっていたのかについて考察する。

第9章では、身分制度の改編など集団的な地位改善の側面と、個人的な上昇機会の側面との両面から、戦前期の国鉄現業職員のおかれていた状況を整理してみる。第Ⅱ部の各章で明らかになったことをとりまとめることも兼ねている。そのうえで、採用・選抜や養成の問題や、彼らの意識のあり方などをどのように考えるべきかについて、今後の課題を示すことにする。

第Ⅱ部で国鉄に注目した理由と意義については、次に節をあらためて論じておきたい。

5　戦前期の国鉄

一般の官庁や軍隊と並んで、鉄道は早くから近代的な組織として成立し、ある意味で順調に拡大していった(25)。一八七二(明治五)年の横浜―新橋間の開通後しばらくの間、資金不足などでなかなか拡大しなかった鉄道網は、一八八六(明治一九)年からの「鉄道熱」により、私設鉄道が中国・九州両地方や東北地方に伸びていった。

一九〇六(明治三九)年には、鉄道国有法が成立し、従業員は二万八千人から八万二千人へと一気にふくらみ、翌年には新しい体制に対応するために、鉄道作業局に代えて帝国鉄道庁が設置された(26)。大正期には、政権を担当した政友会が「建主改従主義」政策をとったため、鉄道網はさらに広がることとなった。組織も急速に拡大し、敗戦直前の一九四五（昭和二〇）年七月の時点で、五〇万七千人に達していた。

図3は、国鉄・私鉄の営業キロ数の推移をそれぞれ示したものである(27)。鉄道国有化以降敗戦時まで、国鉄は拡大の一途をたどったことがよくわかる。

このような戦前期の国鉄は、社会的選抜の問題に関していうと、四つの特徴を持っていた。

図3　鉄道営業キロ数の推移（1887 - 1986）

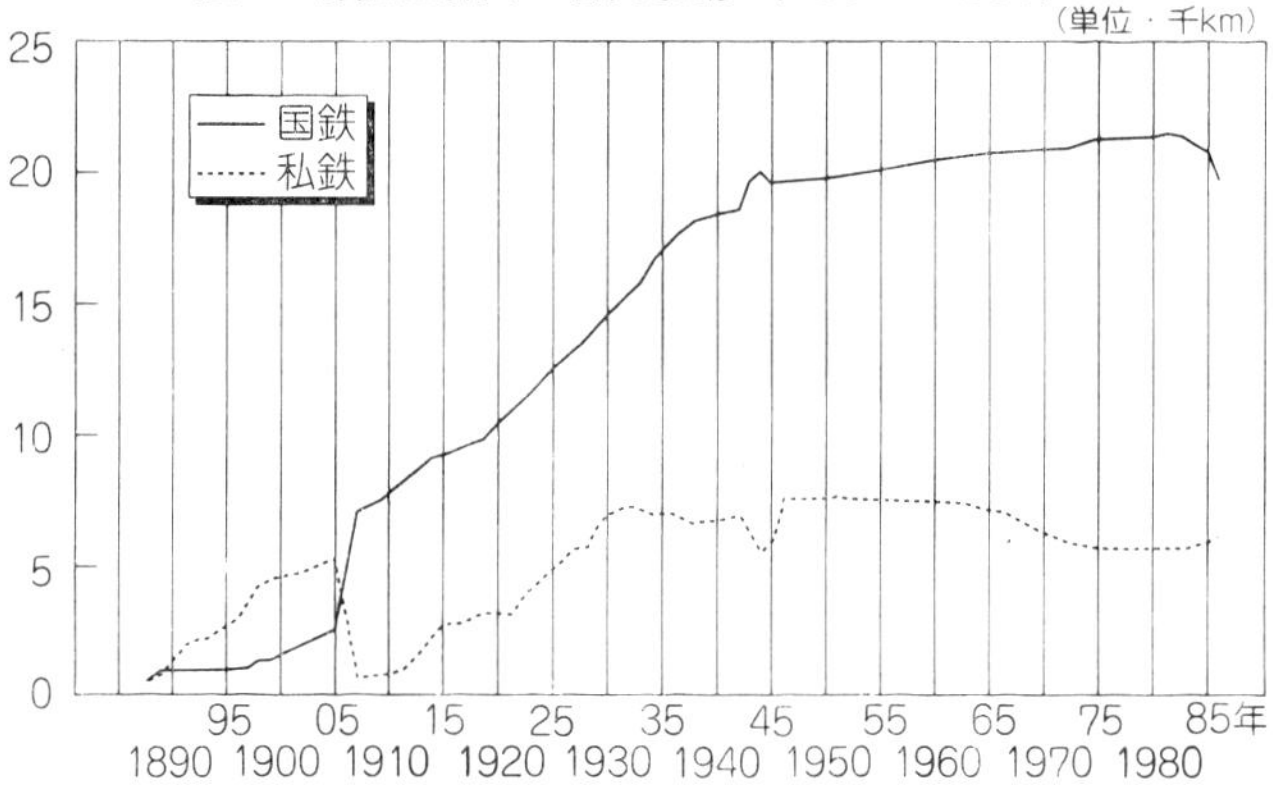

（注）1946年以後の私鉄は軌道を含む。

第一に、戦前期の官庁の例にもれず、そこには実に大きな身分差があったということである。たとえば、一九三六（昭和一一）年の平均給与（月額）でいうと、勅奏任官が二九五円、判任官が一一四円、鉄道手が一一〇円、雇員が七四円、傭人が五五円となっている(28)。また、第9章であらためてふれることになるが、しばしば「封建的」と呼ばれる、下位者の上長への絶対的な服従関係も戦後に至るまで存在していた。待遇面での上下の大きな格差と、上下の強い権威関係とが重なり合っていたのである。

第二に、採用や昇進には、明確な学歴差が存在していたということである。原田勝正は、戦前期の国鉄の採用・昇進のコースについて、次のように述べている。

> 組織の中枢で方針を決定する階層、管理部門で働く事務労働者、現場で働く労働者と分けてみると、第一の階層は帝国大学を卒業した人々、第二の階層は中等学校または小学高等科を卒業した人々、第三の階層は小学校の高等科または尋常科を卒業した人々、というように

まず学歴で差がつけられました。そして第一の階層の人々は、いきなり判任官となって地方と中央の管理職を往復しながら二、三年で奏任官になり管理運営の方式を学び、事務系の場合も、技術系の場合も中枢で働くことになります。第二の階層の人々は、ほとんど移動することなく、与えられた職場でその職務の熟練労働者になります。組織のなかの管理職として判任官や奏任官になることはありますが、中枢に入ることはありません。第三の階層も同様です。……判任官機関士のように「任官」することはありますが、それ以上の昇進は稀《ま》れです。このように昇進の速度も、職務の内容も、採用のときから格差がついているのが実情でした(29)。

図4　一般職員の非現業の昇級資格規準と特権階級との比較

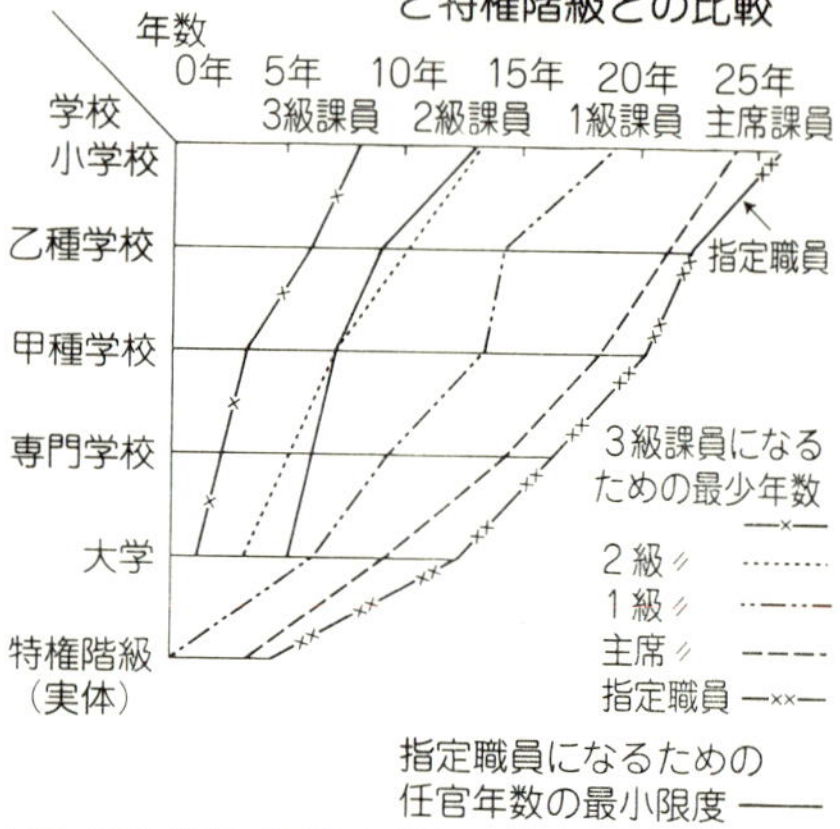

（注）国鉄労組「国労時報」30年9月30日。

図4は、戦後まもなくの国鉄における、学歴別の昇職資格基準を示したものである(30)。これはあくまでも、昇職までに最低限とどまるべき年数を示したものであって、実際には学歴の低い層ではずっと下積みで退職年齢に至る人が大勢いたという(31)。つまり、懸隔の大きい身分差は、学歴別の格差という形をとっていたということである。

第三に、だが、学歴のない者が組織内を上昇できなかったわけではない、ということである。右にあげた事例にみられるように、加齢による実務経験の蓄積によって、あるいは試験や教習所への入所をてこに、上の職種や上の身分への上昇は少なくなかった。駅夫から身を起こして判任官の駅長に至るのを、地味ではあるが「立身出世譚」と呼ぶならば、戦前期の国鉄は立身出世譚に満ちていたことになるだろう。図3にみたように、終戦直後の大規模な人員整理に先立つ数十年間は、新線が次々と作られていた。中高等教育の学歴を持った者の採用によって、学歴のない者の昇進がどの程度抑制されたのかは検討してみないといけないが、構造的にいえば、短距離の上昇移動機会の余地はかなりあったと思われる。

第Ⅱ部の各章で詳しく論じるが、いくつかの私鉄が中級職員養成のための機関を作り始めるのが一八九〇年代、国鉄が鉄道教習所を設置したのは一九〇九年である。また、下位の職種の者を対象にした昇進規程が明確化されてくるのも、ほぼ同時期である。そうであるならば、戦前期の国鉄において、下位者から人材を選抜したり、下位者の者を訓練・養成して昇進させるというフォーマルな制度がどのように作られ、いかに機能したのかが重要な検討課題になる。

表1　主要各官庁の身分別人数（1925年）　（人）

	勅任官	奏任官	判任官	雇員	傭人	合計
鉄道省	25	848	18804	66636	110366	196679
内閣	8	36	160	575	779	1602
外務省	60	365	1153	130	?	1708
内務省	33	363	1360	2977	4733	9466
大蔵省	32	488	11153	5342	?	17015
陸軍省(3)	(210	13580	3369	0	0	
	223	13941	5188	2798(4)	4991(4)	27141(5)
海軍省(3)	(92	4728	18997	0	0)	
	107	5134	20148	2920	3292	31601
司法省	118	2110	12514	5391	3437	23570
文部省	533	2569	2700	5802	6797	18401
農林省	14	379	3073	2413	3684	9563
商工省	29	361	1045	1048	1416	3899
逓信省	30	509	22013	75442	66315	164309

（注）(1) 1925年12月31日の人数。(2) 判任官待遇は判任官に算入。(3) カッコ内は現役武官人数。ただし陸軍省では、文官専務の者は文官にカウントした。陸軍省判任官武官は准士官のみの数字で下士を含まない。(4) 陸軍大臣官房『第37回陸軍省統計年報』によれば、1925年末の文官人員は、雇員2486人、傭人8573人となっている。(5) 陸軍省所管工場の職工及びその他使用人は算入されていない。

第四に、諸官庁の中で最も多くの人が、職業の場としてその人生を託していた官庁であったということである。一九二五（大正一四）年の数字でいうと、表1のようになっている(32)。鉄道省は勅任官から傭人まで合わせて二〇万人弱にのぼっている。これは、一六万人余の逓信省より多かった。

実際に管轄する人数が多かったのは陸軍省である。熊谷光久の推定では、一九二六年末の時点で、兵員二一・四万人、軍属約一万八千人を擁していた。しかし、その兵員の大半は徴兵された者であったから、陸軍内で職業として生計の糧を得ていた者はずいぶん少なかったはずである。表の数字には下士の人数が含まれていないが、軍縮直前の一九二一年末の陸軍の准士官・下士の人数は合わせて二万三千四二五人であった(33)。また、同じく表の数字には、陸軍省所管の諸工場（造兵廠、千住製絨所等）の職工等の人数も含まれていないが、二三年末時点で二万四千六二六人という数字がある(34)。文官や雇傭人、将校の人数にこれらを足し合わせても、七万人強にすぎない。「勤め口」としてみると、国鉄がいかに大量の人々が働く場であったかがわかるであろう。

しかも、国鉄は、単に大量の従業員を抱えていただけでなく、全国に勤務地が分散し、僻陬の地にまで及んでいた。それゆえ、国鉄を検討することは、戦前期の下級官吏・被傭人の世界を明らかにすると同時に、近代的な職業世界への窓口として、学歴主義的な価値観が人々の生活世界に流れ込んでいく契機になっていた可能性をさぐるという点でも、研究上の重要性を持っているのではないだろうか。

次に掲げる数人は、一九四〇（昭和一五）年に、国鉄の中級官吏たる判任官（駅長や技手など）として務めていた者の履歴の例である(35)。

〈事例1〉 鉄道局運転部勤務・書記五級俸・四〇歳――一八九九（明治三二）年一二月生まれ

一九一八年五月雇用採用試験合格、同年九月雇某駅駅務練習生、同一一月車掌乗務見習、二五年三月局教習所普通部業務科卒業、二八年三月局教習所専門部業務科卒業。某車掌所在勤。同年十二月書記（判任官）となる。三一年三月同車掌所助役。同九月運転課列車掛勤務。三六年九月運転部列車課勤務。三九年六月給五級俸。

母（六三歳）、妻（三六歳）と一五歳を頭に二男二女がいる。

〈事例2〉 駅長・書記五級俸・三六歳――一八九六（明治二九）年三月生まれ

一九一二年九月某駅試傭駅夫日給二八銭。一四年一〇月雇日給三五銭某駅貨物掛。一六年三月車掌某駅在勤、一六年一二月依願により退職（入営）、一九年二月雇日給五〇銭車掌某駅在勤、二四年一一月某駅貨物掛兼予備助役、二八年二月某駅助役、三五年某駅予備助役。三六年六月書記（判任官）となる。三七年三月同駅助役、同年九月某駅助役、三七年一二月給五級俸、四〇年二月某駅駅長。

妻（三五歳）と一四歳を頭に三男二女がいる。

〈事例3〉 駅長・書記四級俸・四〇歳——一九〇〇（明治三三）年三月生まれ

一九一五年七月某駅試駅夫日給三二銭。一七年六月雇日給四〇銭車掌乗務見習某駅在勤。一九年二月車掌某駅在勤。二〇年三月局教習所業務科卒業。二二年二月某駅貨物掛。二四年一一月某駅助役。三四年六月書記（判任官）になる。同年一一月某駅助役。三七年六月給五級俸、四〇年六月給四級俸某駅駅長。

妻（三三歳）と一五歳を頭に三男一女がいる。

〈事例4〉 機関車検査掛・技手四級俸・三八歳——一九〇一（明治三四）年九月生まれ

一九一七年六月某機関庫試傭機関夫。一八年一〇月雇火夫（某機関庫）。二三年一月機関手（某機関庫）、二九年五月判任官機関手採用試験合格。三五年六月技手となる。三九年二月同機関区機関車検査掛。同年六月給四級俸。

父（八二歳）、妻（三六歳）と一三歳を頭に二男一女がいる。

事例1では、一八歳で雇員採用試験に合格し、いきなり「雇」身分から始めて、車掌の仕事に従事、局教習所の普通部・専門部を卒業して、地方の鉄道局の本局に勤務している。他の三人は、おおむね一五、六歳で鉄道の最下層の傭人身分の職種から始め、その後、職務経験を積んだり、試験に合格したりしながら、次第に雇—判任官へと昇進していったことがわかる。

国鉄には、こうした、年齢とともに身分や職種が上昇していく経路が作られていた。田舎の駅長であれ、機関庫や操車場の主任であれ、戦前期の国鉄の現場の「長」の多くは、今みたような経路で補充されていた。汽罐の掃除や駅務雑用からはじめて、現場の「長」へ――彼らは竹内洋が「ささやか立身出世」と呼ぶような人生を歩んでいた(36)。

戦前期の国鉄においては、一方には、帝国大学を卒業し、高等官への道が約束されたエリートたちがいたものの、大多数を占めていたのは、中等学歴や初等学歴で国鉄に奉職した者たちであった。彼ら、おびただしい数の下積みの現業職員の中には、よりよい地位や待遇を求めて独学に励んだり、技能を磨いたりする者が少なからずいた。学歴を特権に結びつけて享受する者、学力を蓄えて試験や資格に活路を見出そうとする者、たたき上げの技能を誇る者――戦前期の国鉄は、試験、資格、技能と学歴とのせめぎ合いの場所であり、われわれの関心に、最も適した題材の一つであるということができよう。

I 非エリートの学歴と職業

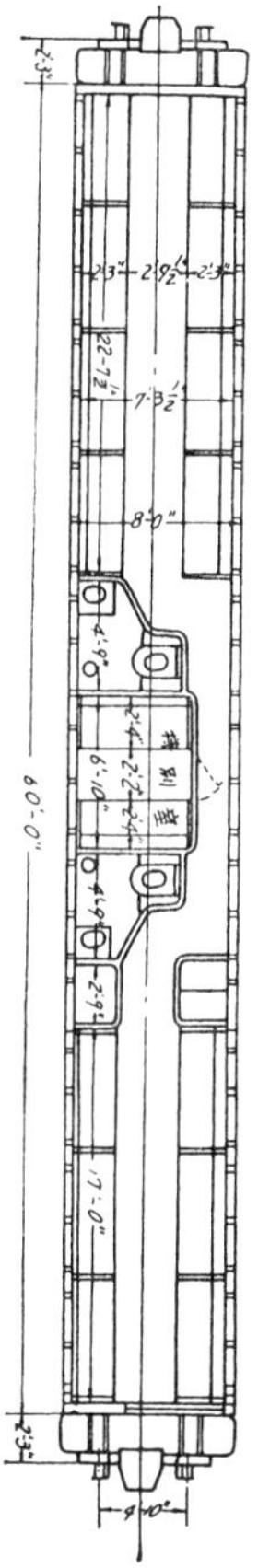

*

昭和初期における初等教育後の進路分化

1章・吉田　文

1　問題設定

本章は、昭和初期を対象として、初等教育後の進路分化と初等教育学歴の職業社会における処遇を、とくに尋常小学校（以下、「尋小」とする）と高等小学校（以下、「高小」とする）との関係に着目して、全国レベルの数量的なデータをもとに明らかにすることを目的とする。

まず、最初に、昭和初期という時代における初等教育の状況を位置づけておこう。明治末期に初等義務教育への皆就学がほぼ達成されることは、よく知られている。ただし、誰もが小学校へ就学したとしても、就学したすべての者が卒業に至るわけではなく、一定の中退者が存在していた。その中退者が減少し、学齢期の子供たちのほぼすべてが初等義務教育に就学し、そして、卒業していく時代が昭和初期なのである。

それは、日本全国、ほぼすべての子供が、尋常小学校卒業後の進路を考えるようになる時代の到来でもある。すでにそれ以前から、都市部居住者において、富裕な階層において、あるいは男子において、初等義務教育を卒業することはあたり前になっていたであろう。ここで昭和初期を強調したいのは、それぞれに対比されるカテゴリー、すなわち、農村部居住者も、貧困層も、また、女子も、ほとんど尋常小学校を卒業するようになり、結果として、ほぼすべての子供たちが初等義務教育を卒業し、必然的に、卒業後の進路分化が誰にとっても関心事になる時代になったということにある。

こうした時代、子供たちはどのように進路を分化させたのだろうか、また、初等教育の学歴は職業社会においてどのように処遇されたのだろうか、その際、尋小卒業者と高小卒業者とでは学歴による社会的処遇はどのような関係にあったのだろうか、こうした問題意識にたって、本章では、各種の全国レベルの数量的データに基づき分析をすすめる。

以下、第一に、関連する先行研究をまとめ、第二に、明治末期の初等義務教育への皆就学が達成された時期から昭和初期に中退者が減少する時期までの、初等教育への就学率や進学率などの推移をたどり、第三に、昭和初期の初等教育の進路分化の推移を進学と就職とに分けて検討し、第四に、初等教育学歴の労働市場における位置について検討する。

このように、本稿は初等教育とその後の進路の量的な動向についてのマクロな見取り図を描こうとするものだが、それは、本書の以下の諸章における個別の課題の位置づけと、それぞれの関連性をより明確にすることをもう一つの目的とするからである。

2　先行研究のまとめ

本章の課題に対する先行研究は決して多いとはいえないが、関連するいくつか代表的なものについてまとめておこう。その第一として、初等義務教育の就学率に関する研究をあげることができる。『文部省年報』を用いた義務教育への就学率の上昇過程に関する代表的な研究として、安川寿之輔、天野郁夫、佐藤秀夫、松野安男、土方苑子(1)のものなどをあげることができる。これらは、一八七二(明治五)年の学制によって発足した近代的な小学校に対する忌避的な態度が、いつどのように解消して国民皆就学が達成されるのかという問題設定を共通項としている。それぞれ、「実質的就学率」、「通学率」、「wastage としての入学―卒業比率」などの概念を提起し、より正確に就学率を算出することに主眼がおかれている(2)。それゆえ、本稿の問題である卒業に至った後の進路分化という観点はほとんどなく、また、皆就学が達成された明治後期以降、すなわち大正から昭和期もほとんど視野の外にある。

ただし、天野は、「wastage」がほぼなくなった昭和初期には卒業者の七七%が高等小学校を含む上級学校へ進学しているという事実を明らかにし、義務教育年限が実質的に延長されていることを論じている(3)。だが、もう一つの進路である就職の実態については関心の対象とはなっていない。

また、土方は、長野県の一村を対象とした学齢児童全員の修学形態の分析の中で、昭和初期には、男子は高等小学校を卒業してから就職機会を求めて都市へ流出していくようになったこと、女子は尋常小学校を中退ではなく、卒業してから製糸女工として就職していくようになったことを明らかにしており(4)、本稿の問題意識との関わりをみることができる。しかし、明らかにされている事実は対象村の社会経済状況に大きく規定されるものであるため、全国的なマクロな見取り図を描くという本稿の課題とするところに直接回答を与えてくれるものではない。

第二に、高等小学校に関する実証的研究についてもふれておく必要があろう。その代表的なものとして、三羽光彦の研究がある(5)。そこでは明治期の特権的な性格を持った高等小学校が、昭和初期には、義務教育終了後の教育機関として中等学校よりも格が低くみられるように変容していく過程が明らかにされ、高等小学校が中学校への進学準備機関としての役割から、就職者の輩出機関へとその役割を変化させていくさまをあとづけている。しかし、高等小学校の性格の変容を明らかにするという研究の目的の範囲には、本稿の目的とする昭和初期の高等小学校卒業者の進路分化については必ずしも含まれているとはいいがたい。

第三に、一九三〇~四〇年代を対象にして中等学校進学との関係で初等義務教育の動向を論じている木村元の研究がある(6)。これは、本稿が対象とする時期と同時期であるだけでなく、この時期に小学校卒業者が増加しその後の教育機関へのアクセスが広がり、学校を介したライフサイクルが定着するという見解においても共通点を見出すことができる。ただし、中等学校への進学が分析の対象とされているため、高等小学校進学や就職も含めての進路分化という観点はない。

このようにみると、初等教育を修了した後、どのような進路をたどるのかという進路分化の問題は、意外なほどに研究の対象となってこなかったことがわかる。とくに、進路のうち就職については、教育統計ではデータがないため進学率の裏返しとしての就職率として扱われるか、あるいは、具体的な職業や就職形態については逸話的に一般的な傾向として言及されるにすぎず、いずれも充分な実証に欠けている。

3 依拠する資料

本稿で主に依拠する資料は、文部省『文部省年報』、文部省『全国中学校(高等女学校、実業学校、師範学校)ニ関スル諸調査』(以下、『諸調査』とする)、厚生省職業部『小学校卒業児童就職に関する資料』(以下、『就職に関する資料』とする)の三種類である。『文部省年報』が最も基本的な教育統計であることはいうまでもなく、ことに全国レベルでの初等教育関係のデータは、これに依拠するほかはない。

『諸調査』は、各種の中等教育の個別機関にまでおりたデータがあることが中等教育の分析を深めるうえで有益な統計である。本稿との関連でいえば、中等教育機関の種別ごとに入学者の前学歴を用いることで、ある年度の初等教育卒業者をコーホートとした進学先の分析が可能となる。『文部省年報』では、中等教育機関のうち実業学校入学者の前学歴については記載されていないため、卒業直後に進学した、いわゆる現役での進学者と、そうでない者との区別が正確にはできない。しかし、『諸調査』を用いることで、ある年度の尋常小学校卒業者を分母として、現役の進学者、翌年の高等小学校一年退学での進学者、さらにその翌年の高等小学校卒業での進学者を合計することでより実態に近い中等教育進学率を算出できる。

ところで、これらの文部省による教育統計では、就職の問題は明らかにすることができない。本稿では、厚生省による『就職に関する資料』を用いて進路分化のうち就職の問題にアプローチしたい。これは、一九三〇（昭和五）年七月の厚生省社会局社会部長より各地方長官宛ての通牒に基づいて、各地方長官より報告されたデータをまとめたものだと記されているが、それ以上についてはわからない。データは、二九年度から三八年度までの毎年、合計一〇ヵ年度にわたる小学校尋常科卒業児童、高等科半途退学児童、高等科卒業者の上級学校進学、就職の形態と職業について、毎年三月の時点での卒業者ならびに中退者の、同年十月一日の就職状況を調査するという方法がとられている。この冊子となった報告書は、一九三八、三九、四〇（昭和一三、一四、一五）年の三ヵ年については所在を確認できたが、報告書が三八（昭和一三）年以前に出されていたのか、それ以降も調査が継続し報告書が出されていたのか否かは現段階では不明である。ただ、この一〇年度分のデータだけでも、本稿で対象としようとする時期に合致し、教育統計との突き合わせをすることで、昭和初期の初等教育卒業後の進路分化、すなわち、尋小卒業者の進学と就職、高小卒業者の進学と就職の詳細の検討が可能となる。

4　明治末から昭和初期の初等教育の推移

まず、明治末期に初等義務教育への就学率が九〇%を超えてから、卒業率が九〇%を超える昭和初期までの間の、就学率・進学率・就職率の推移をみることで、尋常小学校の皆卒業の時代に至る過程をたどっておこう。ここで依拠するデータは、主として『文部省年報』、『諸調査』の教育統計である。

1　尋常小学校への就学と卒業——皆卒業の時代としての昭和初期

初等義務教育が四年制から六年制へ二年間延長されても、就学率は低下することはなかった。六年制になった最初の年の一九〇八（明治四一）年、就学率は九七・八％であり、国民皆就学が達成されている。安川寿之輔は、表面的就学率に出席率をかけた実質就学率を提唱しているが、それでみても九〇・五％に達しており、明治末期には義務教育がほぼ普及をとげたのである(7)。

このように学制施行時から三十年余りを経て、学齢期にあるどの子供も尋常小学校へ就学するようになったわけだが、まだ、この時代、就学者のすべてが卒業まで在学していたわけではない。尋小へ入学したものの卒業に至らず中途退学した者は、入学から卒業まで義務教育六年制のもとで過ごした一九〇七（明治四〇）年入学者—一二（大正一）年卒業者で、二六％も存在している。入学者のうち卒業まで在学していた者は入学者の四分の三であり、四分の一は卒業に至っていないのである。これは、尋小へ就学することそのものはきわめて当たり前になっていても、卒業することは必ずしも当たり前にはなっておらず、何年間か教育を受けて中退することと、卒業まで在学することとの間にさほど大きな意味の差がなかったことを示唆している。卒業は強制力を持つものではなく、中退も脱落を意味するものではなかったのであろう。

また、中退率は、同年で男子二三％、女子は四〇％で、その差は一七ポイントあり男女の格差は大きい。卒業することは、女子にとっては男子よりも重要ではなかったのであろう。その後、中退率は徐々に低下していくが、一〇％を切るのは二六（大正一五）年に卒業するコーホートからである。男子は二五年に卒業したコーホートから、女子は二九年に卒業したコーホートから、一〇％を切る。女子は男子に四年遅れるが、二六年の時点において男女の中退率の差は四ポイントまで縮小して、卒業が意味を持つ時代は、男女ほぼ同時にやってきたといってよいだろう。

この中退率の低下こそが、卒業することの重要性がくまなく認識されるようになる過程を示すものだということができるが、そうなるまでに学制の施行時から約半世紀、実質就学率が九〇％を超えてからも約二〇年かかっている。昭和初期とはようやく誰もが初等義務教育六年間を卒業し、その後、進学・就職と進路を分化させるようになった時代であることが確認できる。

2　高等小学校への進学と卒業——上昇しない卒業率

尋常小学校を卒業することが一般的になっていく過程と併行して、高等小学校への進学者も増大していった。尋小卒業者中の高小進学者の比率は、尋小が六年制になってはじめての卒業者が高小へ進学する一九一〇（明治四三）年にすでに四四・一％であり、高等小学校はポピュラーな教育機関になっていた。しかし、高小への進学率は、それから一〇年かけて二〇（大正九）年に五〇％を超え、さらに一〇年かけて三〇（昭和五）年にようやく六〇％を超える。比較的早くから進学率が高い割には、その後の進学率の伸びは緩やかである。

また、その間、男女の進学率の差は二〇ポイントで変化しないまま推移している。尋小に関しては、女子の卒業率が男子よりも早いスピードで上昇し、卒業が意味を持つ時期が男女ほぼ同時にやってきたことはすでに指摘したが、高小への進学については男女の差が併行しており、女子は尋小卒業と同時に就職していく者が男子よりも多かったことが推測される。

ところで、高小へ進学した者は、卒業まで在学していたのであろうか。高小には二年制と三年制とがあるが、『文部省年報』には高小への入学者数が二年制と三年制とに分けて記載されていないため、それぞれの卒業率を算出することはできない。しかし『文部省年報』によれば、高小卒に占める三年制の卒業者は、一一〇（大正九）年で五％、三〇（昭和五年で三%と、きわめて少ない。したがって、すべてを二年制とみなして卒業率を計算しても、実際の卒業率よりもやや高くなるものの、年代による推移をみるうえでは算出された値の傾向に影響を与えることはないといってよい。

そこですべてを二年制とみなした卒業率は、明治末期で高小入学者の七〇%弱（尋小卒業者の三〇%弱が高小を卒業）、それから約二〇年後の昭和初期、進学率が六〇%の段階でも卒業率は八〇%弱である。高小の卒業率は意外なほどに上昇しておらず、進学率が上昇しても一定数の中退者が存在していたのであった。それは、高等小学校の場合、それを卒業しなくても問題なかった者、卒業に意味がなかった者がかなり遅くまで存在していたことを示している。

ただ、その理由として、高小を中退して中等学校へ進学する者が多く、高小は中等学校への進学準備的な機能を果たしていたからだと考えるのはあまり妥当ではない(8)。確かに、中学校への入学競争は厳しく、尋常小学校卒業後ストレートで進学することは必ずしも容易ではなかった。たとえば、二〇（大正九年）年に高等小学校一年修了で中学校へ入学した者は中学校入学者の二四%、その比率は三〇（昭和五）年になっても一二%を占めている。しかし、これら高小一年修了で中学校へ入学した者が高等小学校入学者に占める比率は、この時期通してたかだか一～二%でしかない。

とすると、それ以外の理由として、高小を卒業せずに就職した者がいたことが考えられる。これについては、一九二六（大正一五）年の工業労働者最低年齢法の施行により一四歳が就職年齢の最低年齢と規定されたため、多くは高小を卒業して就職するに違いなく、高小中退者を就職者であるとみなすには根拠が乏しいという見方があるかもしれない。しかし、こうした規制が即時に拘束力を持ったわけではないし、また、すべてが工業労働者として就職していったわけではない。さらに、丁稚奉公、女中奉公、家業従事者などとして就職する場合には、そこで求められる職務内容に高等小学校中退か卒業かの差があるとは思われない。したがって、高等小学校への進学率が上昇しても常に一定数の中退者が存在していたのは、主として就職との関連によるものと思われる。

3 中等学校への進学者の推移――現役進学者の増加

尋常小学校の卒業率が上昇し、さらに高等小学校への進学者が増加すれば、中等教育機関への進学率も増加していることが考えられる。

天野は、『文部省年報』を用いて中等教育機関への進学率を算出しているが、それは表1にあるように、一九二〇（大正九）年で九・一%（男子一〇・五%、女子七・五%）、一〇年後の三〇（昭和五）年では、一七・七%（男子二〇・一%、女子一五・二%）である(9)。この一〇年間に男女とも進学率は倍増している。とはいえ、この間、高等小学校進学率は、五〇%強から六〇%へと伸びており、それと比較すると中等教育機関進学者は、まだ少数派である。中等教育機関への進学には、生徒の学力、親の経済力、文化的親和性などいくつかのクリアすべき課題があったことがこれまでにも指摘されているが(10)、そうした状態は少なくとも昭和初期にもまだ存続していたとみることができる。

ところで、この『文部省年報』を用いた進学率については、先に述べたように実業学校入学者の前学歴が不明であり、高小と接続している機関への入学者や過年度入学者が区別できないため、初等教育卒業者を母数とした進学率を検討することはできず、厳密には、本稿の課題である進路分化を検討できない。初等教育卒業者を母数とした進学率を算出するには、『全国諸調査』の各中等学校入学者の学歴を用いる方がより適切な値を算出できる。こうして得られた値は、表1にみるように、尋常小学校卒業での入学者、いわゆる現役進学率は、二〇年では、七・三%（男子七・七%、女子六・九%）、三〇年では、一四・五%（男子一四・八%、女子一四・一%）であり、現役での進学率は一〇年間に倍増している。この傾向は『文部省年報』による進学率と同様であるが、『全国諸調査』では尋小卒業後に高小一年修了や高小卒業を経て中等学校へ入学した者を含んでいないため、『文部省年報』を用いた場合よりも進学率は低い。

そこで『全国諸調査』を用いて、ある年度に尋小を卒業したコーホートは、最終的にはどの程度中等教育機関に進学していたのかについて検討しておこう。各年度の翌年に高小一年修了で中等教育機関へ入学した者の比率は、二〇年で

表１　中等教育機関への進学率

	1920年 男子	1920年 女子	1920年 計(人)	1930年 男子	1930年 女子	1930年 計(人)
尋常小学校卒業者	568,036	502,332	1,070,368	645,470	616,430	1,261,900
文部省年報中等教育進学者	59,591	37,729	97,320	129,649	93,417	223,066
天野進学率 (1)	**10.5**	**7.5**	**9.1**	**20.1**	**15.2**	**17.7**(%)
	1920年（尋小卒業入学者）(2)			1930年（尋小卒業入学者）		
中学校本科入学者	26,700		26,700	61,940		61,940
高等女学校本科入学者		25,943	25,943		73,960	73,960
高等女学校実科入学者		4,922	4,922		4,292	4,292
高等女学校選科入学者		133	133		27	27
実業学校	16,952	3,900	20,852	33,901	8,910	42,811
現役進学者計	43,652	34,898	78,550	95,841	87,189	183,030
現役進学率 (3)	**7.7**	**6.9**	**7.3**	**14.8**	**14.1**	**14.5**
	1921年（高小中退入学者）			1931年（高小中退入学者）		
中学校本科入学者	12,436		12,436	6,358		6,358
高等女学校本科入学者		10,084	10,084		3,391	3,391
高等女学校実科入学者		2,116	2,116		635	635
高等女学校選科入学者		62	62		8	8
実業学校入学者	8,186	934	9,120	6,084	1,107	7,191
師範学校入学者	42	7	49	30	20	50
一浪進学者計	20,664	13,203	33,867	12,472	5,181	17,653
一浪進学率	**3.6**	**2.6**	**3.2**	**1.9**	**0.8**	**1.4**
	1922年（高小卒業入学者）			1932年（高小卒業入学者）		
中学校本科入学者	7,818		7,818	2,340		2,340
高等女学校本科入学者		2,643	2,643		660	660
高等女学校実科入学者		4,422	4,422		3,689	3,689
高等女学校選科入学者		250	250		176	176
実業学校入学者	21,979	3,085	25,064	23,066	6,551	29,617
師範学校入学者	4,035	1,908	5,943	2,149	1,315	3,464
二浪進学者計	33,832	12,308	46,140	27,555	12,391	39,946
二浪進学率	**6.0**	**2.5**	**4.3**	**4.3**	**2.0**	**3.2**
中等教育進学率	**17.3**	**12.0**	**14.8**	**21.0**	**17.0**	**19.1**

（注）(1)『文部省年報』各年度より算出、天野『近代化と教育』83頁より転載。
(2)『全国中（高等女・実科高等女、実業、師範）学校ニ関スル諸調査』の入学者学歴別表より作成。
(3)『全国中（高等女・実科高等女、実業、師範）学校ニ関スル諸調査』の中等教育機関入学者計。『文部省年報』各年度初等教育機関卒業者数で除した値。

は、三・二％（男子三・六％、女子二・六％）、三〇年では、一・四％（男子一・九％、女子〇・八％）である。ここで多数を占めているのは、男子では中学校、女子では高等女学校本科への入学者である。これらは、もともと、尋小卒業時点でそれぞれの機関への入学を意図していた者であろうと推測される。そうした者がこの一〇年間にきわめて少なくなっており、尋小と中等教育機関との接続の実態が、次第に、制度上の接続関係に近づいていることがわかる。

さらに、翌年の高小卒業者の進学率をみると、二〇年では、四・三％（男子六・〇％、女子二・五％）(11) であるが、三〇年では、三・二％（男子四・三％、女子二・〇％）である。高小と接続する実業学校への進学者が増加傾向にあるため、進学率全体としては大きな変化はないが、中学校や高等女学校への入学者はここでも減少している。

さて、これらを合わせて、ある年度の尋小卒業者が高等小学校を経由した者も含めてどの程度中等教育機関へ進学しているのかをみると、二〇年では、一四・八％（男子一七・三％、女子一二・〇％）、三〇年では、一九・一％（男子二一・〇％、女子一七・〇％）となる。二〇年では、高小を経由して中等教育機関へ進学する者が、尋小卒業で進学する者よりも男女ともに多かったが、三〇年になると高小を経由する者が減少し、中等教育機関への進学は、尋小からのルートが拡大している。尋小と接続する中等教育機関の増加、すなわち高等女学校の実科から本科への転換、五年制の実業学校の増加など制度面での変化とともに、従来ならば、高小一年修了で進学していた層が尋小卒業で進学するようになったという進学行動面での変化との二つに起因していると考えられる。

ところで、高小経由の中等教育機関進学率の低下は、高小卒業者の進路分化の問題としてみた場合、高小卒業者（すなわち分母）が増加することによって、中等教育機関への進学機会としても縮小していることが考えられる。そこで、高小卒業者に占める中等教育機関への進学率を二〇年と三〇年とについて比較すると、表は省略するが、一〇・八％（男子一一・七％、女子八・八％）から八・〇％（男子九・一％、女子六・二％）へと若干低下している。しかし、実数では、中学校への入学者のみ減少しており、他の中等教育機関への入学者は減少しておらず、全体では、中等教育機関への進学者は、三、六万人から四、六万人まで一万人も増加している。とくに実業学校への入学者の増加は著しい。したがって、高小卒業者の増加が、中等教育機関への進学者の増加を上回ったために教育機会が縮小しているようにみえるのであって、高小卒業者を収容するという意味での教育機会は拡大傾向にあるといってよいだろう。

中等教育機関への進学に関して、尋小と高小とを比較すると、二〇年では、尋小卒業者に占める中等教育機関進学者の比率は、すでに表1でみたように七・三％（男子七・七％、女子六・九％）であり、高小卒業者に占めるそれ（一〇・八％、男子一一・七％、女子八・八％）とはほとんど差がなく、むしろ比率の上では高小卒業者の進学率の方がやや上回っている。しかし、三〇年になると尋小からの進学率は一四・五％（男子一四・八％、女子一四・一％）（表1参照）になって、高小卒業者の進学率八・〇％（男子九・一％、女子六・二％）を上回り、両者の関係は逆転する。

進路分化という観点からすれば、尋常小学校は、中等教育機関への進学に加え、高等小学校への進学も含めて進学のための機関、高等小学校は比率の上での中等教育機関への進学の減少により、就職のための機関としての性格を強めていったといえよう。

5　昭和初期の初等教育後の進路分化——進学の側面から

このように尋常小学校卒業率がほぼ九〇％を超える大正期から昭和初期までを、進学の側面から尋小と高小との関係をみてきたが、ここではデータの制約上、進学も正規の中等教育機関への進学者のみを扱っており、それ以外の教育機関への進学の状況や、就職の実態についてまではわからない。

はたして、尋常小学校を卒業することが誰にとってもあたりまえの時代がはじまったとき、尋小は進学のための、他方、高小は就職のための機関という関係は就職の側面からみても妥当するのだろうか。また、尋小と高小との就職の側

表2　尋常小学校・高等小学校卒業後の進路分化

尋常小学校〈男子〉（%）／高等小学校〈男子〉（%）

年度	進学	家事従事	雇用	未就業	不明	計	進学	家事従事	雇用	未就業	不明	計
1929	80.2	11.5	5.8	1.6	0.9	100.0	15.8	52.3	25.6	5.0	1.3	100.0
1930	80.9	10.6	5.3	1.9	1.3	100.0	13.3	54.6	26.3	4.8	1.0	100.0
1931	79.2	11.2	5.4	2.8	1.4	100.0	11.6	54.4	27.5	5.3	1.2	100.0
1932	80.9	10.3	5.7	1.8	1.3	100.0	11.5	52.2	30.2	4.7	1.4	100.0
1933	82.4	9.4	5.1	1.9	1.2	100.0	12.0	51.4	31.2	4.4	1.0	100.0
1934	83.6	8.1	4.0	1.8	2.5	100.0	13.9	47.3	33.1	3.8	1.9	100.0
1935	84.1	7.6	5.4	1.5	1.4	100.0	14.6	45.1	35.4	3.9	1.0	100.0
1936	85.5	6.9	4.8	1.5	1.3	100.0	15.5	42.5	37.3	3.6	1.1	100.0
1937	87.6	5.5	4.5	1.0	1.4	100.0	15.3	40.5	40.3	2.9	1.0	100.0
1938	88.9	4.7	4.1	0.9	1.3	100.0	18.7	38.0	40.2	1.9	1.2	100.0

尋常小学校〈女子〉（%）／高等小学校〈女子〉（%）

年度	進学	家事従事	雇用	未就業	不明	計	進学	家事従事	雇用	未就業	不明	計
1929	62.1	23.0	11.7	2.1	1.1	100.0	21.6	55.9	15.4	5.1	2.0	100.0
1930	64.3	21.5	11.7	2.2	0.3	100.0	19.2	59.2	15.1	5.1	1.4	100.0
1931	62.4	21.0	12.4	2.8	1.4	100.0	19.1	57.0	17.3	5.0	1.6	100.0
1932	65.4	20.0	11.3	2.0	1.3	100.0	18.6	56.0	18.8	4.7	1.9	100.0
1933	67.5	18.9	11.2	2.2	0.2	100.0	18.9	54.3	20.3	4.6	1.9	100.0
1934	68.7	16.5	10.7	2.2	1.9	100.0	20.4	51.0	20.4	5.0	3.2	100.0
1935	69.7	15.8	11.2	2.0	1.3	100.0	21.8	48.3	23.1	5.2	1.6	100.0
1936	71.5	14.4	11.0	1.8	1.3	100.0	22.1	46.9	24.4	4.9	1.7	100.0
1937	73.9	12.6	10.9	1.3	1.3	100.0	221.	46.0	26.5	3.9	1.5	100.0
1938	76.5	11.5	9.8	1.0	1.2	100.0	24.5	44.3	26.6	3.1	1.5	100.0

(注) 厚生省職業部『小学校卒業児童就職に関する資料』1940年より作成。

面における関係は、どのようなものであったのだろうか。『就職に関する資料』から、さらに初等教育卒業者の進路分化を詳細にみることにしよう(12)。

1　進学——上昇する進学率

すでに昭和初期に、尋小卒業者の進路は進学が多数になっていたが、その傾向は一層強くなっていく。『就職に関する資料』から進学率を算出すると(13)、表2にあるように、一九二九年（昭和四）に男子の八〇%が進学していたが、それは三八（昭和一三）年には約九〇%にまで上昇している。それに対し、女子の進学率は、六二%から七七%とこれも上昇している。男女ともに進学率は上昇し、その過程で男女間の進学率の差は縮小しているものの、三八年でも一〇ポイント強あり、初等義務教育には男女に関わりなく修了するようになっても、その後の進学については依然として男子に進学傾向が強い。

男女間の教育年数の差は、尋小卒業の時点で生じているのである。

高小卒業者の進学率については、男子は、一九二九（昭和四）年の一六％から三八（昭和一三）年の一九％へと格別の上昇をしていない。女子も、二二％から二五％まで大きな変化をみせていない。尋小の進学率の伸びが男子で九ポイント、女子で一五ポイントと大きく上昇していることと比較して、高小からの進学率はあまり上昇していない。

ところで、先に表1でみた一九三〇（昭和五）年の高小卒業者のうち中等学校への進学率は男子で九％、女子で六％であった。これと比較して『就職に関する資料』の進学率は極めて高い。これは『就職に関する資料』の進学者数が『諸調査』の進学者数を大幅に超えているためだが、とすると『就職に関する資料』の進学者数には正規の中等教育機関以外の教育機関への進学者が含まれていることになる。これについては進学先の内訳をみる際に、再度検討しよう。

2　尋常小学校からの進学先――高等小学校進学率の上昇

では、進学先としてどのようなタイプの機関が選択されたのであろうか。まず、尋小卒業の学歴で進学する教育機関としては高等小学校、中学校、高等女学校、実業学校が考えられる。高等小学校については『文部省年報』の高小入学者、中等学校に関しては『諸調査』における入学者の学歴を用いて検討しよう。表3はそれをみたものだが、二種のデータの卒業者、進学者の実数を比較すると、『文部省年報』の方が卒業者、上級学校進学者ともに『諸調査』を上回っている(14)。こうした差異を前提としたうえで両者を比較すると、どちらも進学率の上昇を傾向として認めることができる。進学先としては、男女とも高小

（％）

実業学校	諸調査・年報 進学率(3)
5.0	85.6
5.4	86.5
5.0	76.6
5.3	78,7
5.9	85.4
6.2	85.1
6.3	84.0
6.8	86.6
6.7	82.9
7.3	88.4

（％）

実業学校	諸調査・年報 進学率(3)
1.3	62.2
1.5	64.5
1.2	57.7
1.4	60.7
1.6	66.0
1.8	66.8
2.0	66.3
2.9	69.5
3.1	68.0
3.6	73.5

尋小卒業者。
ル諸調査』の尋小卒業

進学者総数を『文部省

表3　尋常小学校卒業者の進学先

〈男子〉

年度	『就職に関する資料』尋小卒業者	上級学校進学者	進学率(1)	『文部省年報』尋小卒業者	『諸調査』進学者総数(2)	高等小学校	中学校
1929	648,288	519,938	80.2	645,470	552,384	70.7	9.9
1930	632,379	511,297	80.9	629,100	543,969	71.3	9.8
1931	615,315	487,492	79.2	693,846	531,813	63.0	8.6
1932	677,814	548,413	80.9	746,517	587,348	65.0	8.4
1933	728,346	600,127	82.4	744,406	635,603	70.7	8.8
1934	736,270	615,649	83.6	752,892	640,377	69.9	9.0
1935	744,596	626,061	84.1	773,621	650,163	68.9	8.8
1936	762,990	652,031	85.5	774,261	670,833	70.9	8.9
1937	770,498	675,220	87.6	821,507	680,907	67.6	8.6
1938	779,011	710,742	88.9	829,018	733,252	71.9	9.2

〈女子〉

年度	『就職に関する資料』尋小卒業者	上級学校進学者	進学率(1)	『文部省年報』尋小卒業者	『諸調査』進学者総数(2)	高等小学校	高等女学校
1929	615,753	382,094	62.1	616,430	383,701	48.1	12.8
1930	604,221	388,382	64.4	603,868	389,568	50.0	13.0
1931	589,238	367,775	62.4	664,595	384,509	44.9	11.6
1932	644,940	421,491	65.7	716,728	435,405	47.6	11.7
1933	700,286	472,857	67.5	717,780	473,886	52.1	12.3
1934	710,583	489,446	68.9	726,965	485,853	52.4	12.6
1935	717,234	499,814	69.7	746,967	495,251	51.6	12.7
1936	734,090	524,669	71.5	749,678	521,025	53.6	13.0
1937	744,694	550,258	73.9	793,572	539,803	52.0	12.9
1938	770,742	589,597	76.5	802,044	589,695	56.2	13.7

(注)　(1)　厚生省職業部『小学校卒業児童就職に関する資料』1940年より作成。上級学校進学者／
(2)　『文部省年報』高等小学校入学者と『全国中（高等女・実科高女、実業学校）学校ニ関ス者中の各中等教育・機関入学者との合計。
(3)　『文部省年報』と『全国中（高等女・実科高女、実業学校）学校ニ関スル諸調査』による年報』尋小卒業者で除した値。

が最も多く、男子では約七〇%が義務教育卒業後の進路として選択している。女子では若干の変動をともないつつ、四八%から五六%まで上昇している。男女とも進学者数は一貫して上昇している。

正規の中等教育機関では、男子は中学校が一〇%弱でほとんど変化がなく、他方、実業学校は五%から七%程度まで上昇している。実数でみれば、中学校への進学者数は六万四千人から七万六千人まで増加し、実業学校への進学者数は三万人から六万人までほぼ倍増している。表は省略するが、実業学校への進学者数の伸びの著しさは、とくに商業学校への進学者の増加に支えられている。明治期は農業学校が主流であったが、大正期に入るころから商業学校、それも甲種の商業学校が増加しはじめ、その傾向は昭和期に入っても続いている。この時期、商業学校の就業年限や普通教科の時間数は中学校と変わらなくなっており(15)、この甲種商業学校は、それまで、中等教育への潜在的需要を開拓し、従来ならば、尋小卒業後は就職していた層をも引きつけたことが考えられる。

女子の中等教育機関進学率は、高等女学校への進学率が一二～一三％程度で大きな変化はみられないが、実業学校については一％から四％まで若干増加している。女子の実業学校への進学率は低かったが、三六（昭和一一）年から急増している。これは、職業学校への進学者が増加したためである。また、伸び率でみれば、商業学校が甲種、乙種ともに著しく伸びている。このように、女子の尋小卒業者を多数吸収してきた高小や高等女学校に加え、商業学校や職業学校が女子の進学先として急成長しているのがこの時期の特徴である。

尋小から高小への進学率においては男子が女子をうわまわっていたが、中等学校への進学率については男女の差がほとんどない。ここから、中等教育機関へ進学可能な層においては、男女に関わりなく進学していたのではないかと推測され、進学において男女の違いが問題になるのは中等教育機関への非進学層であり、そこで、就職か、あるいは、高等小学校への進学かの選択肢があったとみることができよう。

(%)

実業学校	諸調査・年報 進学率(3)
7.0	9.4
6.9	8.8
6.6	8.1
6.5	7.8
5.9	6.9
6.0	7.0
6.5	7.6
6.8	7.8
7.0	8.1
7.6	8.6

(%)

実業学校	諸調査・年報 進学率(3)
3.1	6.9
2.8	6.1
2.8	5.5
2.9	5.4
2.6	4.5
2.8	4.7
3.3	5.5
4.1	6.4
4.0	6.2
4.4	6.4

高小卒業者。
各中等教育機関入学者

による進学者総数を

3 高等小学校からの進学先
——傍系の中等教育機会

次に、高小卒業者の進学先をみよう（表4）。まず、卒業者も卒業率も上昇しているが、これ

表 4　高等小学校卒業者の進学先

〈男子〉

年度	『就職に関する資料』高小卒業者	上級学校進学者	進学率(1)	『文部省年報』高小卒業者	『諸調査』中等教育 進学者総数(2)	師範学校	中学校
1929	355,961	56,194	15.8	365,159	34,202	1.2	1.2
1930	361,139	47,901	13.3	364,634	32,398	0.9	1.0
1931	357,979	41,446	11.6	361,069	29,314	0.7	0.8
1932	354,916	40,795	11.5	358,106	27,591	0.6	0.7
1933	355,539	42,759	12.0	401,024	27,817	0.5	0.5
1934	397,180	55,487	14.0	436,058	30,841	0.4	0.6
1935	435,453	63,622	14.6	435,789	32,849	0.5	0.6
1936	432,598	67,005	15.5	442,084	34,431	0.5	0.5
1937	439,632	67,672	15.4	463,140	36,968	0.5	0.6
1938	461,016	86,393	18.7	476,227	40,633	0.5	0.5

〈女子〉

年度	『就職に関する資料』高小卒業者	上級学校進学者	進学率(1)	『文部省年報』高小卒業者	『諸調査』中等教育 進学者総数(2)	師範学校	高等女学校
1929	202,785	43,689	21.5	210,582	14,665	1.0	2.8
1930	209,214	40,182	19.2	217,125	13,396	0.8	2.5
1931	213,288	40,688	19.1	220,182	12,010	0.7	2.0
1932	215,806	40,174	18.6	225,327	12,331	0.6	1.9
1933	225,673	42,635	18.9	259,734	11,900	0.5	1.4
1934	257,599	53,500	20.8	287,604	13,669	0.5	1.4
1935	286,954	62,429	21,8	291,944	16,306	0.5	1.7
1936	291,384	64,345	22.1	300,633	19,462	0.5	1,8
1937	301,718	66,614	22.1	320,267	20,385	0.4	1.8
1938	317,098	77,768	24.5	336,580	21,796	0.4	1.6

(注)（1）厚生省職業部『小学校卒業児童就職に関する資料』1940年より作成。上級学校進学者／
（2）『全国中（高等女・実科高女、実業学校、師範）学校ニ関スル諸調査』の高小卒業者中のの合計。
（3）『文部省年報』と『全国中（高等女・実科高女、実業学校、師範）学校ニ関スル諸調査』『文部省年報』高小卒業者で除した値。

は高小の中退者の減少によるものである。

『文部省年報』による正規の中等教育機関の進学先の内訳をみると、師範学校、中学校、高等女学校は比率が小さいだけでなく、この一〇年間にやや低下傾向にある。この背景は、師範学校はもともと収容力が小さい、中学校で尋常小学校からの進学が一般的になる、高等女学校も尋常小学校から接続する四年制ないし五年制の本科が増加、高小卒業者を主に吸収していた実科女学校は停滞、といったことが考えられる。

ただし、実業学校は高小と接続する二年制や三年制の機関があるため、進学者が一定数存在しており、高小からの進学先では最も大きな比率を占めるだけでなく、やや増加傾向にある。さらに、表3と比較すると、それは尋小から実業学校への進学率よりも高くなっている。表は省略するが、高小から実業学校への進学者は、男子の場合甲種農業学校への進学者が最も多く、それを甲種商業が追っている。女子では職業学校への進学者が最も多数を占めている点は、表3でみた尋小の場合と同様の傾向である。

全体としてみれば、高小卒業後の中等教育機関への進学率は、一九二九（昭和四）年から三八（昭和一三）年まで、男子では九・四%から八・六%へやや低下し、女子でも六・九%から四・五%とやや低下するが、その後、職業学校進学者の増加で、六・四%にまで回復している。すでに昭和初期には、多くの中等教育機関は尋小と接続するようになっており、高小卒業後の進学の機会は大きくはない。

ところで、これらの『文部省年報』から算出した進学率を、『就職に関する資料』による上級学校進学率と比較すると、どの年度でも『就職に関する資料』の進学率にはおよばない。『就職に関する資料』では、男子は約一一%から一九%の間を推移し、女子は二〇%前後とかなり高い比率である。さらに、『文部省年報』では、男子の進学率が女子のそれをやや上回っていたが、『就職に関する資料』では女子が男子を大きく上回っている。尋小の場合は、二つの統計の間にこれほど大きな違いはみられなかった。

なぜ、『就職に関する資料』では高小からの進学者が多いのだろうか(16)。高小卒業後の進学先として考えられるのは、正規の中等教育機関以外の学校として各種学校である。『全国諸調査』には表れない各種学校への進学者が、『就職に関する資料』では進学者として計上されている可能性が考えられる。ちなみに、『文部省年報』の「中学校ニ類スル各種学校」、「高等女学校ニ類スル各種学校」、「実業学校ニ類スル各種学校」への入学者を加えて進学者をみると(表5)、二九（昭和四）年、翌三〇（昭和五）年は『就職に関する資料』の進学者数の方が多いが、その後は、各種学校進学者を加えた進学者数の方が多くなり、その差は広がる傾向がある。

表5　各種学校への進学者数

〈男子〉

年度	『就職に関する資料』高小卒進学者(1)	『諸調査』中等教育進学者A(2)	『文部省年報』【各種学校入学者】中学(3)	実業	計B	進学者計A＋B(4)
1929	56,194	34,202	5,699	10,444	16,143	50,345
1930	47,901	32,398	4,709	7,769	12,478	44,876
1931	41,446	29,314	0	21,094	21,094	50,408
1932	40,795	27,591	0	17,310	17,310	44,901
1933	42,759	27,817	0	16,183	16,183	44,000
1934	55,487	30,841	0	24,740	24,740	55,581
1935	63,622	32,849	0	28,532	28,532	61,381
1936	67,005	34,431	0	35,711	35,711	70,142
1937	67,672	36,968	0	40,171	40,171	77,139
1938	86,393	40,633	0	43,240	43,240	83,873

〈女子〉

年度	『就職に関する資料』高小卒進学者(1)	『諸調査』中等教育進学者A(2)	『文部省年報』【各種学校入学者】中学(3)	高女	実業	計B	進学者計A＋B(4)
1929	43,689	14,665	—	4,622	2,581	7,203	21,868
1930	40,182	13,396	—	5,180	2,918	8,098	21,494
1931	40,688	12,010	—	0	27,737	27,737	39,747
1932	40,174	12,331	—	0	29,344	29,344	41,675
1933	42,635	11,900	—	0	31,113	31,113	43,013
1934	53,500	13,669	—	0	41,414	41,414	55,083
1935	62,429	16,303	16	0	42,457	42,473	58,776
1936	64,345	19,462	14	0	45,681	45,695	65,157
1937	66,614	20,385	16	0	48,665	48,681	69,066
1938	77,768	21,796	23	0	58,716	58,739	80,535

（注）(1)『就職に関する資料』上級学校進学者数。表4の再掲。
(2)『全国諸調査』中等教育機関進学者数。表4の再掲。
(3)『文部省年報』各種学校入学者数。「中学校ニ類スル各種学校」には女子も入学している。
(4) 正規の中等教育機関進学者数（進学者A）と各種学校進学者（進学者B）の合計。

『就職に関する資料』の進学者数は、どちらかといえば、正規の中等教育機関のみへの進学者数よりも、各種学校への進学者数を含めた値により近いが、それでもその差は誤差とみなすにはあまりにも大きい。この差が生じる原因の一つとして、各種学校への入学者の年齢が多様であることが考えられる。たとえば、一九三〇（昭和五）年から三三（昭和八）年の「実業学校ニ類スル各種学校」への入学者について行われた調査からは、入学者の年齢が多様であることがわかる[17]。一五歳から二四歳以上まで、一歳きざみで年齢別入学者数が記されているが、高小卒業直後に相当する一五歳の入学者は一二〜三％でしかない。他の各種学校への入学者の年齢も、このように多様であったとしても不思議ではない。

また、各種学校には前記のカテゴリー以外に「その他の各種学校」とされているものがあり、そこには美容・理容、裁縫、珠算簿記、鍼灸などの職業教育機関が含まれている(18)。高等小学校を卒業して、こうした職業教育機関へ進学した者も少なからずいたであろう。そうした多様な進学機会の広がりがあったことをこの資料は示唆しているが、それを正確に特定するには、現存の教育統計だけでは不十分である。この各種学校の問題については、本章ではこれ以上立ち入らないが、第3章で事例として詳細な分析がなされておりそちらを参照されたい。

6　昭和初期の初等教育後の進路分化――就職の側面から

初等教育卒業後の就職については、これまで進学率の裏返し程度にしか扱われてこなかったが、『就職に関する資料』を用いることによって、その実態により迫ることができ、進学の側面では充分に明らかにできなかった尋常・高等小学校卒業の学歴の持つ意味についても示唆を得ることができる。

ここでいう就職については、「家事従事」と「雇用」という就業形態のカテゴリーと八つの就職先の業種との二種類のデータがある。それぞれ別個にデータがつくられているため、就業形態と業種との関係をデータ上で明らかにすることはできないが、それぞれを検討することで就業形態と業種との関係を推測しよう。

また、「就職」という言葉には、現代では被雇用者となるというニュアンスが多分にあるが、ここでは進学に対しての就職という意味で用い、家事従事者についても就職として扱う。

1　就業形態の変化――家業従事から雇用へ、尋常から高等へ

就業形態については、すでにみた表2をもとに検討しよう。表にみられるように、尋小卒業者では「未就業」と「不明」を合わせても二〜三%とごくわずかであるため、就職率は、進学率の裏返しとみることが可能である。その尋小男子の就職率は、一九二九（昭和四）年の一七%から三八（昭和一三）年の九%まで一貫して低下している。女子も同様に、三五%から二一%まで低下している。

量的にマイノリティである尋小卒業の就職者については、都市部では、尋小を「卒業後直ちに就職する子供の家庭は、よくよく経済的に不足を感じてゐる家庭で、高等小学校に入学する月謝一円の支払が、思ひやられる状態の者に限定されるのであります」(19)、また、「農村に於ては六ヵ年だけの義務教育のみで世に出される不幸なる子は実に多い。（中略）で、それ等の児童はこの家庭的貧困を救ふ為に何等かの手段に於て、具体的に言えば経済的救済の為に子供としての生活から引き離されつゝあるのである」(20)といわれている。これらの記述からは、尋小卒業だけで就職する者は貧困層に集中していたこと、そしてそうした者は都市よりも農村に多かったことがうかがえる。

これらの就職者の就業形態は、二九（昭和四）年から三八（昭和一三）年まで、男女とも「家事従事」が「雇用」よりも一貫して多いが、「家事従事」の比率は低下傾向にある。「家事従事」は、男子では一二%から五%まで、女子では二三%から一二%までどちらも半減している。それに対し、「雇用」はほぼ横ばいで大きな変化はなく、男子では四〜五%、女子では一一%程度である。こうした傾向は、実数でもみても同様であり、男子では七万四千人いた家事従事者が三万八千人にまで減少し、女子では一四万二千人から八万九千人にまで減少している。男女ともに、三八年には「家事従事」と「雇用」とはほぼ同数になっている。

就職率の低下は「家事従事」者の減少によるものであり、おそらくそれまでの家業の手伝いをしていた層が高小などへ進学するようになっているのだろう。また、就職者のうち、相対的には「雇用」される者が増加していることになる

が、それは、卒業後すぐに現金収入を必要とする者が就職者となっていく可能性が大きくなったと考えることができ、就職者が、ますます貧困層に集中していることが推測される。

高等小学校〈男子〉 (%)

年度	工鉱業	土木建築	商業	農林業	水産業	通信運輸	戸内使用人	雑業	計
1929	7.8	5.1	14.9	38.6	2.5	1.8	3.5	3.8	77.9
1930	7.5	3.9	16.2	42.5	3.2	1.7	3.1	3.3	81.5
1931	7.6	3.3	17.5	42.3	3.1	1.4	3.7	0.7	79.7
1932	7.9	3.2	17.8	41.8	3.1	1.5	4.1	3.5	82.9
1933	9.3	3.0	16.8	41.1	3.0	1.7	4.5	3.7	83.0
1934	11.0	2.7	17.1	38.0	3.2	1.6	2.7	3.3	79.7
1935	12.9	2.6	17.4	35.4	3.1	1.8	4.5	3.3	81.0
1936	14.2	2.6	17.9	33.0	2.9	1.8	4.2	3.7	80.4
1937	17.8	2.4	16.6	31.7	2.8	2.1	4.2	3.7	81.3
1938	22.0	1.9	13.2	29.8	2.6	2.2	3.9	3.1	78.8

高等小学校〈女子〉 (%)

年度	工鉱業	土木建築	商業	農林業	水産業	通信運輸	戸内使用人	雑業	計
1929	7.5	0.8	9.0	36.7	0.9	1.3	8.9	6.7	71.8
1930	6.3	0.3	8.1	42.6	1.0	1.2	9.2	5.6	74.3
1931	7.3	0.3	8.2	41.0	0.8	1.0	10.1	5.5	74.3
1932	7.0	0.2	8.2	40.7	0.9	1.2	10.8	5.8	74.8
1933	8.2	0.4	8.6	39.0	0.9	1.2	10.6	5.9	74.6
1934	8.8	0.2	8.1	35.6	0.9	1.6	10.8	5.9	71.9
1935	10.1	0.2	8.4	33.9	0.9	1.7	11.0	5.1	71.4
1936	10.5	0.3	8.1	32.9	0.8	1.7	10.9	6.1	71.3
1937	12.0	0.2	7.9	32.0	1.0	2.0	11.2	6.2	72.5
1938	12.4	0.2	7.9	31.3	0.9	1.8	10.2	6.2	70.9

また、就職率における男女差は、「家事従事」についても「雇用」についても、どの年度をとっても女子が男子の二倍になっている。就業形態に関わらず、女子の方が低年齢で就職する者が多い傾向は一貫している。ここには、経済的理由で就職する場合はもちろんのこと、たとえそうでなくとも、女子には教育はいらないという社会通念が働いていた可能性が考えられる。高小からの就職率は男子で八〇%前後、女子は七〇%強で大きな変化はみられない。高小卒業者では「未就業」者が男女ともに五%程度あって、尋小の場合と比較して多くなっている。就職者で多数を占めているのは「家事従事」であるが、二九(昭和四)年から三八(昭和一三)年までに、男子では五二%から三八%まで、女子では五六%から四四%まで低下している。ただし実

2 就職業種——農林業の低下と工鉱業の上昇

こうした就業形態の変化は、就職者がどのような業種に吸収されることによって生じているのだろうか。尋小卒業者数でみれば、男子で二七万七千人から三六万人、女子では一四万五千人から二二万五千人まで増加している。これは高小卒業者が増加したためで、尋小卒業で家業の手伝いをしていた層が高小へ進学し卒業してから家業の手伝いをするようになるという変化が生じていたことが推測される。「雇用」される者は男子で二六%から四〇%へ、女子も一五%から二七%へと上昇している。男子は、「家事従事」をうわまわるほどになっている。卒業者が増加しているため実数の増加は著しく、男子では九万人から一八万五千人に、女子は三万人から八万四千人とどちらも倍増している。「家事従事」から「雇用」へのシフトとともに、尋小卒業から高小卒業へと学歴の上昇をうかがうことができる。

表6　尋常小学校・高等小学校卒業者の就職先業種

尋常小学校〈男子〉　(%)

年度	工鉱業	土木建築	商業	農林業	水産業	通信運輸	戸内使用人	雑業	計
1929	1.9	0.8	3.2	7.7	0.8	0.2	1.3	1.2	17.0
1930	1.6	0.6	3.0	7.8	0.8	0.2	1.2	0.7	15.9
1931	1.5	0.5	3.4	7.9	0.9	0.2	1.2	0.9	16.6
1932	1.6	0.5	3.4	7.6	0.8	0.1	1.2	0.7	16.0
1933	1.7	0.4	2.8	6.8	0.7	0.1	1.2	0.7	14.6
1934	1.6	0.3	2.6	5.9	0.7	0.1	1.2	0.6	13.1
1935	1.8	0.3	2.7	5.7	0.7	0.1	1.2	0.6	13.0
1936	1.8	0.3	2.4	4.7	0.6	0.1	1.2	0.7	11.7
1937	1.7	0.3	2.1	4.0	0.4	0.1	1.0	0.5	10.0
1938	1.8	0.2	1.8	3.2	0.4	0.1	0.8	0.5	8.8

尋常小学校〈女子〉　(%)

年度	工鉱業	土木建築	商業	農林業	水産業	通信運輸	戸内使用人	雑業	計
1929	7.9	0.2	2.6	15.1	0.5	0.2	5.8	2.4	34.7
1930	6.0	0.1	0.6	14.9	0.5	0.1	6.6	1.7	30.6
1931	6.6	0.1	0.7	15.2	0.5	0.1	6.6	2.0	31.7
1932	5.4	0.1	0.8	14.5	0.5	0.2	6.4	1.9	29.7
1933	5.3	0.1	2.0	13.3	0.5	0.1	6.0	1.8	29.1
1934	6.1	0.1	1.8	11.7	0.5	0.1	5.6	1.6	27.4
1935	6.7	0.1	1.9	10.9	0.4	0.1	5.3	1.5	27.0
1936	6.6	0.1	1.6	9.6	0.4	0.1	5.4	1.6	25.4
1937	6.8	0.1	1.6	8.4	0.3	0.1	4.8	1.5	23.5
1938	6.3	0.0	1.4	7.6	0.3	0.1	4.2	1.3	21.2

(注) 厚生省職業部『小学校卒業児童就職に関する資料』1940年より作成。

の就職先について、業種別でみてみよう。

業種は、表6にあるように八つに分類されている（前頁参照）。尋小卒業者に占める就職率は、一九二九（昭和四）年から三八（昭和一三）年までの間に、男子で一七%から九%まで、女子で三五%から二一%まで大きく低下していたが、これは八業種中最も多数を占める「農林業」の比率の低下によるところが大きく、男子では約八%から三%まで、女子では一五%から八%まで低下している。この「農林業」比率の低下は、就業形態として「家業従事」の減少と符合する。

男子では、「農林業」についで多いのが、「商業」であるが、これも一九三七（昭和一二）年ころから低下している。この「商業」への就職が、商店員などの被雇用者なのか、自営業への家業従事者なのかは先にも述べたように、就業形態別・就職業種に関するデータがないためわからない。それに次いで多いのが「工鉱業」だが、卒業者に占める比率では二%弱でしかない。ただし、「工鉱業」は一定の比率を維持しており、低下していないことを特徴とする。

女子では、最も多いのは「農林業」だが、それに次ぐのが「工鉱業」である。それへの就職率は、六%前後で変化していない。「工鉱業」就職者の多くは紡績業・製糸業等の女工である可能性が高いと思われるが、女工という職業が尋小卒業程度の学歴しか必要としていない状況が長く続いていたことが示されている。また、女子では「戸内使用人」としても比較的多くが就職しており、五~六%を占めている。この「戸内使用人」は一般には官公署、銀行、会社の給仕をさすが、女子の場合は女中も含まれている。この当時給仕の給与は比較的高く、男女ともに都会では最も人気の高い職業であったといわれる(21)。その「戸内使用人」も、一九三五（昭和一〇）年頃から減少傾向を示している。

尋小卒業者に占める就職率はどの業種でも低下傾向を示してい

（%）

1936	1937	1938
37.1	41.1	43.0
42.3	41.1	40.7
8.5	8.0	7.6
12.1	9.8	8.7
100.0	100.0	100.0
434,871	432,834	430,891

（%）

1936	1937	1938
18.0	20.3	21.7
34.7	35.2	36.2
20.5	20.6	19.3
26.8	23.9	22.8
100.0	100.0	100.0
394,337	393,687	388,423

表7　学歴別就業形態

〈男子〉

	1929	1930	1931	1932	1933	1934	1935
高小卒・雇用	23.5	24.2	24.9	26.7	27.7	31.6	34.4
高小卒・家事従事	47.9	50.2	49.3	46.3	45.8	45.2	43.9
尋小卒・雇用	9.3	8.5	8.4	9.6	9.3	8.9	9.0
尋小卒・家事従事	19.3	17.1	17.4	17.4	17.2	14.3	12.7
計	100.0	100.0	100.0	100.0	100.0	100.0	100.0
（N）	388,179	392,515	394,957	400,500	399,419	417,115	447,171

〈女子〉

	1929	1930	1931	1932	1933	1934	1935
高小卒・雇用	8.7	9.0	10.4	11.2	12.3	13.9	16.6
高小卒・家事従事	31.7	35.4	34.2	33.3	32.9	34.9	34.8
尋小卒・雇用	20.1	18.5	20.5	20.0	19.2	20.1	20.1
尋小卒・家事従事	39.5	37.1	34.9	35.5	35.6	31.1	28.5
計	100.0	100.0	100.0	100.0	100.0	100.0	100.0
（N）	358,213	350,149	355,255	363,151	372,421	379,599	398,878

（注）厚生省職業部『小学校卒業児童就職に関する資料』1940年より作成。

るといってよいが、ここには尋小卒業の学歴で就職するには決して有利ではないといった認識が生じている可能性があることが示唆されている。他方、高小卒業者で就職する者の比率は、表7にみられるように、大きな変化を見せてはいない。

主たる業種は、男女ともに「農林業」である。しかし、それは、男女ともに一九三五（昭和一〇）年頃から低下し、二九年の約四〇%から三八年の約三〇%にまで低下している。これは、卒業者数が増加したためであり、実数では、男子ではほぼ横ばい、女子では増大さえしている(22)。

男子で「農林業」についで多い業種は「商業」であるが、それも一九三五（昭和一〇）年から「工鉱業」がとってかわり、三八年には「商業」一三%に対し「工鉱業」二二%にまで増大している。女子では、一九二九（昭和四）年頃までは、「商業」と「戸内使用人」がどちらも八〜九%で並んでいたが、三〇年以降は「戸内使用人」が「商業」を若干上回る状況が続いている。「工鉱業」は二九年の八%から三八年の一二%まで上昇し、八業種中最も大きな伸びを示している。高小卒業者の場合も尋小卒業者と同様、女子の「工鉱業」の大半は紡績・製糸業への女工としての就職者であったといってよいだろう。

比率では大きな変化がみられないが、実数でみれば、男子では、「工鉱業」、「戸内使用人」が大きく伸び、女子では、「工鉱業」、「戸内使用人」、「商業」が大きく伸びている。これらの変化は、いずれも「家業従事」から「雇用」への推移に対応しているとみることができる。こうした変化の背後には、雇用される形態の職業の増加にともない、尋小よりは高小の学歴を所有している者の方が有利に処遇されることが、次第に認識されるようになる過程があったのではないかと推測される。

7 労働市場における初等教育学歴就職者

尋小が高小を中心とする進学のための機関に、高小が就職のための機関へとその傾向をより明瞭にした昭和初期の一〇年間である。それは、労働市場の側からみても、尋小の学歴所有者はマイノリティになり、それにかわって高小卒業の就職者がマジョリティになっていたことが明らかになったが、その過程で尋小の学歴と高小のそれとの処遇のされ方はどのような関係にあったのだろうか。その問題について、就職者からみた尋小と高小との関係を量的に把握し、さらに労働市場における学歴別の昇進の問題も含めて検討しよう。

1 就職者からみた尋小と高小との関係

尋小と高小との就職者の総数は、表7にみるように、男子では一九三五（昭和一〇）年の約四五万人をピークとして、その後やや減少しているが、四三万人で安定している。ただし、この一〇年間に、三九万人から四三万人まで四万人の増加がみられる。女子も男子と同様、一九三五（昭和一〇）年の三九万八千人をピークとして、その後やや減少しているが約三九万人で安定し、一〇年間に三六万人から三九万人まで三万人増加している。男女ともに初等教育学歴所有者のうちの就職者は増加している。

この増加を、尋小・高小の比率でみると、男子では、調査が開始された二九（昭和四）年に、すでに高小卒で就職する者が七〇％であり、その比率は一貫して上昇して三八（昭和五）年には八〇％を超えるようになる。他方、尋小卒の就職者は三〇％から二〇％弱へと減少する。就業形態別では、高小卒の「雇用」が二四％から四三％まで急増している以外は、どれもが低下している。二九（昭和四）年までは高小卒の「家事従事」が四八％と約半数を占めていたが、それが三八年では、四一％まで低下し、「雇用」と逆転している。尋小卒の「家事従事」も二〇％から九％まで低下しており、主たる就業形態が尋小卒でも高小卒でも「雇用」になりつつある推移をみることができる。

女子の就職者は、二九（昭和四）年までは男子とは逆に、尋小卒が六〇％でマジョリティであるが、三五（昭和一〇）年からは高小卒が上回るようになる。就業形態別では、二九（昭和四）年に四〇％を占めていた尋小卒の「家事従事」は低下して、三四（昭和九）年からは高小卒の「家事従事」が最も多くなっている。高小卒の「雇用」は、九％から二二％へ最も大きく上昇している。

男女でそれぞれのカテゴリーの値は異なるが、共通した傾向を指摘することができる。第一は、就職者が尋小卒から高小卒へ推移していることである。男子は調査が開始される以前、おそらくは大正期に既に高小卒の就職者がマジョリティになっていると推測されるが、女子はそれより何年か遅れて三五（昭和一〇）年に高小卒が尋小卒を超えはじめる。第二は、就業形態でみれば、高小の女子を除いてだが「家事従事」の一貫した低下、高小卒の「雇用」の一貫した増加である。そして、尋小卒の「雇用」はほぼ一定で比率の変化はあまりない。

このように家事従事者から被雇用者への推移、それも高小卒の被雇用者の増加は、雇用労働市場において高等小学校の学歴の方が重要になる過程が示唆されていると考えられる。さらにいえば、従来、尋小を卒業して家事に従事していた層が高小へ進学するようになり、さらに高小に卒業まで在学した層は被雇用者になっていくという推移があったと考えられる。この推移の背後には、被雇用者になることを意図するならば高小まで行ったほうがよいという進学行動の変化、あるいは、高小を卒業したら被雇用者になる方が有利という就職行動の変化の両面があったことが考えられるが、いずれにせよ、雇用労働市場では高小卒の学歴と尋小卒の学歴との区別が明確になってきていることが推測される。ただし、男女でその時期にはずれがある。男子は比較的早くから、高小の学歴が「雇用」される場合に重要になり、既にこの時期は、尋小の学歴では決して良好な雇用機会が得られなくなっていったのではないだろうか。

それに対し、女子は、「雇用」の場合ようやく三八（昭和一三）年になって、わずかに高等小学校卒業者が多くなっている。それ以上に、まだ「家事従事」が多く、「雇用」を超えるに至らない。「家事従事」であれば、労働力としての価値に尋小と高小の学歴の違いは問題にはならなかったであろうし、「雇用」の場合も、先に指摘したように紡績・製糸業の女工であれば、それは必ずしも高小の学歴を必要としたわけではなかった。これらが、女子に尋小卒で就職する者が多い理由として考えられる。当時発刊されていた『児童』という雑誌に掲載された初等教育卒業者の就職に関する論文には、「つまり、比較的女の子と言うものに対しては、男の子程高等を卒業する事に依る就職の差を感じないのでありませう」(23)と書かれている。こうしたことからも、就職における学歴のメリットが男女で異なっており、男子には昭和期以前に初等教育の尋常と高等の二〜三年間の教育年数の差が学歴の差として、労働市場において意味を持つ世界が広がっていたのではないだろうか。

こうした推移がどのような業種で顕著

（%）

雑業		業種計		
尋常	高等	尋常計	高等計	合計
2.0	3.5	28.5	71.5	100.0
1.2	3.1	25.6	74.4	100.0
1.9	0.9	35.8	64.2	100.0
1.7	4.1	36.0	64.0	100.0
1.3	3.3	26.6	73.4	100.0
1.1	3.2	23.6	76.4	100.0
1.0	3.3	21.7	78.3	100.0
1.2	3.7	20.6	79.4	100.0
0.9	3.7	17.8	82.2	100.0
0.9	3.3	16.4	83.6	100.0

（%）

雑業		業種計		
尋常	高等	尋常計	高等計	合計
4.2	3.8	59.5	40.5	100.0
3.1	3.4	54.3	45.7	100.0
3.3	3.4	54.1	45.9	100.0
3.5	3.6	54.3	45.7	100.0
3.4	3.5	54.8	45.2	100.0
3.0	4.0	51.2	48.8	100.0
2.7	3.7	48.6	51.4	100.0
3.0	4.5	47.3	52.7	100.0
2.8	4.8	44.5	55.5	100.0
2.6	5.1	42.2	57.8	100.0

表8　学歴別業種

〈男子〉

年度	工鉱業 尋常	工鉱業 高等	土木建築 尋常	土木建築 高等	商業 尋常	商業 高等	農林業 尋常	農林業 高等	水産業 尋常	水産業 高等	通信運輸 尋常	通信運輸 高等	戸内使用人 尋常	戸内使用人 高等
1929	3.1	7.1	1.3	4.6	5.4	13.7	12.9	35.4	1.3	2.3	0.3	1.7	2.1	3.3
1930	2.5	6.9	1.0	3.5	4.8	14.9	12.5	39.1	1.4	2.4	0.2	1.6	1.9	2.9
1931	3.3	9.6	1.2	4.2	7.4	22.0	17.1	18.0	1.9	3.1	0.3	1.8	2.7	4.7
1932	3.5	9.4	1.1	3.7	7.8	21.0	17.1	16.1	1.7	3.0	0.3	1.8	2.8	4.9
1933	3.2	8.3	0.8	2.6	5.1	14.9	12.4	36.6	1.3	2.2	0.3	1.5	2.3	4.0
1934	2.9	10.6	0.6	2.6	4.7	16.6	10.6	36.8	1.3	2.4	0.2	1.6	2.1	2.6
1935	2.9	12.6	0.6	2.5	4.5	17.0	9.5	34.4	1.1	2.4	0.2	1.8	2.0	4.4
1936	3.1	14.2	0.5	2.6	4.3	17.8	8.3	32.8	1.0	2.3	0.2	1.8	2.1	4.2
1937	3.0	18.1	0.5	2.5	3.7	16.8	7.1	32.3	0.7	2.3	0.2	2.1	1.8	4.3
1938	3.4	23.5	0.4	2.1	3.3	14.1	6.0	31.9	0.7	2.2	0.2	2.4	1.5	4.2

〈女子〉

年度	工鉱業 尋常	工鉱業 高等	土木建築 尋常	土木建築 高等	商業 尋常	商業 高等	農林業 尋常	農林業 高等	水産業 尋常	水産業 高等	通信運輸 尋常	通信運輸 高等	戸内使用人 尋常	戸内使用人 高等
1929	13.5	4.2	0.3	0.5	4.5	5.1	25.8	20.7	0.9	0.5	0.4	0.7	9.9	5.0
1930	10.6	3.9	0.1	0.2	1.1	5.0	26.5	26.2	0.9	0.6	0.3	0.7	11.7	5.7
1931	11.3	4.5	0.2	0.2	1.2	5.0	25.9	25.3	0.8	0.5	0.2	0.6	11.2	6.3
1932	9.8	4.2	0.1	0.1	1.4	5.0	26.6	24.9	0.8	0.6	0.3	0.7	11.7	6.6
1933	10.0	5.0	0.2	0.2	3.8	5.2	25.0	23.6	1.0	0.5	0.2	0.7	11.2	6.4
1934	11.3	6.0	0.1	0.1	3.4	5.5	21.9	24.2	0.9	0.6	0.2	1.1	10.5	7.3
1935	12.1	7.3	0.1	0.2	3.5	6.0	19.7	24.4	0.8	0.7	0.2	1.2	9.5	7.9
1936	12.4	7.8	0.1	0.2	3.0	6.0	17.9	24.3	0.7	0.6	0.2	1.3	10.0	8.1
1937	12.8	9.2	0.1	0.1	3.0	6.0	15.9	24.5	0.6	0.7	0.1	1.5	9.1	8.6
1938	12.4	10.1	0.1	0.2	2.8	6.4	15.1	25.6	0.6	0.7	0.2	1.5	8.4	8.3

（注）厚生省職業部『小学校卒業児童就職に関する資料』1940年より作成。

なのか、次に、学歴別業種別の就職率を示した表8からみよう。

表8をみると、男子は高小卒の「農林業」が一貫して最も多く、全体の三分の一を占めているが、一〇年間に徐々に低下している。次いで、高小卒の「商業」が一五%前後であるが、ここには大きな変化はない。高小卒の「工鉱業」への入職者は最も大きく伸びており、とくに一九三七（昭和一二）年頃からは伸びは著しく、「商業」を超えて「農林業」に次いで多くなっている。表7でみた高小卒の「雇用」の増加は、「工鉱業」の増加によるところが大きいと推測される。

尋小卒で就職する者は少ないが、そのうちでは「農林業」が多い。しかし、それも一〇年間に一三%から六%へと半減する。それは、表7でみた尋小卒の「家事従事」が一九%から九%へと半減していることと符合している。

こうしてみると、尋小を卒業して高小へ進学し、高小を卒業したら家業の「農林業」に従事するか、工場労働者や商店員となって雇用されるというのが、この時期の多くの男子のとる人生のルートであった。

女子の場合は、尋小卒の「農林業」が減少して、一九三四（昭和九）年には高小卒の「農林業」がそれを上回る。尋小卒で家業の農林業に従事していた層が、高等小学校へと進学しはじめるようになるのであろう。「商業」はごくわずかであるが、調査が行われた二九（昭和四）年に尋小卒よりも高小卒の方が多くなっている。

女子で「農林業」に次いで多い「工鉱業」は、尋小卒が一二%程度で一定であるが、高小卒の「工鉱業」が四%から一〇%まで上昇して両者並ぶようになる。この後まもなく、女子にも、「工鉱業」で高小の学歴所有者の方が多くなる時代がやってくると思われる。「戸内使用人」も、三八年に、尋小卒と高小卒とが並ぶようになり、まもなく高小卒が多くなっていくだろう。

女子は、ちょうどこの一〇年間に尋小を卒業して就職するパタンから、高小を卒業して就職するパタンへの移行が生じており、この後男子と同様に高小を卒業して就職するパタンが一般化していくだろう。しかし、雇用が家事従事を上回るまでにはなっておらず、女子は高小まで進学したとしても、就業形態は変わらず家事従事が多かった。多くは家業の農林業に従事するのであるが、それ以外には女工が多いと思われる工鉱業や、女中などをさす戸内使用人などとして就職しており、それらは高小よりは尋小の方が多い。男子のように二〜三年の教育年数の差が雇用労働市場で有利に働いていたという状況は、おそらく女子の場合にはまだ現れていなかったのではないだろうか。

2　被雇用者の学歴——労働市場を支える高等小学校学歴

このように就職者の学歴が尋小から高小へと上昇していく中で、この二つの学歴の処遇は明確に異なっていたのだろうか。最後にその点について、一九三一（昭和六）年に発行された文部省による『実業教育資料・各種会社工場従業員学歴総合集計、第六揖附録（其の一）』という調査報告書をもとに検討しよう(24)。これは、一九三〇（昭和五）年に一、一三九社の会社や工場を対象としてそこの従業員の学歴を調査したものだが、五七四社に雇用されている約六八万人の従業員の学歴の詳細が記されている。

もちろん、この調査では、各学歴を所有している従業員には多様な年齢層が含まれているため、高小卒と尋小卒との学歴の関係が時代によってどのように変化したのかを把握することはできない。しかし、それ以前の時代からの累積結果として、昭和初期の被雇用者の世界において、それぞれの学歴がどのように処遇されていたかをみることはできる。また、この時期初等教育を卒業して雇用労働市場に参入していく者にとって、その学歴に対する将来を保証するものではないが、彼らが進路選択する際の判断基準として眼に映っていた姿とみることはできよう。

この調査に基づいて、事務職と技術職とに分けて従業員の学歴と職制との関連をみよう（表9）。

まず、事務職と技術職との総数をみると、男子の初等学歴所有者では圧倒的に技術職が多く、高小卒で後者は前者の四倍、尋小卒では一五倍、尋小未卒業では一〇〇倍に及んでいる。中等以上の学歴では、「実業学校及之ニ準スル学校」と実業補習学校といういずれも技術職に近い領域の学校を除いて事務職と技術職の間に大きな違いがない。違いのある実業系の学校でも、実業補習学校で三倍、実業学校で二倍でしかない。

女子でも同様の傾向が一層強くみられる。高小卒では技術職は事務職の四倍で男子とほぼ同様であるが、尋小卒では四七倍、尋小未卒業では二〇〇倍を超える。

こうした学歴の低い者ほど技術職に入職する者が多いという傾向は、相対的に事務職の方が技術職よりも優位にあること、さらにいえば、技術職の多くが現場の技能労働者であることが示唆されている。

さて、男子の事務職をみれば尋小卒と高小卒とは学歴による昇進の度合いの違いを明瞭にみることができる。たとえば、主任という身分に到達した者の比率を学歴別でみると、高小五・一%、尋小一・七%、尋小未卒業者〇・六%と、その違いは明らかであり、さらに高小の五・一%という比率は「実業学校及之ニ準スル学校」の五・四%に比肩する。さらに、主任の上の課長に関しても、高小の二・二%は、「実業学校及之ニ準スル学校」の一・九%をやや上回っている。他方、「其ノ他」については、どのような身分なのかについて説明はないが、おそらくは正規の雇用者とはみなされない雇用形態の者から構成されていると考えられる。そこでは、高小二六・四%であるが、尋小三八・三%、尋小未卒業者は四八・〇%となっており、学歴の高い者の方が、非正規の雇用者が少ないという関係は明瞭である。高小を卒業していれば四分の三が社員以上の俸給生活者になっているが、尋小卒業では、六〇%、尋小未卒業者では半数にとどまる。かつ、社員以上の昇進の可能性も、尋小卒と高小卒の間で、さらに義務教育の未卒業との間には一線引かれていたことがわかる。すなわち、男子が事務職として就職する場合、初等教育学歴の間でも学歴による処遇の差異があったことが示唆されており、高小卒は尋小卒と明確な区別がなされていたようである。

〈男子・技術職〉 (%)

技師以上	技手	職長	職工	其ノ他	計	(N)
39.4	53.9	3.9	2.7	0.1	100.0	18,479
34.6	47.9	13.5	3.4	0.6	100.0	17,296
9.6	29.0	43.6	17.8	0.0	100.0	470
7.0	54.9	24.4	13.3	0.4	100.0	36,323
4.7	11.9	17.0	65.7	0.7	100.0	12,724
2.8	14.6	14.9	67.0	0.7	100.0	14,789
0.45	**3.0**	**6.5**	**89.8**	**0.25**	**100.0**	**122,136**
0.1	**0.8**	**3.4**	**95.5**	**0.2**	**100.0**	**132,674**
0.02	**0.3**	**2.3**	**97.3**	**0.08**	**100.0**	**34,183**
—	0.07	0.05	99.86	0.02	100.0	6,089
1.7	6.5	6.2	85.4	0.2	100.0	395,163

〈女子・技術職〉 (%)

技師以上	技手	職長	職工	其ノ他	計	(N)
—	—	—	—	100.0	100.0	48
—	—	—	—	—	—	—
—	5.5	38.9	53.7	1.9	100.0	330
—	1.0	3.7	89.0	6.3	100.0	7,332
—	0.3	38.6	60.9	0.2	100.0	2,232
—	**0.5**	**1.2**	**98.0**	**0.3**	**100.0**	**27,295**
—	**0.03**	**0.4**	**99.5**	**0.05**	**100.0**	**100,455**
—	—	**0.3**	**99.6**	**0.1**	**100.0**	**16,664**
—	—	0.04	99.96	—	100.0	2,498
—	0.1	0.8	99.0	0.10	100.0	154,356

(其の一)』(1931年刊)から作成。調査は1930年。

技術職についてはどうだろうか。技術職で職工の上の職長に昇進する者は、男

表9　従業員の職制別配分

〈男子・事務職〉　(%)

	部長以上	課長	主任	社員	其ノ他	計	(N)
大学	2.1	4.4	10.8	81.5	1.2	100.0	16,832
専門学校・大学専門部	2.7	7.6	16.5	69.8	3.4	100.0	10,923
高等学校・大学予科	2.7	6.8	11.7	75.1	3.7	100.0	409
実業学校・之二準スル学校	0.4	1.9	5.4	84.0	8.3	100.0	19,103
中学校	0.7	4.6	7.3	77.6	9.8	100.0	10,017
実業補習学校	0.2	2.3	6.0	73.1	18.4	100.0	4,924
高等小学校	**0.3**	**2.2**	**5.1**	**66.0**	**26.4**	**100.0**	**31,083**
尋常小学校	**0.07**	**1.0**	**1.7**	**58.9**	**38.3**	**100.0**	**8,752**
尋常小学校未卒業者	—	**0.3**	**0.6**	**51.1**	**48.0**	**100.0**	**346**
不就学者	—	—	—	—	—	—	—
計	0.9	3.2	7.3	73.2	15.4	100.0	85,557

〈女子・事務職〉　(%)

	部長以上	課長	主任	社員	其ノ他	計	(N)
専門学校・大学専門部	—	—	—	68.9	31.1	100.0	45
高等学校・大学予科	—	—	—	44.4	55.6	100.0	9
実業学校・之二準スル学校	—	—	—	63.0	37.0	100.0	276
高等女学校	—	—	0.04	59.8	40.1	100.0	6,313
実業補習学校	—	—	1.8	66.0	32.2	100.0	1,265
高等小学校	—	—	**0.03**	**41.8**	**58.2**	**100.0**	**6,419**
尋常小学校	—	—	—	**26.1**	**73.9**	**100.0**	**2,133**
尋常小学校未卒業者	—	—	—	**10.5**	**89.5**	**100.0**	**76**
不就学者	—	—	—	—	—	—	—
計	—	—	0.2	48.7	51.1	100.0	16,536

(注)文部省実業学務局『実業教育資料・各種会社工場従業員学歴総合集計、第六輯附録

子で高小六・五%、尋小三・四%、尋小未卒業者二・三%と差異があるが、その差異は事務職ほど大きくはない。職長の上の技手についても、高小三・〇%、尋小で〇・八%、尋小未卒業者〇・三%と若干の差異があるが、実業補習学校やそれ以上の学歴の者と比較すると初等教育の学歴の者が昇進する可能性はきわめて少ない。技術職では、初等教育学歴の所有者は九〇%以上が職工であり、実業補習学校や中等教育機関と比較して昇進の道は狭い。高小卒の学歴の者は、事務職として就職したならば中等教育機関卒業者に比肩して昇進する可能性があったが、技術職ならば昇進の可能性は中等教育機関には及ばないのである。

女子の場合は、長期に勤務する習慣がないうえに、高等教育の機会はきわめて限られており、さらに就職する場合も家事従事者が多いために、実数が少ない。そうした状況でも、事務職における社員の比率は、高小四一・八%、尋小二六・一%、尋小未卒業一〇・五%と明

瞭な差異がみられる。「其ノ他」は、高小五八・二％、尋小七三・九％、尋小未卒業八九・五％であり、俸給生活者になれるか否かに関して、初等教育学歴の間でも違いがあることがわかる。技術職の場合は、ほぼすべてが職工になっており、初等教育学歴間の差異はみられない。

このように、昇進のチャンスという点で、尋常小学校と高等小学校とで違いがあり、尋常小学校を卒業しているか否かでも違いがあった。とくにその傾向は、男女ともに事務職の間で著しく、被雇用者の世界においては、二〜三年の教育年数の違いが処遇の違いを生みだしているのである。

こうした初等教育学歴の所有者は被雇用者の世界でどのような位置を占めていたのか、表10から、それぞれの職制に占める初等教育学歴の比率からみることにしよう。

すでに表9でみたように、女子は実数が少ないためここでは男子について検討する。表9がそれぞれの学歴別の就職者がどのような身分に到達しているかの比率から、学歴による昇進のチャンスを明らかにしようとしたものであるのに対し、表10はそれぞれの身分における学歴の分布から、それぞれの身分においてどのような学歴を持つ者がマジョリティになっているかみたものである。男子事務職では、社員に占める高小卒業者は二七・四％、主任、課長においても約二〇％は高小卒であり、高等教育学歴の所有者とほぼ同じ人数がいることが注目される。高小卒は主任や課長といった中間管理職層として、事務職の世界を担っていることがわかる。他方、尋小卒の事務職は全体で八・五％で高小卒の三〇％に比べて少ないだけでなく、中等教育ないし高等教育機関卒業者よりも少ない。その上、社員以上の身分においてもマイノリティである。尋小卒で事務職へ参入することには、高小と比較して困難であったことが推測される。

それと比較すると、技術職の場合は、全体として尋小卒の学歴所有者が最も多く四二・三％、高小卒は三一・一％である。少数の高学歴者と多数の低学歴労働者という構図が明らかである。尋小卒は職工では最多であるにも関わらず、職長身分では、尋常小学校は二三・六％に対し、高等小学校は三八・八％と、高小が尋小を上回るだけでなく、この職長では高小卒が最も多くなっている。高小卒は技手でも一四・三%を占め、専門学校・大学専門部の卒業者とほぼ同じだけいることがわかる。尋小卒はあくまでも職工身分でしか技術職の世界を担っていないが、高小卒は、管理職の世界でも一定の地歩を占めていたことがわかる。表9でみたように、高小卒は技術職において、中等教育以上の学歴所有者に比較して昇進のチャンスという点では明確な一線が引かれていたが、実際に数の上では、職長レベルの中間管理職として技術職の世界をになっていたことがわかる。

表10　従業員の学歴別配分（男子）

〈事務職〉　(%)

	部長以上	課長	主任	社員	其ノ他	計
大学	38.7	22.3	24.3	18.4	1.3	16.4
専門学校·大学専門部	32.1	25.0	24.2	10.2	2.3	10.7
高等学校·大学予科	1.2	0.9	0.6	0.4	0.1	0.4
実業学校·之二準スル学校	8.7	11.0	13.8	21.4	10.0	18.7
中学校	7.8	13.9	9.9	10.3	6.2	9.8
実業補習学校	1.2	3.4	4.0	4.8	5.7	4.8
高等小学校	**9.5**	**20.9**	**21.3**	**27.4**	**52.1**	**30.4**
尋常小学校	**0.8**	**2.6**	**1.9**	**6.9**	**21.2**	**8.5**
尋常小学校未卒業者	—	**0.03**	**0.03**	**0.2**	**1.1**	**0.3**
計	100.0	100.0	100.0	100.0	100.0	100.0

〈技術職〉　(%)

	技師以上	技手	職長	職工	其ノ他	計
大学	13.0	4.5	0.4	0.02	0.4	0.5
専門学校·大学専門部	44.2	16.1	4.7	0.09	6.6	2.2
高等学校·大学予科	0.1	0.1	0.1	0.004	—	0.02
実業学校·之二準スル学校	24.1	49.8	23.3	0.9	4.3	5.9
中学校	2.5	1.7	2.6	0.7	3.3	0.9
実業補習学校	5.6	7.6	8.1	2.7	10.6	3.4
高等小学校	**8.3**	**14.3**	**32.8**	**32.7**	**39.2**	**31.1**
尋常小学校	**2.1**	**5.3**	**23.6**	**47.3**	**30.8**	**42.3**
尋常小学校未卒業者	**0.1**	**0.5**	**4.4**	**13.2**	**4.6**	**11.6**
不就学者	—	0.07	0.02	2.4	0.2	2.1
計	100.0	100.0	100.0	100.0	100.0	100.0

(注) 文部省実業学務局『実業教育資料・各種会社工場従業員学歴総合集計、第六揖附録（其の一）』(1931年刊) から作成。調査は1930年。

　このように、昭和初期には、高小卒業者は事務職、尋小卒業者は技術職において最も多数を占め、初等教育学歴の所有者が被雇用者の世界を下から支えていたのだが、高小卒業者は中間管理職としても比較的多数を占めていることが興味深い。男子に限らず、数は少ないものの女子でも同様の傾向を見出すことができた。管理職への登用という点で高小卒業者の学歴が有利に働く時代がいつはじまっていたかをここで明確に示すことはできないし、また、高小卒業の学歴をもってこの時期労働市場に参入した者が、将来中間管理職になれるかどうかは保証されていなかった。ただ、誰もが尋常小学校を卒業し、その後の進路分化を考えねばならなくなったこの時期、就職者の多くは被雇用者の世界に参入するようになるが、そこでは高小卒業者が尋小卒業者と明確に区別されて処遇されている現実が眼前に広がり、それが進路選択の準拠になっていた可能性を考慮する余地は充分にあるのではないだろうか。

8　結語

このようにみてくると、誰もが尋常小学校を卒業するようになる昭和初期という時代は、その修了以後に教育を受けることも当たり前になる時代でもあった。尋小を了えたら就職するというコースよりは、進学というのが主流のコースになっていった。主たる進学先は高等小学校である。中等教育機関への進学率はまだ低く、初等教育と中等教育との間には大きな壁があった。しかし、尋小と高小との間の障壁はほとんどなくなっており、義務教育を修了した後、二年程度学校へ通ってから就職しても遅くないだけでなく、むしろ被雇用者となる場合はそれが有利に、いや、必須条件にすらなっていることがうかがえた。

その当時、被雇用者の世界では、高小卒業者は、中間管理職としても中等ないし高等教育学歴所有者に比肩する規模を占めており、尋小卒業者が底辺を支えていたのとは明らかに異なっている。したがって、地域、階層、性別の違いを超えて誰もが義務教育を修了するこの時期には、すでにその学歴だけでは充分な処遇を受けるに値しなくなっていたのである。他方、高小卒業の学歴は、この時期、被雇用者の世界では管理職層の一定数を占めているという点では、それなりの意味を持っていたようである。しかし、この時期に高等小学校を卒業した者にとっては、将来にわたってそれが有利な条件で機能するかといえば、決してそうではないだろう。高小進学者・卒業者の増大は、その学歴の稀少性を喪失させていくからである。いずれ、高小の学歴は、雇用労働市場への参入の必要条件としてしか機能しなくなるのであろう。

ちなみに、同世代の者の最終学歴を文部省年報を利用して疑似的に算出すると(25)、一九一〇(明治四三)年に尋常小学校に入学した男子は、尋小卒業ないし未卒業者が五一%、高小卒業者三二%、中等・高等卒業者が七%である。したがって、この世代の者は、高小卒業の学歴で充分に社会の中堅になれたことがわかる。それが一九三〇(昭和五)年に尋常小学校に入学した世代は、尋小卒業ないし未卒業者が二一%、高小卒業者五九%、中等・高等卒業者が二〇%になる。この世代が高小を卒業するのは一九三八(昭和一三)年であり、ちょうどここで扱った『就職に関する資料』や『実業教育資料』の調査がなされたころである。一九一〇(明治四三)年に尋小に入学し一九一八(大正七)年に高小を卒業する世代が三〇歳代半ばになって中堅として働いている時代である。三八(昭和一三)年の高小卒業者は、高小の学歴が尋小とは異なり有利に働くことをその眼にしていたのであった。しかし、彼らの世代のうち戦中から戦後直後にかけて二〇%もが中等ないし高等教育学歴の所有者になって労働市場へ参入してきたとき、高小卒業者がその二〇年年長の世代と同様に処遇されることはない。

女子の場合は、一九一〇(明治四三)年の尋小入学者は、尋小卒業ないし未卒業者が七八%、高小卒業者一五%、中等・高等卒業者が七%である。それが一九三〇(昭和五)年に尋小に入学した世代は、尋小卒業ないし未卒業者が四三%、高小卒業者四二%、中等・高等卒業者が一五%になり、やはり学歴の上昇をみることができるが、男子と比較すれば高小の学歴の優位性はもう少し長く続いたであろう。

農村部居住者、社会の下層、女性がようやく義務教育を卒業する地点までたどりつき、さらにその上の教育へ手がとどくようになった時、先発の都市部居住者、社会の中・上層、男性は、さらに先へすすみ、その上の学歴を取得し家事従事ではなく雇用労働市場へ参入していくのであった。その雇用労働市場では、その時点では高小卒業の学歴は尋小卒と区別されて一定の意味を持っていた。だが、それもさほど長く続くことはない。彼らが、中堅になるはずの年代には高小卒業時に見ていた世界とは異なる世界が生まれるのである。それが、ここで分析した一〇年間の変化の延長線上に展開していくのか、あるいは、戦中期から戦後にかけての特異な社会状況の影響をうけて、ドラスティックに変化していくのかを明らかにしていくことを今後の課題として、この章を閉じることにしたい。

2章・髙瀬雅弘

戦前期青少年人口移動の歴史地理

離村青少年の属性からみた移動の性格

1　はじめに——問題の所在

　我国の人口は現に不断の奔流をなして都市に集中してゐる。農村の生活を棄てゝ都会に蝟集し来る者が陸続として跡を絶たない。都市はこの絶えざる人の流れを限りなく湛えて、恰も吸血鬼のやうに激しい勢で際限のない膨張を続けて行く。（中略）農村から都市へのこの大きな不断の人の流れは、国民の生活を根底から変革する無言の革命者である(1)。

日米開戦を間近に控えた一九四一（昭和一六）年、美濃口時次郎（当時企画院調査官）は眼下の都市の急速な膨張の様態をこのように形容した。

　こうした表現は、この時代の農村—都市間の人口移動問題を扱った論考にある程度共通して見られるものである。一九二〇年代以降、急速に加速度を上げていった農村から都市への人の流れは、それまでのわが国の歴史においてまさしく未曽有の経験であり、それはやがて各種統計資料の整備によってより具体的に、数字の重みとして認識されるようになっていく。当時の統計資料は「無言の革命者」の姿をありありと浮かびあがらせてくれている。おりしもこの時期には、製造業と農業との間の賃金格差が拡大した(2)。つまり、都市に出て工業に就いたほうが有利だ、という状況が作られたのである。

本章が以下で問題とするのは、「無言の革命者」として形容された移動人口に関する、属性ごとの違い、属性からみた性格である。具体的には、年齢層や移動先での職業からみた移動の様態についての分析を試みる。

ここで注目するのは移動主体としての青少年である。青少年の移動は当時において、一種の社会問題として捉えられていた。たとえば、「農村青年婦女子の農村逃亡、都市集中の現象は、之を農村問題としても、又都会に於ける労働問題失業救済の社会問題としても、乃至は社会国家の問題としても、極めて重大問題である」(3)というように見なされていたのである。都市へ流入した青少年の中には「不良化」という形で都市問題の一部を構成するものもあった(4)。農村は一方で青少年の流出による労働力不足に悩みながら、他方で農村過剰人口にかかわる「二三男問題」も盛んに語られた。農村青少年の進路問題は、たとえば「彼等長子に非ざる者をして、如何なる職業に就かしめるべきか（中略）こゝに於て是等の者を善導し、その将来の職業を彼等農村の青少年をして迷はしめることなく、健全なる教育をなさしめ」(5)ねばならない、というふうに、社会経済問題としてだけでなく教育問題としても、当時の重要なトピックであった。この「二三男問題」は戦後のある時期にまで引き継がれ、しばしば議論の中に登場してくる(6)。

具体的な分析に入る前に、少しこれまでの研究の流れをおさえて、ここでの課題を明確にしておくことにしよう。戦前期の人口移動については資料の制約が大きいが、移動者の年齢階層については比較的早い時期から構造の把握が試みられている。第一回・第二回の国勢調査の比較に基づいて、東京への流入者の中心は一五～一九歳層で、それに次ぐのが二〇～二四歳層であることを明らかにした猪間驥一の研究(7)、詳細な農村調査によって階層別の離村労働力の年齢構成を示した野尻重雄の研究(8)などは同時代的な問題関心から、移動主体としての青少年の重要性を指摘していた。

近年では、都市流入者に関するさらなる分析が進んでいる。戦前期の都市流入者の年齢構造を把握できる希有な資料として『昭和一〇年東京市国勢調査附帯調査』がある。ここに表れた人口ピラミッド（図1）は、青少年流入者（来住者）の存在が、もともと東京に住んでいた人々（原住者）の人口構造をどのように変化させたかを如実に物語っている。ほぼ二等辺三角形をなしていた東京の人口構造（図中の内側）を、一〇歳人口のところでくびれをもった形に大きく変形させたのは、まぎれもなく一〇代後半から二〇代前半の青少年であった。ここから明らかなように、「無言の革命者」とは、まさに青少年を中心とした都市流入者たちだったのである。この事実こそが、本章が青少年の移動に注目するゆえんである。

図1　東京への年齢別原住者・来住者数（1935年・実数）

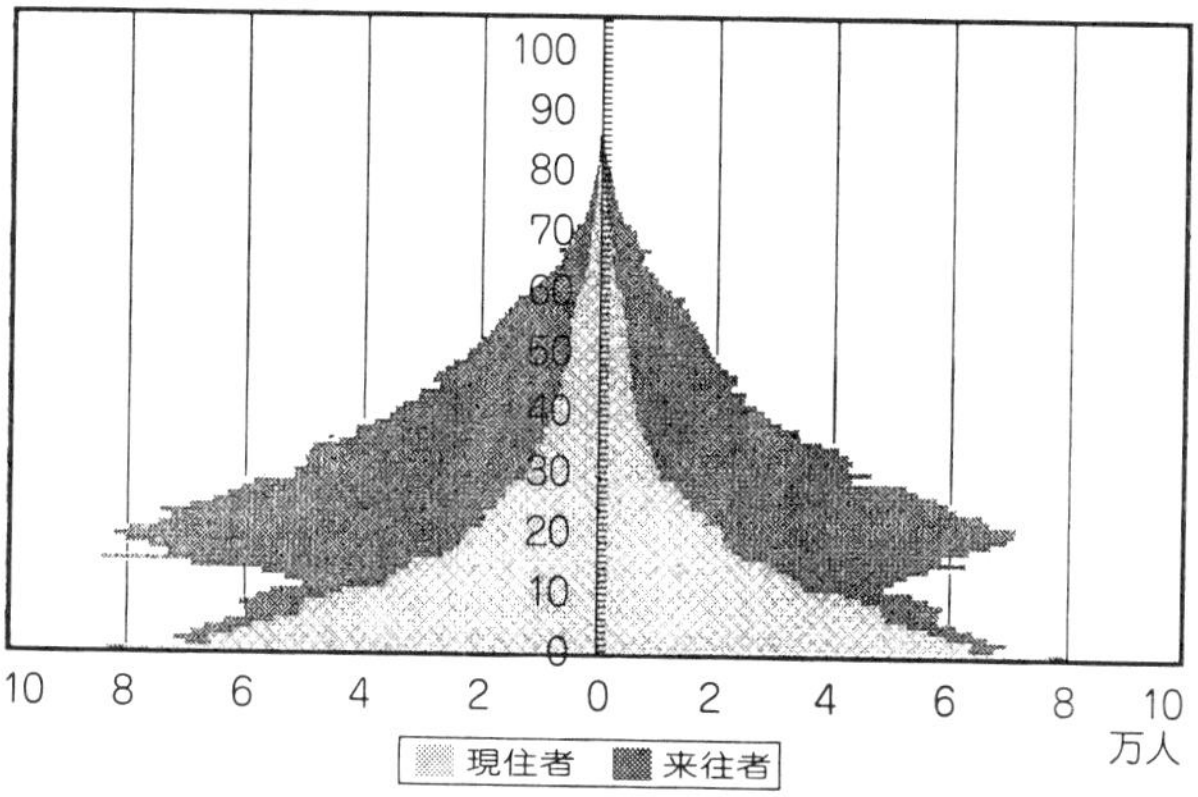

（注）東京市臨時国勢調査部『昭和一〇年東京市国勢調査附帯調査統計書』（1938年刊）第15集より作成。調査は1935年。左側が男子、右側が女子。

この資料の詳細な検討を行った中川清は、来住者の基本的なパターンが青少年期（一四～二四歳）に単身で流入するという形であり、特に男子に関しては高等小学校卒業年齢の一四歳・尋常小学校卒業年齢の一二歳での流入が目立つこと、それに反して女子ではそうした年齢的特徴が曖昧であるということなどを明らかにしている(9)。また、前出の猪間と同じく第一回・第二回国勢調査に基づいて、東京における職業構成の変化から、男子を対象に流入青少年労働力の様態を検討した加瀬和俊の研究は、徴兵前の一五～一九歳のうちに流入することが労働市場において有利であったことを指摘している(10)。

さらに、近年の社会移動研究の成果は、これまでとは異なった視点から、人口移動の性格を明らかにしている。

まず農民層分解という形での農村からの人口移動に関しては、橋本健二が「社会階層と社会移動全国調査」データ（以下、「SSMデータ」とする）に基づき、戦後の農民層出身者の社会移動を精緻に分析し、そこから(1)農家のあとつぎは長男である、(2)二三男は長男より優先的に進学機会を与えられて学歴を取得する、(3)都市への流出者の中心は二三男であるという、三つの仮説がいずれも「俗説」であると指摘している(11)。また橋本は、従来の農民層分解研究が男性だけを研究対象としてきたことを指摘し、労働者階級の主要な供給源としての女子の移動の持つ意味を論じている(12)。

都市流入者に関しては、粒来香が、一九六〇年SSM東京調査データを基に移動者の兄弟順位や学歴といった諸属性からの東京への流入者の性格を検討し、「常識」としての、大都市流入者の大半は農家の二三男であるという、「二三男仮説」（都市流入者の「二三男仮説」）に疑義を呈している(13)。粒来はまた、農家における「長子単独相続」という慣行が必ずしも全国的に妥当するものではなかったことを実証的に明らかにしている(14)。

このように見てくると、戦前期において離村した青少年の移動に関する検討は、前述の社会移動研究によって新たな知見が導かれつつあるが、そこにも大きな制約がつきまとう。とりわけSSMデータに基づいた研究は、戦前期の移動を戦後の調査時点から遡及的に探るという性格を持っており、特に東京に関して言えば、戦災の影響などが考慮されていない。またそれゆえに、戦前・戦間期世代に関して、十分なサンプル数を確保できないような場合も生じる。その点で言えば、同時代的なデータからの考察は、野尻による事例研究を除くと、きわめて不十分な状況にあるといえる。まして全国規模のデータからの検討はほとんどないと言ってよいだろう。そこで本章は、一九三〇年代における調査資料をもとに、全国規模での農山漁村離村青少年の属性（兄弟順位・性別・出生地）と移動の性格（移動先・職業）との関わりを検討して、その構造を明らかにする。その際に、以下のような三つの課題を設定して、それに答えていくことにする。

第一に、都市流入者の「二三男仮説」の論拠となった、離村者の「二三男仮説」（「離村は二三男が大半を占める」）を、全国的なデータから再検討する。野尻の事例研究の限界として、その対象が東日本を中心とした地方に偏っているという点が指摘されてきた。そこで、野尻が見出した兄弟順位による移動の差異が、同時代的なデータにおいて、全国的に見られる傾向であったのかを検討していく。

第二に、性差による移動様態の違いを検討する。これまでの農民離村研究では、もっぱら男子に注目が集まり、女子の移動が必ずしも十分に視野に取り入れられていない。しかし、後に詳しく述べるように、女子の移動は量的にも男子のそれに匹敵するほどであり、しかも特徴的な構造を持っていた。

第三に、移動者の職業について、どのような分化があったのかを見ていく。この時期の移動に表れた性格を明らかにするには、単なる移動の量だけでなく、移動者の諸属性が移動先での職業をどう規定していたのかを検討する必要があるからである。

考察を進めるうえで、主に依拠する資料は、農林省経済更生部『農山漁村ニ於ケル青少年人口移動ニ関スル調査』（一九三八年。以下、「〈調査〉」とする）である。この〈調査〉は昭和四〜八年までの五年間に尋常小学校を卒業した者の一九三七（昭和十二）年八月現在の状況を調査したもので、長男・二三男・女子の三カテゴリーごとに、在村者と離村者の対比、並びに離村者の移動先、移住地で従事している職業といった移動様態をまとめている(15)。〈調査〉における対象者数並びに全般的な離村状況は表1に示す通りである。

この〈調査〉の最大の特徴は、ほぼ昭和恐慌から景気の回復基調を認め、やがて戦時体制へと移行していく時期における青少年の移動を、先に述べたような移動者の属性という観点から捉えようとした点にある。このような関心に基づいて行われた研究としては、先にもあげた野尻重雄によるものが有名であるが、そこでの議論は東日本の府県を中心とした調査に基づくものであったため、対象の偏りについての批判(16)を免れえなかった。したがって、全国規模で実施された調査であるという点において、この時期においては、管見の限り類例のない調査(17)であった。

なお、この〈調査〉に基づいていえば、地域にはふたつの意味がある。ひとつは農村・漁村・山村という、出身村の産業的性格であり、もうひとつは行政上の地方区分（十一区分）である。以下本章では、前者を（村の）性格、後者を（出身）地方として扱うことにする。

さて、冒頭で紹介した「無言の革命者」——家郷を離れ、都市へと向かう青少年たち——とはいかなる人々であったのか。本章では、そうした人々の横顔に、またかれらの移動の論理に、さらにはその移動がもたらした、「革命」と形容される社会構造の変化の持つ歴史的含意に、できる限りの接近を試みたい。

2　離村者の「二三男仮説」の再検討——兄弟順位による地域移動の差異

野尻の戦前期における同時代的研究は、長男・二三男の離村の性格を検証するにあたって、その意図を次のように述べている。

最初に吾々の常識としての離村は農家の次三《ママ》男が主体を占めると謂はれてゐる事実が果たして然るや。之に対して長男離村は如何なる比重に於て表れてゐるか、そしてそれは如何なる階層的な意味を有しつゝあるやを、主なる検討の対象とする(18)。

この文面から、野尻が検証を行う以前より、「常識」としての離村者の「二三男仮説」は、すでに存在していたと考えられる。結果的に野尻の分析は、その「常識」を実証的に肯定することになるが、この分析は先にもふれたように、論拠となる事例（対象地方）が地理的な偏りを持っているという弱点を抱えていた。具体的には、その調査対象地方は岩手・福島・新潟・埼玉と、東日本に偏っており（一部に和歌山県の事例に基づく検討は見られる）、それが離村者の「二三男仮説」を一般化することへの批判のもととなっていた。

果たしてこの離村者の「二三男仮説」は全国的な傾向として見られるものであったのだろうか。また、兄弟順位によって、地域移動にどのような差異が表れるのだろうか。

ここでは、まず長男と二三男とでは、離村率に差が見られるのか、次に同じく兄弟順位によって移動先の分布にどのような違いがあるのかについて検討する。

それでは、長男と二三男では、離村率がどのように異なっていたのかを表1から見ることにしよう。ここでの長男三一・一％、二三男四七・一％（いずれも農山漁村合わせた数値）という離村率を見ると、まず二三男の方が離村する割合が高いことを確認できる。ちなみに野尻は『農民離村の実証的研究』の中で、この数字に言及している。そこで野尻は「長男離村少しと言ふ吾々の常識に於て尚ほ三割の長男離村の存在が認められる」（傍点原文ママ）(19)という事実は認めながらも、日中戦争勃発直後という時代状況と、青少年を対象とした調査という性格から、「（ここでの長男の離村率は―筆者）純然たる職業的完全移動(20)よりは、幾分多き比率を占めてゐるものと考へなければならぬ」(21)とし、そのうえで、独自の調査データ(22)に基づいて、「常識通り次三《（ママ）》男離村は、約八割と言ふ大勢を支配してゐる」(23)という結論を導く。

ここで、〈調査〉の数字と野尻の分析における数字とを比較してみることにしよう。野尻は、男子離村者に占める長男の割合は二二・七％、二三男が七七・三％(24)であることから、前記のような移動のイメージを導いている。同様の数字を表1から求めてみると、それぞれ二八・七％、二三男七一・三％となり、若干長男の割合が高くなっている。それでも男子対象者総数中の長男・二三男の構成比はそれぞれ、三七・八％、六二・二％であるから、ここにおいて二

表1　青少年離村の概況（離村者数と離村率）

		男子		長男		二三男		女子	
離村者	農村	12,891	40.1	3,590	29.7	9,301	46.4	12,205	39.4
	山村	6,815	45.3	1,948	34.5	4,867	51.8	7,111	49.5
	漁村	3,020	36.9	990	30.7	2,030	41.0	3,444	44.8
	計	22,726	41.0	6,528	31.1	16,198	47.1	22,760	42.9
在村者	農村	19,255	59.9	8,497	70.3	10,758	53.6	18,789	60.6
	山村	8,239	54.7	3,703	65.5	4,536	48.2	7,255	50.5
	漁村	5,155	63.1	2,231	69.3	2,924	59.0	4,244	55.2
	計	32,649	59.0	14,431	68.9	18,218	52.9	30,288	57.1
	合計	55,375	100.0	20,959	100.0	34,416	100.0	53,048	100.0

（注）農林省経済更生部『農山漁村ニ於ケル青少年人口移動ニ関スル調査』（1938年刊）、第一表から作成。調査は1938年。

三男が離村する確率は相対的に高いという事実が認められるのである。しかしながら、われわれのデータと野尻の研究とでは、ひとつは出身村の性格という点に、もうひとつには地方に違いがある。これらの点について検討してみよう。

第一に、出身村の性格については、野尻の調査対象がすべて農村であるのに対し、〈調査〉の対象には山村・漁村が含まれており、このことが影響していると思われる。表1によれば、農村・山村・漁村の三区分によって離村率にばらつきがあることがわかる。具体的には、長男・二三男ともに山村の離村率が最も高くなっている。野尻の分析においてこれと直接比較できる数字は示されていないが、対象農村に関して、専業農家・副業農家・非農家という業態別の比較によれば、専業において長男が移動する割合が低く、非農家ほど高いという事実が示されており、農村だけでなく、山村や漁村が含まれるわれわれのデータにおいて長男の離村率が高く表れたということが考えられる。

第二に、野尻の対象が東日本中心であったのに対し、〈調査〉の対象が日本全国に及んでいることもまた影響していると思われる。表2は地方別に長男と二三男の構成比を示したものである。

本来ならば、長男・二三男それぞれの離村率を地方ごとに比較検討したいのだが、〈調査〉には地方別の調査対象者数が記載されていないため、便宜的にこの数値を援用する。

長男の構成比を見ると、沖縄と北海道の高さが目につく。一方で、この南北端の地方を除いた東北地方～九州地方までの九地方に関して見た場合に、それぞれの構成比に大きな違いは認められない。中国以西の地方は粒来の研究によって指摘されているように、長子単独相続といった慣行からは比較的自由な地方[25]であったと考えられ、そうした違いも移動の地方差に影響を与えていたと思われるのだが、東日本の数値との違いは意外にも小さい。さらに沖縄と北海道を除いた九地方の男子離村者に占める長男の構成比を計算すると、二四・八%となり、野尻の分析における数字（二二・七%）との差はより小さくなってしまう[26]。したがって、本州から四国・九州までは、ほぼ「離村者の大半は二三男であった」ということになるのではないだろうか。

表2　地域別離村青少年の構成比（長男・二三男）

	長男		二三男		計	
	実数	構成比（%）	実数	構成比（%）	実数	%
北海道	437	37.0	745	63.0	1,182	100.0
東北	294	24.8	891	75.2	1,185	100.0
関東	503	23.9	1,604	76.1	2,107	100.0
北陸	627	23.4	2,056	76.6	2,683	100.0
東山	529	22.1	1,863	77.9	2,392	100.0
東海	515	22.9	1,733	77.1	2,248	100.0
近畿	529	22.1	1,863	77.9	2,392	100.0
中国	692	27.1	1,863	72.9	2,555	100.0
四国	627	28.1	1,604	71.9	2,231	100.0
九州	666	29.6	1,587	70.4	2,253	100.0
沖縄	1,109	74.0	389	26.0	1,498	100.0
合計	6,528	28.7	16,198	71.3	22,726	100.0

（注）農林省経済更生部『農山漁村ニ於ケル青少年人口移動ニ関スル調査』（1938年刊）、第二表から作成。調査は1938年。

相続慣行といったものに象徴されるような、何らかの地方性が移動に反映されていたとすれば、北海道と沖縄が該当するだろう。ただし、沖縄の離村者に占める長男の「異常」ともいうべき高さの理由は、〈調査〉からはわからない。また、沖縄や北海道の地理的な位置を考えると、「中央」からの距離という要因の影響を考えることもできるのではないか。距離が遠くなればなるほど、移動に要するコストが大きくなるのは当然のことであり、「遠隔地」では、そうしたコストのかかる移動が、先に出生した者＝長男から優先的に排出する形で行われるものであった、という解釈はできないだろうか。

次に、長男・二三男では移動先の分布にどのような違いが表れるのか、特に都市流入者の「二三男仮説」を鑑みて、二三男の方が長男よりも都市に流入する傾向が強かったのかを見ていくことにしたい。図2は、長男・二三男それぞれの移動先の分布を表し

図2　離村青少年の移動先の分布（長男・二三男別）

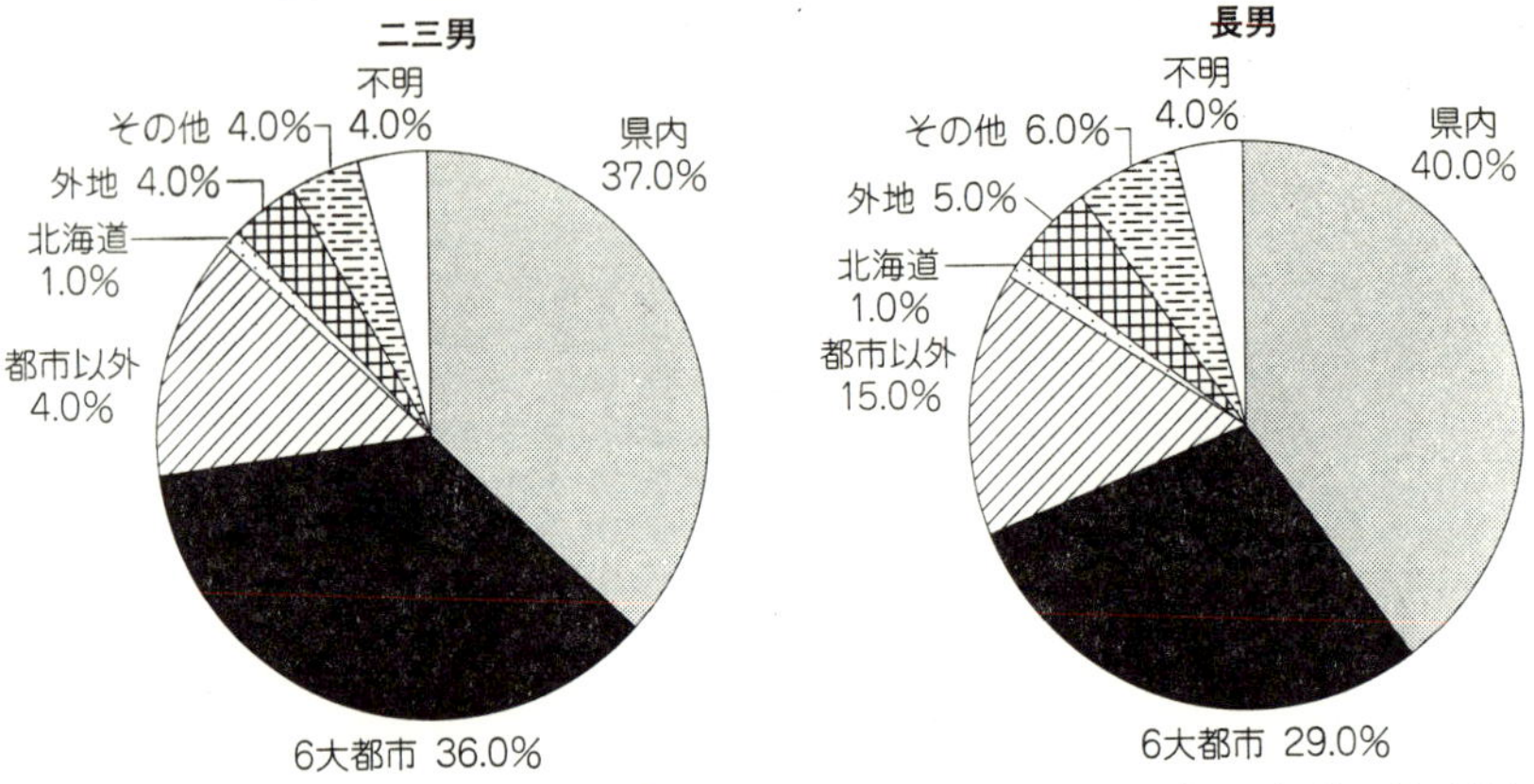

（注）農林省経済更生部『農山漁村ニ於ケル青少年人口移動ニ関スル調査』（1938年刊）、第五表から作成。調査は1938年。

たものである。

ここにみられる特徴は、長男では県内移動の割合が六大都市移動よりも高くなっているのに対し、二三男では県内と六大都市がほぼ同数となっていることである。それ以外の移動先については、長男・二三男でほとんど差は見られず、兄弟順位による移動の差は、県内移動と六大都市移動に表れている。また、〈調査〉における一ヶ村当たりの六大都市移動者は長男が一・三人であるのに対し、二三男では四・二人となっている。長男の離村者と二三男の離村者との比が一対二・五であることを勘案しても、二三男において都市集中傾向が強いということが認められるだろう。この両者の差異はどのような論理に基づくのであろうか。相対的な長男の県内移動の割合の高さと六大都市移動の低さは移動距離の短さを示しているから、長男は、「あとをつぐ」ための将来的な帰村を想定して短距離移動していたのだろうか。しかしながら、一時的な移動が、たとえば奉公といった修養的な意味合いを持ったものであったとするならば、そこには移動が短距離である必然性はないはずである。ここでは、長男・二三男の移動距離や移動先の分布に差異があることは指摘できる。しかしながら、それらが何によって規定されていたのかを明らかにすることは難しい。より質的な側面からの検討が求められる課題である。

さて、このような移動先の分布の差異は、全国的に均一に表れるものだったのだろうか。そこで地方ごとに六大都市移動の県内移動に対する比率（県内移動を1とする）を比較してみると（表3）、長男については、六大都市への移動が県内移動を上回るのは北陸・東山・近畿地方だけであり、それも近畿地方を除けばほとんど差がない。一方、二三男については関東・北陸・東山・近畿・四国の各地方において六大都市への移動が県内移動を上回っている。とりわけ長男にも六大都市移動が多い地方では、二三男の六大都市移動が目立って多く、北陸や近畿地方では県内移動の倍近くになっている。また、従来大都市流入者を多く輩出してきたとされる東北地方において、六大都市移動が県内移動を大きく下回っているのは意外に思える。いずれにせよ、移動先の分布については、地方によってかなり違いがあることがわかる。このような地方差についても、実証的に検証することは難しいが、概ね二つの要因が働いていたと考えられる。一つは、伝統的に大都市との結び付きが強いとされてきた地方で、北陸と東山などがこれに該当する。もう一つは大都市に近接した地方で、関東や四国はこれに当たるだろう。兄弟順位と同時に、地方性もまた移動の方向性を規定していたと考えられる(27)。

以上から考えると、単に村を出る、離村という現象だけについてみると「二三男仮説」はほぼ全国的に妥当するものであったと考えられる(28)。しかしながら、移動先という移動の結果を見れば、そこには地方差が表れる、ということになるのである。

表3　出身地域別・六大都市移動の県内移動に対する比率（長男・二三男別）

	北海道	東北	関東	北陸	東山	東海	近畿	中国	四国	九州	沖縄
長男	0.08	0.28	0.84	1.03	1.15	0.60	1.58	0.50	0.92	0.35	1.00
二三男	0.14	0.43	1.13	2.00	1.47	0.69	2.07	0.60	1.14	0.42	1.18
男子計	0.11	0.38	1.02	1.72	1.35	0.67	1.93	0.55	1.08	0.38	1.13

（注）農林省経済更生部『農山漁村ニ於ケル青少年人口移動ニ関スル調査』（1938年刊）、第六表の二、三から作成。調査は1938年。

3　移動における性差

戦前期における農山漁村からの離村研究は、前節で検討したような、「二三男仮説」を中心とした男子労働力の移動に関心の重点があり、移動年齢や移動距離に関して男女の差を検討している野尻の研究を除けば、女子の移動に関心が払われることはほとんどなかったといってよいだろう。

表1によれば、〈調査〉における対象者はほぼ同数で、離村率は男子・女子ともにほぼ四割となっている。離村者・在村者の実数に関してもほとんど差は認められない(29)。つまり、離村率・規模両方において女子の移動は男子と同程度であったといえ、その大きさにもかかわらず従来の議論が移動の問題を長男・二三男という形で男子にのみ注目してきたことが不十分であることは明らかである。このことは、研究者自身の関心というよりも史資料の制約による部分が大きいのだが、青少年移動者のうちの「半分」を見落としてきた、ということになるのである。

ここでも前節と同様に、離村率と移動先の分布は性別によって異なっていたのか、異なっていたとすればそれはどのような差異であったのかについて検討していくことにしたい。

全国規模での離村率はすでに見たように、男子と女子ではほとんど差が見られない。ただし、このことは必ずしもすべての年齢層を通じて移動の様態が男女同じであったことを意味しない。なぜなら、野尻の指摘によると、女子は男子よりも移動開始年齢が早い（男子においては満一五歳から一九歳にかけての移動が多いのに対し、女子では一四歳未満の移動が大勢を占める）(30)ために、青少年を対象としたわれわれのデータでは女子の移動がより大きい比重を占めている可能性があるからである。ここに青少年移動の一つの特徴がある。それでは、男子と女子の離村傾向は全国的に同様であったのだろうか。長男・二三男の比較と同様に、出身村の性格と地方から考察してみよう。

第一に、表1において農村・山村・漁村別に離村率を見てみると、男子では山村の離村率が最も高く、次いで農村、漁村の順になっているのに対し、女子では山村、漁村、農村の順になっている。単純な一般化はできないものの、男子・女子に共通してみられる山村の離村率の高さは、山村における生活の困難――農村や漁村との経済的な格差――を想像させる。

第二に、各地方ごとの離村者の男女の構成比を示したものが表4である。

これによれば、北海道・関東・中国・九州などでは男子が女子を上回っている。一方東北や沖縄では女子の割合が男子よりも比較的大きくなっている。その他の地方では概ね同じ割合である。野尻は貧窮村の女子において少年期の職業移動がとりわけ多くなるという傾向を見出している[31]。〈調査〉のデータでは、職業移動と遊学や結婚による移動とが区別されていないため、曖昧な部分が残されているが、その対象年齢と次節で見る職業分布から推測して、比較的結婚移動が少なく、職業移動が大半を占めていると考えられる。野尻の説明に従うならば、女子、なかでも若年女子の職業移動の多さは、出身地方の経済的困窮を示す指標となる。したがって、東北や沖縄における女子の割合の高さはその地方の経済状況を端的に表しているといえる。とりわけ東北地方女子の離村者中の構成比の大きさは、しばしば語られてきたところの農村恐慌――「少女の身売り」（彼女たちの存在は、直接にはわれわれのデータには表れていないだろうが）といったストーリーさえも想起させるものである。

表4　地域別離村青少年の構成比（男子・女子）

	男子		女子		計	
	実数	構成比（%）	実数	構成比（%）	実数	%
北海道	1,182	55.3	956	44.7	2,138	100.0
東北	1,185	43.4	1,548	56.6	2,733	100.0
関東	2,107	53.0	1,866	47.0	3,973	100.0
北陸	2,683	49.3	2,754	50.7	5,437	100.0
東山	2,392	49.1	2,481	50.9	4,873	100.0
東海	2,248	49.4	2,299	50.6	4,547	100.0
近畿	2,392	51.5	2,253	48.5	4,645	100.0
中国	2,555	52.2	2,344	47.8	4,899	100.0
四国	2,231	49.8	2,253	50.2	4,484	100.0
九州	2,253	52.7	2,026	47.3	4,279	100.0
沖縄	1,498	43.1	1,980	56.9	3,478	100.0
合計	22,726	50.0	22,760	50.0	45,486	100.0

（注）農林省経済更生部『農山漁村ニ於ケル青少年人口移動ニ関スル調査』（1938年刊）、第二表から作成。調査は1938年。

図３　離村青少年の移動先の分布（男子・女子別）

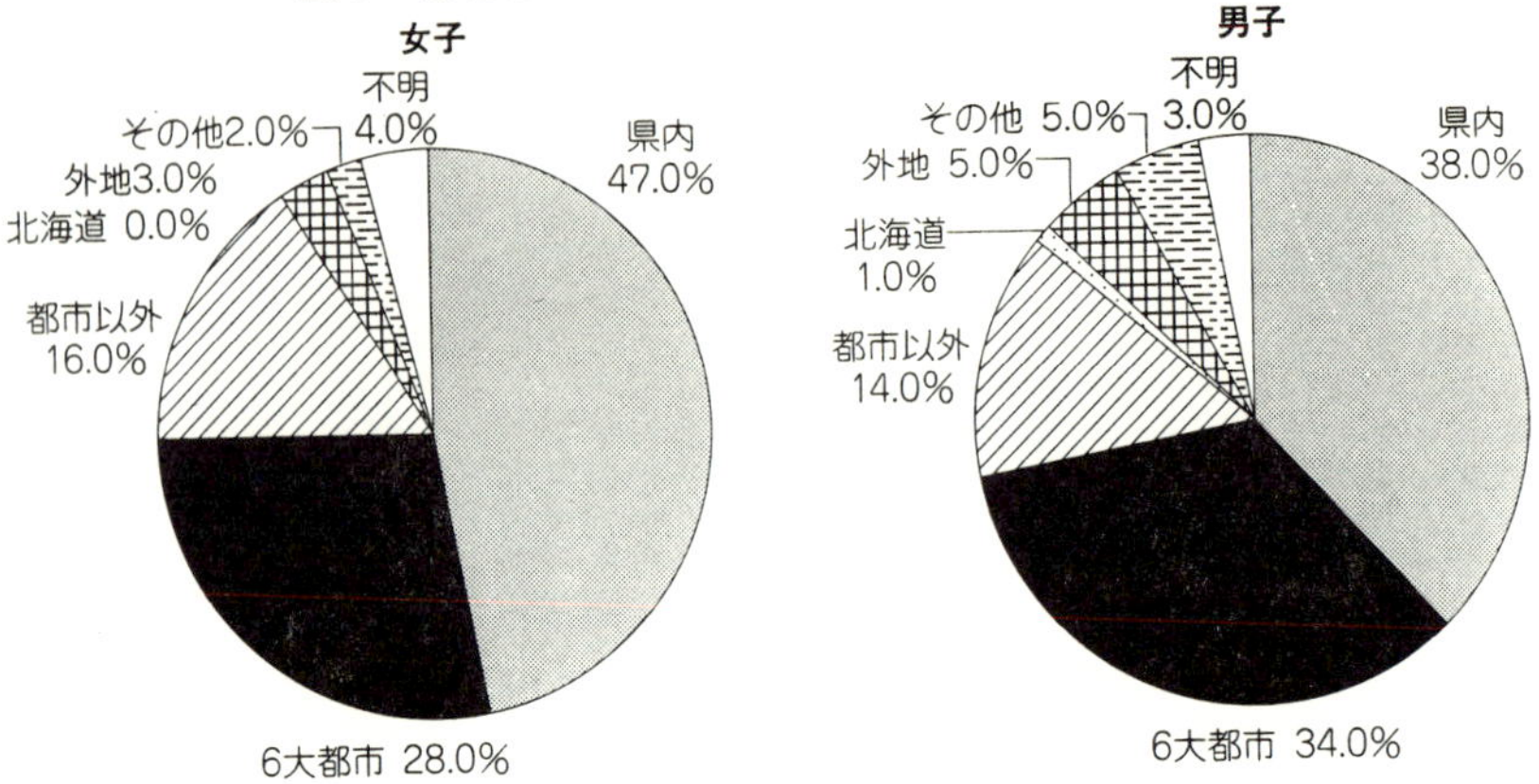

（注）農林省経済更生部『農山漁村ニ於ケル青少年人口移動ニ関スル調査』（1938年刊）、第五表から作成。調査は1938年。

次に、性別によって移動先の分布がどのように異なるのかを検討しよう。図３は、男子・女子の移動先の分布を表したものである。

ここでの特徴は、女子において県内移動の割合が六大都市移動と比べてかなり高くなっていることである。男子の県内移動もわずかに六大都市移動を上回っているが、それほど大きな差とはなっていない。したがって、女子の方が相対的に移動距離が短いということになる。野尻の研究も同様のことを指摘している[32]が、このことは何を示しているだろうか。一つには、この〈調査〉で扱われる移動が一六～二〇歳の青少年を対象としていることから、結婚による永続的な移動はそれほど多くはなく、むしろ将来的になされるであろうそのような移動（帰村も含めた）を想定しての一時的な移動が距離の短さとして表れた、ということが考えられる。またできるだけ親元から近くのところで、といった親子双方の思惑ないし配慮が近距離移動という選択をもたらしたという側面があったと考えられる。一方で、このような選択的な移動とは逆に、経済上の要請などから生じる強制的な移動というケースを想定した場合には、女子にとっての労働市場あるいは結婚市場というものが家郷からそれほど離れたところには展開していなかったということも考えられる。なお、労働・職業に関しては次節で詳しく検討することにしたい。

このような傾向を出身地方別に見た場合には、どのような違いが表れるだろうか。表5は、地方ごとに、男女別の六大都市移動の県内移動に対する比率（県内移動を1とする）を表したものである。

表5　出身地域別・六大都市移動の県内移動に対する比率
（男子・女子別）

	北海道	東北	関東	北陸	東山	東海	近畿	中国	四国	九州	沖縄
男子	0.11	0.38	1.02	1.72	1.35	0.67	1.93	0.55	1.08	0.38	1.13
女子	0.06	0.27	0.87	0.67	0.61	0.22	0.87	0.36	0.60	0.43	4.60
男女計	0.09	0.33	0.95	1.20	0.98	0.45	1.40	0.46	0.84	0.41	2.87

（注）農林省経済更生部『農山漁村ニ於ケル青少年人口移動ニ関スル調査』（1938年刊）、第六表の一、四から作成。調査は1938年。

これによれば、男子の場合、北陸・東山・近畿・沖縄の各地方では六大都市移動が県内移動を大きく上回り(33)、それ以外では六大都市移動は県内移動と同数か、下回っている。女子については、沖縄を除けば、県内移動が六大都市移動を上回ることはない。中部三地方（北陸・東山・東海）では、男子の六大都市移動が高い割に女子のそれは低い値にとどまっているものの、全般的に男は子の六大都市移動が多い地方では相対的に女子の六大都市移動の割合も高くなっている。ここでも性差による違いをともないながらも、移動傾向の地方差には兄弟順位ごとの検討と同様のふたつの要因（①大都市工業への近接性＝関東・近畿・四国、②大都市との人的交流の伝統性＝北陸・東山地方）が影響していると考えられる(34)。

ここでも離村じたいは、地方によって大きな違いがあるわけではない。しかしながら、移動先とそこから推測される移動距離には、性別による違いに加えて、地方差も反映されていると考えられる。

4　都市での就職――離村青少年の職業

これまでの議論は、青少年を輩出する側――離村青少年の出身村――から移動のありようを見るものであったが、視点を移して、六大都市の側から見ると、広範な地方から青少年人口が大規模に流入していたことがわかる。北海道や東北といった地方を除くと、県内移動に

図4　離村青少年の職業分布（長男・二三男別）

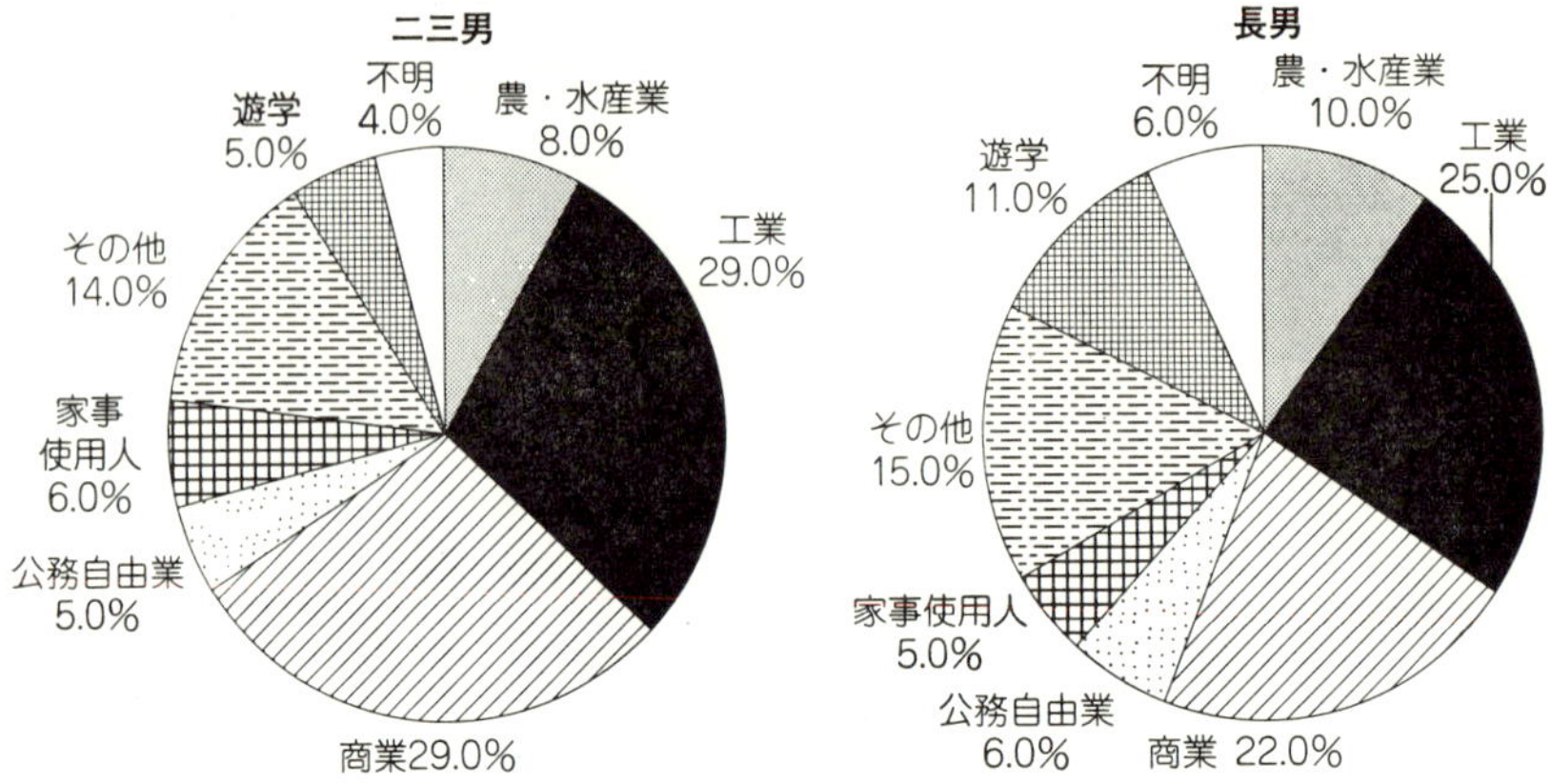

（注）農林省経済更生部『農山漁村ニ於ケル青少年人口移動ニ関スル調査』（1938年刊）、第七表から作成。調査は1938年。

ほぼ匹敵する量の青少年が六大都市に吸収されていったのである。実際、一九三七（昭和一二）年三月の小学校卒業者の少年職業紹介（大都市就職希望少年職業紹介）の成績を見ると、東京への就職者については、四七道府県中、就職者を輩出していないのは島根・福岡・長崎のわずか三県であり、三九年三月卒業者についても、奈良・徳島・沖縄の三県のみであった[35]。都市はこのように「無言の革命者」たる青少年を全国各地から吸い寄せていたのである。

　これまでの数多くの研究が、離村→工業を中心とした賃労働者化というメカニズムを説明してきたが、その説明に従うならば、離村青少年たちの多くは賃労働者たるべく都市へと流入してきたことになる。こうした離村青少年たちは、労働市場のどの部分に参入していったのだろうか。具体的には彼らは移動先においてどのような職業に従事することになったのだろうか。そこで本節では、まず兄弟順位ごとに、次に性別による離村青少年の職業的分化を検討することにしたい。なお、ここに表れる諸傾向は、大都市流入者のものとは限らないが、それでもある程度都市型の職業構造を示していると考えてよいだろう。

　離村青少年の職業の分布について、長男・二三男別に示したものが図4である。

　長男・二三男別に職業構成を見た場合、両者の間にそれほど大きな差異は認められない。長男・二三男ともに離村者の中で最も大きな比率を占めるのは工業であり、すでにこの時期・世代において一定数が拡大の一途をたどる工業労働力として吸収されつつあったのである。離村長男における工業の割合の大きさはやや意外な印象を与える。もっとも、ここでの離村長男は、野尻が指摘するような純農家（自作農）ではない、小作農や周辺的な農業労働従事者層の出身者が多かった可能性があり、農村の長男が離村→都市工業労働力化するというプロセスを簡単に想定することは控えるべきかもしれない。しかしながら、実際には小作農や周辺的労働従事者とされる人々こそが農業労働の根本的な担い手であり、彼らの離村によって『青年なき農村』の困難と痛苦とを激化する」(36)という事態が生じつつあったことの重大さは看過することはできない。

商業は、しばしば二三男のための職業として語られてきた(37)が、長男・二三男それぞれにおいて、職業の割合としては工業と大差ない数値となっている。それでも長男と比べると二三男において商業の占める割合はわずかに高くなっている。

もう一つ目に付いた点として、長男における遊学の割合の高さがあげられる。実数としては大差ないものの、割合としては二三男の二倍以上となっている。先にも述べたように、一六歳から二〇歳までの年齢層に対する教育であり、また具体的な進学先を知ることはできないので、その内容には多分にばらつきがあると思われるが、概ね中等教育以上であることを考えれば、長男の方が相対的に高い教育を受けていたことになる。ここに農山漁村出身の、家産を継承できない二三男が教育を受けることによって立身出世するという旧来のイメージとは異なった様相が表れていることは興味深い。

次に、男子・女子別に離村青少年の職業分布を示したのが図5である。

男女ともに三割前後が工業に従事している。ただ一口に工業といっても、男子と女子では業種に違いがあったようで、男子については、ある調査によれば工業のなかでもとりわけ電気・機械製作業への集中が指摘されており(38)、ま

図5　離村青少年の職業分布（男子・女子別）

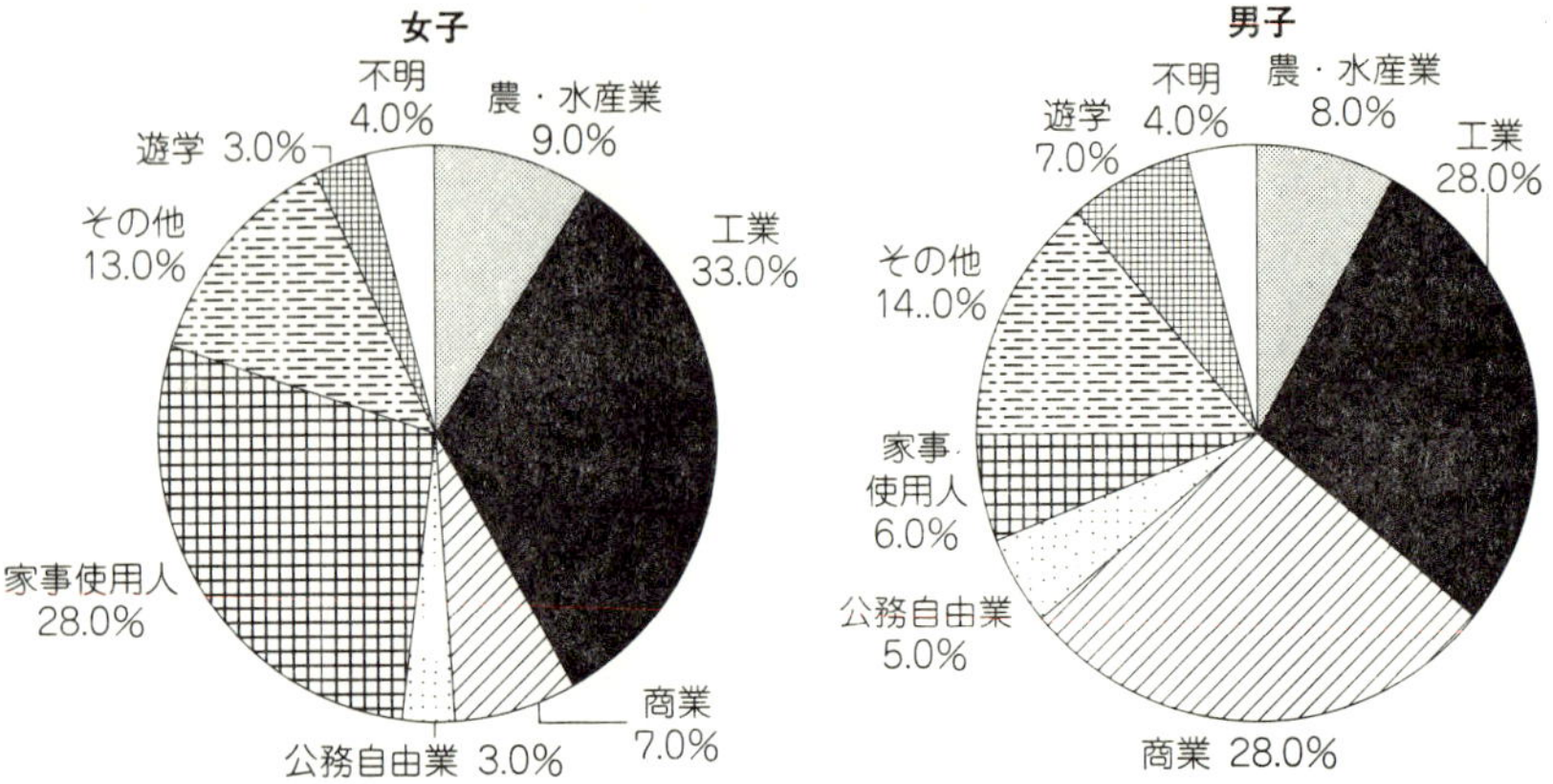

（注）農林省経済更生部『農山漁村ニ於ケル青少年人口移動ニ関スル調査』（1938年刊）、第七表から作成。調査は1938年。

た女子においては、製糸・紡織業に携わる女工の占める割合がきわめて高かったことはこれまでに指摘されてきた通りである(39)。また、図表は割愛するが、農山漁村別では、山村出身者における工業の占める割合が男子で三二％（農山漁村平均二八％）、女子で三九％（同三三％）となっており、山村の特殊性——先にも述べたような　所得構造などの規定要因——を想起させる。商業に関しては男子で工業と同様に三割程度の従事者が見られるのに対して、女子ではかなり少なくなっている。

女子において工業と並んで目を引くのは、家事使用人の多さである。女中などに象徴される家事使用人は、離村した女子にとってのもう一方の主要な職業であったことがわかる(40)。とりわけ漁村女子については四二％（平均二九％）という数値を示しており、工業従事者の二三％を大きく上回っている。

われわれのデータでは離村者の離村時点が特定できないために、各々の数字の時系列上の意味を把握することができないが、野尻の分析(41)を補助線としてその含意を推測することができる。これによれば、男子離村者のうち、工業従事者の割合は恐慌時（昭和五〜六年）四〇・七％、準戦時（同七〜一一年）四七・〇％、戦時（同一二〜一四年）五〇・二％と増加の一途をたどり、一方で女子離村者において

表6　出身地域別・工業の商業に対する比率（長男・二三男別）

	北海道	東北	関東	北陸	東山	東海	近畿	中国	四国	九州	沖縄
長男	0.63	1.14	0.90	1.45	1.00	1.28	0.60	1.63	0.73	2.18	2.58
二三男	0.55	1.24	0.91	1.10	0.95	1.12	0.48	1.45	0.64	1.93	2.46
男子計	0.52	1.25	0.94	1.14	0.97	1.16	0.52	1.50	0.66	1.93	2.56

（注）農林省経済更生部『農山漁村ニ於ケル青少年人口移動ニ関スル調査』（1938年刊）、第八表の二、三から作成。調査は1938年。

工業従事者の占める割合は恐慌時五一・九％、準戦時四八・三％、戦時四四・六％と減少している。戦時体制への移行は工業労働力における男子労働力と女子労働力の位置を逆転させる形で進んだことになる。したがって、われわれが対象としている移動は、まさにそうした過渡期におけるものであったと見ることができる。そこで改めて図5を見ると、工業の占める割合は野尻の数字と比べると、低いものにとどまっている。ここから推測されることは、青年期におけるこのような職業構造が、加齢とさらなる移動によって工業労働力重点型へとシフトしていったであろうということ(42)である。また、女子の家事使用人の動向についても野尻による分析を見ると、恐慌時二六・八％、準戦時二八・八％、戦時三七・二％という形で増加している。その背景には、前に述べた工業労働力の代替と、女中雇用者としての「新しい俸給生活者層」の増加に伴う需要の拡大(43)といった背景が想定される。もう一点、それほど大きな割合として表れてはいないが、遊学(44)に関しては男子が女子の二倍以上となっていることにも注目したい。

　このような労働力供給のあり方は、前に述べたような時代的特性を反映していたと言えるが、そこには地方ごとの特色はみられるだろうか。そこで出身地方別に青少年の職業分化を見ていくことにしよう。これらから窺い知ることができるのは都市移動の性格というよりは労働力の供給地の分布であるが、工業・商業・公務自由業(45)・家事使用人といった都市型の職業は、それぞれどのような地方から多く供給されていたのだろうか。

　まず男子・二三男別に検討していく。ここでは工業と商業の比較という観点から考察していこう。表6は、地方ごとの工業の対商業比率（商業を1とする）を表したものである。

　これによれば、離村した男子の中では、工業の対商業比率に兄弟順位による明確な差異は認められない。全般的には長男・二三男ともに工業が商業とほぼ同数か若干上回る傾向がみられるが、北海道と近畿地方については、工業よりも商業に従事する割合が大きくなっている。特に近畿地方では、県内ないし大阪といった近隣地方に大商業労働市場が開けていたことを考えれば、短距離移動→商業労働者化、というプロセスが想像できる。また表では示さないが、東日本においては、長男・二三男ともに農業に従事する青少年が一五～二〇％程度存在する(46)。

このように、工業・商業労働者の供給には、地方特性が表れてはいるものの、他の職業まで含めて男子離村者内での兄弟順位による職業分化はそれほど明確ではなく、かりに兄弟順位が移動に差をもたらしているとすれば、それは離村の時点でのことであり、職業に関してははっきりとした影響を与えてはいない。唯一例外があるとすれば、それは遊学であり、いずれの地方においても長男離村者に占める割合は二三男のそれの約二倍になっている(47)。

次に、性別による職業分化については、業種を広くとって検討することにしよう。表7は、出身地方別に職業分布を示したものである。

男子について、大都市を抱える、ないしは近接する地方（北海道・関東・東山・東海・近畿・四国）では商業従事者が工業従事者を上回る。とりわけ北海道と、「商都」大阪を抱える近畿地方では、長男・二三男別にみた場合と同じく、商業の占める割合が大きく、工業の倍近くになっている。したがって、男子商業労働力の供給地は、比較的六大都市に近接する地方に多く展開していたと言えるだろう（ただし、北海道のような例外もある）。逆に工業が商業を上回る地方（東北・北陸・東海・中国・九州・沖縄）は大都市から相対的に離れた位置に展開している。女子については、工業と家事使用人との関係から見ると、一つの地方的傾向が表れる。製糸・紡織業の集中する地方――とりわけ北陸・東山・東海の各地方――において工業が大きな比重を占めており、対してそれ以外の地方ではいずれも家事使用人の割合が工業従事者を上回る。したがって、地方農村の低所得者層からの労

九州・沖縄	
男子	女子
20.0	8.0
30.0	44.0
14.0	5.0
5.0	3.0
4.0	20.0
15.0	12.0
8.0	2.0
5.0	7.0
3,751	3,524

の一、四から作成。

表7　出身地域別・離村青少年の職業分布（男子・女子別）

	北海道・東北		関東		中部		近畿		中国 四国	
	男子	女子	男子	女子	男子	女子	男子	女子	男子	女子
農・水産業	23.0	29.0	10.0	8.0	4.0	5.0	3.0	5.0	6.0	12.0
工業	16.0	16.0	31.0	28.0	34.0	52.0	22.0	29.0	27.0	21.0
商業	19.0	7.0	33.0	11.0	32.0	5.0	42.0	9.0	28.0	9.0
公務自由業	7.0	3.0	3.0	2.0	4.0	3.0	5.0	3.0	6.0	4.0
家事使用人	6.0	26.0	6.0	39.0	5.0	19.0	5.0	35.0	6.0	30.0
その他	17.0	8.0	10.0	7.0	12.0	10.0	9.0	10.0	15.0	15.0
遊学	8.0	3.0	5.0	2.0	6.0	2.0	7.0	3.0	9.0	4.0
不明	7.0	8.0	2.0	3.0	3.0	3.0	6.0	6.0	5.0	6.0
N	2,367	2,504	2,107	1,866	7,323	7,534	2,392	2,253	4,786	4,597

（注）農林省経済更生部『農山漁村ニ於ケル青少年人口移動ニ関スル調査』（1938年刊）、第八表の調査は1938年。

働力供給は当然考えられるものの、それでも女子工業労働力の供給地も比較的需要地――それは六大都市からはやや離れた立地である――に近接していたと言えるのではないか。このことは、女子の移動距離が短距離であるということとも符合する。他方家事使用人については、男子商業労働力について見られるような大都市近接地方において割合が高くなっているものの、先にも述べたような「女中難」を反映してか、東山・東海を除いて北海道から九州にかけてまで、全国的な広がりを見せている。かりに野尻が述べたような男子における工業労働者輩出地方と商業労働者輩出地方の階層的差異（商業の方が相対的に高い）、女子における女工輩出地方と女中輩出地方の差異（女中の方が相対的に高い）(48)があるとするならば、ここでの検討に表れた地方差は、それぞれの相対的な経済的「豊かさ」「貧しさ」を反映しているだろう。その意味で、離村して都市で就職する青少年一人ひとりは、それぞれ出身地・出身階層という背景を背負った存在であったのである。

5　まとめにかえて

本章における一連の性格記述の中から、青少年の移動に関する普遍的な性格なり傾向性を読み取ることは決して容易ではない。ましてや〈調査〉というユニークな資料についても、一時点の調査であり、通時的に比較可能な資料がないという意味での制約は否定しえない。しかしながら、一九三七（昭和一二）年という、時局が本格的な戦時動員体制へと向かおうとする時期にこのような調査が実施されたことは、まさにこの時期に形作られてゆく勤労青少年をめぐる諸問題を考えるうえでも重要であった。なぜなら、この〈調査〉が明らかにしているような、若年労働市場をめぐる移動の量や性格の把握は、のちの時代においても引き続き社会政策的課題として引き継がれていったからである。それだけにこうした資料を前後の時期との連関構造の中に位置づけることが必要となってくる。このような課題意識を踏まえたうえで、本章における議論の、今後の研究に対する含意を提示することにしたい。

第一に、野尻が検討した離村者の「二三男仮説」を全国的に検討してみると、青少年の移動に関しては、東北から九州にかけては離村者の大半が二三男であった、ということである。ただし農村・山村・漁村による違いといった点については考慮が必要である。特に山村では全般的に、農村よりも高い離村傾向がみられ、長男の離村率も農村のそれより高くなっていた。離村や都市流入に関する「二三男仮説」を考察する際には、こうした非農業部門の青少年の存在を十分考慮に入れなければならない。また、長男・二三男の離村者に占める構成比には、北海道・沖縄といった「中央」から見た「遠隔地」では長男が多く離村する傾向が見られた。こうした地方の持つ特性についても考察しなければならない。

また、移動先には、長男・二三男によって差異があることも明らかになった。つまり長男よりも二三男の方が、より六大都市へと流入する割合が高い、ということである。さらに、そうした二三男の大都市流入傾向には出身村の性格や地方による差が見られる。以上から、離村をめぐる「二三男問題」と都市流入をめぐる「二三男問題」とは不連続の相を持っており、とりわけ前者については離村者の「二三男仮説」を完全に否定することはできず、この点については、今後議論をより深めていく必要がある。

第二に、これまでの地域移動に関する歴史研究においては断片的にしか語られてこなかった女子の移動が、男子に匹敵する規模で、かつ特定の職業に集中する形で展開していった事実の持つ意味は大きい。

移動の規模は男子と女子とでほとんど同じであったものの、その性格にはいくつかの特徴的な差異が表れた。一つは、野尻の主張――女子移動の多さは出身地方の経済的困窮をある程度反映する――を裏付けるように、東北や沖縄といった地方で女子の離村が男子のそれよりも大規模に見られたということである。もう一つは、女子の方が男子よりも移動距離が短いということである。このことについては、当時の女子において結婚などによる将来の帰村やさらなる移動を想定したうえで短距離移動が選択されるという可能性、及び男子と女子で労働市場の地理的分布、さらには女工の募集人制度に代表されるようなリクルーティングの形態の相違といった点にその理由が求められるだろう。とりわけ女子の移動に関しては、青少年期においてより顕著に行われることを考えると、若年労働市場との関係から、さらに詳細な分析が必要となるだろう。本章の記述に表れた女子の移動の性格についていえば、女子労働市場の地理的特性や、将来的な結婚などの要因による帰村/移動と短距離移動との関係といった点は、ライフコース戦略上の結婚前就業のあり方を考えるうえでも、全国的な規模において今後検討されるべき主題であると言えよう。

第三に、離村者の職業分化をみた場合、まず、長男・二三男については、職業分布にそれほど大きな違いはみられない。ただし、離村した長男において、二三男と同様にかなり高い割合で工業従事者がみられることから、「あとつぎ」としての長男が、家業継承のための修行的な意味で離村する、といった従来のイメージとは異なり(工業従事者の中にもそういった人々は含まれていたであろうが)、賃労働者化のプロセス(この時期において、商業でも徒弟制から賃労働へのシフトが進みつつあった)が立ち表れていることをうかがうことができるだろう。しかしながら、同時に離村青少年の職業が、工業に一極集中していたわけではないことにも留意する必要がある、依然として商業は工業に匹敵する位置を占めており、離村青少年イコール工業労働者という一面的なイメージを描くのは危険である。

兄弟順位別に見た工業労働力供給の地理的分布については、地方差はみられたものの、兄弟順位による差異はほとんど認められなかった。

また兄弟順位による差異が比較的はっきりと表れるのは遊学であり、従来のイメージとは異なり、長男の方がより高い教育を受けていたことがわかる。

次に男子・女子別では、女子において工業と家事使用人の占める割合が高い。一方男子においては工業と商業とがほぼ同程度の割合で見られたのに対し、女子では商業の割合はかなり低くなっている。男女ともに公務自由業などの占める割合は低く、それぞれ主要二業種に集中的に参入していったことになる。

このような、男子における工業・商業労働者、女子における女工・女中の供給には地方差が存在していた。それは、一つには需要地との近接性から、もう一つには地方間の経済的格差によってもたらされたものであったと考えられる。

以上のような性格記述をふまえ、今後都市―農村間の青少年人口移動を検討するうえでの課題は、第一に、この時期の青少年世代の移動とその後の時代の移動との関係をたどっていくことである。戦争へと至るこの時期と、戦後高度成長期の移動とはどのようにつながっていたのだろうか。すでにこの時期において、一九六〇年代初頭における大規模な農村青少年の移動に対する並木正吉の形容――「地すべり的な移動」(49)へと通じるような状況が成立しつつあったのではないか。さらに言えば、仮に敗戦という「断絶」がなかったとしたなら、そのまま「戦後的状況」としての「地すべり的な移動」へとなだれ込んだのかも知れない。

第二に、これまでごく自然に一連の現象として語られてきた農山漁村からの離村という現象と大都市への流入という現象との関係を検討し直すことである。両者の間には、部分的に不連続の相があるのではないか。それは前述したように、長男と二三男の移動の相違に端的に表れる。つまり、確かに農山漁村の側から見れば、二三男が大都市に流入する割合は長男のそれよりも高い。しかし、大都市流入者の中には農山漁村出身者ばかりではなく、地方都市や近郊からの流入者が数多く存在する。両者の微妙なズレが無視されたまま、離村者の「二三男仮説」と都市流入者の「二三男仮説」とが連続され、イメージの混乱を招いているのではないだろうか。

第三に、移動者の問題は一方で在村者の位置を問題化する側面を持っている。かりに「二三男問題」というものが成立するのであれば、「長男問題」もまた存在しうるのである。事実〈調査〉の、愛知県に関する報告書(50)では離村者だけでなく、農村における各種団体についても調査を行っており、在村者の生活構造の再編成もまたもう一つの社会政策的課題であったことを示唆している。

そして最後に、多様な移動のあり方というものに目を向けることである。これまでの移動に関する実証的研究は、人口移動＝労働力移動というイメージに偏っていた。しかし本章で見たように、進学や結婚のための移動というものが一方には存在し、それらが社会構造の変化に重要な役割を果たしたであろうことは容易に想像できる。今後、移動の社会文化的な意味付け（移動によって生じる都市問題―青少年問題など）や、個々人の人生に対する意味を検討することがより重要となるだろう。同時に、本章で素描した全国的な傾向を手がかりにして、地域性の持つ意味を改めて考察していくことが必要となる。このような作業を通じて、より豊かな〈移動像〉というものを描くことが可能となるだろう。

3章・新谷康浩

中等工業教育と職業資格

●電気事業主任技術者資格の獲得状況に着目して

1 はじめに

本章では、中等教育レベルの主要な二種類の工業教育機関の比較、及び労働市場と資格の関係という二つの観点から、戦前期における中等教育レベルの工業教育と技術者の労働市場との関連を明らかにしていきたい。中等工業教育機関は、戦前期に中学から高校、大学へという正系コースの進学が出来なかった数多くの青年に別系統の進学機会を提供した教育機関のひとつであるが、そのうち中核を占めた甲種工業学校と工業系各種学校に着目して、それぞれの教育機関としての性格がどのようなものであったのか、それらの位置がどう変化してきたのかをみていくことにする。

戦前期において中等レベルの工業教育機関が重工業化を直接担うプラクティカルな技術者を養成したことは疑うべくもない。日露戦争後の重工業化は、労働市場における技術者の需要、とりわけ工場などの現場において実際に技術を運用する技術者への需要を高めた。このレベルの技術者養成を念頭に置いていたのは中等教育レベルの工業教育機関であった。このうち工業学校は農業学校などの他の実業教育機関と比べると拡充が遅れており、重工業化の初期に求められた人材養成を果たせたとは言い難いといわれてきた。そのかわりに、必要な人材養成を担ってきたという評価を与えられたのが工業系の各種学校である。その中には、工手学校（現在の工学院大学）や電機学校（現在の東京電機大学）などのように、多数の生徒を集め、社会的に一定の評価を与えられてきたものも少なくない。工業学校も、工業系の各種学校も、尋常小学校や高等小学校卒業レベルを入学基準としていた。いわば初等教育修了者にとって、工業系の進路を選ぼうとする者にとっては、二つの主要な選択肢となっていたと考えられる。彼らがそれぞれの選択をした場合、どのような将来設計を描くことができたのであろうか。

本章では、戦前期に中等教育レベルの人材養成を担っていた両教育機関がそれぞれどういう位置にあったのか、その位置関係がどう変容してきたのか、それを通して、これらの学校への進学が、中等以下の学歴の青年にとってどういうものであったのかを探ってみたい(1)。

このような課題設定をするのは、両教育機関の関係性がいまだ曖昧なままであり、中堅技術者養成を主眼とした教育機関を考察する際には、この両者の関係を明確にしておく必要があると思われるからである。これまでの中等工業教育機関に関する先行研究においては、各種学校のほうが例外的な位置づけをされてきたといえよう。たとえば、岩内亮一(2)は、中等工業教育を分析する中で、各種学校のうち最も歴史の古い工手学校に対して「この（中等―引用者）レベルのマンパワー形成を受けもつ機関が皆無であったわけではない」という評価をしている。また沢井実(3)も各種学校を以下のように評価している。「明治後期における重化学工業化の進展が必要とする下級技術者の全てを、工業学校卒業生によって充足することは到底不可能であ」り、「そのギャップを埋めた」のが工業各種学校であった、と。確かにこれら各種学校は正規の教育制度には位置づけられておらず、教育制度を中心としてみた場合、例外的な位置づけしか与えられないであろう。またこれらの研究の対象とされた時期が明治期を中心としているため、その後これらの各種学校がどのような位置にいたのかということは彼らの研究からではわからない。一方、現在から過去をさかのぼるために

SSMデータを用いた粒来香・佐藤俊樹(4)の研究でも、両者は実業学校というかたちでまとめられていると考えられる。これらの研究から受ける印象は、あたかも、工業学校が中等工業教育の中心的存在であったかのような印象を受けかねない。だが、当時の労働市場における工業学校と各種学校の位置づけに着目すれば、このような印象は一変する。拙稿(5)によると、電気事業主任技術者の労働市場に着目した場合、このポストは圧倒的に工手学校をはじめとする各種学校卒業生によって占められ、甲種工業学校卒業生はほとんどこのポストについていなかったという結果を示している。甲種工業学校卒業生には基本的に電気事業主任技術者の三種の資格が付与され、一方各種学校卒業生にはなんら資格付与がなかったにもかかわらずである。

ここでは規定の分析を中心に行い、それによってその規定が実際の資格付与や現実の労働市場とどう関わっていたのかを明らかにしていきたい。

まず、次節では、実業教育制度の中に占める甲種工業学校と工業系各種学校の位置づけを整理する。3節で戦前期における資格制度を整理し、その中で電気事業主任技術者の資格の位置づけを示す。これらの作業を通して、本章で対象とする教育制度と資格制度を概観する。4節では電気事業主任技術者資格検定制度をとりあげ、その法的側面に着目し、改正をたどりながら、甲種工業学校と各種学校の関係を明らかにするための手がかりをさぐる。特に、その改正の中でも、一九二一年の改正はとりわけ大きな変化を伴うものであった。すなわちそれまで六級に分かれていたのが三種にまとめられたのである。そこで5節では、この規定の変化が労働市場の変化の中でどのような時期に行われたのか、それがどのような帰結を導き出したのかを明らかにする。6節では資格取得者構成比の推移を示すことで、甲種工業学校と各種学校の位置づけをさぐる。7節ではそのようにして比較したものを、資格取得に求められる能力という点で質的に考察してみたい。8節で以上の知見をまとめ、中等以下の学歴の青年にとってこれらの学校の意味を探ることにしたい。

20	21	22	23	24	25	26	27	28	29	30	31
22	25	25	26	27	29	31	31	32	33	34	35
26	26	27	30	32	32	33	35	41	43	43	44
72	54	51	51	52	55	55	72	69	72	76	502
670	685	712	743	770	795	851	875	910	956	975	1,001
54	61	67	76	78	82	85	87	88	92	92	92
313	319	324	320	326	325	338	331	335	339	335	333
11	9	12	12	12	12	12	12	12	14	14	13
157	165	187	212	228	234	251	265	276	296	308	318
10	10	11	13	12	12	12	12	12	12	12	12
125	121	33	30	28	27	33	25	27	26	26	28
—	—	78	80	86	103	120	143	160	177	188	205

1921年の徒弟学校は乙種工業学校と職業学校の合計、1922年以降の徒弟学校

2　甲種工業学校と各種学校の特徴

まずここで甲種工業学校と各種学校の制度的特徴について少しふれておこう。甲種工業学校は、一八九九年の工業学校規程（文部省令第八号）により制度化された。その際の入学資格は、高等小学校四年卒業以上、年齢十四歳以上であった。これが、一九二〇年の実業学校令改正により、法律上、工業学校をはじめとする実業学校は甲種、乙種の種別がなくなった。それと同時に、それまでの徒弟学校が工業学校の中に含まれた。これに伴い改正された工業学校規程によって、工業学校の入学資格は、年齢十二歳以上、尋常小学校卒業以上とされた。だが、修業年限により甲乙の種別は事実上残っていた。改正後の甲種工業学校の修業年限は尋常小学校卒業者の場合、五年であった。

一方、各種学校は、正規の学校体系には含まれていない。各種学校についてふれている規定は、一八七八（明治一一）年の教育令が最初である。その第二条で「学校ハ小学校、中学校、大学校、師範学校、専門学校、其他各種ノ学校トス」とされた。また、文部省年報では、翌七九年から各種学校の項目が加えられている。それによると、各種学校は「教育令ノ本旨ニ遵依シテ学科不完備」の学校を程度の如何にかかわらずすべて各種学校として扱っている。各種学校はさらに「小学校に類するも

表1　学校の推移――工業学校・各種学校

	年	1909	10	11	12	13	14	15	16	17	18	19
電気系学科の学校数	工業学校	2	2	4	6	7	8	9	11	11	15	16
	各種学校	9	9	11	12	13	16	17	18	19	21	23
学校数	実業各種学校	—	29	36	43	51	54	51	49	58	61	64
	実業学校	431	468	502	513	526	536	547	568	586	604	628
	工業学校	34	36	34	36	35	35	36	36	36	40	41
	農業学校	202	210	237	245	249	251	260	270	278	280	296
	水産学校	15	17	15	15	16	13	12	11	11	11	11
	商業学校	81	90	97	99	103	108	106	112	121	127	140
	商船学校	12	12	12	11	11	11	10	10	10	11	11
	徒弟学校	87	103	107	107	112	118	123	129	130	135	129
	職業学校	—	—	—	—	—	—	—	—	—	—	—

（注）『日本電気事業史』『文部省年報』より作成。1921年以降工業学校の学校数は甲種工業学校。
は乙種工業学校の学校数。

の」「中学校に類するもの」「高等女学校に類するもの」「実業学校に類するもの」「専門学校に類するもの」「盲聾亜学校に類するもの」「その他」に区分されている。本章では、「実業学校に類するもの」を取り扱うことになる。

文部省年報の中に実業学校に類する各種学校の項目が加えられるのは一九〇九（明治四二）年度からである。学校数は、表1によると、その年度には四三校であったが、三一（昭和六）年には五〇二校まで急増した(6)。大正から昭和初期の増加により、各種学校は日本の産業構造の変動にともなって、「いちはやく産業界の要望にこたえ、実際に役立った下級・中級技術者の需要に短期速成でこたえていった」という評価を与えられてきた(7)。実業学校に類する各種学校は、同じ時期に生徒数も突出して拡大しており、昭和一〇年には各種学校の中で最も生徒数が多い分野になっていた。大正から昭和初期にかけて、実業学校に類するものはいわば中核的な位置を占めつつあったといえる。ちなみに、各種学校を対象とした研究は数少ないが、その中でも小金井の一連の研究はまとまった知見を与えてくれる。本稿も各種学校に関してはこの知見に負うところが大きい。

工業系の各種学校は、先にふれた工手学校や電機学校の他に、攻玉社、東京商工学校、中央工学校、早稲田工手学校などが含まれている。

工手学校の場合、一六歳以上で入学試験に及第したものが入学できた。また電機学校の場合、予科が尋常小学校卒業者、本科が予科または中学卒業者となっていた。これらの学校は、このように尋常小学校卒業者レベルの青年に、二年程度の教育を行うものが主流であった。ゆえに、甲種工業学校とこれら各種学校を比較した場合、規定上は入学者の学歴水準はほぼ同一レベルを対象としていたが、その教育年数は甲種工業学校に比べて各種学校が圧倒的に短かったといえる。しかも、これらの各種学校はたいてい夜間教育が中心であったため、授業時数でも限られたものにならざるをえなかった。そのため教育年数から見ると、甲種工業学校のほうが高度な教育を行い質の高い人材を養成していたようにみえる。では、実際はどうであったのか。

また両者は主要な設置主体でも異なっていた。甲種工業学校はそのほとんどが県立であった。そのため、学校や学科設置などに関して県による認可が必要であった。また規定で、ある程度カリキュラムなども決まっており、各学校ごとに決められる裁量の幅も限られたものであった。一方各種学校の方は、私立主体であった。学校体系外にあるものを各種学校としてまとめていたにすぎないため、それらの学校はカリキュラムや教育年限などフレキシブルで適応性に富んでいたといえる。工業教育はその性格上、労働市場とのかかわりが最も大きいが、その点からみると、工業系各種学校は労働市場などに最も大きく規定されていたということもできるだろう。

次に学校数の推移から両者を比較してみよう。表1に戻って実業各種学校と工業学校をはじめとする実業学校の学校数の推移をみてみると、工業学校は商業学校に次いで増加が著しく、大正から昭和初期にかけて三倍になっていた。また、電気系の学科を持つ工業学校と各種学校について学校数の推移を比較すると、各種学校が工業学校を常に若干上回っていた(8)。このように、工業学校や工業系各種学校は実業教育や各種学校全体の中で大きな位置を占めていたことがわかる。また、電気系の学科を持つ工業学校は、当初は工業学校全体の二割にも満たなかったが、一九一八年以降は四割前後を占めるに至る。電気系の学科は、工業学校以上に著しい増加を示した。これらのことから、本稿で扱う対象は、戦前期において最も急激に拡大してきた分野のひとつであるといえよう。

3 戦前期の資格制度と電気事業主任技術者資格

次に戦前期の資格の歴史を概観してみると、工業系の資格は明治末から導入が始まるが、戦前はあまりその種類が増えなかった。戦前期における工業系の資格としては、電気事業主任技術者（一九一一年）、ガス事業主任技術者（一九二七年）、火薬類取扱者、及び火薬類作業主任者（一九一七年）、圧縮ガス及び液化ガス事業主任者（一九二三年）、無線通信士（一九一五年）などがあげられる。このうち電気事業主任技術者の資格取得者が最も多く、工業系の資格の中心的存在であった。なお、資格の歴史については、辻功が一連の研究(9)でまとめている。また、中等教育レベルの資格の議論ではないが、高等教育と資格との関連については、天野郁夫、橋本鉱市(10)などが検討を加えている。それによると、医師、法律家などは、明治期に高等教育の拡大により、資格を通じてそれらの専門職に入職する機会が次第に失われていったという。だが、この電気事業主任技術者の資格は、教育の拡大、及び高学歴者の増大にもかかわらず、資格が学歴によって駆逐されたわけではなかった(11)。ではなぜこの資格は学歴に駆逐されなかったのか。これを検討することで、中等教育レベルの資格と労働市場との関連に対して、何らかの知見がえられるのではないだろうか。

なお、規定に着目して学歴と資格との関係を分析したものとしては先に示した辻(12)の研究があげられる。辻(13)はかなり早い時期に資格制度を教育との関係の中で検討したという点では評価できるが、その後の論文(14)で示した枠組みに関しては問題がないわけではない。資格のタイプ分けを資格法制によって行い、資格の種類を学歴型、実務型、中間型と分けているが、あくまでもそれは規定上での分類にすぎない。むしろ、実際の資格認定がどの程度学歴や資格によって行われていたのか、その際にその資格をめぐる労働市場や教育機関がどのような状態であり、それとの関わりの中で資格付与がどの程度学歴や実務と関わっていったのかを見るべきである。電業事業主任技術者の資格に対しても、辻(15)は第一種と第二種を学歴型、第三種を中間型としているが、果たしてそれが妥当な分類方法であったのかは実態を通して検証される必要があるだろう。また、この資格を検討することは、先の課題に立ち戻って、甲種工業学校と各種学校との比較を行う際の基準を与えてもくれる。

『文部省年報』などの公教育を中心としたデータでは、各種学校のデータが十分把握できない(16)。両教育機関を質的、量的側面から比較する場合には、特定の能力証明である資格が両教育機関でどの程度取得できたのかという基準からアプローチしていくのが、一つの手がかりを与えてくれるであろう。そこでこの両者を、資格取得の側面に着目して、量と質の点からどういう位置関係にあったのかを探っていきたい。

ここでとりあげる電気事業主任技術者の資格の法的位置づけについてふれておこう。これは、一九一一年に電気事業法の関係命令のひとつとしてつくられた電気事業法施行規則（同年九月五日、逓信省令第二五号）、および電気事業主任技術者資格検定規則（同年九月五日、逓信省令第二七号）によりつくられたものであり、現在の電気主任技術者資格の源流となっているものである。逓信省が行っていたため、当時は一般に「逓試」と呼ばれていた。では次にこの資格の規定の変遷をたどってみよう。

4　電気事業主任技術者資格検定規則とその改正

電気事業主任技術者資格検定規則は、その中で、等級毎に電気事業主任技術者として従事可能な電気事業の種類や、資格認定の方法などを規定していた。当初、その資格は五種類に区分されていたが、一三年の改正（同年一〇月六日、逓信省令第九四号）により、六種類となり、資格により就業可能な範囲についても変更が加えられた。この一三年の規則がここで中心的にとりあげる二一年改正の直前の規定であることから、この規則について少し詳細にみてみよう。ちなみにここでの規定の変遷は主に電気事業主任技術者制度五十周年記念事業委員会(17)の『電気事業主任技術者制度五十年史』によるが、正確を期すため、『官報』、『逓信公報』により確認を行った(18)。

表2　規定改正による就業可能範囲の変化（全事業所820中）

	1913年改正規則			1921年改正規則				
	%	事業所数		%	事業所数	実務経験	%	事業所数
第一級（第一種）	100.0	820	→	100.0	820			
第二級	87.2	715	→	94.9	778	＋2年の経験	94.9	778
第三級（第二種）	82.1	673	→	87.2	715			
第四級	74.1	608	→	74.1	608			
第五級（第三種）	39.3	322	→	50.0	410	＋2年の経験	74.1	608
第六級（第一種）	16.3	134						

（注）『電気事業要覧』より作成。

まず第一条で、資格の種類と主任技術者として就業可能な範囲が規定されている（『資料一』三二八頁参照）。これによると、資格の等級が低くなるにつれて、主任技術者として就業可能な事業所の電圧や事業の種類に制限が加えられていることがわかる。電気事業所には大別すると電気供給事業と電気鉄道事業の二つの事業があったが、そのうち電気鉄道事業で主任技術者となるには三級以上の資格が、また高圧の電気供給事業で主任技術者となるには、四級以上の資格が必要だったことがわかる。

ではこの規定により就業可能だった事業所はどのくらいあったのか。表2は逓信省電気局『電気事業要覧』大正十一年度版によって電気事業所を先の区分に振り分けたものを、一九一三年と二一年の規定について資格の等級ごとに就業可能な範囲を示したものである。

一三年の規定によると、四級では七割以上の電気事業所において主任技術者となることが可能であったのに対し、五級の場合、その割合は四割以下となり、この間に大きなギャップが存在している。

なぜこのようなギャップが生じたのかをみてみるために、電気事業所の構成比に着目してみよう。同資料より二一年の電気事業所の構成比をみてみると、高圧電気供給事業が最も多く全事業所八二〇中五八三（七一・一％）を占めていた。その高圧電気供給事業で主任技術者となるためには先に示したように最低四級の資格が必要であったことから、表2で示した四級と五級のギャップが存在しえたのである(19)。

では二一年の改正により就業可能な事業所の範囲がどう変化したのであろうか。まず、この改正により、就業可能な範囲を規定していた法令が変更になった。それまでは電気事業主任技術者資格検定規則の中でそれが規定されていたが、この改正によりその規定は「資料二」(三一九頁参照)に示すように電気事業法施行規則の中に移される(20)。

ここで資格の区分がそれまでの六級から三種に変更された。さらに電気事業主任技術者資格検定規則の附則において、新旧規則の等級の対応関係が示された。それによると、従来の規則で一級の資格を持つ者が一種、三級の資格を持つ者が二種、五級の資格を持つ者が三種の資格を有するとみなされた。

では、この改正により、各等級の資格を持つものはそれぞれどの程度の事業所の主任技術者となることが出来るようになったのであろうか。まず旧二級は、この変更により、それまでの一万五千「ヴォルト」以下から三万五千「ヴォルト」以下へと就業可能な事業の範囲が広がった。表2に戻って事業所の割合でいえば、旧規則では八七・二%に就業可能であったが、新規則では九四・九%になった。

旧三級は附則の中で二種とみなされた。これにより就業可能な事業所は七千「ヴォルト」以下ノ電気供給事業及電気鉄道事業から一万五千「ヴォルト」以下ノ電気供給事業及電気鉄道事業へと拡大した。事業所の割合では旧規則によると八二・一%に就業可能であったが、新規則では八七・二%になった。

旧四級は就業可能範囲が規則の改正前と変わらず、全事業所の七四・一%であった。

旧五級は附則の中で三種とみなされた。これによって就業可能な事業所は低圧又ハ五〇「キロワット」以下ノ高圧電気供給事業から低圧又ハ百「キロワット」以下ノ高圧電気供給事業に拡大し、就業可能な事業所の割合もそれに伴って、三九・三%から五〇・〇%に拡大した。

ここで示したように、旧二級、二種（旧三級）、三種（旧五級）では、それぞれ規則の改正により就業可能な範囲が拡大した。一方、四級はこの改正による就業可能な範囲に変化はなかった。それは四級に対応する高圧電気供給事業より上位の事業所との間に大きな格差があったために、それ以上の就業可能な事業所の拡大が規則改正ではみられなかったと考えられる。

特にこの改正で注目すべきは、五級の就業可能な範囲が、他の等級に比べて格段に拡大したことである。このことは高圧電気供給事業所の主任技術者になるにはそれまで最低でも四級まで求められていたのが、この改正により五級でもかなり担えるようになってきたということであろう。

さらに、試験によらず、経験によってより上級の資格を獲得することも可能であったが、それも踏まえて就業可能な範囲をみてみよう。

経験による昇級の方法は主に銓衡検定により行われた。まずこれに関する規程の変遷を示そう。電気事業主任技術者資格検定規則（一九一一年）第五条の中で昇級に関する規程が盛り込まれている。それによると、三級以上の資格を持つものは、二年以上の実務経験により、銓衡によって上級の資格を得ることが可能であった。その一方で、四級以下の場合、このような昇級に関する規定はなく、昇級をしようとする場合には、試験による検定が必要であった。

また、この規則の中で、規則制定以前の主任技術者に対する内容が盛り込まれている。第十三条は規定制定以前に主任技術者であった者を、一年六カ月と期限を定めてはいるが、それまでの電気事業所あるいはそれに相当する電気事業所で主任技術者として従事することを可能ならしめるものであった。そのうち第二項は、実際に主任技術者のポストに就いていた者に対し銓衡によってその事業所に相当する資格認定を行うというものであった。つまり両者は前者が暫定的に主任技術者に従事していた者がそのポストを維持することを可能にしたもの、後者がその人を銓衡により現状追認したものであったといえよう。この二本だての資格認定は、翌一四年の改正（逓信省令第五十一号、逓信公報同年一一月一九日）で、それらの主任技術者をすべて銓衡によって資格認定を行うように一本化された。

またこの第十三条は一九一三年に内容が追加されたが、それは等級区分が五級から六級に増えたことに伴うものであった。そこで新設の六級は、銓衡により資格認定されることになった（同年一〇月六日、逓信省令第九四号）。

以上のように、銓衡による資格認定は主に現状追認と三級以上の上級の資格に対して行われたものであった。だが二一年の規定改正では、より下位の資格に対しても実務経験による上位の等級への資格認定が可能となった。「資料二」（三一九頁参照）に示した同年五月一〇日改正の逓信省令第二五号によると、従来から銓衡による上位の等級認定が可能であった新二種（旧三級）に加えて、旧五級に該当する三種においても、二年以上の実務経験で旧四級と同等レベルの事業所において主任技術者となることが可能となった。しかもこの場合、銓衡検定の必要性が規定されていないことから、三種の資格を取得すれば実務経験により無条件に旧四級と同等の資格に認定されることが規定されたのである。これにより、三種の資格においても二年以上の実務経験さえあれば全電気事業所のうち七四・一％の事業所において主任技術者として従事することが可能になった。この改正は、結果的に旧五級の位置づけを高めたといってよいだろう。

では、次に規程の中で学歴と資格の関係がどうなっていたのか示そう。卒業者に対し資格の無条件付与を行う学校認定が検定規則に設けられたのは一九一八年であった（同年一二月二一日改正、逓信省令第五五号）。

この規則により、甲種工業学校のうち八校に対して資格認定が開始された(21)。これら工業学校の中には、兵庫県立工業学校などのように歴史の古いものもあったが、たいていはこの頃ようやく電気科の卒業生を輩出しはじめたところが多かった（表3を参照）。しかも、学校認定とはいっても、改正前にさかのぼって資格認定が行われたのはせいぜい一九一六年度以降の卒業生に限定されていた。もっとも、資格認定が開始された八校は、当時甲種工業学校に電気科を設置していた学校のうちの大部分であった。さらに二〇年の改正により、佐賀県立工業学校に対しても資格認定が開始され（逓信省令第十一号、逓信公報同年三月一二日）、それ以降も表3に示すように徐々に資格認定を受ける学校が増加していった。

これが、二一年の電気事業主任技術者検定規則改正で「資料三」（三二九頁参照）のようになる。改正前後の両規則を比較してみると、多少の差異はあるが基本的に違いがないといってよいだろう。すなわち、資格の区分が規定されたことで、それに対応して、それぞれ大卒が一種、高等工業卒が二種、甲種工業学校が三種の認定を受けるようになっていたとみなせる。ただし学校認定の際、学科目や程度、設備などに関して条件を設ける旨が記載されていた点に注目すべきであろう。

また、改正後の条文を見ても、銓衡に関しては、二種以上の資格について実務経験により上位の資格獲得が可能であったのに対し、三種の資格からの銓衡は行われなかったことがわかる。この点でも旧規則で三級と四級以下、新規則で二種と三種の間に大きな格差があったといえる。

以上、一九二一年の規則改正の特徴をまとめると以下の点に要約できるだろう。

(1) 甲種工業学校（三種）の就業可能範囲の拡大。

(2) 二種以上の資格と三種の資格との格差の維持。

(3) 結果として四級と三級の間にあったギャップが、より下位の等級であった新三種と二種のギャップになった。

5 規程変更当時の労働市場の特色

では、この規則改正の際に、はたして労働市場がどういう状況であったのかをみてみよう。

この規則改正が行われた一九二一年前後は第一次大戦時の好況期からその後の不況期へと変動するターニングポイントであった。すなわち、二〇年の第一次大戦後の恐慌や二三年の関東大震災後の恐慌によって、労働市場も変動を余儀なくされたのである。

拙稿(22)でもこの経緯についてふれているがそれをもとに整理しよう。電気事業は工業における動力エネルギーの中心的位置にあった。一六年に汽力の割合とほぼ拮抗して以降、電力エネルギーは汽力を凌駕した。原動力需要に関しては、電力は第一次大戦後の不況期においても停滞しなかったのである。だが、電気事業所の構成に関しては、大きな変

21	22	23	24	25	26	27	28	29	30	31
		**	**	30	27	29	34	35	18	24
35	31	37	41	44	39	34	37	41	45	42
24	32	31	27	32	35	34	29	34	30	29
			60*	59*	31	29	27	27	36	32
**	**	11	22	18	14	12	17	16	19	19
68*					**	**	**	20	12	13
				**	**	**	**	24	27	29
						**	**	**	83	87
26	27	32	25	23	16	17	27	34	28	26
**	**	**	11	11	12	15	21	19	20	20
31	26	34	30	37	30	19	23	27	35	31
**	**	**	24	31	24	25	32	33	22	25
47	40	44	46	42	45	50	46	42	46	23
					**	**	**	**	27	26
**	31	34	21	21	19	23	23	29	23	23
					**	**	**	**	17	18
12	7	12	17	16	29	18	25	23	24	26
**	**	6	15							
				19	41	34	35	38	41	38
		6	10	12	15	15	14	15	15	14
29	37	37	39	34	27	38	41	34	35	34
		**	**	41	43	44	48	47	47	51
13	**	37	45	31	44	43	40	41	43	41
**	**	**	19	28	30	29	25	35	32	34
16	23	21	25	27	25	24	29	32	32	23
18	23	21	31	33	32	28	33	31	29	32
	**	20	21	28	30	33	33	20	28	30
15	17	17	17	17	15	16	20	18	18	16
30	23	25	26	22	33	36	37	27	30	31
11	11	18	29	24	25	22	29	29	29	29
307	328	443	541	621	681	667	725	771	891	866
206	240	365	459	455	503	499	537	534	569	543
67.1	73.2	82.4	84.8	73.3	73.9	74.8	74.1	69.3	63.9	62.7

(注) **は卒業者なし。数字の*のセルは学校全体の卒業者。『文部省年報』等から作成。

表3　甲種工業学校電気系学科卒業者数と資格認定者数の推移

年度	1911	12	13	14	15	16	17	18	19	20
北海道庁立苫小牧工業学校										
宮城県工業学校			＊＊	＊＊	＊＊	13	14	31	24	28
秋田県立秋田工業学校		＊＊	＊＊	28	33	27	34	31	30	28
山形県立鶴岡工業学校										
東京府立化学工業学校										＊＊
東京府立実科工業学校										12
東京保善工業学校										
法政大学工業学校										
神奈川県立工業学校					＊＊	＊＊	27	28	24	24
神奈川県立商工実習学校										
新潟県立長岡工業学校									＊＊	＊＊
富山県立工藝学校										
長野県長野工業学校								＊＊	＊＊	＊＊
岐阜県第二工業学校										
静岡県立静岡工業学校								＊＊	＊＊	＊＊
愛知県工業学校										
京都市立第一工業学校										＊＊
大阪市立工業学校										＊＊
大阪市立都島工業学校										
大阪府立今宮職工学校高級科										
大阪府立今宮職工学校							13	14	15	20
兵庫県立工業学校	19	25	31	34	36	42	37	34	38	36
鳥取県立工業学校										
広島県立広島工業学校										10
山口県立宇部工業学校										
私立高知工業学校				70	55	24	18	18	15	14
高知県立高知工業学校										
福岡県小倉工業学校	＊＊	＊＊	10	14	11	15	14	14	11	12
福岡県八女工業学校										
三井工業学校			＊＊	＊＊	12	20	15	13	18	14
佐賀県立佐賀工業学校						＊＊	＊＊	23	25	22
大分県立大分工業学校										10
計	19	25	41	146	147	141	172	206	200	230
資格認定校卒業者数						104	132	141	161	164
資格認定の割合（%）	0.0	0.0	0.0	0.0	0.0	73.8	76.7	68.4	80.5	71.3

図1　電気事業所数と従業員数の推移

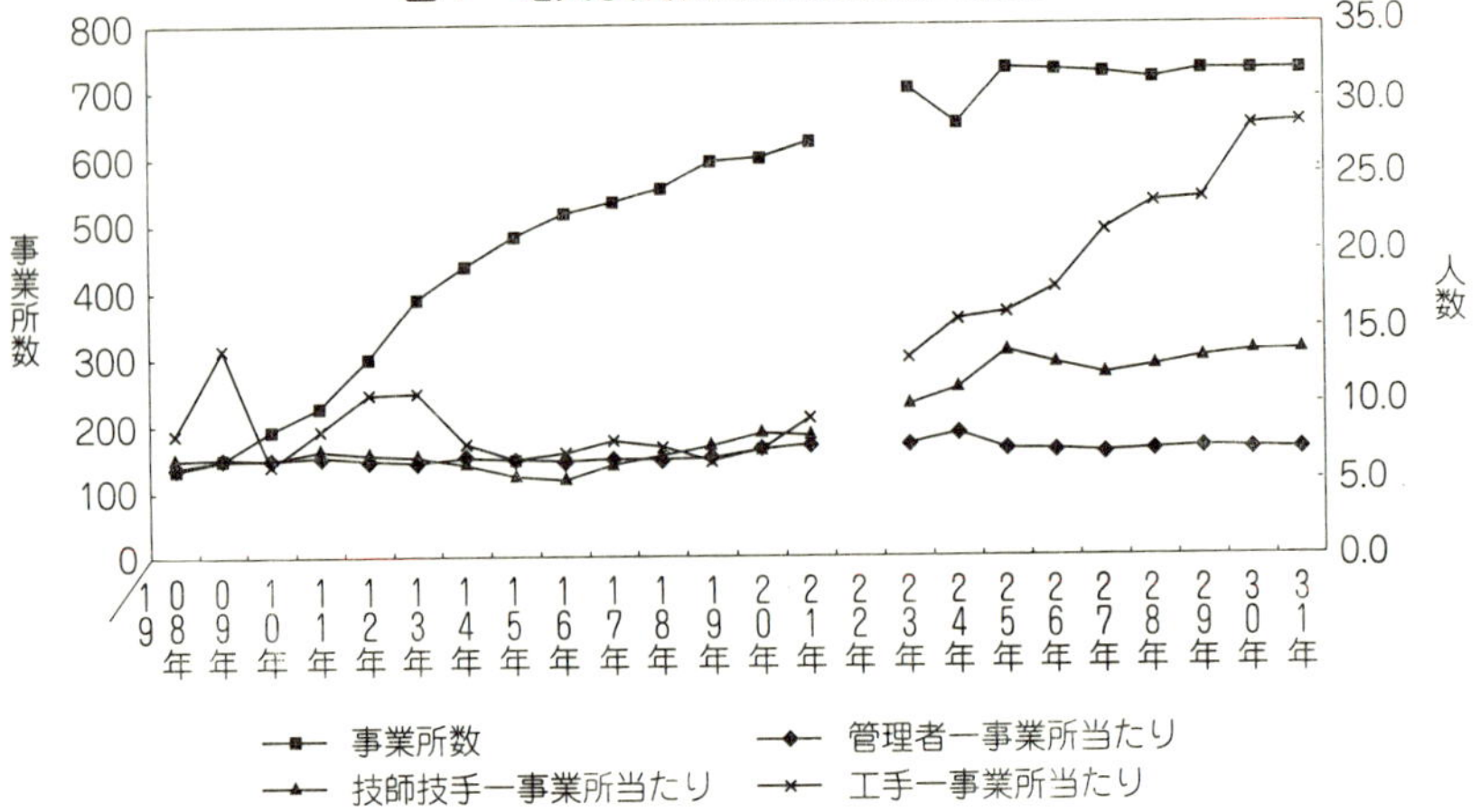

（注）『電気事業要覧』より作成。1922（大正11）年はデータ欠落。

化がみられた。この不況を契機として発電量に占める五大電力（東京電力、宇治川電気、大同電力、日本電力、東邦電力）の割合が次第に高まり、二八年には六四％を占めるに至った。それまで電力需要の拡大に対し事業所数の拡大で対応していたのが、このころから大規模事業所による中小事業所の合併が進められたのである[23]。これは事業所数の推移にも現れている。

図1は『電気事業要覧』各年版より電気事業所数と従業者数の推移を示したものである。この図に示したように、二〇年代前半を境に電気事業所は大きな変化をみせる。すなわち、それまで一貫して増加していた電気事業所数が停滞し、その一方で一事業所当たりの技師技手や工手の人数が増加しはじめる。これはそれまでの電気事業所の中核を占めていた中小の電気事業所が大企業に合併されることにより生じたのである。それまで中小事業所の主任技術者のポストに配置するためにこの資格が必要であったが、これはその資格に見合う新規のポストがこの頃なくなってきたことを意味する。しかし一事業所当たりの技師、技手及び工手の人数はこのころから増加していることからもわかるように、必ずしも電気事業所に就業する技術者の数が減少したわけではなく、むしろ大事業所に多数の技術者が就業するようになっていったといえる。このことは、労働市場

からみて電気事業主任技術者の資格の意味を変容させざるをえなくなる要因の一つとなったのではないだろうか。

以下で電機学校卒業者のうち、この資格が電気事業主任技術者のポストに就くために使われた事例と、資格を所持しながらもそのポストに就かなかった事例をあげておこう。

前者が事例1、後者が事例2である。事例1の須賀川町営電気部で主任技術者になるには最低四級の資格が必要であり、これは資格の等級に見合った事業所で主任技術者となった例である。事例2の小田原電鉄会社と鹿児島電鉄会社で主任技術者になるには最低三級の資格が必要であり、事例2のY・Sが取得している四級では主任技術者になることができない。事例2に示したように、資格がそれに見合ったポストに就くために使われない場合には、資格の意味の変容が起こりえたと考えられよう。

〈事例1〉Y・M（電機学校一覧等より作成）

一九一七年春　電機学校卒業　　一九一九年　四級
一九一八年現在　東京市電気局　　一九二一年現在　須賀川町営電気部（主任技術者）

〈事例2〉Y・S（電機学校一覧等より作成）

一九一一年秋　電機学校卒業

一九一六年　四級

一九一七年現在　小田原電鉄会社　　一九二一年現在　鹿児島電鉄会社　　一九二四年現在　三井鉱山会社

6　資格取得者構成比の推移と資格の学歴化

前節では労働市場における変化を示し、規定の改正時がまさに電気事業における労働市場の変動点でもあったことを示したが、本節では労働市場への人材供給の側である資格取得者数の推移を示し、規則改正が資格の取得状況にどう関わってきたのかを明らかにしたい。先に見たように、一九二一年の規則改正は五級をはじめとして同一資格における就業可能な範囲を拡大させるものであった。では資格の取得状況はこの時期にどうなっていたのか、規則改正により何か変化が生じたのであろうか。

表4は電気事業主任技術者の資格取得者数の推移を取得方法別に示したものである。資格取得方法には学歴による認定、検定試験による資格付与、及び銓衡による資格付与があったがそれぞれどの程度を占めていたのか、それがどのように変化していったのかを示している。なお、検定試験及び銓衡による資格付与は逓信省(24)『逓信事業史』第六巻や『電気事業主任技術者制度五十年史』(25)で人数が把握できるが、学歴に対する資格認定者数はこれらの資料では把握できない。そこで、甲種工業学校に対する資格認定者数は、表3の資格認定校卒業者数の項目で示したように、『文部省年報』各年版より電気科卒業生の人数を出し、そのうち資格認定を受けていた学校の卒業者数を算出した。なお、甲種工業学校のすべてが資格認定校というわけではなかったため、認定校かどうかを調べるのに『官報』及び『逓信公報』を利用した(26)。

これによると、当初四級以下の資格取得方法は試験検定が主で銓衡検定がその補完をしていたが、銓衡検定が一定の割合を占めたのは一九一〇年代前半で終わり、代りに一六年頃から甲種工業学校卒業者に対する資格認定の割合が高まってきた。検定規則改正後の二二年には、試験検定による新規資格認定者数と甲種工業学校卒業者に対する新規資格認

表4　取得方法別資格取得者の推移

	甲種工業学校資格認定	試験検定 5級	試験検定 4級	5級4級三種	銓衡検定 5級	銓衡検定 4級	5級4級三種	計	資格取得者に占める割合 甲種工業学校	試験検定	銓衡検定
1911年度	—	3	14	17				17	0.0	100.0	0.0
1912年度	—	33	35	68	47	93	140	208	0.0	32.7	67.3
1913年度	—	55	78	133	43	39	82	215	0.0	61.9	38.1
1914年度	—	106	105	211	13	6	19	230	0.0	91.7	8.3
1915年度	—	217	269	487	5	4	9	496	0.0	98.2	1.8
1916年度	104	167	200	367	4	6	10	481	21.6	76.3	2.1
1917年度	132	127	237	365	5	5	10	507	26.0	72.0	2.0
1918年度	141	86	280	366	0	0	0	507	27.8	72.2	0.0
1919年度	161	160	147	307	1	1	2	470	34.3	65.3	0.4
1920年度	164	140	266	406	10	5	15	585	28.0	69.4	2.6
1921年度	206	—	—	880	0	0	0	1,086	19.0	81.0	0.0
1922年度	240	—	—	305	—	—	0	545	44.0	56.0	0.0
1923年度	365	—	—	428	—	—	0	793	46.0	54.0	0.0
1924年度	459	—	—	396	—	—	0	855	53.7	46.3	0.0
1925年度	455	—	—	519	—	—	0	974	46.7	53.3	0.0
1926年度	503	—	—	293	—	—	0	796	63.2	36.8	0.0
1927年度	499	—	—	302	—	—	0	801	62.3	37.7	0.0
1928年度	537	—	—	385	—	—	0	922	58.2	41.8	0.0
1929年度	534	—	—	778	—	—	0	1,312	40.7	59.3	0.0
1930年度	569	—	—	651	—	—	0	1,220	46.6	53.4	0.0
1931年度	543	—	—	424	—	—	0	967	56.2	43.8	0.0

(注)『通信事業史』『文部省年報』等より作成。

定者数の割合が拮抗するまでになった。すなわち、規則改正時とほぼ対応して、学歴による資格の代替、いわば職業資格の学歴資格化が進み始めたといってもよいだろう。もっともこの後も完全に学歴によって職業資格がとってかわられたわけではなく、試験検定の資格認定者数との割合も拮抗しつづけた。だがまさに規則改正の頃と同じ時期に、甲種工業学校卒業者に対する資格認定の割合が増加したことを見逃すわけにはゆかないだろう。第一種から第三種まですべての等級がこの改正により特定の学歴と対応したものとなった。しかも、甲種工業学校卒業という学歴による資格認定者の割合が増加したことはその裏返しである資格の学歴化も可能ならしめる状況を作り出したと考えられる。たとえば資格が学歴と同等にみなされた事例をいくつかあげてみよう。

〈事例3〉「電気事業主任技術者資格検定試験」

杉山太郎著『各種方面独学受験並就職案内』

（光明堂書店、大正一二年発行、一八九―一九二頁）

「合格者の待遇

其就職するときの条件、手腕推薦者等の如何に依って、一様に論することが出来ないけれ共、大体に於て一級《（ママ）》は学士に、二級《（ママ）》は高工出に、三級《（ママ）》は中等工業出身と同一程度な待遇及収入あるものと見てよい、就職は普通の地位に職を求むるのは困難でないが、充分な位置を欲すると中々容易に行かぬ。」

〈事例4〉ヒヤリング（平成一一年六月一一日実施）

対象者の属性

一九〇七（明治四〇）年宮城県生まれ

一九二六年工手学校電工科卒業　同年、逓信省電気試験所入所

一九四〇年日立製作所日立研究所入社

電気事業主任技術者資格検定規則について対象者は次のように述べている。

「当時は一種から三種まで。三種は工業学校出と同じ、二種は高等工業出と同じ、一種は大学出と同じ資格をくれた。世間がその資格を取ることでその資格に応じた実力があることを認めてくれた。だからみんな受験した。ただし一種の試験に通る人はごくわずか。一〇〇人受験して数人程度。

二〇歳のときに二種に通り、技術員に昇格。

二四歳（一九三一年）に一種に通り、技手になった。

当時は、内規のようなもので、このような昇格が可能であったが、その後崩れたらしい。」

このように資格が学歴に対応している事例が散見される。事例3は規定変更から間もない時期のもの、事例4は昭和期に入ってからのものであるが、いずれも一種が大卒、二種が高等工業卒、三種が甲種工業学校卒の学歴と同等の処遇を受けることが多かったことがわかる。

このように資格が学歴の代替物となり得たのには、先に見た当時の労働市場の状況が深く関わっていたと思われる。すなわち、この時期は、電気事業所の事業所数こそ停滞していたものの、一事業所当たりの技師・技手数や工手数は一貫して増加していた。新規に増える主任技術者のポストこそほとんどないにしても、技術者としての人材需要は一貫して高まっていたのである。学歴だけでは電気事業の拡大に必要な技術者を充分調達できなかったという背景が、資格が学歴と同等の能力証明となり得る環境をつくりだし、また資格が学歴に駆逐されなかったのはそのためであると考えられないだろうか。

7　能力認定の検討——受験科目と教育内容に着目して

本節では、質の面から、甲種工業学校と各種学校を比較してみよう。

前節で見たように、甲種工業学校への資格付与の際の能力認定は学校に対して行われた。表3に示したように、すべての甲種工業学校に対して資格認定が行われたわけではなく、電気科卒業生数のほぼ七割から八割が認定を受けたに過ぎなかったといえる。もっとも初期に設立された甲種工業学校は設立直後の卒業生はともかく、二、三回後の卒業生から資格認定されていることから、卒業生の質などを考慮して資格認定がなされたと考えられる。だが大正末に設立された甲種工業学校の中には、資格認定が長期的に行われなかった学校も出てくる。技術者の人材養成を量から質への転換と考えるなら興味深い傾向である。

では、もう一方の各種学校卒業者は、どのくらいの人が資格を取得したのであろうか、またその際にどのレベルの資格まで取得可能であったのか。これを探ることで、能力認定の面から、甲種工業学校と各種学校の位置関係を考察してみよう。

ここで各種学校すべてをとりあげることは不可能であるので、その代表として電機学校をとりあげることにしたい。電機学校は一九〇七（明治四〇）年に設置された私立の各種学校で、当時電気事業主任技術者の資格を得るには最も有効な学校であると言われていた。『電機学校二十五年史』(27)によると、逓試合格者に占める電機学校関係者の比率は、二一年を例にとると四〇%であり、他の年次もほぼこれと同程度の割合を占めていた。さらに、電機学校は私立の各種学校の中でも特に卒業生に関する資料を長期的に見ることが可能であることから、この分析を行うのに最適であると考えられる。

2級の割合 a/x（%）	3級程度の割合 b/x（%）	4級の割合 c/x（%）	5級程度の割合 d/x（%）
0.0	8.7	68.1	23.2
0.0	12.6	56.3	31.0
0.0	11.2	56.2	32.6
0.0	11.0	54.9	34.1
0.0	0.0	100.0	0.0
0.0	11.1	36.1	52.8
2.2	17.4	26.1	54.3
2.0	20.4	24.5	53.1
0.0	0.0	0.0	100.0
0.0	11.5	1.1	87.4
0.0	11.2	0.9	87.9
0.0	0.0	0.0	100.0
0.0	5.6	0.0	94.4

その際に、ここで使用するデータは『電機学校一覧』である。これは当時の電機学校に関する資料を集めたものであり、卒業生に関しても、個人レベルでその年次の就業先や資格の種類が把握されている。個人データでの分析が可能であるという事は、すなわち、卒業生のうちどのような人が資格を取得したのか、資格取得がどの段階で行われ、どのようなプロセスで資格の等級を上げていったのかを見ることが出来る。しかもそれをコーホート別に比較することによって、先に示した規則の改正が結果として電機学校卒業者の資格取得状況をいかに変容させたのかを検討することが可能になる。

表5　電機学校卒業者の資格取得者比率

卒年	資格取得調査年	2級 a	3級＋二種 b	4級 c	5級＋三種 d	資格取得者数 x=(a+b+c+d)	卒業者数 y	卒業者中の資格取得者の割合 x/y（%）
1915年卒	1918年時点	—	6	47	16	69	373	18.5
	1921年時点	—	11	49	27	87	373	23.3
	1924年時点	—	10	50	29	89	373	23.9
	1927年時点	—	10	50	31	91	373	24.4
1918年卒	1918年時点	—	—	3	—	3	297	1.0
	1921年時点	—	4	13	19	36	297	12.1
	1924年時点	1	8	12	25	46	297	15.5
	1927年時点	1	10	12	26	49	297	16.5
1921年卒	1921年時点	—	—	—	46	46	727	6.3
	1924年時点	—	10	1	76	87	727	12.0
	1927年時点	—	13	1	102	116	727	16.0
1924年卒	1924年時点	—	—	—	1	1	576	0.2
	1927年時点	—	2	—	34	36	576	6.3

（注）『電機学校一覧』より作成。

まず、電機学校卒業者の資格取得状況の推移を見てみよう。ここでサンプルとしてとりあげるのは四時点のコーホートである。この四時点は一九一五年卒業者（三七三名）、一八年卒業者（二九七名）、二一年卒業者（七二七名）、二四年卒業者（五七六名）の合計一九七三名である。この四コーホートを選択したのは、『電機学校一覧』がかならずしもすべての年次に出版されたわけではないが、これらの年次ではこの資料が出版されており、しかもそれは三年ごとの出版となっているため、それぞれの資料から、卒業直後及びその後三年ごとにどの程度資格が取得されているかを追跡的に見ることが可能なためである。表5はこれらのコーホートの資格取得者数とその資格の種類について、三年ごとの状況を示したものである。

まず全体的傾向として資格取得がいつ頃行われたのかを卒業者中の資格取得者の割合からみてみよう。これによると、卒業した年次における資格取得の割合はごくわずかであり、卒業者に占める資格取得者の割合も一八年卒で一・〇％、二四年卒で〇・二％に過ぎない。二一年卒は卒年次の資格取得者の割合が六・三％と若干高くなっているが、この年はまさに先にあげた規則の改正が行われた年次であり、合格者数も例年の倍以上いる（表4参照）ことからこの割合は例外的であるといえる。次に同一卒年別にその後の資格取得割合の推移をみてみると、卒後六年程度で増加はほぼストップするとみてよい。すなわち、一般的に見て電機学校卒業生にとってこの資格の取得はほぼ卒業直後から卒業後六年以内に何らかの資格を取得するものであって、卒業後かなり時間がたってから新規に資格を取得するという事はほとんどなかったといえる。では卒業者中の資格取得者の割合をコーホート別に比較してみよう。二四年卒は卒後三年までのデータしかないので比較するのは難しいが、他のコーホートで比較してみると、一五年から一八年卒にかけて若干資格取得者の割合は低下しているが、一八年卒と二一年卒ではあまり差異がみられない。すなわち、この点から考えると、資格の規則改正が行われた前後では、資格取得者数の割合はそれほど大きな変化がなく、卒業生のほぼ二割程度であったといえる。

もっともどの等級の資格まで取得可能だったかという点に目を向けた場合には、規則改正前後で変化が見られる。まず一九一五年卒の資格取得者中の等級別構成比をみてみると、二七年時点で四級の割合が過半数を占めており、三級も含めて四級以上、すなわち甲種工業学校で認定されるより高い等級の資格が七割近くを占めていた。一八年卒でも、資格取得者の半数近くは四級以上の資格であった。ところが一方で規則改正が行われた二一年卒以降では様相が一変する。四級が制度的になくなったこともあるが、五級程度（三種）が九割近くを占めるようになったのである。たしかに三級程度（二種）の割合も一割程度を占めていることから、高等工業並の待遇を受けたであろうと考えられる人も若干は存在し続けていた。しかもその割合は一五年卒業者でも一割程度であったことから、資格取得者のうち高等工業レベルまで処遇を高めることが可能であった割合はほぼ一定していたとみなしてもよいだろう。だがそれ以下の人にとっては、それまでの資格取得者の多数が取得可能であった四級レベルまでの資格取得が、規則改正により不可能となり、結果としてこの資格が電機学校卒業者のレベルでは大多数の場合甲種工業学校レベルと同格になったといってもよいのではないだろうか。では、次に個人レベルで資格取得の推移をみてみよう。

表6　電機学校卒業生の取得資格等級の変化

1915年卒	人数	%	1918年卒	人数	%	1921年卒	人数	%
			二級	1	2.0			
三級	7	7.5	三級・二種	6	12.2	二種	8	6.9
四級→三級・二種	5	5.4	四級→二種	3	6.1			
			三種→二種	1	2.0	三種→二種	5	4.3
四級	46	49.5	四級	12	24.5	四級	1	0.9
五級→四級	3	3.2						
五級・三種	32	34.4	五級・三種	26	53.1	五級・三種	102	87.9
計	93	100.0	計	49	100.0	計	116	100.0

(注)『電機学校一覧』より作成。

先述の四コーホートのうち、表6は長期的な変化をみることができる三コーホート（一九一五年卒、一八年卒、二一年卒）の資格取得者についてその資格等級の変化をタイプ分けしたものである。このうち→印のあるものがこの期間中に上位の資格を取得した者であるが、これを見る限り、いったん取得した等級の資格より上位の資格を取得した者はほとんど例外的だったとみてよいだろう。つまり、電機学校卒業生にとって資格取得は、卒業後すぐ短期間に行われるものであった。しかも、いったん取得した以上の等級の資格をさらに取得していく者は例外的であった。そのため、卒業後まもなく取得した資格の等級の格差がその後もずっと残りつづけるものであった。二一年卒の資格取得者の大多数が三種にとどまり、さらに上級の資格を得た者がほとんどいなかったことを考えると、個人レベルで見ても電機学校をはじめとする各種学校と甲種工業学校との同格化の進行が確認できるだろう。

では、電機学校卒業者のうち、資格を取得したのはどのような人であったのか。これはほとんど成績上位者であった。電機学校における成績上位とは、いわば電気事業主任技術者資格検定に求められる能力が高いことと同義であったといえよう。結論を先に示せば、電機学校のカリキュラムはこの検定試験の科目にほぼ対応したものであったからである。まずそれを示すために、試験科目の変遷を検討してみよう。

表7は、各等級ごとに求められている試験科目の変遷を示している。試験科目の内容に明らかに大きな落差があるのは三級以上と四級以下であった。四級

表7　試験科目の変遷

	1911年	1914年	1921年
五級及び三種以上	電気機器及変圧器並附属品 配電 電灯 電気及磁気測定 発電所設計附原動機	電気機械及変圧器並附属器具 配電並蓄電池 電灯 電気磁気測定 発電所設計附原動機	電気機器及変圧器並附属器具 配電並蓄電池 電灯 電気磁気測定 発電所設計附原動機
四級以上	電力輸送 蓄電池	電力輸送	
三級及び二種以上	電気理論 電気鉄道	電気理論 電気鉄道	電気理論 電気鉄道 電力輸送

（注）『官報』より作成。

以下の検定では電気理論が試験科目に入っていなかった。四級以下は理論よりむしろ電気に関する実際的な知識を検定していたといえるだろう。試験科目から見る限り四級まではある程度取得しやすいが、それ以上は理論的な知識が求められるため、合格は一筋縄ではいかなかったのではないだろうか。すなわち理論の有無という科目の差と銓衡による四級以下からの昇格が不可能という二点で三級と四級の間には大きな溝があったといえよう。

また、電気鉄道が三級以上で試験科目となっているのと、電気鉄道業で主任技術者となるには三級以上の資格が求められていたのも対応している。

これ以降の逓信省令における試験科目の変遷は以下のとおりである。一九一三年一〇月六日の省令改正（逓信省令第九四号）で、六級までの等級が新設されたことにともない、六級も五級と同様の試験科目とされた。翌一四年一一月一八日の省令改正（逓信省令第五一号）により、試験科目名に変更が見られた。その結果、試験科目は表7のようになった。

全体としてほぼ同様の科目を要求しているが、五級、及び六級に関してはこの改正により新たに蓄電池が科目としてあげられるようになった。さらに一九一九年逓信省令第五六号（同年六月五日）において、試験が第一次試験と第二次試験に分けられた（施行は翌二〇年四月一日）。これは、第一次試験に合格した者に対して第二次試験を行うものであった。第一次試験は一般電気学術及其応用の科目、第二次試験は筆記及口述試験が行われることとなった。二一年五月一〇日改正（逓信省令第一四号）により等級区分が六級から三種に変更されたことにともない、試験科目も表7のとおりとなった。この改正は、それぞれもとの級に対応した科目がそのまま資格の種別に対応していた。この改正に伴なって、それ以前は四級まで理論が不要であったのが、理論なしで受験できるのがこれ以降旧五級に対応した三種のみとなったのである。

ここまでの試験科目の変遷を見てみると、各等級の資格に求められている試験科目の特徴がそのまま残っており、試験内容もほとんど変化してこなかったことがわかる。

これらの試験科目に電機学校のカリキュラムがどの程度対応していたのかみてみよう。表8は電機学校のカリキュラムを示したものである。これによると、予科では国英数物理化学など基礎的な科目が中心となっているが、本科において中心となっているのは電気に関する科目であった。しかも、その電気に関する科目を詳細にみてみると、科目名称は必ずしも一致しないものの、電気事業主任技術者資格検定の試験科目に対応した内容が主体となっていた。一九一五年頃の夜間部では電気化学や電信電話学のように試験科目以外では選択科目となっているものもあるなど、試験科目以外の科目の扱いは軽かったとみてよいだろう。

また、科目名だけでみた場合、三級以上を電機学校本科の科目だけで受験することは不可能であったこともわかる。すなわち、三級以上の受験で要求される科目の一つである電気鉄道は、夜間部の一九一九年以前は選択科目の一つとして、また昼間部や二〇年以降の夜間部では必修科目として授業が行われていたが、もう一つの三級以上の受験科目となる電気理論については、電機学校では高等科でのみ授業が行われていた。ここからみるに、電機学校が四級受験を念頭においた授業の構成、高等科が三級以上の受験に対応した授業であったといえる。

では、次に甲種工業学校のカリキュラムに着目してみよう。資格認定とカリキュラムの関連をみるため、学校設立初期から資格認定を受けた学校としばらく資格認定が行われなかった学校のカリキュラムを比較してみよう。ここで前者は神奈川県立工業学校と神奈川県立商工実習学校、後者は山形県立鶴岡工業学校をとりあげることにする。神奈川県立工業学校は一九一五年に電気科が設置され、資格認定が行われたのは第七回卒業に該当する二三年度からであった。ま

電気測定	電気理論	電気用材料	電気材料	電気化学	電灯及照明	汽力及瓦斯力発電所	水力発電所	電力輸送	電力輸送配電	電信電話	電気鉄道	電気機械	配電盤器具及電気事業法	機械学大意	電気事業法	法則経済	電気実験	製図	計
																		15 13	102 118
7		2	 2		6 6	10 12	8 10	8	 11	 4	3 5	6 22	16	 7		 2	 12	34 38	144 215
																		8	72 64
5		2	 2	7s	5 4	7 7	5 5	4	 5	2+1s 3	6s 5	13 13						＊ 2	71 72
	6 11				3 6	2 4	4 7	4	 7	4 6	6 11	4 4			 4		 4		33 70

から３期に延長のため。＊は日曜に実施。

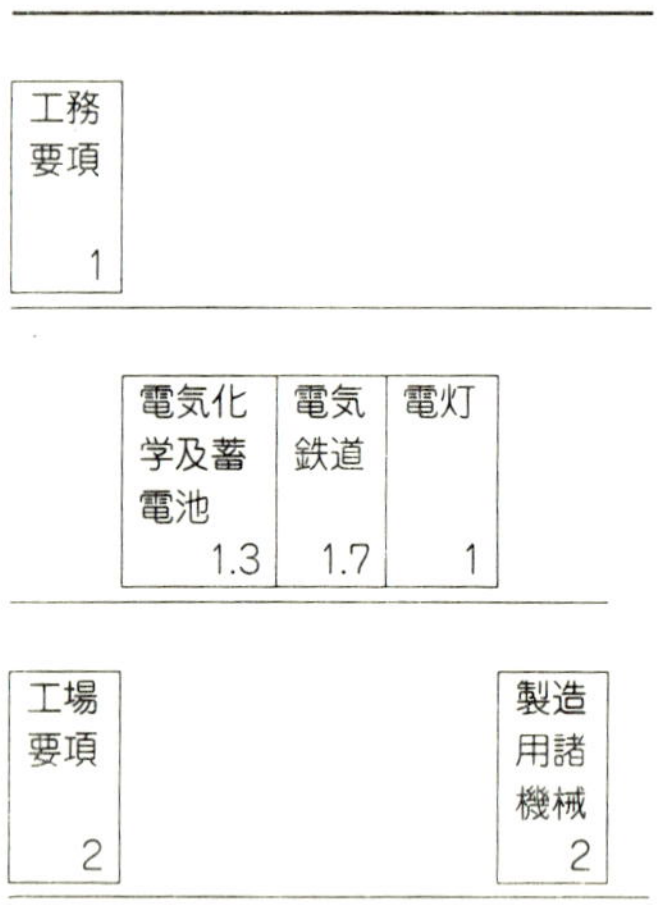

た、神奈川県立商工実習学校に対して資格認定が開始されたのは、第二回卒業に該当する二五年度であった。一方、山形県立鶴岡工業学校は、電気に関する学科が設置されたのが二〇年であったが、資格認定が行われるようになったのは三四年からであった。ちなみにこの山形県立鶴岡工業学校では、当初電気に関する学科は機械科の中に電気を加味していただけであったが、二一年に電気機械科となり、三二年に電気機械科が電気分科と機械分科に分けられた。

図2は、これらの学校のカリキュラムのうち、専門の科目を示したものである。神奈川県立工業学校、神奈川県立商工実習学校ともに資格認定直前のカリキュラムである。

表8　電機学校カリキュラム

		国語	英語	算術	代数及幾何	代数	幾何	三角	解析幾何微分積分	高等数学	物理	力学	化学	電気通論	交流理論	電磁測定
昼間予科	1915年頃	8	20	9	19			8			8		12	3		
	1920年以降	10	22	11		19	9	4			14		12	4		
昼間本科	1915年頃		10							12		5		13	4	
	1920年以降	4	17			4		10	11			8		14	8	8
夜間予科	1915年頃	4	16	7	17			5			8		7			
	1920年以降	4	15	6		12	5	5			8		8	1		
夜間本科	1915年頃		3							6		3		9		
	1920年以降		2		6							3		7	3	5
夜間高等科	1915年頃															
	1920年以降															6

（注）『電機学校二十五年史』より作成。sは選択科目。1920年以降の昼間本科の時間数増加は2期

図2　甲種工業学校カリキュラム比較

神奈川県立工業学校

	機械製図	工作法	電気磁気	電気機械	電気応用	原動機	実習	機械学	電力
1921年	6	4	2	6	4	2	42	2	2

神奈川県立商工実習学校

	機械製作法	電気磁気及測定	電気機械	発電送電配電	原動機	製図実験及実習	応用機械学
1924年	3	3	6	2	2	39以上	6

鶴岡工業学校

	製図	工作法	電磁気電気機械	原動機	実習	機械学	電力
1921年	4	3	7	4	39	5	3

（注）『神奈川県教育史　資料編』『山形県教育史資料』より作成。

これらの科目を三種の受験科目と比較してみると、ほぼこのカリキュラムで受験科目に対応した内容が教授されていたことがわかる。一方、鶴岡工業学校のカリキュラムは、前記二校とほぼ同時期のカリキュラムであるが、この時期は鶴岡工業学校に対し資格認定が行われるより一〇年以上前であった。一見したところ、電気に関する科目が前記二校より少なくなっているが、これは電気機械科であったため、機械の比重がやや大きくなっているためである。

さらにその教育内容まで踏み込んでみれば、鶴岡工業学校に対する認定が遅れた理由が明らかである。一九二七（昭和二）年の県予算議会の際に鶴岡市選出の山口戌吉県議が「若しいま四万円ばかりを投資して、電気科設備を完全にすれば、卒業生は逓信省三等技術員《ママ》の資格を附与されることになる」と言って電気科の拡張に関する質問を行ったが(28)、このことは取りも直さず鶴岡工業学校電気機械科の電気設備の貧弱さを物語っている。

これらの点から、明らかにカリキュラムや設備などを考慮して、甲種工業学校のうち基準に合致したものについてのみ資格認定が行われていたと考えられる。

8　おわりに

本章では規定に着目して甲種工業学校と各種学校の位置づけを比較してきた。最後にここまでの知見をまとめて、中等以下の学歴の青年にとっての、これらの学校の意味を検討しよう。

量的側面で比較した場合、甲種工業学校の量的拡大は一九二〇年代前半頃からであった。電気科に関しては、それ以前は中等工業教育の中心はむしろ各種学校であった。

また、質でみた場合、当初の各種学校の卒業生は、ばらつきが大きかった。高等工業レベルの資格を取得できるものから資格を取得できないものまで幅広かった。規則改正後も、たしかに高等工業レベルの資格まで取得できた人もいたが、それは資格取得者のうちの一割程度であった。それまで電機学校卒業者の中で資格を取得した者は甲種工業学校に認定されるより高いレベルのものが多数を占めていたが、規則改正以降は、甲種工業学校と同等の資格を試験検定によって取得する者が圧倒的多数を占めるようになってきた。

一九二一年頃から、甲種工業学校は、認定資格である第三種の就業範囲の拡大と卒業生数の拡大により、量的にも質的にも各種学校卒の資格取得者に匹敵するようになってきた。結果的に、電機学校などの各種学校がこれら甲種学校程度と同等の位置としてみなされるようになってきたのではないだろうか。

また規則改正前後の労働市場に目を向けてみると、電気事業で主任技術者のポストが増加していた時期にそれを担う人材養成の拡大を担っていたのが電機学校などの各種学校であったのに対し、甲種工業学校はそのポストの拡大が停止した後で人材供給が本格化しはじめたといってよい。いわば、市場に規定された各種学校がポストの拡大に対応した人材養成を支え、正規の教育制度に則った甲種工業学校は人材供給が行われた時期からみると、事後的な存在であったといえるだろう。

また、電気事業主任技術者における学歴と資格の関係をみてみると、学歴がまったく必要でない試験検定によるものが多数でありつづけた。それを補充していたのが当初は実務経験による銓衡検定であり、大正期半ば以降は甲種工業学校卒業者の増加とそれに伴う学校認定の増加、すなわち学歴による資格付与であった。この点からみると、辻(29)のこの資格に対する整理の仕方はかならずしも妥当であるとはいえないだろう。

このようにみてみると、各種学校が中等工業教育における例外的な位置にあったとは言い難い。甲種工業学校が増加する以前においては量的にも質的にも各種学校が主であった。甲種工業学校の増加に伴い、労働市場において各種学校もそれまでの多様な位置づけから甲種工業学校に準じた中等工業教育と同等にみなされるようになってきたと思われる。

では、中等以下の学歴の青年にとって、これらの学校はどういう存在であったのか。一九二〇年頃までは、甲種工業学校の卒業生も少なく、各種学校が主体であった。それゆえ、当初は各種学校が唯一の中等工業教育機関における進学機会を提供していたといえよう。また、電気事業主任技術者の資格も、四級程度までは取得することが比較的可能であり、一部は高等工業学校に匹敵する三級まで取得できたことから、彼らに立身出世のルートを提供していたといえる。その後、甲種工業学校の拡大と規則改正により、質的にも量的にも各種学校の資格取得者と甲種工業学校卒業者が同等であるとみなされるようになる。これによってこれらの中等工業教育機関は、立身出世のルートというより中等レベルの技術系の職につくためのルートとなっていったといえよう。

ただし、ここで各種学校卒業者に占める資格取得者の割合も見逃すことができない。電機学校卒業者のうち一、二割しか電気事業主任技術者の資格を取得することができなかった。青年にとって、むしろこれらの各種学校への進学は、その後の資格獲得競争への参加であり、むしろ入学後の資格獲得競争が激しかったといえる。その中で一部の卒業生が高等工業レベル以上の処遇を受けることができる一方で、大多数は資格を取得できないという二極化が存在していたといえる。一方、甲種工業学校は、資格認定された学校を卒業すれば無条件に第三種の資格を与えられていたという点で、より安定した資格取得の機会を与えていたといえるだろう。

4章・鈴木智道

戦前期都市下層における子どもの位相と教育戦略

●〈近代家族〉の大衆化との関連の中で

1　都市下層家族の教育と〈近代家族〉の大衆化

今日、子どもに愛情を注がない親や教育的配慮の行き届かない親が、往々にして批判されるべき対象として社会からまなざされ、かつ処遇されることからも明らかなように、親が子どもに対して示す愛情や教育的配慮といったものは、一般的には常識の範疇に属するものだと思われている。しかし一方で、親が子どもに対して愛情や教育的配慮といった心性を抱くことそれ自体が、家族関係の親密性や情愛性、家族空間のプライバシー化、夫婦間の性別役割分業といった諸要素とともに誕生したきわめて歴史的＝近代的な現象にすぎないということもまた、近年の家族史研究においては、常識となりつつある。つまり、今日、多くの人々によって営まれている「常識」的家族というものは、欧米においては一八世紀末のブルジョワ家族、日本においては大正期における都市新中間層家族にその起源を見出すことのできる、きわめて特殊な家族の姿でもあるということであり、それを強調する意味で、そうした家族を〈近代家族〉と位置づけてきた(1)。

とはいえ、とりわけ日本の〈近代家族〉に歴史的にアプローチしてきた諸研究は、その特徴を最も端的に表現している特定の家族、すなわち都市新中間層家族に分析の照準を絞り、それを現代家族の〈起源〉として措定してきた一方で、その他の階層に属する家族、とりわけ労働者家族や下層家族にとって〈近代家族〉としての家族モデルが持った意味は、ほとんど取るにたらないものとして位置づけられてきた(2)。つまり、大正期に大きな展開を見せた都市新中間層家族と、そこで繰り広げられた家族生活が大衆化し普遍化していった戦後高度経済成長期の家族とを直線的に捉えることによって、結果的に「大衆化」あるいは「普遍化」といった現象に内包されている複雑な変動プロセスを等閑に付してきたわけである。ある特定の階層のみに注目してきたことは、それが現代家族の〈起源〉であることを明らかにすることができたとしても、その家族生活の「質的側面」の階層を越えた展開過程について説明することを不可能にしてきたといえるだろう。

本稿では、一見すると、〈近代家族〉とは最も遠い所に位置づけられそうな戦前期の下層社会を主たる対象にして、「近代家族の誕生」ではなく「近代家族の大衆化」(3)という問題を教育に対する構えや生活構造、さらには意識・文化といった諸側面を通して検討する。下層家族を分析の中心に据えることによって、社会の最低辺から〈近代家族〉的価値規範の浸透具合を照射し、その影響関係を推し量ろうというわけである。

ところで、〈近代家族〉の最も端的な実態的側面としての「性別役割分業」に関しては、戦前の家計調査を利用した分析の中で、労働者の妻たちが大正期以降に「専業主婦化」していった過程がすでに論じられている(4)。こうした知見は、大正期以降、新中間層だけでなく労働者家族へも〈近代家族〉的価値規範が浸透していった、その一端を明らかにしたものだといえるだろう。本稿は、こうした分析をふまえつつ、さらにその知見を深めていく意図を持つものでもあるが、ここでは、〈近代家族〉が女性の位置づけを「家庭」の内に閉じ込める装置であったと同時に、それが子ども（親子の位置づけに重大な変化を加えるものでもあったという点に注目したい。すなわち、愛情の対象としての子どもの情緒的関係・子ども中心主義)、子どもの家族内への囲い込み、といった意識や現象が家族生活上に現れる過程に注目しようというわけである。

かつて子どもは家族にとって第一義的には労働力として価値があるものとみなされるべきものであった。しかし、国家的規模での教育体制の整備や産業化の進展は、学校を基点とした教育的な営みを家族生活の内部に組み込んだだけでなく、同時に子どもという一存在のあり方にも決定的な変化をもたらした。とはいえ、その過程の中ですべての家族が子どもの労働と教育との間の葛藤を解消しえたわけではなかったし、むしろその過程はそうした葛藤を顕在化させる契機を内包させていたともいえるだろう。いわば、子どもに早い時期からの労働を促すか、それとも教育を受けさせるか、あるいは仮に教育を受けさせるとして、どの段階までの教育を受けさせるかといった問題は、それぞれの家族の経済的・文化的状況によって左右されるひとつの家族戦略(教育戦略)の現れだとみなすことができるのである。本稿ではまず、一般的に近代化の過程が子どもの労働開始時期の遅延化傾向と教育期間の長期化傾向をもたらすということに注目し、親、そして子どもの教育程度について、その変化を追いながら、そこに内包されていた意味について考察していく。

一方、教育が当該家族にとっていかなる意味を持っていたのかを問うことは、同時にそれが親の子どもに対するいかなる意識(子ども観)に支えられたものだったのかという次なる問いを提起する。子どもに教育を受けさせることが、そのまま親の子どもを思う気持ちや愛情に支えられたものだったと即断することは、必ずしもできないからである。では、こうした意識や感情をいかにして把握することができるだろうか。日記や手記などの質的なデータに基づき、当時の人々の意識を再構成していくというのもひとつの方法だろう。しかし、ここではさしあたり、そうした方法ではなく、家計上に現れた「育児教育関連費」という数量的な現象を、子どもに対する意識や感情が家族生活上において記号化された表現形態として注目し、それを手がかりにしながら、家族における子どもの位置づけや価値について議論していくことにする。

本稿では、①教育が当該下層家族にとっていかなる意味を持っていたのか、また、②それが親の子どもに対するいかなる意識（子ども観）に支えられたものだったのか、という二点を主として考察していく中で、最終的にそうした意味や意識が〈近代家族〉の大衆化という問題といかなる形でリンクしていたのかを問うことになる。

しかし、以下で明らかにされるのは、単に下層家族が一様に〈近代家族〉的色合いを濃くしていく過程ではない。イギリスにおける家族生活の長期的な変動を分析したL・ストーンは、「ある階級、あるいはある特定の社会層にとって標準的な精神的態度や慣習は、他の階級とか社会層で標準的とされているものとはしばしば非常に異なっている。精神的態度の変化や慣習上の変化が、時としてある階級に影響を及ぼすことがあっても、それと同じ影響を他のいくつかの階級に及ぼすことはない」(5)と慎重な見解を示し、都市化や工業化、さらには書物や印刷物の普及、宗教、相続慣行、財産所有などの諸条件の規定性や階層性に注意を払う必要性を喚起している。この指摘は、われわれに、支配的な価値観がひとつの階層から他の階層へ、また同一階層内においてもある家族から他の家族へと、徐々にではあるが顕著な変化が生じた痕跡を慎重に跡付けていく必要性を提起しているといえよう(6)。

従来の議論は往々にして、新中間層、労働者、下層社会といったような特定の階層を、生活、文化、意識などといった諸側面において一枚岩的なものとしてとらえがちであった。しかし、ストーンの指摘にならえば、それらは同一の階層の内部においても多様な姿を見せるものなのであり、変化はそれぞれの家族が置かれたさまざまな社会的、経済的、文化的文脈によって異なる形で展開していくものなのである。本稿は、下層社会に分析の焦点を置きつつ、それを一枚岩なものとしてではなく、当該階層内部における差異や断層の存在にも注目しながら、階層内の構造的な変化の過程を動態的に描き出していこうと思う。

さて、本稿では、以上の問題を主として戦前の東京市を中心にして分析していくが、とはいえ、下層家族の教育程度や生活水準に関して戦前期を通して具体的にイメージできるような通時的で整理されたデータが存在するわけではない(7)。したがって、以下では断片的な既存の統計データを利用し、つなぎあわせることで、以上の課題について部分的・仮説的に答えていくことにする。一九一一(明治四四)年に内務省が調査した「細民調査」を嚆矢として、以後、下層社会は中央および地方行政の主要な関心事として、夥しい数の調査・報告書の類いが刊行され続けるが(8)、本稿では、この中でも、とりわけデータが充実している一九二〇年代前後の状況を分析の中心点としながら、その前後を適宜分析に加えていく形で考察を進めていくことになる。

2　戦前期下層社会の展開

まず具体的な分析にさきがけて、戦前期の下層社会の展開をその生活条件を中心として簡単に概観するとともに、下層社会が社会階層上においていかなる布置構造を持っていたのかを、先行研究で明らかにされてきた知見をもとにまとめておくことにしよう。

ところで、「下層社会」として位置づけられる一群の人々は、文字通り社会の最下層に位置づけられる人々ではあるけれども、それが指し示す範囲について厳密に定義することはたやすいことではない。また、そうした人々に対して与えられる「貧民」「細民」「窮民」といった諸概念でさえも、しばしば混同して用いられてきた一方で多様な定義が与えられもしてきた。住居、職業、世帯主の月収、生計費(収支構造)など、どの側面に注目するかで、下層社会の指示範囲が大きく変わりうる曖昧性を、いずれの概念を使用するにせよ、内包させているといえよう。たとえば大正期以降の諸調査における調査対象の規定を見ていくと、一九一一(明治四四)年の『細民調査統計表』では住居・職業・家賃・月収が「細民」を規定する要素とされ、その後もとりわけ住居の「集住性」と月収が注目されてきた。その一方で、一九三〇年代における一群の「要保護世帯調査」では、「生活程度標準額」に基づく生活水準が唯一下層社会を認識する指標とされることになる。こうした認識の変化は、一方で下層社会把握の歴史をそのまま物語っているものではあるが、しかし他方で、その中に下層社会の成員として含む必要のない人を含み、含む必要のある人を含まないという結果を導くことにもなった。もっともここでこれ以上、こうした定義にかかわる議論をする余裕はないが(9)、そうした制約を考慮したうえで、さしあたり本稿では、中川の指摘にしたがい、「下層社会」を都市人口の下層約一〇%弱と規定しつつ(10)、概念の曖昧さを残したままで、以下の議論を進めていくことにする。

さて、明治中後期、都市下層社会は「貧民窟」に集住する形で展開し、世帯主は主として屑拾や人力車夫などに従事する一方で、妻・子どももその多くが何らかの職業から収入を得ていた。妻は約八割、子どももその約六割の有業率を示し、その職種はいずれももっぱら「雑業」を中心とするものだった。子どもの就労も幼年期からというのが一般的だった。さらに、世帯規模の不安定性や木賃宿や長屋の一部に複数の家族の同居が見られたことから、「家族であること自体が困難であるほどに貧しかった」(11)時期だということもできる。とはいえ、彼らの生活水準は、他の労働者にとっても同様で、「下層社会」は工場労働者の多くをも包摂するものであった。

明治末から大正初頭にかけては、下層社会の内部でようやく世帯形成も可能になった時期である。もっとも、それは家族構成員の一部、とりわけ子どもの一部を家族外へ放出することによって達成されたものでもあったわけだが(「非現住人口」として算出される)、いずれにしても、核家族世帯が約八割を占め、比較的小規模の世帯を形成しはじめるのである。一方、妻や子どもの有業率もそれぞれ約七〇%(内職を含む)、一五%へと減少し、その職種も「工業型」が主流となる。しかし、工場労働者と比較すると、総支出二〇円を境に、それより下層に位置する労働者は下層社会と同質の構造を持ち続けてもいた(12)。

労働者が下層社会から分離・上昇する形で成立するのは、第一次大戦後、一九二〇年前後の実質賃金上昇期であった。同時に下層社会も家族をそれなりに形成しつつ、それに見合った生活を開始しつつあった。また、すでに明治四〇年代には、上層の工場労働者の妻は就業形態を工場労働から内職へと変えていたが、大正期には専業主婦化が下層社会の一部を含めて広範に広がるようになり(13)、子どもの有業率も漸次減少傾向にあった。

一九二〇年をはさむ前後の時期は、日本の社会構造＝階層構造上、最も重要な画期をなした時期でもあったことが、以上の下層社会の展開によっても理解されよう。

3　労働から教育へ

おおむね以上のような展開をたどった下層社会だったのだが、こと子どもの教育に関してはその過程でいかなる展開が見られたのだろうか。

まず明治中後期から見ていくことにしよう。ここでは、横山源之助による下層社会の教育状況に関する次のような記述からはじめることにする。

> 貧民は其の生活に欠陥あると共に、智識思想の上に於ても之に等しき程度を以て、寧ろ其の以上の欠陥を有す、即ち貧民は経済上の欠乏者たると共に、思想の上の大欠乏者たり。鮫《（ママ）》河橋万年町の路次《（ママ）》に住めるものにして、手紙を書き得るものとは言はじ、僅かに自己の姓名を記し得るもの幾人あるべきや(14)

また、下層社会の子どもの状況および下層家族の教育に関しては、路上を見れば貧乏人の子沢山、世間の児童は学校に出で文字を習ひ居るに拘はらず、貧民の児童は偶々家に在れば喧嘩を好める父母の下に叱責せられ鞭達せられ、日中常に外に出でゝ或は菓子屋の前に羨ましげに立ち、或は群を為して路上に戯れ狂ふ、斯くの如くにして生長し、斯くの如くにして或は掏児《マヽ》窃盗の群れに入り、或者は乞食と為り、然らざるまでも親しく一ッの職業に身を置くは少なく、父母より得たる自然の儘の然かも汚濁なる空気、食物、発達の不健全なる体力を用ひて力役に従事し辛うじて一生を送るのみ、其の間何等教育を加へらるゝことなく思想を養ふことなきなり(15)。

学齢になつた児童にて、学校に出で居る者あるかと見れば、長岡町の共同長屋に「〇〇〇〇」といふ一人の女児が昨年迄学校に出で居りし外、横川町、花町、菊川町、松倉町、孰れの共同長屋にも、一人として学校に出して居るのはない、共同長屋の子供の行末は如何なる事であらう(16)。

明治中後期における下層社会には読み書きはおろか姓名を書くことすら覚束ない人々が数多く見出され、ゆえに人々は低位レベルで同質的な教育状況に置かれていたといえる。また多くの子どもも学校教育ではなく労働、それも雑業的な労働へと誘われていた。

とはいえ、明治末から大正期になると、そうした教育程度に大きな変化が現れる(17)。『細民調査統計表』(一九一一年調査)の「細民戸別調査」(18)には、「読ミ得」「読ミ得ス」といったようなリテラシーの有無に基づく集計結果がのせられているが、それによると男性の「読ミ得」の比率は世帯主八一・五%、有業家族八一・五%、無業家族五八・三%と比較的リテラシー水準が高かったことがわかる。一方、それが女性の場合は世帯主四三・五%、有業家族四五・六%、無業家族四二・一%と、男性に比べてかなり低い数値を示してはいるが、相対的には高い比率だったといえるだろう。

表1　「読ミ得」の構成比

（%）

年齢	世帯主 男	世帯主 女	有業家族 男	有業家族 女
−20	100.0	100.0	90.0	80.5
20−30	87.9	56.3	79.1	46.6
30−40	84.9	54.8	82.4	38.7
40−50	80.7	43.9	70.0	37.2
50−60	76.5	71.8	46.7	25.3
60−	69.8	27.3	44.4	23.0
合計	81.5	43.5	81.5	45.6

（注）『細民調査統計表』「細民戸別調査」（1911年調査）、第15表および第16表より算出。

表2　年齢階層別現住非現住別就学率

（%）

年齢	就学セシ者 男	就学セシ者 女	就学セサル者 男	就学セサル者 女	不明 男	不明 女
〈現住〉						
8−10	83.9	79.4	12.2	14.5	3.9	6.0
10−15	91.2	83.0	6.4	10.8	2.4	6.2
小計	88.4	81.7	8.6	12.2	3.0	6.1
〈非現住〉						
8−10	70.0	62.5	20.0	25.0	10.0	12.5
10−15	81.9	65.9	11.8	20.7	6.4	13.4
小計	81.3	65.7	12.1	20.9	6.5	13.4
合計	86.7	78.7	9.5	13.8	3.9	7.5

（注）『細民調査統計表』「細民戸別調査」（1911年調査）、第31表より算出。

明治から大正期に至る過程で下層社会における教育水準は、以前とは比べものにならないほど上昇していったのである。もっとも、こうしたリテラシー水準の上昇過程は、この時期に急激に起こったというわけではなく、漸次的な過程として見ておく必要がある。表1の年齢別の「読ミ得」の構成比を見てみると、男性であっても女性であっても、年齢が若くなるにつれて、「読ミ得」の比率が滞りなく上昇しているからである。

こうしたリテラシー水準の向上は、下層社会を構成するとりわけ若い世代に、尋常小学校への就学が次第に広がっていった帰結でもあった。

表2に示したように、八〜一五歳人口の就学率は、男子八六・七%、女子七八・七%と高い数値を示している。また、サンプルの取り方が異なるため厳密な比較はできないが、『細民調査統計表摘要』（一九一二年調査）(19)によっても本所・深川をあわせて男子七三・〇%、女子六三・三%となっており、概して高い就学率を示している。『細民調査統計表』中の「職工家庭調査」によれば、職工子弟中七八・一%が就学している換算になるので、下層社会の就学率は労働者と比しても決してひけを取るものではなかったわけである。ただ、これらの数値はあくまで就学率であり、必ずしも卒業率を意味するわけではないことから、それを過大評価することは避けなければならない。しかし、無学者・非就学者が漸次減少傾向にあったということは疑われないだろう。一方で表2を再び見ると、とりわけ一〇〜

表3　学齢児童の就学状況・有業状況

(%)

年齢	就学		不就学		在学		不明		有業者	
	男	女	男	女	男	女	男	女	男	女
6	-	-	87.2	92.9	5.1	4.8	7.7	2.4	0.0	0.0
7	-	-	68.6	66.7	28.6	31.3	2.9	2.1	0.0	0.0
8	-	1.9	16.3	22.2	79.1	70.4	4.7	5.6	0.0	0.0
9	3.7	-	9.3	5.9	75.9	94.1	11.1	-	0.0	0.0
10	9.8	5.9	5.9	8.8	70.6	76.5	13.7	8.8	3.9	5.9
11	10.3	17.9	3.5	14.3	79.3	64.3	6.9	3.6	6.9	7.1
12	27.3	13.0	3.1	4.4	63.6	65.2	3.0	17.4	18.2	21.7
13	16.0	35.3	-	-	80.0	41.2	4.0	23.5	28.0	47.1
14	75.0	62.5	-	4.2	12.5	29.2	12.5	4.2	43.8	54.2
15	85.0	66.7	-	8.3	5.0	-	10.0	25.0	80.0	75.0
合計	15.1	12.7	22.0	30.1	55.1	50.6	7.8	6.7	11.6	12.3

(注)『細民調査統計表』(1921年調査)、第50表より算出。

一五歳年齢層の方が、また非現住よりも現住の方が就学率が高いこともわかる。これは就学年齢への到達が必ずしも小学校への入学と同義ではなかったこと、また子どもの家族外への放出がそのまま労働と直結している割合が高かったことを物語っている。たしかに下層社会全体への就学状況の広がりという一般的傾向は見られたものの、「就学慣行の浸透」という意味ではいまだ限定的・部分的でもあったということである。

こうした事情は、一九二〇年代初頭においてもさほど変わらない。表3は『細民調査統計表』(一九二一年調査)[20]に基づき、学齢児童の就学状況を示したものである。全体としての就学率(就学と在学を合わせて算出)は男子七〇・一%、女子六三・三%と若干低く算出されるが、この表から学齢児童が必ずしも学齢に達してすぐに小学校へ行ったわけではないこと、また当該年齢に占める不就学者の比率の低下から年齢の上昇とともに就学率が上昇していったことが明らかになる。しかしその一方で、表中、就学者と在学者とが区別されている事情を考慮し、ここで就学者を「半途退学者」と仮定すると、小学校を卒業するということ自体が下層社会にとっていまだ重要な意味をもたらすまでには至っていなかったことも同時に示している。表4・1および表4・2の年齢別教育程度を見ると、学齢期を終えた一六〜二〇歳人口中、「尋常小4年以上卒業程度」は男子五二・四%、女子三七・八%におさえられ、「尋常2・3年程度」が比較的多く見られることも、そのことを示唆しているだろう。とはいえ、これらの数値は、同じく表4・1および2で「無学」

表４・１　年齢別教育程度（男）

（%）

	−15	−20	−30	−40	−50	−60	60−	不明	合計
無学	49.6	4.8	11.1	12.7	18.8	23.0	30.8	37.5	33.0
仮名を読む	10.0	4.8	3.2	5.7	51	8.2	7.7	-	7.7
新聞を読む	1.4	2.4	1.6	8.9	17.8	24.6	15.4	-	7.1
尋常２・３年程度	16.5	19.0	14.3	10.8	14.2	3.3	19.2	37.5	14.7
尋常４年以上卒業程度	16.1	52.4	49.2	42.0	29.9	29.5	15.4	-	26.1
高等小学程度	0.4	7.1	14.3	15.3	10.2	8.2	-	-	5.7
中学以上	-	2.4	-	0.6	1.0	-	-	-	0.4
不明	6.0	7.1	6.3	3.8	3.0	3.3	11.5	25.0	5.3
合計	100.0	100.0	100.0	100.0	100.0	100.0	100.0	100.0	100.0
（N）	(552)	(42)	(63)	(157)	(197)	(61)	(26)	(8)	(1106)

（注）『細民調査統計表』（1921年調査）、第52表より算出。

表４・２　年齢別教育程度（女）

（%）

	−15	−20	−30	−40	−50	−60	60−	不明	合計
無学	54.3	8.1	33.6	41.7	58.0	66.7	82.4	33.3	49.5
仮名を読む	16.2	8.1	6.5	4.9	2.8	2.8	5.9	-	9.3
新聞を読む	1.4	5.4	2.8	3.9	3.5	-	5.9	-	2.5
尋常２・３年程度	15.4	29.7	12.1	20.1	9.8	11.1	-	-	15.3
尋常４年以上卒業程度	0.3	37.8	29.0	14.7	9.8	11.1	-	33.3	13.9
高等小学程度	0.2	5.4	5.6	3.9	1.4	-	-	-	1.8
中学以上	-	-	-	-	-	-	-	-	-
不明	4.2	5.4	10.3	10.8	14.7	8.3	5.9	33.3	7.8
合計	100.0	100.0	100.0	100.0	100.0	100.0	100.0	100.0	100.0
（N）	(506)	(37)	(107)	(204)	(143)	(36)	(17)	(3)	(1053)

（注）表４・１に同じ。

の比率が年齢が若くなるにつれ減少する一方（一五歳以下は学齢以前の子どもも含まれているため数値が高くなっている）、それ以上の教育程度が次第に増加していく状況と、「尋常小４年以上卒業程度」が世帯主三四・○％、配偶者一六・三％、「尋常２・３年程度」が世帯主一二・五％、配偶者一四・一％、「無学」が世帯主一七・五％、配偶者四七・五％だった事情をあわせてかんがみると、学校との「接触」期間は、次第に長期化傾向を示していたといえる(21)。また、表３に戻って有業者の欄を見てみると、有業者が一○歳未満で皆無だということ、また一四歳で全体の半数、一五歳になってはじめて八割程度の子どもが有業者（主として「工業型」の）となっていったことがわかる。こうした形で見られる就労開始時期の延長と教育期間の長期化は、この時期、下層社会においても、徐々にではあるが進行していったのである。

さて、それ以降の時期も簡単に見ておくことにする。一九二〇年代後半の『東京府郡部不良住宅地区調査』(一九二六年調査)(22)によると、「無教育者」が世帯主二七・一%、配偶者四七・三%、「尋常小半途退学」が世帯主二一・一%、配偶者二一・五%、「尋常小卒業」が世帯主一七・一%、配偶者二一・三%となっており、世帯主・配偶者はこれまでの時期と同じような水準を示している。また、一五～二〇歳人口に限ると、「尋常小卒業」が男子四七・五%、女子四九・九%を占め、「尋常小半途退学」は男子二五・九%、女子二八・六%である。調査項目にはじめて「卒業」という項目が加えられたこの調査から、実態として「尋常小卒業」が大きなウエイトを占めるようになったことが明らかになる。しかし、さらに注目すべきは、男子の八・七%、女子の五・七%が高等小を卒業しているか在学中であり(また、男子二・四%、女子二・〇%は高等小半途退学)、しかも、男子の五・一%、女子の一・八%が中等教育以上の学歴を手にしていたということである(在学中および半途退学を含む。男子のうち〇・三%は専門学校在学中)。いまや下層社会においてもさらに上級の学校段階へと進む道が、ささやかではあるが開かれていったということである。

ところで、下層社会の教育水準は以上のような展開をたどったわけだが、それは全体としては子どもが教育機関に包摂化される過程ということができるだろう。しかし、一方でここで注意すべきことは、その過程が下層社会内部に世代間および同世代内の差異的な構造の形成を伴うものでもあったということである。明治中後期において、その教育程度が低位レベルで同質的であったことをすでに述べたが、そうした構造が教育によって次第に崩され、その内部に断層を作り出していったのである。不就学／尋常小半途退学／尋常小卒／高等小半途退学／高小卒／……、とりわけ尋常小を卒業するか否かは決定的に大きな断層を形成することになったとともに、さらにそれよりも上級の学校に在学・卒業した一部の人々の存在との間にも断層を作り出していった。これらの断層は、下層民のその後の就労機会や階層の上昇移動の機会に大きな差異を生じさせたことが予想できるとともに、それは下層社会の中で学校に新たな意味付与がなされ

表5・1　世帯主の教育程度×児童の教育程度（男）

（%）

世帯主＼児童	不就学	尋常小 在学	尋常小 中途退学	尋常小 卒業	高等小 在学	高等小 中途退学	高等小 卒業	中学校以上 在学	中学校以上 中途退学	中学校以上 卒業	合計（N）
不就学	4.3	50.9	9.8	27.8	4.7	-	1.7	0.4	0.4	-	100.0（234）
尋常小中途退学	3.8	66.0	7.5	20.8	-	-	-	1.9	-	-	100.0（53）
尋常小卒業	1.2	63.3	2.4	21.4	3.7	0.6	2.1	5.2	-	-	100.0（327）
高等小中途退学	-	71.4	14.3	-	-	-	14.3	-	-	-	100.0（7）
高等小卒業	1.3	68.0	-	10.7	8.0	-	2.7	6.7	2.7	-	100.0（75）
中等学校中途退学	-	42.9	-	57.1	-	-	-	-	-	-	100.0（7）
中等学校卒業	-	80.0	-	-	-	-	-	20.0	-	-	100.0（10）
中等学校以上卒業	-	100.0	-	-	-	-	-	-	-	-	100.0（4）
合計	2.4	60.3	5.0	22.0	4.0	0.3	2.0	3.6	0.4	0.0	100.0（717）

（注）未就学者および不明を除く。『東京市四谷区深川区方面地区に於ける児童調査』（1926年調査・1928年刊）17-21頁および47-8頁により算出。数値は四谷と深川を合計して算出。

表5・2　世帯主の教育程度×児童の教育程度（女）

（%）

世帯主＼児童	不就学	尋常小 在学	尋常小 中途退学	尋常小 卒業	高等小 在学	高等小 中途退学	高等小 卒業	中学校以上 在学	中学校以上 中途退学	中学校以上 卒業	合計（N）
不就学	5.8	48.0	8.1	37.6	0.6	-	-	-	-	-	100.0（173）
尋常小中途退学	4.5	55.2	4.5	29.9	3.0	-	-	-	1.5	1.5	100.0（67）
尋常小卒業	1.1	67.0	2.9	17.2	3.4	-	0.3	5.2	-	2.9	100.0（348）
高等小中途退学	-	85.7	-	-	-	-	14.3	-	-	-	100.0（7）
高等小卒業	-	58.1	1.6	9.7	6.5	1.6	4.8	6.5	3.2	8.1	100.0（62）
中等学校中途退学	6.7	60.0	6.7	20.0	6.7	-	-	-	-	-	100.0（15）
中等学校卒業	-	75.0	-	-	-	-	-	25.0	-	-	100.0（4）
中等学校以上卒業	-	100.0	-	-	-	-	-	-	-	-	100.0（3）
合計	2.7	60.3	4.3	22.7	3.0	0.1	0.7	3.4	0.4	2.4	100.0（677）

（注）表5・1に同じ

ていく過程でもあったといえよう。『東京市四谷区深川区方面地区に於ける児童調査』（一九二六年調査）(23)では、当該児童中に退学者が多いことを指摘しつつも、「尋常六年及高等二年退学者の皆無なるは面白き現象とす」と述べている。この報告者が敏感に感じたように、いずれの学校段階にあっても「卒業」するということが、下層社会の一部にとっては非常に大きな意味合いを帯びたものとして、意識されはじめていたのである。また同調査には、世帯主とその子どものそれぞれの教育程度をかけあわせた表が掲載されている（表5・1、表5

・2)。サンプル中に在学者も含まれているため、厳密に子どもの「最終学歴」を把握することはできないが、概して親（世帯主）の教育水準が相対的に高い場合に、子どもも高等小学校や中等学校以上への進学を選択している可能性が高かった傾向をうかがうことができる。世代間における教育水準の上昇は、このように当該世帯のささやかな文化資本や家族の置かれた社会的・経済的な文脈に起因する現象でもあったということである。下層社会の人々にとって学校教育をどの段階まで受けるかという問題は、その生活にとって重要な選択肢として機能しはじめていたとともに、その選択は家族の所有する構造的な資源状況に規定されてもいたわけである。

　ところで、一般的に「産業化がさらに進んで子どもに高い教育を与えた方が長期的には家族の階層上昇にとって有効だとなってくると、今度は子どもの人数を減らして、少ない子どもに教育費用を投資してその労働力としての質を高め、ひいては家族全体の労働力資源の質を高めるという方法がとられ」(24)る。一九三〇年代にもなると乳幼児死亡率が下層社会においても改善され、それはいわゆる「少産少死型」への過渡期として位置づけられるものでもあったが(25)、そうした過程をもふまえ、以上で見出された下層社会における「労働から教育へ」という展開を今の一般論で説明することができるだろうか。あるいは、端的に、以上の過程は下層家族の〈近代家族〉化の過程として結論づけることができるのだろうか。たしかに、下層家族にとって目先の稼得収入を手に入れるために子どもを就労させるか、あるいは相対的に高い収入の仕事にいずれつけるように子どもを学校に通わせるかは、選択の重要な分かれ目であったにちがいない。しかし、子どもを学校にやることが、必ずしも子どもに教育的な意義を見出すことと同義だというわけではない。明治中期のある観察者は、当時の貧民学校に通う生徒の性格を次のように述べている。

其生徒ハ大抵皆安泊に屋根代を追て遷転する漂民の子弟中最も幼稚の者にして之を提げてあるく時は日中の働きに手足纏いとなるをもて放逐的に通学せしむるなりといふ(26)。

子どもを教育機関に預けるということに「放逐的」な意味があったということ——このことは、子どもの教育に対して無関心なままであっても、子どもを学校にやることが可能だということを意味している。つまり、子どもを学校にやるという行為に、教育に対する別様の論理、あるいは学校が果たす別様の機能が介在する可能性があるのである。ここで重要なことは、下層社会の展開の過程の中で彼らのこうした子ども観・教育観からの変化を見出すことができるか否かということである。尋常小卒業者や高等小以上の学校への進学者の存在は、新たな意識の浸透を予想させるものではあるが、そうした現象が、いわば積極的な意味での学校の利用という考え、そこから派生して子どもに「大人」とは異なる教育的な意味づけを与えること、こうした心性の存在とどのように関係していたのかを確認する必要があるのである。中川清は、以上で見出された展開のなかで「死亡や非現住化によって早晩世帯を去る存在、あるいは世帯にとって重大な桎梏、というかつての『下層社会』における子供のイメージは、世帯内にあって、成長し遊び教育を受ける、総じて『保護』されるべき存在であるという子供観に塗り替えられていった」(27)と述べている。しかし、この指摘にある子ども観はいわば社会からまなざされたものであって、必ずしも下層社会に内在する子ども観について述べたものではない。ここで注目するのは下層家族によって抱かれていた子ども観の方である。以下では、いささか遠回りではあるが、家計に現れた「育児教育費」に注目しつつ、そこから下層家族における子どもの位置と子ども観について推測していくことで、下層社会に存在していた複数の子ども観について、さらに考察を進めていくことにしよう。

4　家計上に現れた「育児教育費」の位置

千本暁子は「性別役割分業」を測るメルクマールとして「夫の収入÷実支出×1」という数式を使用し、家計の収支構造と規範の浸透具合をつなぎあわせたが(28)、下層家族の子ども観・教育観をこうした数式上の操作性によって明らかにすることはたやすいことではない。ここで注目するのは家計調査に現れた

表6　収入階級別育児教育費

（円）

	収入階級	学校費	子供小遣	その他	計
四谷	−40	0.15	1.39	0.04	1.58
	−50	0.21	2.29	0.24	2.74
	−60	0.21	3.05	0.59	3.85
	−70	0.26	3.04	0.21	3.51
	−80	0.31	3.22	0.30	3.83
	−90	0.70	4.54	0.58	5.82
	−100	0.13	2.77	0.09	2.99
	−120	0.45	4.49	0.62	5.56
	−150	1.15	3.01	0.08	4.24
	150−	1.04	8.95	2.17	12.16
	平均	0.37	3.45	0.39	4.21
浅草	−40	0.52	1.36	-	1.88
	−50	0.01	2.06	0.68	2.73
	−60	0.12	2.65	0.07	2.84
	−70	0.14	3.16	0.36	3.66
	−80	0.12	3.39	0.13	3.64
	−90	0.03	3.06	0.46	3.55
	−100	0.03	3.92	0.03	3.98
	−120	0.52	3.58	0.13	4.23
	−150	0.13	2.99	-	3.12
	平均	0.13	3.02	0.25	3.40
深川	−30	-	1.54	-	1.54
	−40	-	2.23	-	2.24
	−50	0.11	3.19	0.03	3.33
	−60	0.15	3.35	0.11	3.61
	−70	0.15	3.10	0.02	3.27
	−80	0.12	2.49	0.01	2.62
	−90	0.26	3.85	0.24	4.35
	−100	0.18	3.78	0.94	4.90
	−120	0.28	3.76	0.09	4.13
	−150	0.22	3.59	0.02	3.83
	平均	0.16	3.21	0.13	3.50

（注）『細民調査統計表』（1921年調査）、第34表より作成。

支出項目のうちの「育児教育費」だが、とりわけその細目としての「子供小遣」として換算されたものに注目し（その他に「学校費」および「其他」という細目がある）、そこからある種の子どもに対する位置づけを見出していくことにする。小遣いという雑多な支出を親の子どもに対するある特定の意識の表出のひとつとしてみなすことで、課題に答えていこうというわけである。なお、大正期以降にブームとなった諸家計調査(29)のうち、下層社会の家計構造が明らかになり、また「育児教育費」が細目まで含めて掲げられているものが、『細民調査統計表』（一九二一年調査）のみしか見当たらないため、以下の分析は、さしあたり、この資料を中心に考察を進めていくことにしたい。

まずこの時期の下層社会の生活構造から見ていこう。調査対象となった四谷・浅草・深川の収入―支出額の全世帯平均は、四谷が収入七五円六一銭、支出六八円一九銭、浅草が収入七一円四六銭、支出六二円七七銭、深川が収入六九円

九四銭、支出六〇円二九銭で、三地区合計で収入七二円二六銭、支出六三円七四銭であった。いずれも四谷七円一二銭、浅草八円六九銭、深川九円六五銭、三地区合計八円五二銭の収入超過となる。収入階級別に見ても、四谷と深川の四〇円未満階級以外はいずれも収入超過の状態にあった。こうした収支構造は、それぞれの収入階級で各世帯に見合った生活構造を見せていたことを示しているといえよう。その一方で、収入の上昇は実支出中に占める食料費の割合（いわゆるエンゲル係数）の低下をもたらし、その余剰分は主として住宅費と被服身の廻品費にあてられていた。

さて、表6に示したように、こうした大局的な傾向と軌を一にしながら、「育児教育費」の支出額も収入階級の上昇に伴い増加し、同様に「子供小遣」もおおむねその金額が増えている(30)。もちろん、これらの支出は当該家族の子ども数とその年齢に大きく規定されるものでもあるから、厳密にその傾向を取りだすのはこのデータからだけでは難しい。そこで、まず表7によって世帯人員別の「育児教育費」を見てみると、世帯人員の増加がそのまま「育児教育費」に反映され、また対実支出比も同様に増加していることが明らかになる。もっとも世帯人員から2を引いた数値がそのまま子ども数となるわけではないが(31)、下層社会における核家族率が約八割であったことを考えれば、ここからひとまず子ども数と「育児教育費」の相関を見出すことができるだろう。

表7　世帯人員別育児教育費

世帯人員	育児教育費（円）	対実支出比（%）
3人世帯	2.31	3.9
4人世帯	3.48	5.5
5人世帯	4.47	6.9
6人世帯	4.85	7.0
7人世帯	7.08	9.4
8人世帯	7.90	7.6
平均	3.70	5.8

（注）『細民調査統計表』（1921年調査）、第36表より作成。

大正期は実質賃金上昇期にあたり、下層社会においてもこうしたなか、世帯収入を増加させ、生活水準を上昇させた時期であった。千本が明らかにしたように、実支出の八割以上が世帯主収入で賄われ、それと並行して妻の有業率が減少していく状況が見られた時期でもあったのである(32)。いわば下層社会の一部においても性別役割分業の下地ができてきたということであり、前節で明らかにした子どもの学歴水準が次第に上昇していく傾向とあわせて考えると、収入の増加傾向が何らかの意識を醸成し

図1　世帯主収入と配偶者＋家族収入の関係

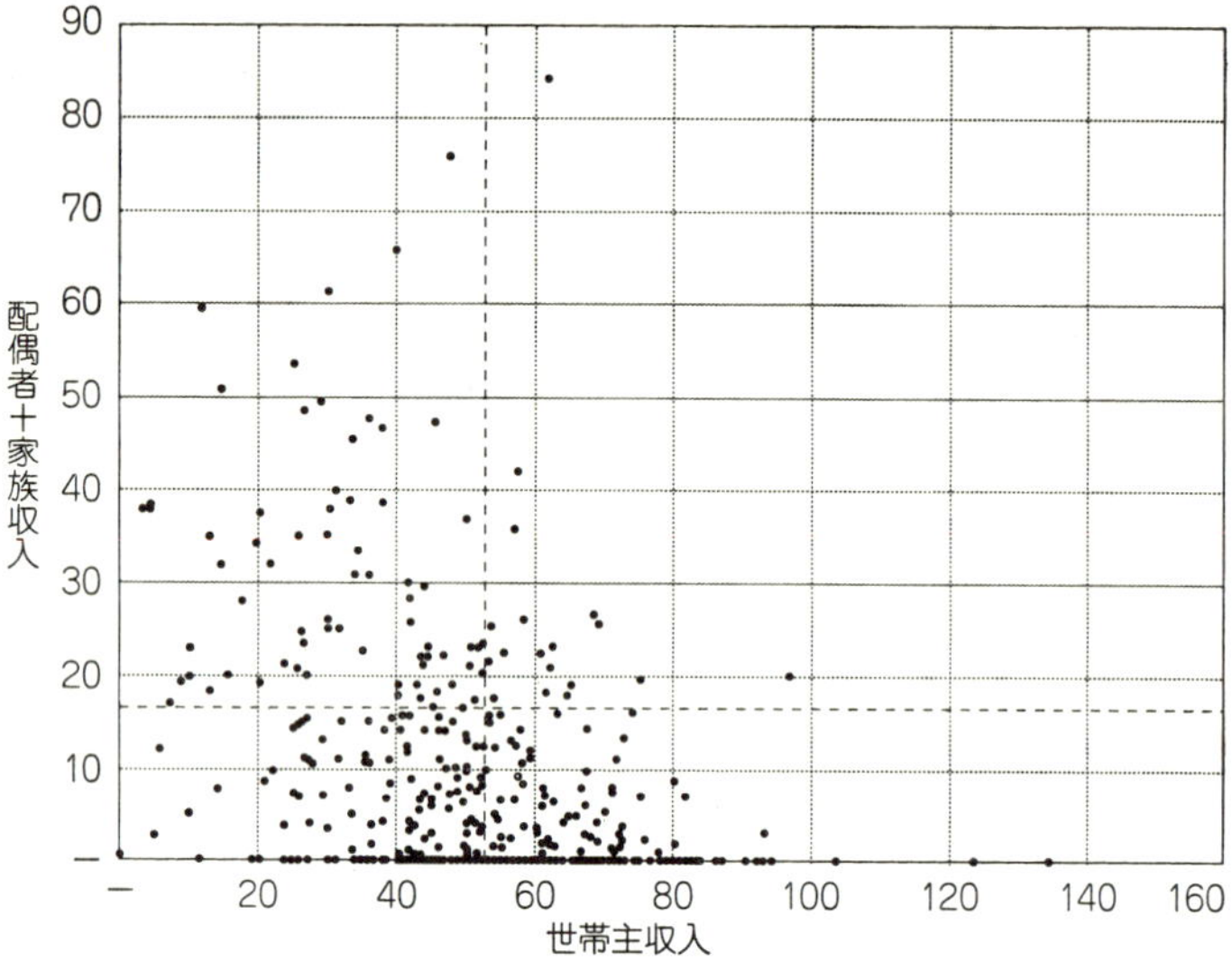

（注）破線はそれぞれ世帯主収入および配偶者＋家族収入の平均を示す。ただし、配偶者＋家族収入の平均は、世帯主収入のみの世帯を除いた世帯の平均。
世帯主収入平均＝51.97円　配偶者＋家族収入平均＝14.99円
『細民調査統計表』（1921年調査）、第35表より作成。

ていった可能性を指摘することもできよう。

しかし、世帯主収入と配偶者・家族収入の関係は、世帯主収入が増加すれば配偶者・家族収入が減少するという単純なものではなかった。図1はこの両者の関係を調査対象の四九七世帯について散布図で示したものである。ここからたしかに世帯主収入の高い世帯に配偶者・家族収入がないか、あっても少額の世帯が多く、また世帯主収入の低い世帯に配偶者・家族収入の高い世帯が多いという一般的な傾向はいえるものの、世帯主収入の低い世帯において分布のばらつきが大きく、配偶者・家族収入が少額であるかまったくない、比較的貧しい世帯がかなりの程度で存在していることもわかる。ここで、世帯主収入が高いために配偶者・家族収入の少ない世帯と、世帯主収入が低いにもかかわらず配偶者収入の少ない世帯を、妻の専業主婦化の傾向ということで同列に扱うことはできないだろう。たしかに下層社会の一部において世帯主収入に依存した家族関係が構築されつつあったことは疑われないだろうが、それとはまったく異なるロジックを持った家族が下層社会の内部の、とりわけ中層以下において依然として堆積していたのである。

では、その異なるロジックとはどのようなものなのだろうか。それを「育児教育費」のうち三地区合計で八七・一％を占めていた「子供小遣」の分布状況をみていく中で確認してみよう。

まず収入階級別に「子供小遣」を見てみると、先に確認したように世帯主収入が低いにもかかわらず配偶者・家族収入も低い特殊な世帯がかなりの割合で存在していたのと同様、世帯主収入が低いにもかかわらず「子供小遣」が比較的高額な世帯が見受けられる。表8はそれを平均の形で示したものだが、世帯主収入が〇〜四〇円の層の子ども一人当たりの「子供小遣」は一円五二銭、四〇〜六〇円で一円四九銭、六〇円以上で一円五六銭であり、世帯主収入階級別に見ると金額の差異がほとんど見られなくなるのである。さらに「子供小遣」支出総額を見ると〇〜四〇円の層で三円四一銭にものぼり、他と比して最も高い支出額を示してもいる。世帯主だけでなく配偶者や家族の収入などをも含めた全収入階級別に見られた「育児教育費」の漸増傾向は、世帯主の収入階級別では見られなくなるのである。

表8　世帯主収入階級別子供小遣平均

（上：世帯平均、下：子ども一人当り平均）

（円）

世帯主収入階級	収入種別			合計平均
	世帯主のみ	配偶者あり	世帯主＋家族	
0−40	3.11	3.84	4.37	3.41
40−60	2.91	3.24	2.52	2.90
60−	3.15	2.95	4.38	3.24
合計平均	3.11	3.26	3.46	3.22
0−40	1.40	1.72	1.62	1.52
40−60	1.32	1.70	1.38	1.49
60−	1.55	1.65	1.33	1.56
合計平均	1.46	1.68	1.38	1.53

（注）「配偶者あり」には、世帯主＋配偶者収入世帯と世帯主＋配偶者＋家族収入世帯を含む。『細民調査統計表』（1921年調査）、第35表より算出。

これを世帯収入種別ごとに見てみると、さらに興味深いことがわかる。ここで世帯主収入のみで賄っている世帯（二三六世帯、全体の四七・五％）と配偶者収入のある世帯（一八四世帯、三七・〇％）とを比較してみると、全体として世帯主収入世帯よりも配偶者収入のある世帯の方が「子供小遣」が高くなっている。また、世帯主収入世帯では収入額の高い世帯で「子供小遣」も高いという傾向がある一方で、配偶者収入のある世帯では世帯主収入の低い世帯で「子供小遣」が高くなっているのである。

では、このような「子供小遣」費の分布の仕方をどのように説明することができるだろうか。親がその子どもに小遣を与えること、それは子どもを学校にやることと同様、両義的な意味を持っているといえる。ひとつは親の子どもへの情愛的感情が記号化された意味として、そしてもうひとつは以下の記述に示されるような「邪魔者」としての子ども観を反映した意味合いとしてである。

古顔といはれてゐる右手の奥に住んでゐる車夫のお神さんに、小供の多い長屋だね、と云ふと、「大抵二三人は居ります」と澄ましてゐた。バタ〳〵駆けて来た七歳ばかりのは、母親の足にからまり、五厘おくれと鼻を鳴らせば、「此奴め、今の前に持つて行つて、また五厘だ、父親が帰ると言ひつけてやる」と叱りながら、懐中を探り、やはり五厘を出してゐた。日に幾何遣ふだらうと聞けは、二人で十銭は欠きません、と笑つてゐた。亭主の賃金一日七十銭の七分の一、屋賃日掛の一日半分、驚き入つた多額の小遣銭である。収入と比較せば、貧民児童の小遣は、貴族富豪の小遣銭より多額となるであらう。但し児童に多額の小遣銭を支出するのも無理でない仔細がある。亭主一人の収入で遣つてゆけぬ所から、十人は九人迄お神さんは内職をする。内職の邪魔除の為に、小遣銭で家外へ放逐なす必要もゐるからだといふ。兎も角くも貧民長屋の児童は、東京市随一等の贅沢者である(傍点引用者)(33)。

こうしたふたつの子ども観の存在可能性をふまえた場合、世帯主のみで家計を賄う世帯と世帯主のほか配偶者収入もある世帯との差異について、もう少し詳細に見ておく必要があるだろう。配偶者収入のある世帯では概して「子供小遣」が高いことをすでに指摘したが、このうち世帯主以外の勤労収入が配偶者のみの場合、すなわち家族収入を伴わない世帯における子ども一人当たりの「子供小遣」は一・七六円となり、家族収入もある世帯の一・三七円、世帯主収入のみの世帯の一・四六円と比して高くなっている。家族収入のない配偶者収入のみの世帯には、おそらく小さな子どもが一〜数人いることが予想されることから、その世帯に「子供小遣」が多いということは、明らかに内職をはじめとした配偶者の労働とそれに伴うある種の子ども観がその額を引き上げていたことがわかる。横山の観察した状況は一九二〇年代においても依然として観察されるものだったのである。

一方で注目すべきは、「子供小遣」の額が世帯主収入のみの世帯と比して配偶者収入のある世帯において高くなるにもかかわらず、育児教育費全体を見てみると、世帯主収入のみの世帯が三・七一円、配偶者収入のある世帯が三・五八円と世帯主収入のみの世帯で若干高くなっているということである。育児教育費中、「子供小遣」以外の細目は「学校費」および「その他」として分類されるもので、このうち「その他」には「犬張子、ペーパ五枚、千代紙、玩具、ゴムマリ、乾乳及菓子、守札、風船、子供雑誌、ミルク、子供運動費」といったものが含まれる。いわば世帯主収入のみの世帯では、「子供小遣」以外に、子どもの学校内外における雑多な支出が育児教育費として回されていたということである。こうした現象にこの世帯における教育機関への包摂化との関連を見出すこともできよう。

図2　下層社会における「子供小遣」の位置

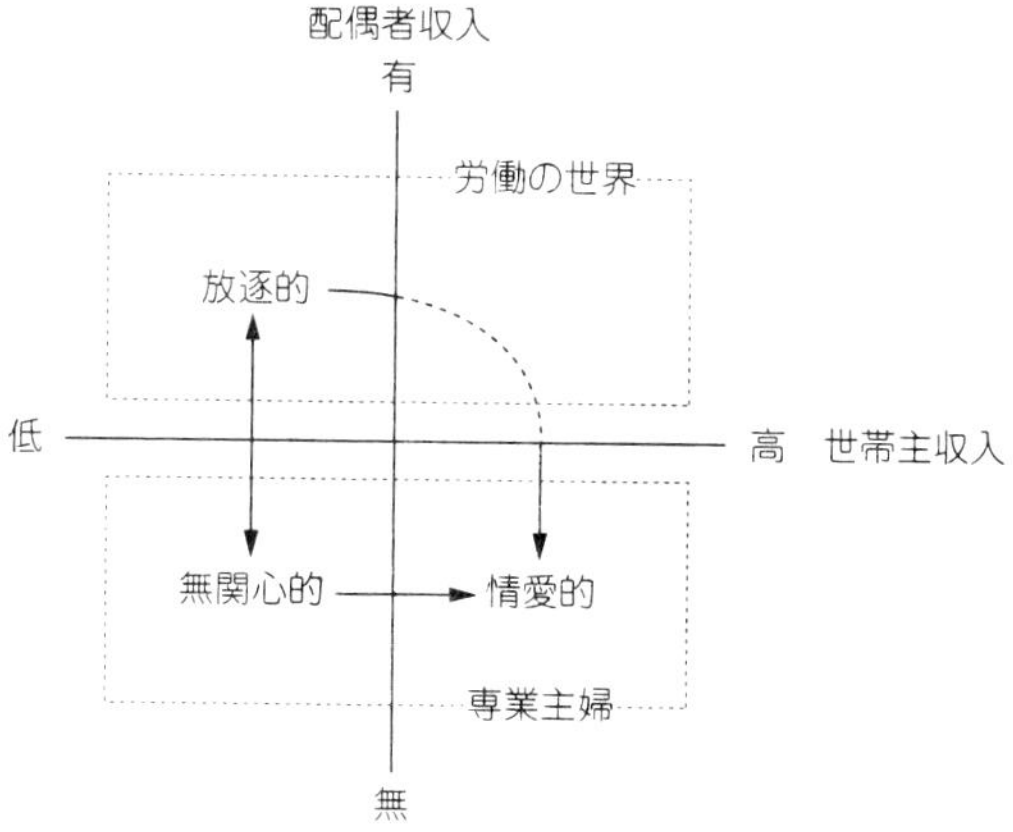

以上で明らかにされたことを図式的に示したものが、図2である。世帯主収入の高低と配偶者の労働の有無によって四つに分けられた位相のうち、まず第一に、全体として配偶者収入のある世帯は「子供小遣」の支出額が高い世帯でもあり、それは世帯主収入が低くなるほど顕著であった。しかし、その「子供小遣」の性質は、子どもへの情愛性の表現形態では決してなく、横山源之助のいう「邪魔除け」、言い換えれば「放逐的」な機能を果たすものとして見ることができるだろう。こうした家族の中で子どもは「邪魔者」としてのまなざし（子ども観）を絶えず日常的に受け続けるような、そうした世界が下層社会において存在していたということであ

る。

また第二に、世帯主収入が低いにもかかわらず配偶者収入のない世帯は、それが配偶者の労働の意志の欠如を意味しているわけでは必ずしもないことから、第一の類型に非常に近似的な心性があったことが予想される。非常に貧しい生活をしながらも「子供小遣」にそれなりの支出をしている世帯が存在しているということは、配偶者の就労という条件以外にも、下層社会に内在する子どもに対する特別な意識の存在があったということを意味している。この層において「子供小遣」という形で現象する「邪魔者」としての子ども観は、〈子ども〉という存在に対する無関心に裏打ちされたものであったと見ることができよう。

また前節で見たような、学歴水準との関連でいえば、学校に子どもをやることにも「子供小遣」にも、いずれにも「放逐的」な意味合いが込められていたということは示唆的である。たしかに下層社会は世代間において全体として学歴水準の向上をみることにはなった。しかし、それは子どもに教育を受けさせることに対する意義づけや子どもに対する情愛性に裏打ちされている必然性は必ずしもなかった。いわば稼得収入の上昇による子どもに対する労働要求の減少といった側面が、子どもに対する無関心を保持したまま、子どもの学校への包摂化に過渡的に寄与していたということができるのである。彼らにとっての教育は、それを通した世代間の社会移動を意図したものではなく、あくまで子どもを放逐的に預ける手頃な装置として学校を位置づけるに過ぎないものだったのである。したがって、学齢期の初期に必ずしもすべてが小学校に入学したわけではないことや、尋常小卒業者が増加しつつあったとはいえ、かなりの半途退学者が存在していたことは、彼らのこうした学校への意味づけとも関連していたといえよう。

しかし、上級学校への進学という側面には、そこにある種の選択という契機が内包されていることから、以上とは異なるある種の意識の存在をも考慮に入れておかなければならない。第三として、世帯主収入が高く配偶者収入のない世帯、女性が専業主婦化する下地を十分に保持していた世帯について見ておこう。すでに指摘したように、世帯主収入のみの世帯は、配偶者収入のある世帯とは逆に、「子供小遣」以外の雑多な育児教育費支出が多く、またその中でも世帯主収入の高い層で「子供小遣」が高かった。このことが意味することは、世帯主の収入のみでも家計を賄うことができるような下層社会の上層において、子どもに対してそれなりにお金をかけるという行為が行われるようになったということであり、それは親の子どもに対する新たな価値意識の形成と関連するものでもあったということである。この家族における「子供小遣」の持つ意味こそが、子どもへの配慮あるいは情愛性を示唆するものであったと考えることができるだろう。『細民調査統計表』において世帯主収入のみで六〇円以上の相対的に高い収入を得ている世帯は二二%ほどいる。世帯状況と子どもの学歴とを関連づけて論じることはできないが、さしあたり、前節で見た教育程度を概観してみると、二〇歳以下で高等小学校以上の教育程度を持つ者は、男子九・九%、女子五・六%であり(表4・1および表4・2を参照)、一九二六年の調査では一五~二〇歳人口中、男子一六・二%、女子九・五%が高等小学校以上に進学していた。こうした進学の選択が、世帯主収入のみの上層世帯によって牽引されていたとは即断できないが、しかしおそらくそれは、「子供小遣」の持つ子どもへの配慮や情愛性とも通底するものであり、また子どもの労働主体から被教育主体への変化を如実に示すものだったと考えることができよう。労働から解放された子どもは、学校を通してささやかな上昇移動のルートに乗る機会をわずかばかり手に入れることも可能になったわけである。

いずれにしても、家計の収入状況に規定されながら、下層社会内部で複数の子ども観が並立しており、そのなかで多くの家族は無関心的／放逐的様式を依然として保持していた。しかし一方では、その上層において原初的ながら情愛的様式というものを見出しはじめてもいたということである。

5 〈近代家族〉化と子どもの位相——まとめにかえて

大正期から昭和初期において着実に増加していった都市新中間層が、その家族生活を〈近代家族〉的な姿に作り上げていったのと同様に、都市下層という社会の最低辺に位置づけられた一群の人々のなかにも、生活水準の上昇に伴ってその家族様式を上昇させていこうとする意志が見られた。本稿では、それを彼らの子どもに対する位置づけの変化という側面から照射し、教育水準の上昇にともなう上級学校への進学という選択行為と親が子どもに与えた小遣いの意味合いという点を重ね合わせて理解しながら考察を進めてきた。

大正期以降に進行した配偶者の世帯主収入への依存化傾向は、必然的に母親と子どもとの密着時間を増やし、それは子どもに対する新たな価値意識を形成するための条件とも下地ともなるものであった。そして、そうした価値意識の形成にはまた、この時期以降、盛んに喧伝され、さまざまな団体によって牽引された乳幼児保護や母性保護といった運動やそうした思想的な背景を取り入れた社会事業をはじめとした下層社会に対する行政的な介入も関与していた(34)。本稿でとりあげた諸調査が国や地方の行政の手によってなされ、下層社会をあらゆる角度から精査・分析していこうとする態度や認識こそ、下層社会の生活改善とその上昇という社会の側からの志向性やまなざしが内包されていたことを意味してもいたのである。こうした家族の外側からの動きを受け入れる土壌が、下層社会の上層から徐々にではあるが形成され、それが「子供小遣」費の支出構造といった形で現象していたと見ることができるだろう。もっとも、この両者の関係については、さらに詳細な分析を必要とするものではあるが、社会の側からの働きかけと下層社会内部の構造とがリンクする下地は、一部ではあれ、形成されていたことはたしかだろう。

一般的に、産業化の過程において子どもは、労働による世帯の稼得構造への貢献者から教育投資の対象へと変化するといわれる。そして、性別役割分業を選択する家族の広がりと同様に、子どものそうした性格変化も官公吏やサラリーマンをはじめとした新中間層からはじまり、次第に労働者階級や下層社会においても広範に見られるようになる性質のものであった。それは同時に、家族の〈近代家族〉化の一側面を言い当てているともいえるだろう。ただし、子どもをできるだけ長い間学校に置いておく傾向が、年を下るごとに増加し加速化したとしても、多くの下層家族にとって子どもを高等小学校あるいは中等学校まで進学させることを選択することは夢のまた夢であった。また子どもを労働ではなく、教育へと振り向けたものが、必ずしも子どもを愛情の対象として見たり、あるいは階層上昇の手段として見るといったような意識のあり方に起因するものではなく、あくまで子どもに対する無関心や放逐的な意識のあり方がそのまま維持されたまま、現象としてのみ教育水準が上昇していく可能性も示唆された。とはいえ、たしかに生活水準や家族の置かれた社会的文脈には下層社会の内部において大きな隔たりが存在したものの、そうした実態の多様性を越えて、〈近代家族〉的な規範がより下層へ向けて浸透していく流れはできあがりつつあった。そうした規範は、戦後を通して、強迫的なまでの子どもに対する教育期待となって現象することにもなるのだが、戦前期においてもすでに、下層社会内のある部分までその浸透が進行しており(35)、子どもの被教育主体化が家族内部の親の意識によって支えられはじめていたのである。

下層家族が懸命に貧困から脱却し、上昇していく過程において、たしかに彼らの生活には安定がもたらされ、他方でそれは社会秩序の安定化にも貢献することにはなった。しかし、その上昇過程は、ある特定の家族モデル――「家庭」という装いをまとった〈近代家族〉モデル――が他の可能な家族生活のあり方を否定し、駆逐することによってはじめて達成されたものだったといえるだろう。

戦前期国鉄職員の研究 II

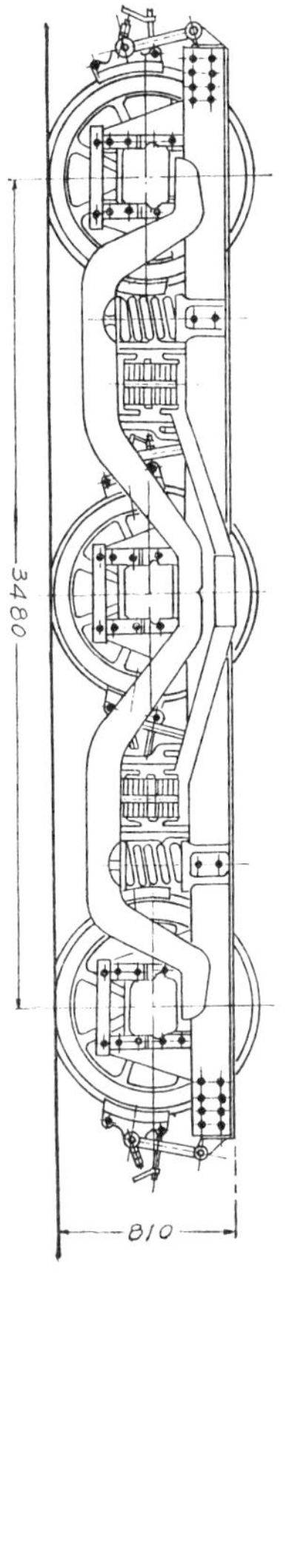

*

5章・河野誠哉

戦前期国鉄現業職員における採用・昇進の制度と学歴主義

●――職種別採用規程の検討

1　はじめに

本章は戦前期の国鉄における現業職員の採用・昇進の制度に焦点をあてる。課題設定のための足場として想定しているひとつは、表題にも示してあるとおり、学歴主義研究としての分析視角である。まずは問題の所在確認から始めることにしたい。

学歴主義は、教育研究と社会分析とが交差する次元の研究領域において、少なくない数の研究者によって取り組まれてきた研究課題の一角を占めるが、その過去への歴史的な探究の作業もまた、エリート研究や立身出世主義研究といったバリエーションを隣接させながら、すでに一定の研究の蓄積を持つ(1)。

しかし、先行研究としてのそれらは、一方で教育システムの枠内の現象を追跡するにとどまり、そのために中学校―高等学校―大学といった正系の進学経路の担った役割に対して、過大な強調をおいた競争の物語を描いてきたように思われる。あるいは他方でまた、職業世界と学校教育の接触面により踏み込んだいくつかの研究においても、題材として選ばれたのは主として社会上層と高等教育学歴とが結びつく諸局面であって、その意味ではやはり、学歴による選抜・配分が制度化されていく歴史過程の中でも、かなり威信の高い位相を主題化するものであったということができる。その結果として現れたのは、本書の序章にも指摘されていたような、研究対象設定におけるエリート層の世界への偏りであった。

「学歴主義」というテーマのもとで、先行する諸研究がそうした傾向を備えることになったのは、おそらく理由のないことではなかった。多くの研究は、なによりもまず現代へとつながるこの問題の「起源」にさかのぼることを自らの課題としたのであり、そうした研究のスタンスからして、学歴を価値とする社会的編制が組織されていった中でも最も際立った部分に関心が集中したというのも自然なりゆきであったからである。しかし、まさにそうしたスタンスに立つことによって、結果的にいくつかの局面がなおざりにされてきたこともまた確かであって、たとえば、必ずしも上級学校進学へのステップというばかりではない中等学歴の別の側面に対しては、十分な目配りがなされてこなかったと言わざるをえない。

そうしたねらいから本稿は、学歴が資格としてやりとりされる頂上の様相よりは、むしろ裾野の広がりにこそ光をあてる。またその結果、見据えるべき歴史過程は、「学歴主義の起源」によりも「学歴主義の浸透過程」へと軸足をずらすことになるはずである。

ところで、このような分析視角はまた、必然的に社会移動研究に接続するものでもあるだろう。国鉄という題材に即しながら、そのことについてもふれておきたい。

第一次大戦以降のわが国において、とりわけ大企業のなかに学歴主義的な階層秩序が形成されていったという事実については、たびたび言及されているところである(2)。そして国鉄もまた、しばしばそうした組織のひとつとして数えあげられているが、他方で国鉄は、各人の努力と能力次第で組織内の昇進が可能であるような柔軟な労働組織を早くから作り上げていた。その当時の国鉄への就職案内書の記述に従うならば、「最初傭人として鉄道に奉職したものでも、順次試験を経、階級を履むで進むときは、其の人の力量次第で最上級の総裁にもなることが出来る」(3)のである。実際に総裁になれるかどうかはともかくとして、そこに確かに開かれていたのは、入職後の「ささやかな上昇移動」の窓口であった(4)。

それにしてもこのような状況認識は、少なからず混乱を孕むものといわざるをえない。つまり、戦前期の国鉄の労働組織が話題にされる場合に、時に学歴主義的断層のイメージが、そして時に上昇機会提供のイメージが、別々の文脈のもとで語られているような印象を受けるからである。

国鉄というフィールドは、まさにそうした両イメージが交差する地点に位置づけうる事例であり、そして中等程度の学歴と「ささやかな上昇移動」との関係を捉えるための格好の事例を提供するものということができる。前記の矛盾したイメージを解きほぐすには、入職後の昇進までをも視野に入れた検討が必要になってくるはずである。

以上のような展望のもとで本稿は、規程類を手がかりに国鉄内部の採用・昇進と学歴の関係について検討していくことにする。

2　国鉄労働組織の特徴と採用規程の概要

まずは国鉄の労働組織についての基本事項を確認しておくとともに、採用規程について説明を加えておきたい。

国鉄の労働組織は、官庁組織としての性格をふまえたハイアラーキカルな身分秩序によって構成されている。具体的に国鉄職員(5)の身分構成を図示すると、図1のようなものになる。このうち一般に高等官というカテゴリーで括られるのは奏任官以上の職員であり、そしてまた判任官以上が、文官任用令による定めのある正式の官吏である。それより

図1　国鉄職員の身分構成

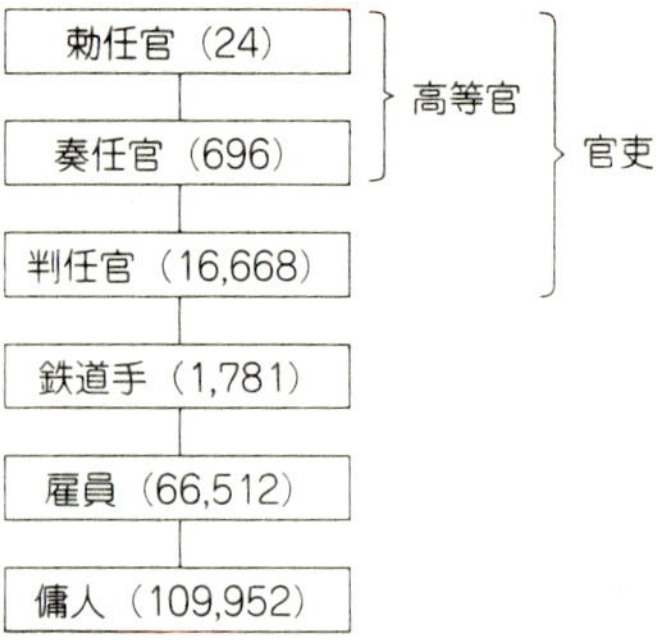

（注）カッコ内の数字は1925年時点における職員数（鉄道省編『大正十四年度鉄道省鉄道統計資料』より作成）。ただし、鉄道医（奏任官待遇ならびに判任官待遇）については、数字から除外してある。

下層の構成員はいずれも官吏ではなく、民法上の雇用関係に基づく身分にすぎない。その中の最上層には判任官待遇を与えられる特殊な身分として鉄道手[6]が置かれ、そしてその下には頭脳労働ないし熟練労働に従事する雇員が、最下層には未熟練労働に従事する傭人が位置づけられる。

図中に示した中でも国鉄特有の身分階梯である鉄道手が介在すること以外に、正式の官吏である高等官・判任官の下に、雇員・傭人が位置づけられるという構成は、他の一般官庁と同様である。しかし鉄道省のばあい、職員数として構成員の主要部分を占めていたのは、実際に鉄道の現場で実務に従事するという意味での「現業」部門を担う鉄道手以下の職員たち（実際には現業部門の上層には判任官以上も含まれる）であるというところが他の官庁と著しく異なっている。そしてまた本稿が焦点をあてるのも、このようなハイアラーキーの中でも基底部分に位置づけられるこれらの人員にほかならない。

そしてさまざまの職名が、この身分上の序列のうえに配されているのであるが、ここでこの「職名」（または「職種」）と「身分」という二つの概念を区別して理解しなければならないことは、国鉄におけるキャリア形成の構造をみていくうえで最初に注意が必要な点である。この二つは、各々の職員の組織内における位置を示すためのいわば座標軸のような関係にあるのであって、たとえばある職員に関して、その職名は出札掛であって身分上の階級は雇員である、といった具合にその組織上の位置づけは示されることになるわけである。

のちにみていくように、実際のところ職名そのものがやはりキャリア上の階梯を構成しているのであるが、この職種による階梯と身分上の階梯との対応関係は複雑である。「傭人職」[7]という形で特定の身分と一体化した一群の職種が存在する一方で、たとえば駅長職のように、雇員から鉄道手、さらには判任官以上にまで、その身分上の構成が多様であるような職種も存在している。また前述の傭人職の中には、傭人職でありながら身分上は雇員への昇格を認められるというケース(8)も存在していて、両者の関係は必ずしも一対一対応ではない。国鉄労働組織の内部では、このように職種と身分によるこの二つの階梯が複雑に絡み合いながら、キャリア上の階梯が構造化されているのである。

さて、本稿が扱うことになる国鉄内部の採用規程もまた、それゆえに現象的には、おおまかに二種類のそれが存在するということになる。

すなわち、まずは一般的な身分資格に関する採用規程類として、たとえば職員特別任用令、鉄道手任用試験規則、雇員採用規程などをあげることができる。そしてその一方で、より具体的な職種別の採用規程類が存在するのであるが、こちらはすべての職種に対して定められているわけではなく、特定の、概して特殊な業務や高度な技能を要する職種に対して設けられている。この二種類の採用規程はしばしばその規定内容において対象とする次元を錯綜させており、両者の関係もまた単純ではない。後者の中には部分的に身分上の資格についての規定をも組み込んだものが少なくないからである(9)。この場合、準拠すべき規定としては、職種別採用規程のほうが優先されることになっている。わかりやすくいうならば、特別に職種別の規程によって定められた以外のケースに対して、一般的な採用規程が適用されるという関係である。

また、ここにあげた採用規程類については、その法令としての形式も一様ではないということも付記しておかねばならない。鉄道省（あるいは前身の鉄道院など）レベルの規程のほかに、その下部組織である各地の鉄道局（あるいは前身の鉄道管理局）がそれぞれに個別の規程を設けてもいるからである。後者の場合は当然、その適用の範囲もそれぞれの鉄道局管内に限定されることになる。

以上が、戦前期国鉄の労働組織とそこでの採用規程との関係のだいたいの見取り図である。

3　検討の範囲について

このようにいささか複雑な領域を対象化するにあたって、本稿は、いたずらに網羅性を追求するよりは多少なりとも範囲に限定を加えたうえで検討していくという方針を選ぶことにしたい。

まずはその形式と種類についてであるが、ここでは鉄道省（鉄道院）レベルの、そしてその中でも職種別の採用規程類をとりあげることにする。省レベルに限定するというのは、それが各鉄道局レベルよりも上位規程であることのほかに、何よりもやはり、その適用範囲が全職員に及ぶという点を重視してのことである。また職種別のそれに限定したのは、ひとつには身分と職名という二概念の交錯がはらむ複雑さをひとまず回避するという意味もあるが、そもそも雇員以下の身分資格をめぐる採用規程類は昭和初期までは省レベルの規程としては登場してこないことにもよる。しかし、それ以上にむしろ、職種別採用規程によってこそ、職員の具体的なキャリア形成過程が描き出せるというメリットによるところが大きい。のちにみていくように国鉄内部では、いくつかの職種を移動しながら職場内での地位を上昇していくというキャリア形成のあり方が大きな比重を占めており、職種別の採用規程は、そうした採用・昇進の構造を明らかにするうえで有効な素材だからである。

次に設定しておく必要があるのは、とりあげるべき職種の範囲である。ひとくちに国鉄職員といっても、厳密にはその包括する範囲はずいぶん広い。本稿の問題設定からして本省などの非現業部門を除外することは当然としても、いわゆる現業員というカテゴリーであっても、その範囲たるや、工場や発電所はもちろんのこと、船舶、自動車、病院やホテルにまで及ぶのである。そこで本稿では、鉄道従事者としての、さらにその基幹部分である駅務・列車関係と、機関庫・電車庫・検車所関係に対象を絞ることにした。例として大正末の時点において該当する主要な職名をあげるなら、

表1のようなものになる(10)。

最後に、時期的な設定が必要である。国鉄の採用規程類の経過をおおまかに振り返ると、国有化されてまもなく、帝国鉄道庁官制の敷かれた一九〇七（明治四〇）年以降のしばらくは、主だった職種についての採用諸規程が次々に定められていった時期である。それよりも遅れて新たに定められた職種別採用規程も少なくないが、本稿でとりあげる範囲の諸職種についてはすべて、国有化以後の十年間に出そろっていることが確認できる。このそれぞれは状況の変化に応じて、たびたび改正もしくは更新されていくのであるが、とりあえず本稿では、ひとまずは制度的な整備期として括られるであろう大正末までの期間をとりあげることにしたい。

表1　駅務、列車関係、機関庫・電車庫・検車所関係の主な職名（大正末時点）

駅務・列車関係		機関庫・電車庫・検車所関係	
駅長	**車掌監督助役**	**機関庫主任**	**検車所助役**
助役	**車掌**	**機関庫助役**	**検車手**
予備助役	**車掌補**	**機関車検査掛**	検車助手
運転掛	**車掌見習**	**機関車検査掛助手**	検車助手見習
出札掛	**客扱専務車掌**	**機関手**	客車清掃手
改札掛	**荷扱専務車掌**	**機関手見習**	
貨物掛	列車荷扱手	**機関助手**	
小荷物掛	制動手	機関助手見習	
電信掛	列車給仕	**電気機関車運転手**	
駅務助手	列車手	**電気機関車運転助手**	
庶務掛		倉庫手	
車号掛		**諸機運転助手**	
信号掛		合図手	
転轍手		炭水手世話役	
警手		炭水手	
駅手世話役		庫内手	
駅手		機関車清掃手	
連結手		技工長	
構内助手		技工	
整燈手		技工手伝	
荷扱手		小使	

（注）表中細字の職名は傭人職を、太字は雇員以上を示す。作成にあたっては、鉄道省大臣官房現業調査課『国有鉄道従事員労務統計実地調査概要』（1928年、調査は1926年）、ならびに「国有鉄道傭人職名の変遷」（『現業調査資料』第4巻第6号、1930年）を参考にした。

一方でこの時期というのは、教育システムの側に目を向けると、義務教育就学が完成し、初等後ないしは中等教育への就学が急速に拡大していく時期でもあり、また国鉄の内部そのものにも教習所による養成のシステムが整備されていく時期でもある。後の節では、このような正規の学校教育と国鉄内部の養成システムとの関係に注目しながら、採用基準をめぐって詳しく検討していくことにする。

4　キャリア形成のパターン

さて、すでに述べたように職種別採用規程とは具体的な職名ごとの採用基準を示したものにほかならないが、多くの場合それぞれの職種が、採用の要件として特定の職種での実務経歴を前提としているために、ここでいくつかの系列ごとに、各職種間の移動を通した昇進のルートが浮かびあがってくる。その意味ではここにあげた採用規程類は、実際のところは「昇職」規程でもあったわけである。

試みに本稿で扱うことになる範囲の採用規程をもとに、登場する職名をつないで大正末時点での昇職経路の全体を俯瞰してみると図2のようになる。

補足的な説明が少しばかり必要だろう。

いうまでもなく、これはあくまで採用規程に明文化されたかぎりでの表示にすぎないのであって、したがって矢印をたどっていった先の最後の職名は、必ずしもそれぞれの昇職経路の「終点」を意味するというわけではない。実際にはさらに、助役や駅長や機関庫主任、電車庫主任等といったその後の昇進の機会が開かれていることについては改めて強調しておかねばなるまい。

またそのこととも深く関わるが、すでに述べたように、これら職種別の採用規程は必ずしもすべての職種に対して定められているわけではない。そうした観点から図2を眺めてみると、一瞥して明らかなのは、とりわけ特別の熟練を要すると思われる機関庫・電車庫・検車所関係の職種についての規程が充実していることである。しかしその一方で、逆に駅務関係と列車関係の職種間のつながりがいささか細切れに映るからといって、この方面において定型的な昇職のルートというものが存在しなかったというわけでは決してない。規程の形で（少なくとも省レベルのそれとして）明確化

図2　大正末時点における国鉄職員の昇職経路

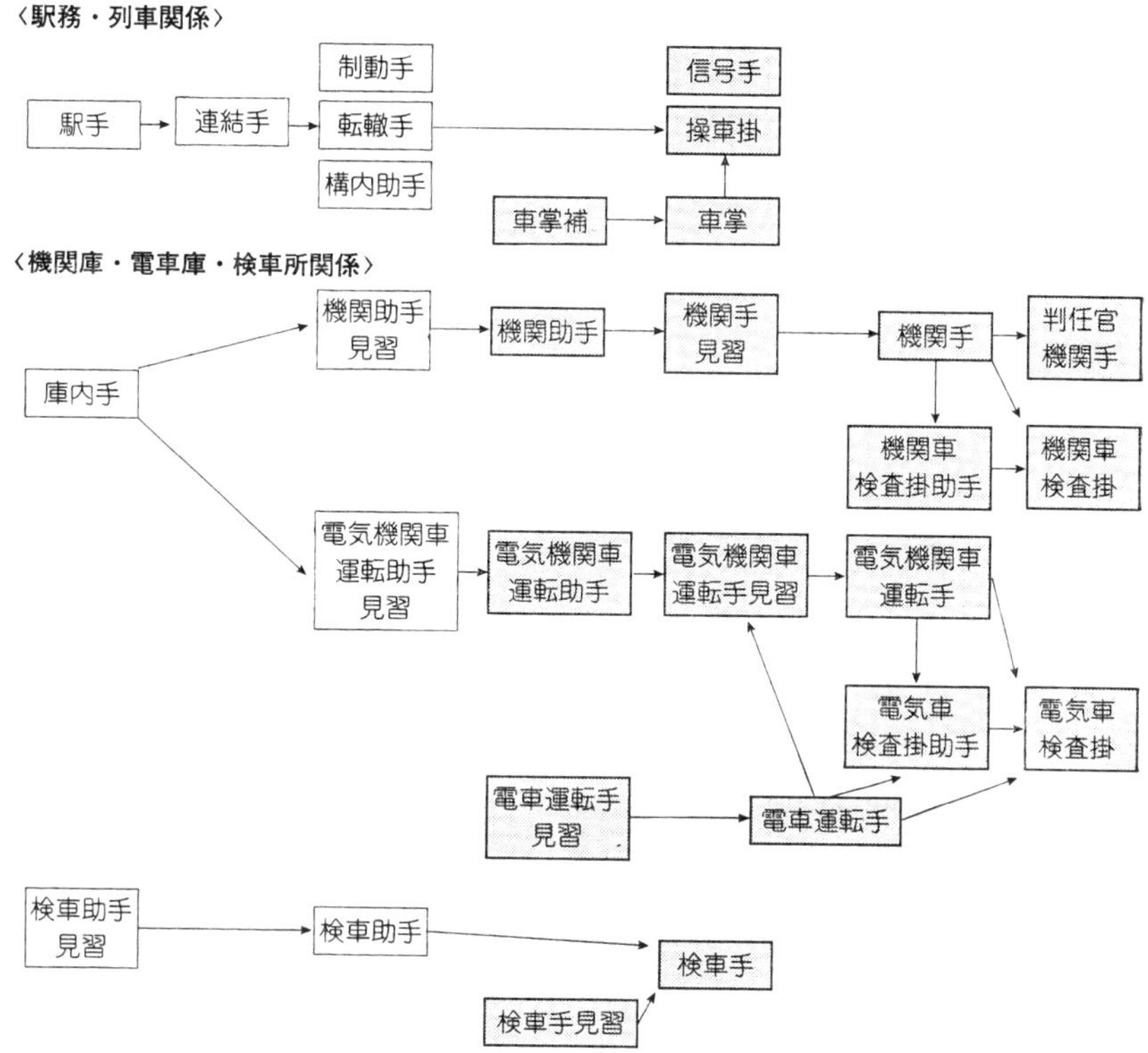

（注）細罫囲みの職名は傭人職、太罫囲み（網掛け）は雇員以上を示す。以下の図も同様。

されていなかっただけのことであって、これらの領域においてもやはり昇職経路のようなものが形成されていたことは確かである。

　たとえば協調会編『鉄道労働事情概要』（一九二二年）によると、それらの実状は次のように報告されている。

「駅従事員の如きは初め駅夫として採用せられ小倉服を着て雑役に服する。それが駅長其の他の好意に依りて先輩の指導の下に読書算術を稽古して雇員採用試験に合格し羅す紗の制服を配給せられて出札掛又は改札掛となり更に貨物掛等を経て列車に乗り込み車掌として一通りの事務を大過なく過ごすことに依りて助役に抜擢されて此処に彼等の初志は半ば具体化されるのである。右の如くであるから列車乗務員は凡て経過的のもので他の駅員の職を経たるものにあらざれば車掌に採用せらるることは出来ない」(11)。ここに提示されている、駅夫（のちの駅手）→出札掛・改札掛・貨物掛等→車掌→助役という昇職パターンの存在は、同時代の調査報告として実状の一定の典型性をふまえた例示であったと思われる。

ともあれ、採用規程をもとにして図2に摘出されることになった昇進ルートが、その意味で偏った例示であることについては注意が必要である。とりわけ技術系の分野への偏りを十分に意識しつつ、当該期間における採用規程の内容的な変遷について、試験ないしは学歴というテーマに引きつけながら、以下、具体的に概観していくことにしよう(12)。

5　採用規程の変遷

1　機関車乗務員

国鉄内に職種別採用規程が定められた最初のものは機関車乗務員についてのものであったが、この系列はまた、かなり頻繁に改正が繰り返された部分でもあった。

一九〇八（明治四一）年六月、最初の「機関夫並機関車乗務員採用規程」（達第三二二号）が制定されるが、同年一二月にそれまでの帝国鉄道庁官制が廃止されて鉄道院官制が敷かれると、あらためて翌年一月に内容的にもほとんど相違のない同名の規程が達第三六号として制定されている。そこに示されている昇職の経路を図示したのが図3aである。

ここにみえるように、規程の上からも比較的長いスパンにわたった昇職の階梯が明確である点は機関車乗務員のキャリア形成の特徴である。基本的には試験を介した昇職のシステムということができ、そしてまた学歴と勤続期間とが試験に等価なもの（代替可能なもの）として機能するようなしくみになっていることがわかる。すなわち中等以上の有学歴者(13)は、その所有する学歴に見合う段階の職種へと一足とびの採用が可能であり、あるいはその学歴に相当する試験科目が免除される。そして長期勤続者もまた、まさにその経歴によって、試験を介さずに昇職が可能であるような道が開かれているのである。

ただし、この中でも階梯の根幹である火夫（のちの機関助手）と機関手に採用されるためには、それぞれ第十条と第十六条とによって定められた試験をパスすることが不可避であって、その意味で学歴や勤続期間による代替効果も実際には限定的なところにとどまっていたというべきである。ここで学歴が有効であるのは火夫の段階までであり、また長期勤続によって昇職を認められる場合であっても、その肩書きには「心得」の文字がついてまわるのであって、結局のところ試験による資格認定が昇職条件の基調であることが読みとれよう。

各種試験の水準と内容についてみてみると、機関夫の採用はもっぱら学力による選抜であって、読書、作文、算術という三つの普通科目によって構成されているが、図にあるとおり、それに代替可能な学歴水準としては中学二年修了以上が想定されているというのは、他の職種系列とくらべても相対的に高い学力水準が要求されているものということができる。この第八条試験よりも上の段階の試験としては、前述のとおり火夫や機関手への採用のためのハードルとして、第十条ならびに第十六条によって規定されたものがあるが、いずれも算術ならびに技術と規程という三科目によって構成される筆記試験である。

さて、採用条件に関する部分に関して、この規程に対する最初の改正が加えられたのは一九一四（大正三）年四月である（達第三六号）。これによってこの系列の昇職経路は図3bのような形をとることになった。ここで大きく改正された点は、中等学歴者に対して特別に雇員職が用意されたことである。追々みていくように、これ以降改正を繰り返す中で、この系列の昇職経路の中には学歴によって区別された特別の昇進ルートが形成されていくことになるが、これはその端緒というべきものであった。以下では、この特別の昇進ルートを「トラック」と呼ぶことにする。昇進に際してあらかじめ条件の異なるグループ分けがほどこされているという状況を、特に表現するためである。

具体的にみていくと、この改正によって「中学校又ハ中学科程度ノ機械学ヲ教授スル学校ノ卒業者ニシテ体格検査ニ合格シタル者ハ雇員火夫見習ニ採用スルコルヲ得」(第十一条)とされた。つまり彼ら中等学歴者に関しては、それまでは機関夫としての試傭期間を終えてさらに第十条の試験を経たうえで正式採用されていたところが、これによってその学歴資格だけでいきなり雇員火夫見習に採用されることになったわけである。そのかわり火夫への昇職のために必要とされる最低勤続期間が四カ月から六カ月に延長され、またそれまでは火夫見習への採用時点におかれていた第十条試験は、火夫への昇職時点に移されている。要するに、中等学歴者たちの火夫としての採用・養成が、それまで「試傭」期間をおいたうえでの訓練によってなされていた方式から、正式採用したうえで訓練するという方式へとシフトしたということができる。

図中には示すことができなかったが、そのほかにもこの改正によって、中等学歴者たちに対しては、機関手見習への昇職時における第十六条試験中の普通科目(算術)が免除されることになり、その点でも機関夫あがりの人員とのあいだに処遇の違いが生じていることがわかる。機関手見習までの段階において、中等学歴者のためのトラックの分化が明確化したわけである。

そして有学歴者の処遇をめぐっては、さらに一九一六(大正五)年一一月に改正をみている(達第一一二〇号)。この改正では中等学歴内部のバリエーションに対して手が加えられた。すなわち、雇員火夫見習として採用可能な中等学歴のリストの中に鉄道部内教習所が加えられ、これによって中学校と工業学校と鉄道部内教習所という中等程度の学歴を構成する三つの学校類型が出揃うとともに、それぞれによって異なる採用基準が改めて示された。ここで学校類型ごとの差異は特に試験科目の違いとして現れているのであるが、そのことについてはのちほど改めてふれる。ともあれここでの改正は、いうならば中等学歴者のためのトラックの中に、さらに修了した学校の種別(ヨコ学歴)によって細分化された下位トラックを形成するものであったということができる。

図３a　1909年１月「機関夫並機関車乗務員採用規程」（達第36号）

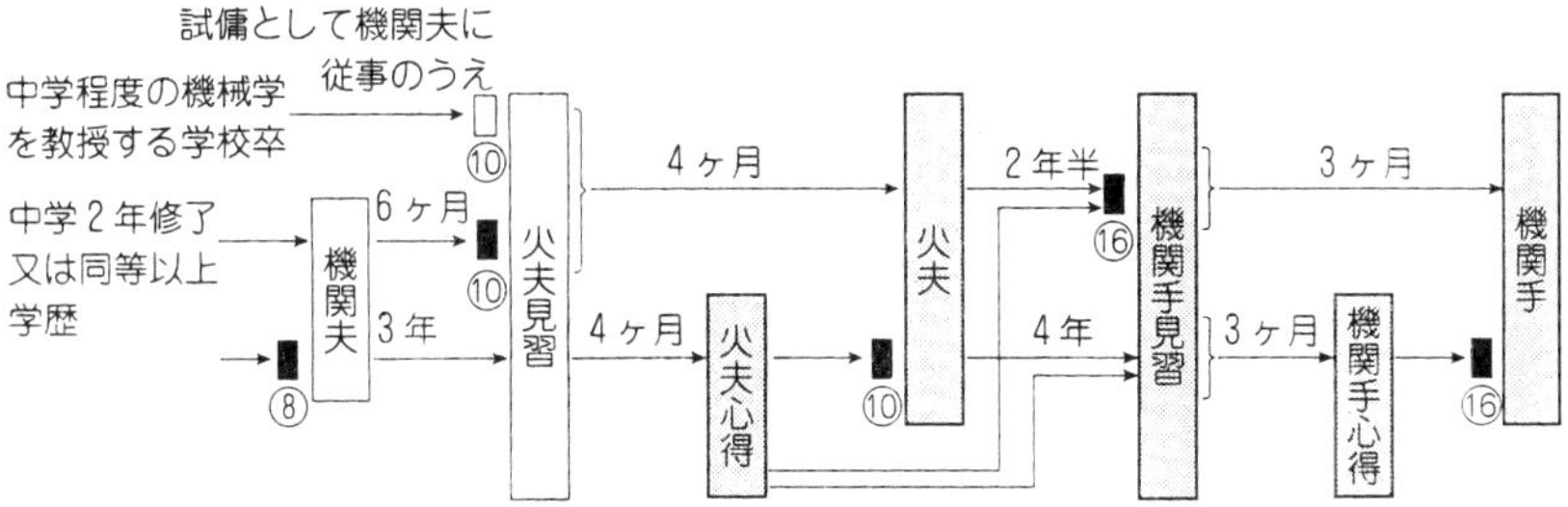

図３b　1914年４月「機関夫並機関車乗務員採用規程中改正」（達第355号）

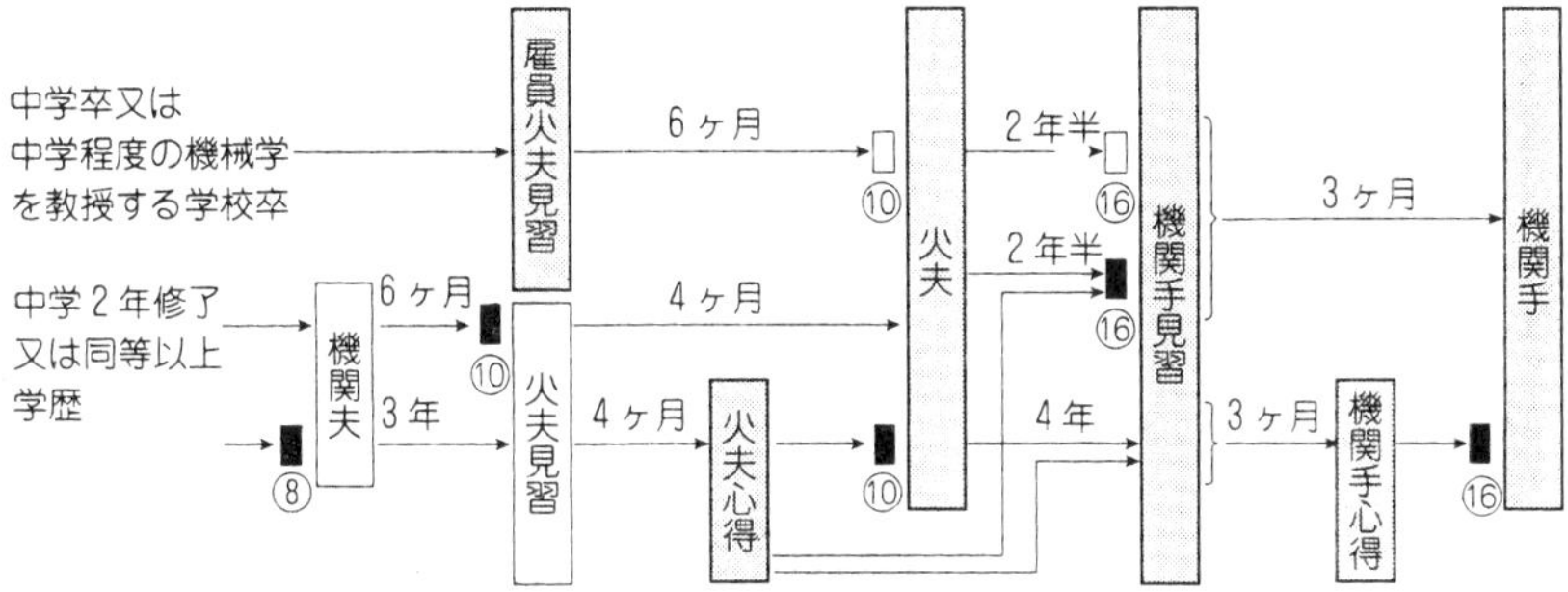

図３c　1925年５月「機関庫、電車庫、検車所従事員採用規程」（達第360号）

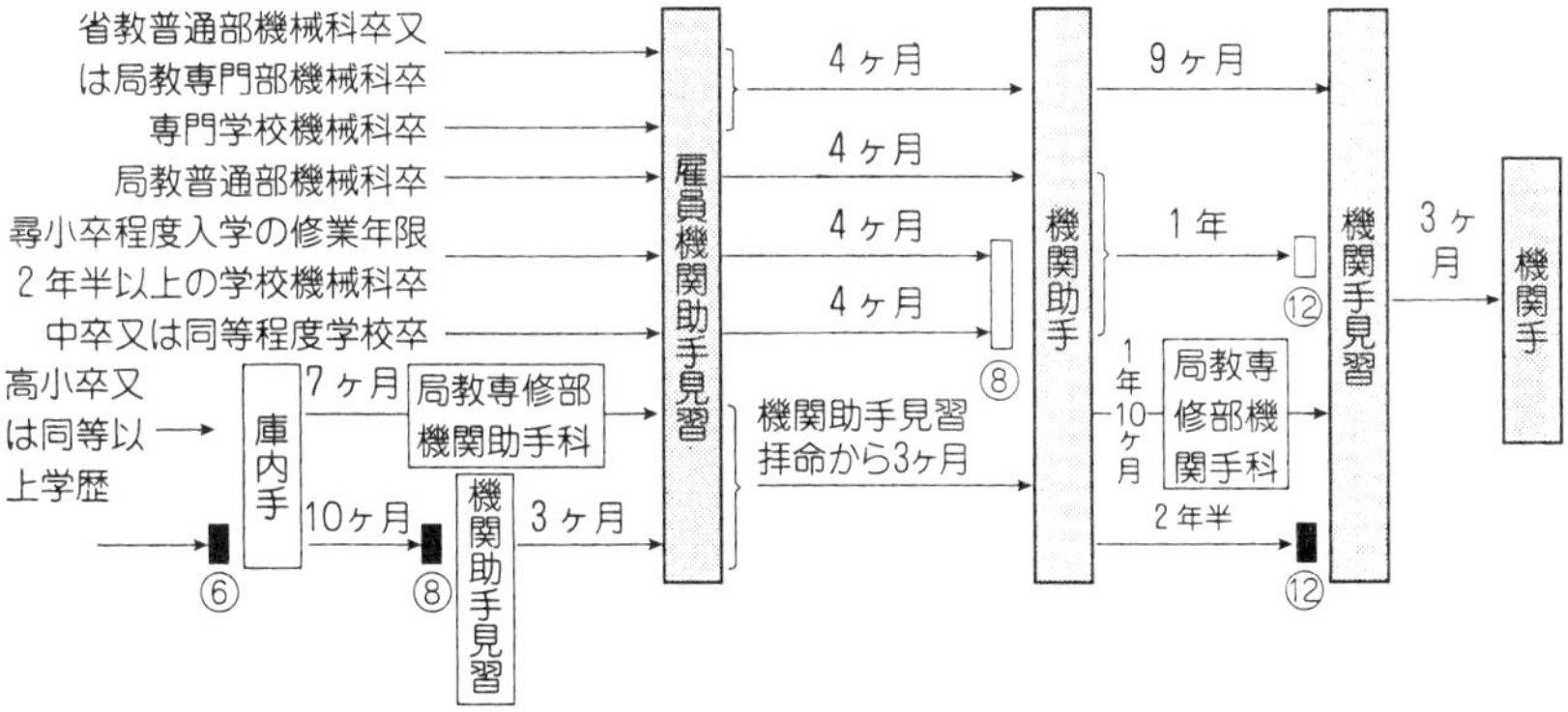

（注）矢印の上の数字は、昇職までに必要とされる最低勤続期間を示す。また■ならびに□は採用試験（前者は全科目受験、後者は一部科目受験）を、その下の丸数字はその試験内容を定めた条項を示す。以下の図も同様。

このように改正を重ねてきた機関車乗務員系列の採用規程であるが、一九二五（大正一四）年五月、従来の「機関夫並機関車乗務員採用規程」は廃止され、機関車乗務員の採用基準については、代わって制定された「機関庫、電車庫、検車所従事員採用規程」（達第三六〇号）の中に改めて示されることになった。これによってこの系列の昇職のシステムは大きく変わることになる。新たに組織された昇職の経路は、図3cのようなものであった。

従来と大きく変わった点は、第一に、無学歴者のためのいわば「たたき上げ」のキャリア形成において、鉄道局教習所（以下、「局教」とする）専修部での訓練が有機的に組み込まれたことである。試験による昇職のルートもいまだ残されてはいるが、一定期間のOffJTを前提とした昇職のルートが、この規程によってきわめて整備された形で登場することになった。

また、注目すべき第二の点は、学歴別のトラックが以前よりもさらに細分化したことである。図3cからもわかるように、規程中に登場する学歴のリストはさらにバラエティーを増し、それぞれに異なる処遇が定められている。中でも、中等レベルの学歴に加えて、より上位の専門学校レベルの学歴が登場したことが従来との相違点であり、それはまた他の系列の職種別採用規程にもみられない特徴であった。その結果、無学歴（初等学歴）から中等学校レベル、さらには専門学校レベルまで、かなり幅広い範囲の学歴構成を内に含んだ規定内容となっている。

2　判任官機関手

機関車乗務員としてのキャリア形成の、もうひとつ上の段階に位置づけられる判任官機関手に関してもまた、早くから特別に採用規程が定められていた。その採用の要件を示した最初のものは、一九〇九（明治四二）年七月の「判任官機関手採用試験手続」（達第六六六号）である。

機関手の中でも、これによって定められた試験に合格した者の中から技手（＝判任官）に任用されるものとされ、機関手に採用後満二年以上の職務上の成績良好な者に対してその受験資格が与えられた。試験内容は、「鉄道運転信号等ニ関スル法規」「機関車ノ構造作用ニ関スル事項」「同上運転ニ関スル事項」「算術」の四科目によって構成されている。

ここに最初の規程が定められた段階では、判任官機関手へと昇格するためには、誰もが同じ条件のもと、試験によって選抜されるものとされていたわけであるが、しかしその後の改正の過程でいくつかのルートが分化していくことになる。

こうした観点からまず注目されるのは、一九一五（大正四）年三月の改正（達第二三八号）である。これによって「鉄道院職員中央教習所機械科又ハ同旧普通科乙部ノ卒業証書ヲ有スルモノハ試験ヲ経ルヲ要セス」とされ、鉄道部内教習所の卒業者に対して無試験任用のルートが開かれている。

そして一九一九（大正八）年一二月には、従来の「判任官機関手採用試験手続」は廃止され、代わって制定された「機関手ヲ技手ニ任用ノ件」（達第一三〇一号）ならびに「判任官機関手採用試験規則」（達第一三〇二号）によって、技手（＝判任官）身分の機関手の任用基準が改めて示された。規定内容において従来と異なるのは、必ずしも試験等によらず、長期の実務経歴のみによって昇進する可能性が新たに開かれたことである。すなわち「満五年以上機関手トシテ実務ニ従事シ成績良好技倆優秀ナル者」に対して、詮衡によって技手に任用されるという条文が加わり、これによって判任官機関手への昇進には、従来と同様に判任官機関手採用試験による採用のルートと、そして鉄道部内教習所の卒業歴による無試験任用のルートのほかに、さらに長期の実務経歴によって技能を認められての昇進という三つのルートが用意されることになった。

さらに一九二五（大正一四）年六月の「機関手ヲ技手ニ任用ノ件中改正」（達第四四七号）では、無試験任用を認められる学歴のリストの中に専門学校機械科卒の学歴が加えられるとともに、無試験組に対する最低実務経歴期間の条件もなくなった。それまで彼らに対しては、無試験とはいえ昇進までに機関手として満二年以上の勤続が要求されていたが、これによって彼らには、機関手へと昇職した時点でただちに判任官としての任用が可能であるような待遇が用意されたことになる。

3　検車所従事員

検車所従事員についての最初の採用規程は、一九一一（明治四四）年一二月の「検車手、検車助手、注油夫採用規程」（達第九六七号）である。そこでの昇職の経路を示したのが図4aであるが、図にみられるように、ここでは試験を経ながらの単線的な階梯によるキャリア形成の経路が用意されている。そして有学歴者に対しては、最初のいくつかの職種を跳びこえて、無試験で検車手または雇員検車手へと採用される道が開かれていることがわかる。

一九二〇（大正九）年二月、この規程は廃止のうえ、改めて「検車手、検車手見習、検車助手採用規程」（達第九七号）が制定された。その内容を示した図4bからわかるように、職名の変更はあったものの、昇職の階梯の根幹については従来のものとそれほど変わっていない。ただ、「たたき上げ」よりも一足跳びの昇職が可能である有学歴者の処遇において、学校の種別や修業年数に応じた、ヨコの学歴による分化が生じている点が注目される。

そしてさらに五年後の一九二五（大正一四）年五月にはこの規程もまた廃止され、検車所従事員の採用基準に関する内容は、前出の「機関庫、電車庫、検車所従事員採用規程」の中で改めて規定されている。

図4cにみられるように、ここにおいて無学歴の「たたき上げ」と有学歴者の処遇の違いはより明確なものとなっていることがわかる。前者については、すでにふれた同じ規程中の機関車乗務員の場合と同様、試験による昇職のルートのほかに、局教専修部でのOffJTを前提にした昇職のルートが用意されている。そして後者に対しては、それまでの試傭期間をおいた採用の方式は姿を消し、検車手見習として正式採用のうえで訓練を施す方式へと改められている。

図４a　1911年12月「検車手、検車助手、注油夫採用規程」（達第967号）

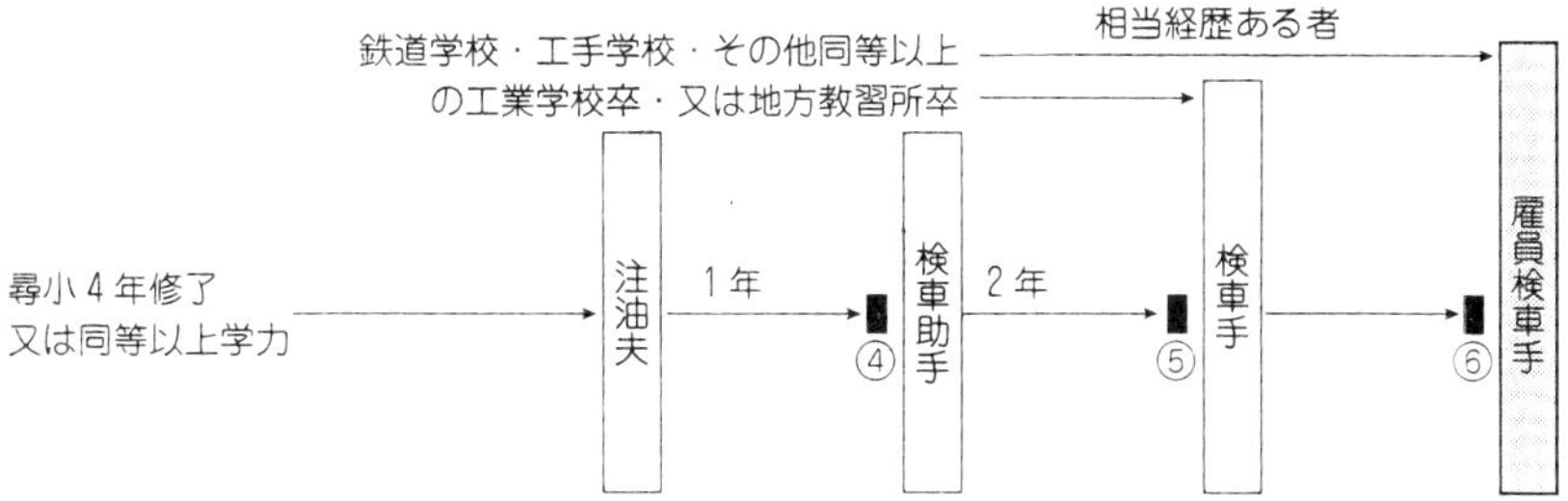

図４b　1920年２月「検車手、検車手見習、検車助手採用規程」（達第97号）

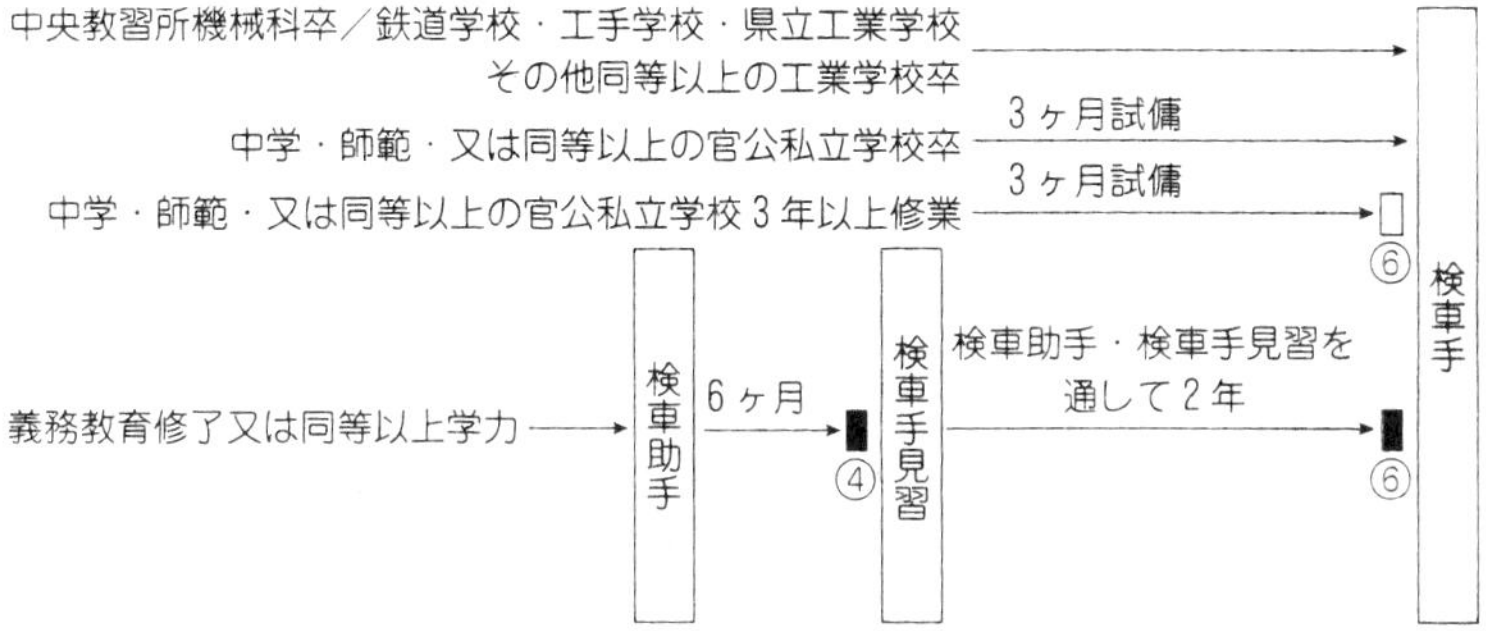

図４c　1925年５月「機関庫、電車庫、検車所従事員採用規程」（達第360号）

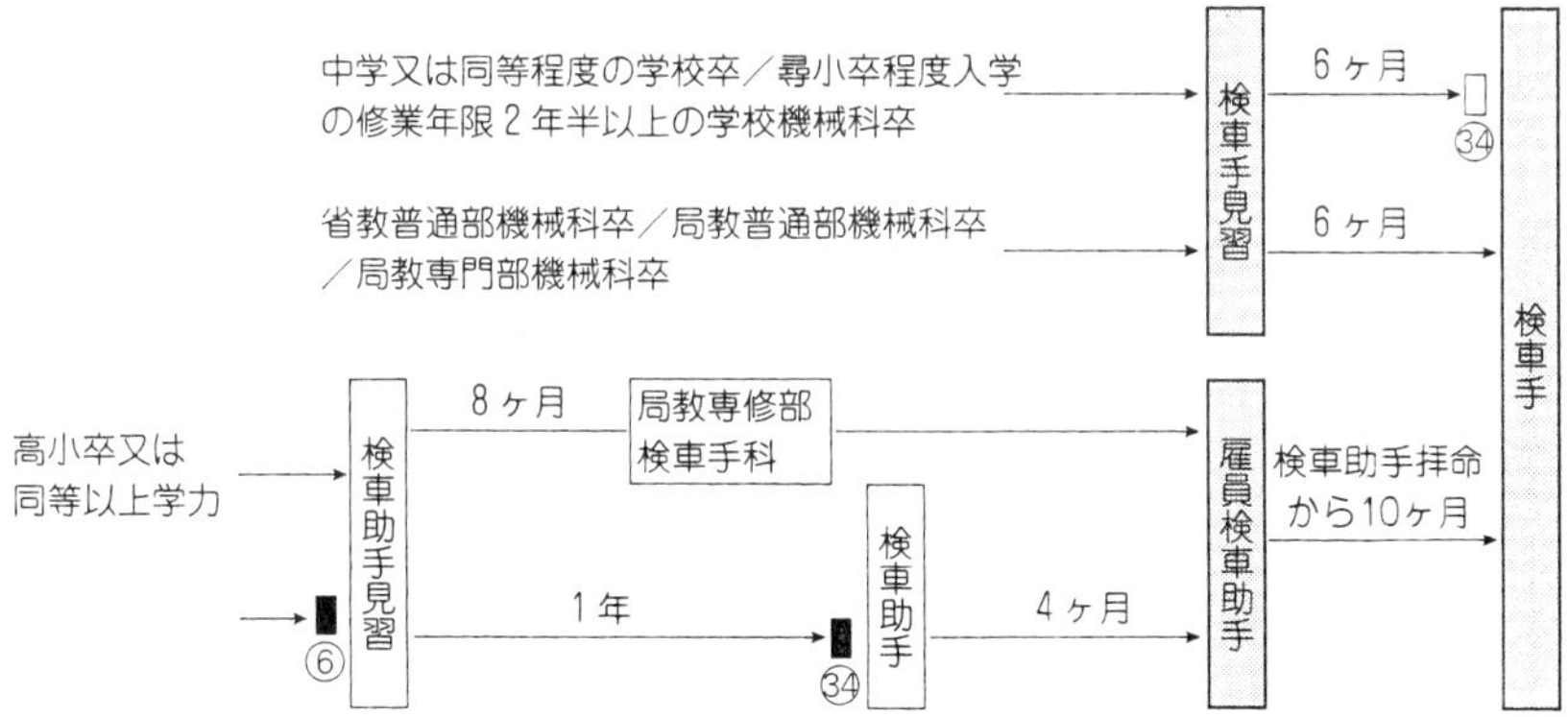

4　電気車運転従事員

電気車運転従事員についての最初の採用規程は、一九一二（明治四五）年五月の「電気車運転従事員採用規程」（達第五二九号）である。

そこでの昇職経路を示した図5a中にみられるように、ここで昇職経路の最初の段階である運転手見習の採用要件として中学三年修了程度の学歴が想定されているというのは、機関車乗務員と並んで、相対的に高い学歴水準を要求するものということができる。この系列においては、最初の段階の職種を同じくするものの、その後の経路は電気機関車運転手と電車運転手とに分岐するが、その昇職のシステムは試験による昇職を基調とした比較的すっきりしたものであるように映る。また運転手見習の段階からしてそもそもの学歴水準が高いためか、有学歴者のための特別の処遇を定めた条項は見当たらない。

この規程において、有学歴者の扱いを定めた条項が加えられるのは、一九二二（大正一一）年の改正まで待たなければならない（達第三二六号）。これによって局教電車科の卒業者に対して、電気機関車運転助手ならびに電車運転手への無試験での昇職が認められることになるのである。

さらにこの規程は一九二五（大正一四）年五月、機関車乗務員や検車所従事員の場合と同様、いったん廃止のうえ、「機関庫、電車庫、検車所従事員採用規程」の中で改めて規定されることになった。

そこでの昇職経路を示すと図5bのようになるが、ここにみられるように、この規程によって昇職のルートはかなり細分化したものになったということができる。同じ規程中に条文を持つ機関車乗務員や検車所従事員の場合と同様に、一方で無学歴者のための局教専修部でのOffJTを前提とした昇職のルートが制度化されたのと同時に、他方で有学歴者のための非常に細分化された学歴別のトラックが形成されていることがわかる。

図5a　1912年5月「電気車運転従事員採用規程」（達第529号）

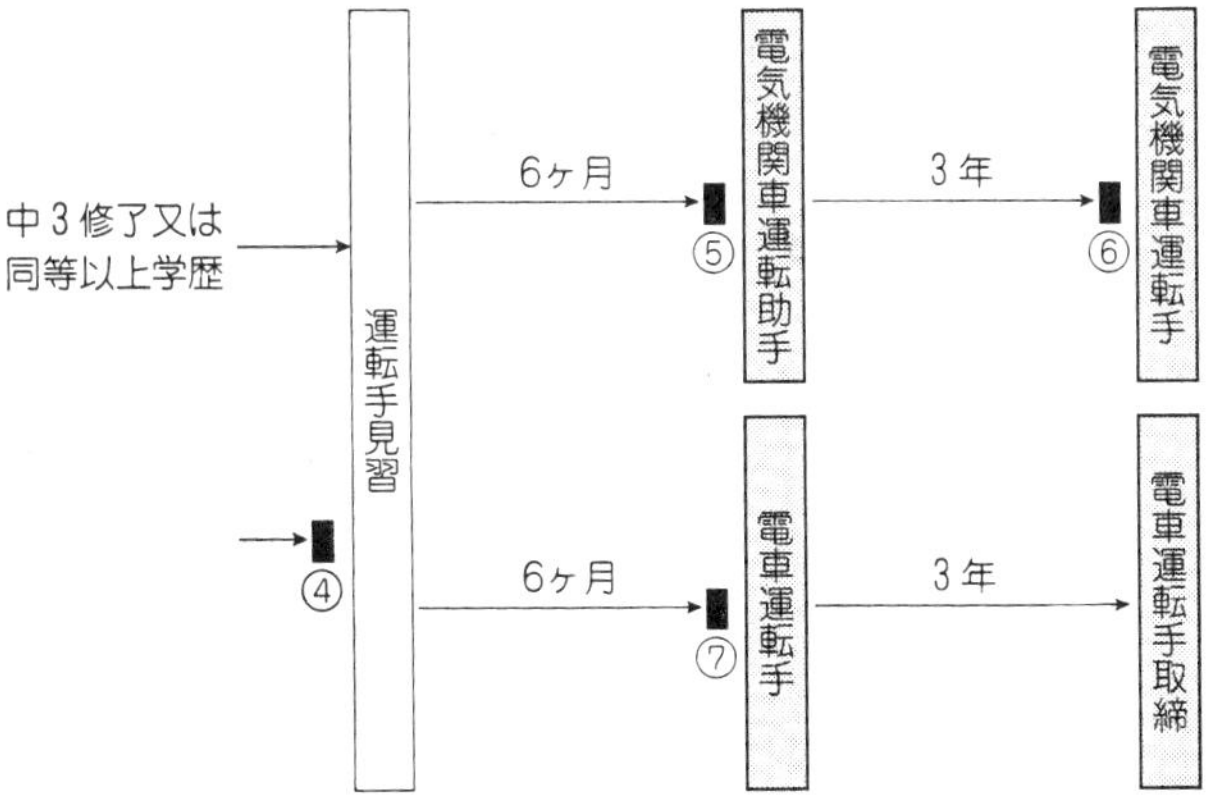

図5b　1925年5月「機関庫、電車庫、検車所従事員採用規程」（達第360号）

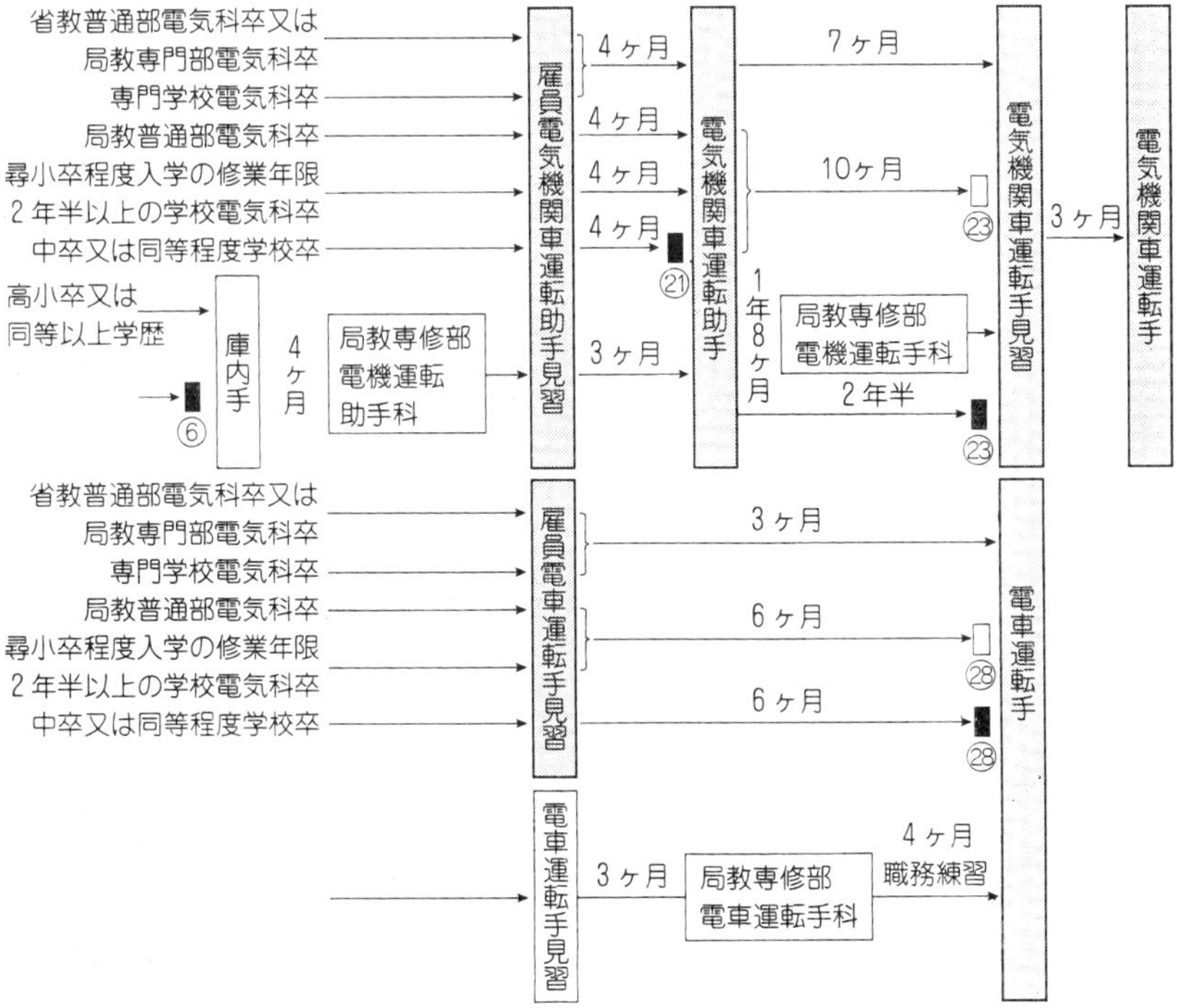

図6　1912年7月「信号手、操車掛、制動手、連結手採用規程」（達第695号）

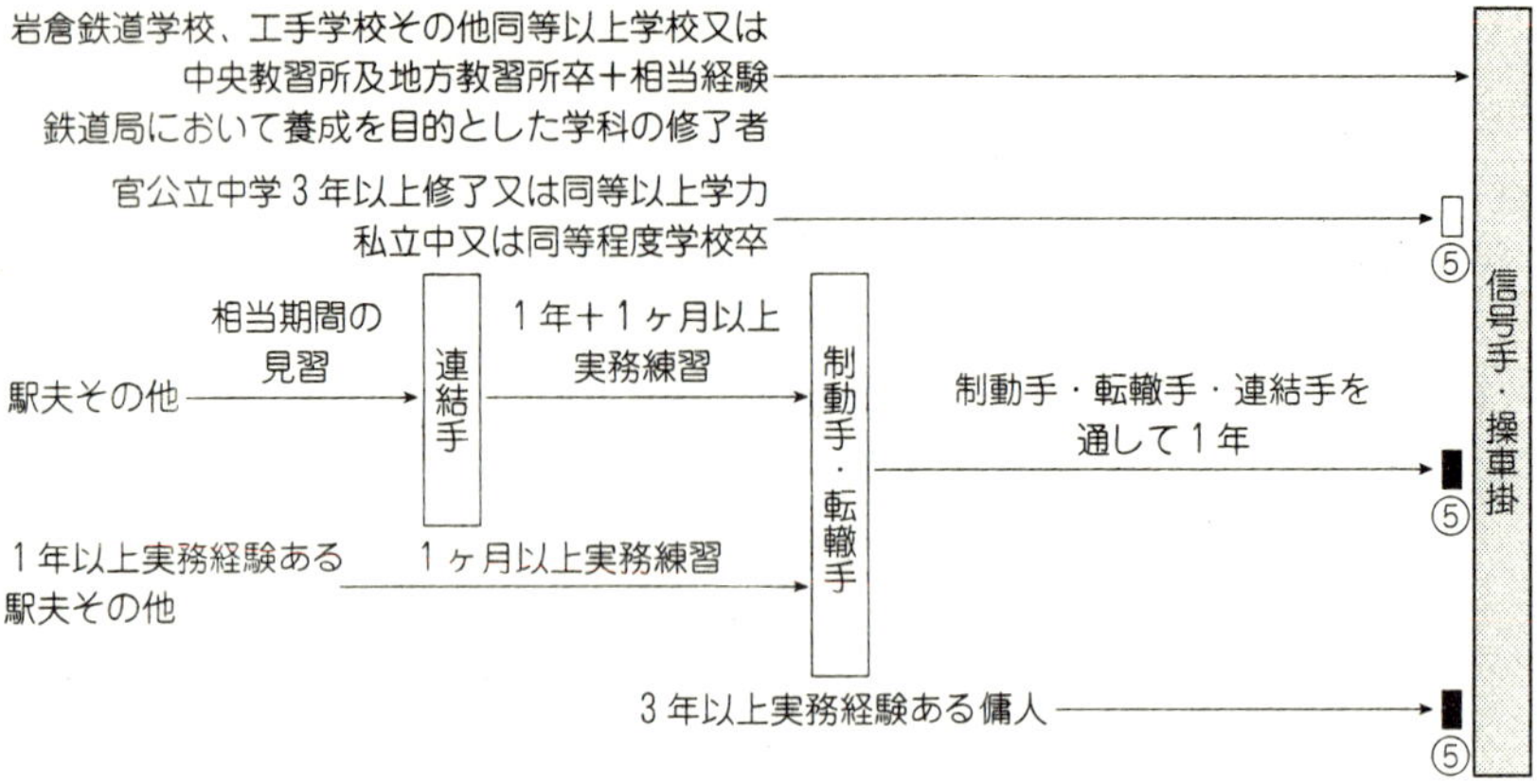

5　信号手、操車掛、制動手、転轍手、連結手

一九一二（明治四五）年七月には、信号手ならびに操車掛、制動手、転轍手、連結手についての採用基準が定められている（達第六九五号「信号手、操車掛、制動手、転轍手、連結手採用規程」）。そこでの昇進経路を示すと図6のようになる。

この規程に登場する職名のうち、傭人職である連結手、制動手、転轍手については、一定の実務経歴が要求される以外には、試験による選抜は前提されておらず、また学力水準が示されるようなこともない。供給源としては駅夫など他の傭人職が想定されている。

試験による選抜を経なければならないのは信号手と操車掛であり、傭人職としての下積みを経た者たちは、第五条に定める試験をクリアすることによって、それらへの昇進の道が開かれるのであった。他方で有学歴者に対しては、傭人職としての下積みを経ずして信号手ならびに操車掛に採用される機会が開かれており、その修了した学歴の種別やレベルに応じて、試験科目の一部を免除され、あるいは無試験採用の恩恵を享受することになっている。

この規程において採用要件に関する変更が加えられたのは一九一七（大正六）年七月であるが（達第六三二号）、この改正によって、連結手、ならびに制動手、転轍手を通して満五年以上の勤続者に対して、信号手、操車

図7　1914年3月「車掌及車掌心得採用規程」（達第220号）

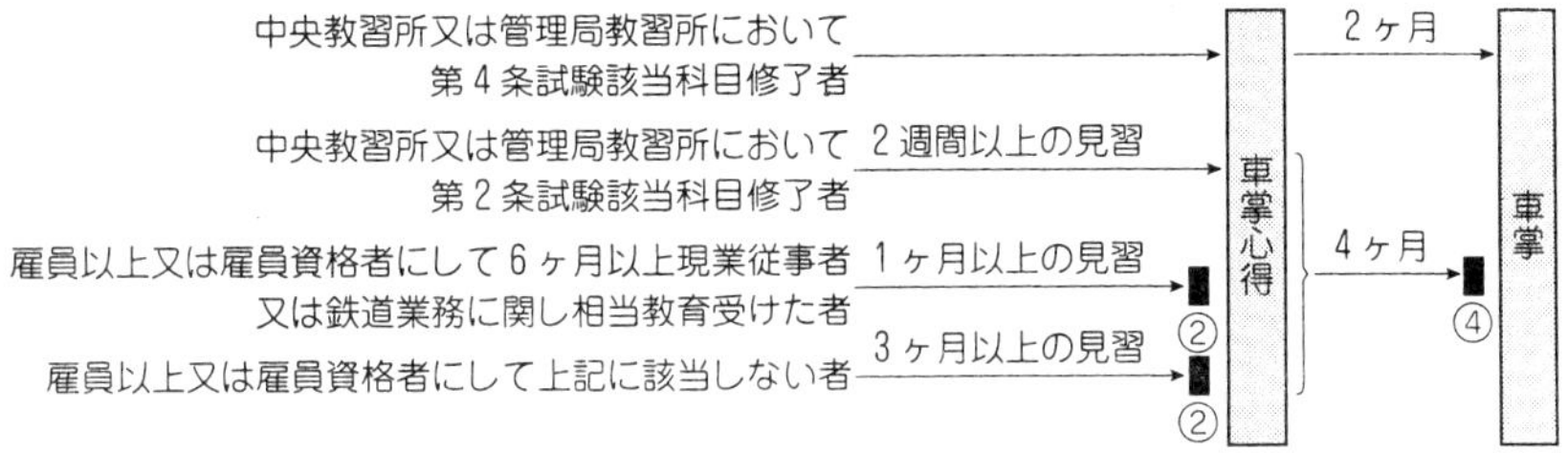

掛への無試験採用の機会が開かれている。

6　車掌区従事員

車掌区従事員に関して採用規程が定められたのは一九一四（大正三）年三月であり（達第二二〇号「車掌及車掌心得採用規程」）、そして図7はその採用基準を示したものである。他の多くのように長くつながった昇職経路を描き出せるものではないが、すでにふれたとおり、規程による定めはないものの、それらより前の段階には駅務でのキャリア形成が前提とされていたと考えられる。したがって、この規程中には傭人職から雇員職への昇進をともなう局面が含まれておらず、そのため供給源として想定されている人材の教育水準がもともと高く設定されていることは、他の職種別採用規程にみられなかった特徴ということができる。

おそらくは同じ事情からであるだろう、車掌心得への採用基準ともいうべき第二条の試験は、規程や法規の内容についての口述試験であり、そしてまた車掌への採用基準である第四条試験は、筆記試験ながらやはり普通科目を含まず、諸法規の知識を問うものとなっている。また昇職の経路においても、中等程度の学歴（ないし学力）がもともと前提とされていて、供給源の人材が同質的なだけに、他の系列にあったような学歴別のトラックの分化は認められない。

6　採用規程にみる学歴主義

以上、具体的な採用要件を概観してわかるように、職種の系列によってそれぞれに要求されている学力のレベルも学歴資格との関係のとり方も一様ではない。しかし、その一方で、このそれぞれに共通する構造をとりだせないわけでもない。前節では十分にふれることのできなかった試験内容等の面もふくめて、以下ではこれらの諸職種の採用基準から読みとれる事実を整理しつつ、近代日本の「学歴主義の裾野」というテーマのもとで論点をひろげてゆくことにしよう。

1　試験制度

まずは、最も基本的な事実から出発することにしたい。最初に指摘できるのは、一見して明らかなとおり、ここに登場する職種の多くが、それぞれの採用時には原則的に試験を伴っているという事実である。すでにみたとおり、ここでは各々の職名が同時にまたキャリア形成上のステージを構成する以上、それらは実質的には「昇職」試験なのであるが、ここにあげた採用規程はいずれも、それらが最初に制定をみた段階からすでに、合理的な選抜基準としての試験制度と不可分のものとして出発しているのである。その意味で、国鉄の労働組織内に明治末以来、職種別採用規程が次々に整備されていったのは、職場世界における昇進基準としての試験制度の導入という意味合いを持つものであったということができる。

そしてこの事実の意味するものは案外重要であるように思われる。というのもそれは、行政官僚や専門職ならぬ非エリートの職場環境にあって、「試験の時代」がすでにこの明治末の時点において出現していたことを示す一事例たりうるからである。

天野郁夫の研究によって示されているように、近代日本の職業の世界において試験制度と深い関わりを結んだのは、まず専門職の世界であり、あるいはまた行政官僚任用の分野であった。そしてやや遅れて企業内でも、経営に参画する職員層と呼ばれる部分において、学歴という形での能力証明手段が浸透していったことが明らかにされている(14)。しかし、すでに本章のはじめにもふれたように、先行研究によって明らかにされてきたのは、主に高等教育レベルの能力証明をめぐる世界にとどまっていた。それに対してこの事例で注目されるのは、それらよりもずっと低い水準において、合理的な手続きによる能力証明手段の制度化が、やや遅れながらも明治末期にはすでに始まっていたという事実である。格別に高い威信も報酬も伴うわけではない労働組織の一角にも、恣意的でない能力主義的な人材選抜手段としての試験制度が組み込まれつつあったのである。

ただし、この事例における試験制度の位置づけが、専門職や行政官僚、大企業職員層におけるそれとは少しばかり性格を異にしていることもまた確かである。それらエリート職の世界と比較した場合に、この事例において大きく異なるのは、試験制度が入職後の技能形成と深い関わりを持つようなかたちで組織されていたという点である。すなわち、いまあげたようなエリート職の能力証明機会は、いずれもその入職時の選抜にかかわるものであったのに対して、この事例でのそれは、まさに入職後のキャリア形成過程の節目節目に配置されていた。そしてそのことは、この労働組織内部で試験の形をとったそれぞれのハードルが、単なる「振るい分け」の手段というばかりでない、もっと実質的な意義を持っていたことを示しているものと思われる。

具体的な試験科目をみてみることにしよう。表2は、一九二五(大正一四)年の「機関庫、電車庫、検車所従事員採用規程」中に登場する、機関車乗務員ならびに検車所従事員関係の採用規定の部分をまとめたものである。言いかえると、すでに提示してある図3cならびに図4c中に登場する試験の内容を示したものである。これらはもちろん、特定の時期の一部の例をあげたにすぎないが、職種による違いはあるものの試験科目の構成としては一定の典型性をふまえ

表2　図2cおよび図3c中における試験科目の内訳

⑥第六条（高等小学校卒業程度ヲ以テ之ヲ行フヘシ）		
一	国語	
二	作文	
三	算術	
⑧第八条		
一	算術	整数、小数、諸等数、分数、比例、歩合算
二	技術	蒸汽機関車局部ノ名称、構造及作用ニ関スル簡易ナル事項並焚火方法
三	規程	服務規程及運転取扱心得ニ関シ機関助手須知ノ事項
⑫第十二条		
一	算術	整数、小数、諸等数、分数、比例、歩合算、簡易ナル求積
二	技術	蒸汽機関車ノ構造、作用、手当及其ノ運転ニ関スル事項
三	規程	服務規程、運転取扱心得及蒸汽機関車運転ニ関スル諸規程並達示類、機関手ノ提出スヘキ届書及報告書ノ調製
㉞第三十四条		
一	算術	整数、小数、諸等数、分数、比例、歩合算
二	技術	客貨車各部ノ名称、構造、作用及応急手当ニ関スル事項
三	規程	服務規程、客貨車ニ関スル諸規程及達示類

（注）「機関庫、電車庫、検車所従事員採用規程」（1925年、達第360号）より作成。

た例示であるといってよい。すなわち、昇職経路の入り口に位置する傭人職の採用には比較的低度の普通科目のみがあてられ(15)、それよりも上位の職種については、読書・作文・算術などの普通科目と、規程および技術をあわせた三本立て（ないしは四本立て）(16)、というのが全体に共通する大まかな傾向であるということができる。

ここで普通科目はともかくとして、規程や技術というのはいうまでもなく国鉄内部の諸規程類の理解度を測るものであり、そしてまたケースにもよるだろうが、同じく職場内に特殊な技術の習得度を測定するものということができる。それらは基本的には鉄道という閉じられた職場内でしか形成し得ない技能であることを考えると、この試験の意味するところもおのずから明らかであるだろう。ここでは試験制度そのものの中に、いうならば職場内での技能形成の契機がはらまれているのである。前述のような昇職のシステムは、このように職員の昇進意欲をかきたてて技能形成を促すという巧妙な仕掛けの上に成り立っているのであった。

さて、以上のような試験制度に基づく昇職のシステムを確認したところで、今度は、そこにおける学歴の効力について検討しておきたい。採用規程の中に各種の学歴はどのように位置づけられていたのかについて、あらためて整理しておくことにしよう。

ただし、前節で概観したとおり、職種の系列によってそれぞれカバーされている人材の範囲が異なるため、採用要件としての学歴の登場の仕方はさまざまである。前節にあげた中でもたとえば判任官機関手や車掌区従事員の採用規程の場合、その対象とする範囲としては既に一定の選抜を経た人材が前提とされているために、そこから学歴別のキャリア形成過程の違いを読みとることはできないわけであるが、しかし、それ以外の職種系列については、傭人職からの「たたき上げ」のルートを内に含むために、学歴の有無による処遇の違いがより明確である。

それらを例にして考えてみると、基本的には学歴の効力は、何よりもまずキャリアの「入り口」の違いとして現れているということができる。無学歴者の場合、昇職階梯の中の最初の職種から経歴をスタートさせなければならないのに対して、中等以上の学歴の所有者は最初の何段階かをスキップして、一足跳びに高い地位の職種に就くことができるのである。これは中等学歴に対して雇員資格が想定されているためであり、ここで彼らがスキップできたのは傭人職として位置づけられる職種群であった。そして彼らは、昇職の階梯の中でも最初の段階に位置づけられた雇員職から、その経歴を開始することになるのである。

それはしかし、単純に「入り口」の違いだけではなかった。昇職経路の全体をとおしてみた場合に、有学歴者に対しては特別の「トラック」が形成されているという事実こそ重要である。前節でみてきたとおり、いくつかの職種系列において、当初は有学歴者の扱いがせいぜい「入り口」の違いにすぎなかったものが、ある時期からその昇職経路の中に学歴別のトラックが形成され、さらには徐々に細分化していくという過程が認められたのであるが、その最終的な形態を示しているのが一九二五年の「機関庫、電車庫、検車所従事員採用規程」であるということができる。ここでは、この規程によって定められたいくつかの昇職経路の中でも機関車乗務員におけるそれを示した前出の図3cを例にとって、学歴別のトラックの様相を詳しくみておくことにしたい。それは、他とくらべても昇職の経路が際立って長い職種系列であり、そしてまた図3ｃの時点では、すでにふれたように他の職種別採用規程と違って専門学校レベルの有学歴者の処遇までが規程の中に組み込まれており、学歴別の処遇の違いが最も明瞭な例ということができる。

さて、この図によると、中等以上の有学歴者たちは、庫内手を経験することなしに機関助手見習からそのキャリアを出発させることができ、その点で「入り口が異なる」という先ほどの指摘はこの場合にもあてはまる。しかし、図からも明らかなように、学歴の効力はこの入職時点だけにとどまるものではない。その後の昇職の際の障壁と昇職のスピードにおいても、彼らには「たたき上げ」の人員とは区別された有利な条件が与えられているのである。

図3ｃからは少しわかりづらいが、ここで大まかにそのトラックごとの処遇を分けているのは卒業した学校段階、いわゆる「タテの学歴」によるものである。図中上段に置かれた二種類の学歴、すなわち鉄道省教習所（以下、「省教」とする）普通部・局教専門部とそして専門学校は、学校段階としては同じ専門学校卒程度として括ることのできるひとつのグループであるが、図からわかるようにこのカテゴリーに属する人員は、いずれも試験という障壁にぶつかることなく実務経歴だけで機関手まで登りつめることができるのである。しかもそれぞれの段階において、上位職種の採用資格を得るまでに必要とされる最低実務経歴期間もまた、他の学歴の者よりはかなり短く設定されていることがわかる。つまるところ彼らは、キャリアの出発点こそ高くはなくても、その格付けからいうと本来的には機関手相当なのであり、それにもかかわらず機関助手見習という比較的低い段階からその経歴を始めなければならないというのは、おそらくこの職種自体がそもそもそのように段階をふみながらの技能形成を不可欠なものとしているという事情をふまえてのことと思われる。

そして雇員機関助手見習からキャリアを出発させる他の三種類の学歴はいずれも中等学校卒程度の学歴であるが、前述の専門学校卒程度学歴よりは劣るにせよ、無学歴者のための「たたき上げ」ルートよりも、やはり有利な条件が設定されていることがわかる。キャリアの出発点が違うばかりでなく、昇職の際に必要とされる試験科目数や、昇職までに必要とされる実務経歴期間の長短という形で、キャリア形成のうえでの有利／不利が分かれるのである。

ここまでの検討からわかるように、この国鉄という労働組織の中で各人員は、単純に学歴の有無に応じて固定的にその地位を配分されるというわけではない。学歴によって「入り口」を異にするものの、誰もが昇進の機会を享受することのできる、その意味では確かに柔軟な流動性を持った組織形態であったわけであるが、しかし、その昇進の条件となると、やはり学歴所有者のほうに有利なルートが特別に用意されていた。学歴別に細分化したトラックが、規程のうえでも明確なものとして設定されていたのであった。

3　ヨコ学歴間の差異

さて、昇職における学歴の効果について、以上にみてきたのは卒業した学校段階（初等／中等／専門学校）による格差であった。では、同じ学校段階の中でも、修了した教育の種類による処遇の違いは、採用規程の中でどのように構造化されていたのか。

すでにみたとおり、キャリアの「入り口」や昇進の速さに関しては、卒業した学校段階（いわゆるタテの学歴）によって類別されており、逆にいうと同じ段階に属する諸学歴間には格差は設けられていなかったということになる。しかし、昇職時に必要とされる試験科目については、同じ学校段階の学歴間（いわゆるヨコの学歴）でも差異が認められる。同じ程度の学歴であっても、有利／不利の違いが存在しているのである。最後にこの項では、その点にまでさかのぼって、規程レベルに現れる各種学歴の効力の幅について検討しておきたい。

しかしその前に、この時期の国鉄内部に特殊の教育機関として展開しつつあった教習所制度について言及しておかなければならないだろう。それは文部省所管外の教育機関として正規の学校制度の枠外に位置づけられながらも、この時期の国鉄内部の労働市場のなかでは特別の重要性をはらんだ存在だからである。その教育組織の制度的な変遷については、つづく第6章と第7章において詳細に追究されているが、ここでは本章に必要な事実だけ簡単に押さえておくことにしたい。

ひとくちに教習所とはいっても、その教育課程は大きく二つの部門に類別することができる。ひとつは内部の職員に対して（一部は部外者からも採用）数ヵ月程度の短期の技能教育を施す教育課程であり、もうひとつは鉄道部内外から募集した人材に対して、より長期にわたって普通科目にも重点をおいた広範な教育を施す、その意味で正規の学校に準ずる位置づけを与えられた教育課題である。その沿革において教習所の編成は幾度もの改変を重ね、変転めまぐるしいが、本稿が対象としている期間において教習所制度が前述の二つの部門を並列させるかたちで整備され、一定の充実をみるのは一九二一（大正一〇）年のことである。この時点の編成において、局教の専修部が前記の二部門のうちの前者に相当し、それ以外の各部、すなわち局教の普通部、ならびに省教の普通部と高等部が後者に相当する（二五年以降は局教専門部がこれに加わる）。前節に掲げた昇職経路図の変遷の過程でも、そのいくつかにおいて大正末期に教習所卒業者に関する規定が充実してくるのは、このような教習所制度の展開を反映したものにほかならない。

事態のそうした推移の中でも職員の技能形成という側面から注目されるのは、局教専修部の設置に伴い、そこでの訓練がキャリア形成過程の中に明確に組み込まれたことである。一九二一年以前の段階では、それに相当する部門は地方（鉄道局）レベルで一応の展開をみ、採用規程の中にもそこで養成された人員についての規定を見出すことはできるが、二五年の「機関庫、電車庫、検車所従事員採用規程」では、図3cや図4c、図5bにみられたように、局教専修部での訓練を前提にした昇職のコースが規定のうえでも明確なものとなっている。職場内での実務経験だけでなく、一定期間のOffJTを経たうえで新しい職種に就くという、そうした昇職のルートが制度化されていったわけである。

とはいえそこに入所するためにはいくつかの資格要件が定められていたばかりでなく、所属長の推薦や入学試験による選抜を経なければならなかったから、入所する当の職員にしてみれば、専修部はたんなるＯｆｆＪＴの場であるよりも、昇職のための重要なステップであったことにはちがいない。中等学歴を持たない大多数の職員にとっては、それは、さしあたってすぐ目前に開かれた昇進の機会を提供するものであったとみることができる。

ところで、学歴の効果に焦点をあてるということでの課題からすると、教習所制度の中でもより「学校的」なもうひとつの部門のほうこそ注目に値する。いまあげた専修部とは違って、採用規程の中で、それらには明確に「学歴」としての地位が確保されているからである。その卒業者に対しても一般の有学歴者と同様の、特別のトラックが用意されているのである。

では、この「学歴」資格を認められていた教習所卒業者も視野に入れたうえで、同じ学校段階の有学歴者の中でもヨコ学歴ごとの処遇の違いはどのように設定されていたのか。ここでは特に中等程度の学歴内部でのそれについてみていくことにしたい。

すでにふれたとおり、雇員職以上への昇職に際して必要とされる試験科目は、多くの場合「三本立て（ないし四本立て）」で構成されていた。すなわちそれは、読書・作文・算術などの普通科目に加えて、規程ならびに技術という組み合わせであったが、有学歴者に対する受験科目の構成は、それぞれ卒業した学校の種類に応じてこれらの科目中のいくつかが部分的に免除されるような形でもって組織されていた。

たとえば検車所従事員における図４ｃ中の第三四条試験は、無学歴でかつ局教専修部を経ない者たちにとっては検車助手に上がろうとする手前で乗り越えなければならないハードルであるが、図にみられるとおり中等学歴の所有者にとっては、それは検車手への昇職の時点に配置された試験である。ここで無学歴者なら表２中にあがっているような算術・技術・規程の三科目すべてを受験する必要があるのに対して、中学校および工業学校(17)の卒業者については算術が免除されて技術と規程の二科目だけで済み、教習所の各部（省教普通部・局教普通部）機械科の卒業者にいたっては無試験で昇職できることになっている。あるいは機関車乗務員に目を転じて、図３ｃ中の第八条試験に目を向けてみると、中学卒なら算術が免除、工業学校卒なら算術および技術が免除、教習所卒なら全科目免除である（ちなみに、より上級の第十二条試験においては、少なくとも中等レベルの諸学歴の間には待遇上の差異は消滅する）。

これらの例に限らず、試験科目の構成と各種学歴との関係はだいたいどれも同様で、中等学歴についてみた場合、総じて中学校卒業が普通科目免除に相当し、工業学校卒業なら普通科目と技術科目が、局教普通部卒業ならさらに規程科目までも加えた全部が代替可能になる、という関係を見出すことができる。つまりはそれぞれのタイプの教育機関で修めたとみなされる教育内容に応じて試験免除科目が設定されているわけである。

ここで興味深いのは、中等程度学歴に関してこのような観点から昇進の「有利さ」を比較してみた場合、中学校→工業学校→教習所の順に有利さの度合いが増加するという点である。一般に戦前期の各種中等教育機関の中で社会的に高い威信を備えていたのは、上級学校への進学経路が開かれていた中学校であり、そして工業学校をはじめとする各種の実業学校がそれに次ぎ、教習所のような職場内訓練機関の学習歴は「学歴」としてきちんと評価されにくい、というのが諸学校間の通念的な序列イメージであるといえるだろう。ところが、この事例が示すものはそうした通念的なイメージとは異なる。というよりも、端的にそれは、まったく逆向きの序列を構成するものであったわけである。

もちろん、そうした図式を安易に一般化してしまうようなことは慎まなければならない。ここで中学校よりも工業学校が有利というのは、本稿でとりあげた職種がもっぱら技術系に偏っていたことを反映しているわけだし、そもそも試験科目数という情報だけで昇進の有利／不利を判断することが妥当ではないかもしれない。実際にハードルとしての試験の大きさがどれほどのものであったかが明らかではないからである。

加えて本書第６・７章にもあるように、さらには教習所制度そのものの消長が絡んでくるために、実態としては時期によっても様相を異にするわけであるが、とはいえ、ここに規程レベルにおいて、中等学歴として位置づけられた中でも局教普通部卒業者が有利な条件のもとに置かれていたという事実は確かである。この時期の一般企業では、企業内教育機関によって養成された人材（いわゆる養成工）が、その後のキャリアにおいてしばしばその地位期待にそぐわない待遇を余儀なくされ、それによってルサンチマンの心情を昂進させなければならなかったという事実が知られているが、それと引き比べるならば、あるいは社会全体からするとこれは例外的な事例のうちに位置づけられるのかもしれない(18)。

ともあれ、以上のような事実から、われわれは次のような示唆を引き出すことができるはずである。第一に中等学歴の効力に関して、現実の職業生活の中では、単純に中学校を上位に置けるような通念的な諸学歴間の序列を想定するわけにはいかないということである。高等教育機関に進学するためのルートとしてならともかく、卒業後の就職を選択する者たちにとっては、この事例にみられるように中学よりも実業学校の学歴のほうがより有効であるような局面が確かに存在していた。そしてそのことは、社会の中層以下を構成する人々にとっての学歴の意味を考えるうえで重要な問題視角を提供するものであるにちがいない。戦前期の中等教育制度の評価としては、実業学校はいわゆる「袋小路」の教育機関として、その進学の不自由さのほうを強調されがちであるが、中等学歴だけで社会に出ようという人々にとっては、これら実業学校への進学もまたきわめて現実的な戦略であったであろう事実についてもまた、正面から見据える必要があるはずである。

またそのことに連続する事実として、第二にこの事例における教習所制度のように、非常に限られた範囲の内部労働市場においてのみ通用する「学歴」が存在していたということもまた、近代化過程の学歴の世界の裾野の広がりを考えるうえで重要なポイントであるように思われる。学歴の取得を通して「ささやかな上昇移動」を実現する手段としては、現実にはこのように、正規の学校体系の枠内には収まらない教育機関をも含む多様な選択肢がありえたのであった。

6章・三上敦史

鉄道教習所の教育史 1

鉄道院による中央・地方教習所の創設

1 はじめに

1 「油にまみれた青春」

一九九九（平成一一）年二月九日、札幌市で開かれた北海道政経懇話会（北海道新聞社主催）(1)において、政治評論家早坂茂三は「自自連立政権と今年の政局」と題する講演を行った。テレビでもおなじみの、元「田中角栄の右腕」による硬軟とりまぜた政局分析。その中に興味深いくだりがあった。

「野中広務という官房長官はすごいですよ。あれは角さんと同じように、貧乏な家の出身で角栄とどっこいどっこいだ。あれは中等学校なんて出ていませんからね。あれは鉄道教習所出身。一四、五の少年のころからナッパ服を着て、でっかい機関車に上がり降りして油にまみれた青春を送った男です。」

入手した講演内容から会場の雰囲気までは伝わらないが、ある一定以上の年齢の方、あるいは近親者が戦前の国鉄で勤務していたという方なら違和感なく聞ける話であろう。成績優秀でも、経済的な問題で上級学校への進学がかなわない者は無数にいた。そのため鉄道に入って「便所掃除」（駅手）・「罐磨《かま》き」（庫内手）などと呼ばれる仕事に就く者も多かった。彼らにとって鉄道教習所に入所するのが最大の夢だった。こんなことが、記憶の底から甦ってくるはずである。そして、「官房長官（当時）として積年の政治課題を強引に解決してゆく野中は鉄道教習所出身か、さもありなん」と納得したことであろう(2)。「鉄道教習所＝貧乏で中等学歴なし＝油にまみれた青春」というイメージの連鎖はひとり早坂だけのものではない。

しかし、若い世代には難解な話であろう。鉄道教習所は選挙公報など学歴を記載する欄ではいまだ現存している学校なのだが、印象はあるまい。現在、教習所という語は一般に自動車学校をさす。選挙公報を見たとしても、鉄道教習所をなぜ学歴として記載するのかという疑問がわきあがってくるだろう。

いったい鉄道教習所とは何か。答えを出すために関係者の感想を拾ってみよう。

鉄道部内の志願者の外に一般中学卒業者の志願者を採用しましたので、応募者も採用人員の十数倍という盛況ぶりでありました。したがって非常の俊才が集まりました(3)。

これは教官の回想である。部外から入所する「俊才」は、はたして何を目的に入所したのだろうか。卒業後に「油にまみれた青春」を送るため？

僅かに四年の小学校をおえただけの私が、どうにか世に処し得たことは、全く国鉄教育機関のたまものである。（中略）第一期生として、高等部の行政科にいた。（中略）在学中の出来事で最も大きなものは、高等試験の行政科を受けたことである(4)。

今度は生徒の回想である。高等試験〔いわゆる高文(5)〕とは現在の国家公務員採用I種試験の前身であり、合格後の処遇については贅言を要すまい。なお、この生徒は初挑戦で高文に合格している。もう一つ。

普通部は他の中等学校と殆ど変わり無く、寧ろ教練や武道は充実してゐる。秋の大運動会は所長先生以下総出動の楽しさ、鉄道の限りなき恩典が身に沁みます。(中略)級の中には運動部、旅行部、文芸部があり、級の者は必ずその部員に入ります(6)。

これも生徒だが、今度は中等学校段階の話である。しかも、座学以外の教育内容の方が印象的であるらしい。その意味ではまさしく通常の中等学校生徒の感想とほとんど変わりない。

以上のように回想をたどると、鉄道教習所は単なる技術教育の枠には収まりきらない広がりと、中学校から専門学校・大学に至る奥行きを持つ教育機関であったことがうかがわれる。「油にまみれた青春」といったイメージはいったいどこから来たものなのだろうか。

2 鉄道教習所に関する研究状況

しかし、この疑問に答えるような歴史的研究はほとんど存在しない。存在するわずかな研究も規程類の変遷を追うにとどまってきた(7)。このような研究状況の背景は大きく三つある。

第一に、教育史研究者は文部省所管の学校に関心を偏在させてきたことである。戦前の文部省所管外の学校といえば、明治初期の工部大学校・札幌農学校など帝国大学に収斂していった高等教育機関か、陸軍幼年学校・陸軍士官学校などの軍学校（しかも陸軍）に限られてきた。それ以外にも警察・逓信・鉄道といった近代化をささえた機関が積極的に学校を設置していたにもかかわらず、顧慮されることはなかった。これは興味深い傾向で、文部省所管外学校の研究といえば、明治政府または陸軍省のエリート養成のあり方ばかりが注目を集めてきたということになる。

第二に、鉄道史研究者は地理学・経済学・工学関連の分野に集中してきたことである。戦前の鉄道は重要な軍事施設であったから、本来の業務と直結しない分野の研究が進まなかったのは当然である。しかし、戦後になって軍事機密のカベがとりはらわれても歴史的な研究は容易に進まなかった。また、鉄道史は好事家を多数擁する特異な分野であるが、彼らの熱い視線は車両・運転といった華やかな分野に集中する傾向がある。趣味が高じて行われる歴史的な研究も、一般に車両・構造物・会社経営といった範囲にとどまっている。かくして職員養成のように畑違いで地味な分野は、研究者にも好事家にもあまり目を向けられてこなかった。

第三に、鉄道教習所に関心を向けたとしても、基礎的な資料の蓄積がきわめて薄いために研究は容易でなかったことである。軍事機密ということの他に、一九三九（昭和一四）年までの設置改廃は鉄道院（省）独自の部内措置であったため、対外的な発表を前提とした資料は作成されにくかったことが大きく影響している。さらに、戦後はGHQによる旧運輸省解体（国鉄設置）、国鉄再建を唱えた分割民営化と、二度も激変を余儀なくされた。「鉄道教習所」という名称も、六一（同三六）年には「鉄道学園」、八七（同六二）年の国鉄分割民営化後は各社ごとの「社員研修センター」と転変をたどった。特に分割民営化は運輸省および鉄道学園の図書・資料類の散逸を招いた。その中には学籍に関する書類までもが含まれる(8)。また、部内の教育機関という性格が災いしてか、学校につきものの同窓会誌・記念誌もほとんどみつからなかった(9)。

こうした、「三重苦」が鉄道教習所を歴史の闇に埋もれさせてきたのである。

しかし、「身を立て名を挙げやよ励めよ」（文部省唱歌『仰げば尊し』）と誓い合って小学校を巣立った青年たちの多くが向かい合ったのは、「中学校→高等学校→帝国大学」というエリート養成の系ではない。それに準ずる実業学校・師範学校など(10)でもない。彼らにとっての学びの場は、実業補習学校（および青年学校）、各種学校、文部省所管外学校、さらには講義録による独学など、正規の学歴としてはほとんど顧慮されない「非正規」の学びだった。

その中で、最も威信が高く、最も人気を博したのが文部省所管外学校である。その多くは各省庁の下級職員を対象として、数週間〜数ヵ月という短期間で転換教育を行う機関であった。だが、中には二〜三年にわたって中学校や専門学校と同等以上の教育を施す——しかも当該官庁においては正規の学歴として機能する——機関もあった。そうした場合、一般の受験案内書に「給費学校」「官費学校」といった区分で掲載され、「貧者の中等（高等）教育」として人気を博すことも珍しくなかった。有名なのは陸軍士官学校や海軍兵学校だが、鉄道教習所もそうした事例の一つである。しかも、現在でも「苦学」の場としてなお人々の記憶に残っている。近代教育史研究にとって重要な対象の一つなのは確かであろう。

3　本稿の課題と手法

本稿（第6章ならびに第7章）の課題は、鉄道教習所の歴史的変遷を明らかにすることである。資料不足を言い立てた手前、あらかじめ進め方を明らかにしておこう。

第一に、『官報』・『鉄道公報』・『鉄道局報』はじめ可能な限り渉猟した文書類によって、法制的な展開を実証的に叙述する。

周知の通り『官報』は政府の日刊広報誌で、一八八三（明治一六）年七月二日に創刊された。『鉄道公報』は国有鉄道の中央組織、『鉄道局報』（当初は『鉄道管理局報』）は地方組織の日刊広報誌で、いずれも一九〇七（同四〇）年四月一日の帝国鉄道庁発足と同時に創刊。組織の改編に伴い、『鉄道公報』は『運輸通信公報』（さらに『運輸公報』）、『鉄道局報』は『鉄道統監部報』と改称されるが、掲載内容は変わっていない。この三紙で、鉄道に関する法令・人事などオフィシャルな情報を網羅できる。他に活用する重要な文書としては、「後藤新平文書」(水沢市立後藤新平記念館所蔵)・「公文類聚」(国立公文書館所蔵)などがある。

第二に、鉄道青年会本部編『鉄道青年』に掲載された鉄道院(省)幹部職員の文章を中心に、鉄道教習所がどのような学びを提供しようとしていたのかを明らかにする。

鉄道青年会は東京基督教青年会宗教部主任だった益富政助が、発起人代表に江原素六(初代会長)・新渡戸稲造(第二代会長)・大隈重信(顧問)らを迎えて創立した修養団体である。ただしキリスト教色はほとんど感じられない(11)。帝国鉄道庁官制発布の翌日、すなわち一九〇七(明治四〇)年一二月六日の発足以来、修養講話会や機関誌『鉄道青年』発行のみならず、殉職者遺児養育・公傷者職業再教育などの社会事業、青年会簡易ホテル・臨海学校などの福利厚生事業を幅広く行った。御用団体に堕するのを恐れ、総裁後藤新平が申し出た鉄道院による保護は拒絶した(12)ものの、鉄道院総裁(のち鉄道大臣)を一貫して顧問に迎え、一時は会員数三万五千名にも達した。宮内省・内務省・東京府・東京市からは下賜金・助成金をうけた。機関誌『鉄道青年』は他日を期して書誌的分析を行うが、とりあえずここでは、本院(省)幹部職員が毎号執筆者に名を連ねており、特に教習所入試や各種採用試験の問題解説は教習所教官が、採用・昇進に関する質疑応答には人事課職員が回答しており、記述内容の正確さには信頼が置けることを指摘しておく。なお、雑誌統制により、同誌は一九四三(昭和一八)年の第三四年第六号で終刊となった。このほか、鉄道専門の新聞・雑誌・受験案内書なども引用する。

第三に、『鉄道青年』ならびに有隣会本部編集委員会編『有隣』、その他各種の受験案内書などに掲載された体験記から、青年たちはどのようなまなざしを教習所に向けていたのかについて明らかにする。

有隣会は中央教習所の校友会・同窓会として一九一三(大正二)年に発足。後身の鉄道省教習所・東京鉄道教習所専門部などはもちろん、戦後のブランクを挟んで設置された東京鉄道教習所専門部（いわゆる新制専門部）・中央鉄道学園大学課程の在所生・卒業生も会員に迎えた。機関誌『有隣』は一九五五（昭和三〇）年に創刊された。

2　教習所前史——鉄道院発足までの職員教育

1　一八七〇・八〇年代の職員教育

鉄道は、時代の最先端の科学技術を集約的に操作して、大量かつ高速の輸送を行う機関である。軌道・車両といった装置が科学技術の粋である以上、その設計・建設はもちろんだが、他にも操作や保守点検など格段の特殊技能が要求される職種が数多く存在する。しかし、日本に鉄道が敷設されてから二〇年ほどの間、特別なカリキュラムを組んでの職員養成といえば官設・民設を問わず電信手(13)・機関手にほぼ限られており、学校を設置することはなくＯＪＴ形式で行われていた。

Ｏｆｆ－ＪＴの養成制度としては、官設鉄道が一八七七（明治十）年に鉄道建設の技師を養成するために設置した工技生養成所（大阪駅構内）が嚆矢である。しかし、これは鉄道建設の技師不足を乗り切るための緊急避難的な措置であり、工部大学校（のち帝国大学工科大学）が順調に卒業生を出すようになった八二（同一五）年には廃止となっている。鉄道部内では工技生養成所出身者が上級の技手・技師へと次々昇進し、お雇い外国人に代わって鉄道土木技術集団を率いるようになったという興味深い指摘もあって(14)、その歴史的な意義は軽視できないが、設置期間はわずか五年、卒業者も二四名に過ぎなかった。

鉄道史でいえば、一八七三（明治五）年に鉄道頭に就任以来、九三（同二六）年に鉄道局長官を退官するまで鉄道のトップにあり、「鉄道の父」と称された井上勝は、鉄道国有化論を主張し、政府と激しく渡り合いながら鉄道の整備に努めたことで知られている(15)。その井上にして建設以外の職員養成のために意を払った形跡はない。官設鉄道の規模がまだ小さく、建設作業を除けば、電信手・機関手程度しか複雑な業務がなかったことの反映であろう。政府とのネゴシエーションのほかは、技術者に徹して路線延長を指揮していればよかったのである。

2　一八九〇年代の職員教育

大きな変化が現れたのは、一八九二(明治二五)年の「鉄道敷設法」施行以降である。同法は「帝国ニ必要ナル鉄道ヲ完成」するための予定路線三三線を掲げた。既存の有力民間鉄道と重複する区間も多いが、相当多数の職員を新規に採用・養成する必要に迫られるのは自明である。これによって鉄道職員養成の機運が全国各地で高まった。九四(同二六)年には逓信省鉄道局長松木荘一郎の賛同を受けた私立の鉄道学校設置も計画されている(16)。この機運は日清戦争でわが国が勝利をおさめたことで一層高まり、各鉄道が競って職員教育機関を設置するようになった。のちに国有化される鉄道に限っても、以下のような事例がみられる。

①一八九〇年代初頭、日本鉄道が業務練習所(「電信修技所」とする記述もあり、正確な名称は不明)を設置。実際の授業は工部省電信局所管の修技学校(のちの逓信官吏練習所)に委託(17)。

②一八九七(明治三〇)年、日本鉄道関係者が中心となって私立鉄道学校を設置。開校時の校長には鉄道院技監野村龍太郎を迎えた。一九〇三年には教授内容を高度化するとともに財団法人に組織を変更し、岩倉鉄道学校と改称(18)。

③一八九九(明治三二)年、九州鉄道が駅務伝習所を設置(19)。

④一九〇〇(明治三三)年、北海道鉄道部が鉄道運輸事務伝習所を設置(20)。

⑤一九〇一(明治三四)年、北海道炭礦鉄道が私立北海工学校を設置、技術部・事務部の二学科体制(21)。

官設鉄道は、一八九八(明治三一)年に一般の駅員を教育する鉄道運輸事務伝習所を新橋駅構内に設置したが、岩倉鉄道学校がほぼ同一程度の教育機関として拡張されるに及んで、一九〇四（同三七）年に廃止した(22)。その結果、一九〇〇年代には鉄道界に岩倉鉄道学校のみが屹立することになった。この時期の官設鉄道の規模は依然として有力な鉄道の一つにとどまり、日本鉄道・山陽鉄道など主要な鉄道会社線と肩を並べる規模であったから不思議な措置ではなかった。

3　一九〇〇年代の職員教育

一九〇〇年代に入ると、官設鉄道には役割の変化が生じた。

第一に、一九〇五（明治三八）年には終結した日露戦争後の経済疲弊を改善するための外貨獲得、すなわち外国人旅客誘致が期待されるようになったことである。このため、本庁では営業課長木下淑夫が英語練習所の設置を計画し(23)、〇八（同四一）年七月九日達第三六八号「鉄道運輸従事員英語練習所規程」で汐留駅構内に設置の運びとなった。さらに木下は帝国鉄道庁総裁平井晴二郎を動かしてジャパン・ツーリスト・ビューロー(24)を設置、その案内所や大陸連絡列車の車掌、敦賀・下関など海外航路との連絡地点に英語練習所の修了者を次々と配置していった。

第二に、一九〇六（明治三九）～〇七（同四〇）年にかけて実施された鉄道国有化によって、幹線系の路線は国有鉄道の版図に入ったことである。従来一五〇〇マイルに過ぎなかった官設鉄道が全国の幹線を網羅する四四〇〇マイルになった以上、職員の技術や意識の統一は喫緊の課題である。本庁ではまず電信手の養成方法の統一に着手、さっそく〇七（同四〇）年六月二四日には達第八八号「帝国鉄道庁電信修技生養成規則」を出している。

しかし、それ以外の職種については規程は出されなかったから、依然として各地方ごとに任されていたとみられる。たとえば、『日本国有鉄道百年史』によれば、一九〇八（明治四一）年、帝国鉄道庁上野運輸事務所は新宿駅・上野駅などの助役を務めた笠松慎太郎に「駅務練習所主任兼車掌養成所主任」の辞令を与え、上野駅構内で駅員・車掌の教育を実施させるようになったという(25)。笠松は講師に発令された亀川徳一らとともに、新規採用の雇員五名に同年九月五日から授業を開始している(26)。鉄道運輸事務伝習所以来の一般職員養成の復活ともとれるが、これは一運輸事務所のみの施設に過ぎず、卒業生を全国各地に供給することもない。上野運輸事務所は日本鉄道を引き継いで設置したから、同社の旧業務練習所を承継した性格の機関だったのであろう。こうした事例は各地にあったのであろうが、他には発見できなかった。

なお、笠松の駅務練習所・車掌練習所にはその後の経緯がある。やがて同年一二月に鉄道院が発足すると、笠松は総裁後藤新平・東部鉄道管理局長長谷川謹介に説いて許可を受け、運輸従事員教習所を設置した。これは鉄道部外から中学校卒業の学歴を有する入学者を募集、寄宿舎も設置して教習するもので、翌〇九（同四二）年一月二〇日には志願者二〇〇余名中三四名を部外から入学させて授業を開始した(27)。鉄道において教習所を名乗る教育機関の濫觴である点、部外のみの募集である点が目を引くが、同様の教育機関が各地に増設されることはなく、依然として一運輸事務所限りの施策の域を出なかった。

3　教習所の発足

1　教習所設置計画の誕生

一九〇八（明治四一）年一二月五日、内閣所管の鉄道院が設置された。現業機関で逓信省の外局だった帝国鉄道庁と、監督機関の逓信省鉄道局を統合した総合鉄道官庁の誕生である。内部機構としては全国を五分割して東部・中部・西部・九州・北海道の五鉄道管理局を置き、初代総裁には逓信大臣後藤新平が兼務発令された(28)。

しかし、鉄道国有化の余震は依然続いていた。統一体の鉄道院というのは名ばかりで出身会社ごとに気風・職制・賃金体系が統一されないままだった(29)から無理もない。後藤は「十七会社其他の合同の為に統一調和を欠けたる（中略）又職員としてさへも之を妨げ之を中傷するを以て自ら智者とし自ら能者と考へて居」(30)ると嘆いている。職員間の技術・意識の「統一調和」は喫緊の課題であった。

そのような折、秘書課長松木幹一郎から、東部鉄道管理局の運輸従事員教習所が成績良好だという報告を受けた後藤は、さっそく主任笠松慎太郎を官邸に招致して意見を聴取した。後年、笠松は次のように述懐している(31)。

> 後藤総裁は当時の秘書課長松木幹一郎氏を態々吾が運輸従事員教習所に派遣されまして、種々微細の点まで色々調べられ、又或時は其官邸に態々私を招致されました。種々教育上の意見を聴取され、愈々大々的に鉄道の教育制度を実行されることゝなり、始《マヽ》めて中央教習所、各管理局教習所などが設置されることになったのであります。

笠松は「明治維新廃藩置県の変革後年尚浅く私達の一家は貧乏の極に陥りましたので、私は思うような学校にも行けず明治二十六年の春単独上京し同年三月初高崎線本庄駅の駅夫とな」(32)った。それが日本鉄道の業務練習所で学んだことを契機に、二一歳の若さで新宿駅助役に昇進、やがて上野駅助役を経て運輸従事員教習所を開設するに至った(33)人物である。後藤に対して職員教育の重要性を強く主張したのであろう。

一方、後藤は次のような職業観を持っていた(34)。

> 一言にして尽せば兵卒よりして大将となるが如き青年は、吾輩後藤新平の最も好愛する所である。（中略）忠実――換言すれば堅忍不抜――は、勿論よい事ではあるが、永年同一の業務に従事するといふのは、必しも称揚すべき事ではない。新聞などを見ると、勤続三十年間の小使だとか、番頭だとか、又は巡査だとか、非常に賞め立てる

図1 1909年以降の教習所制度

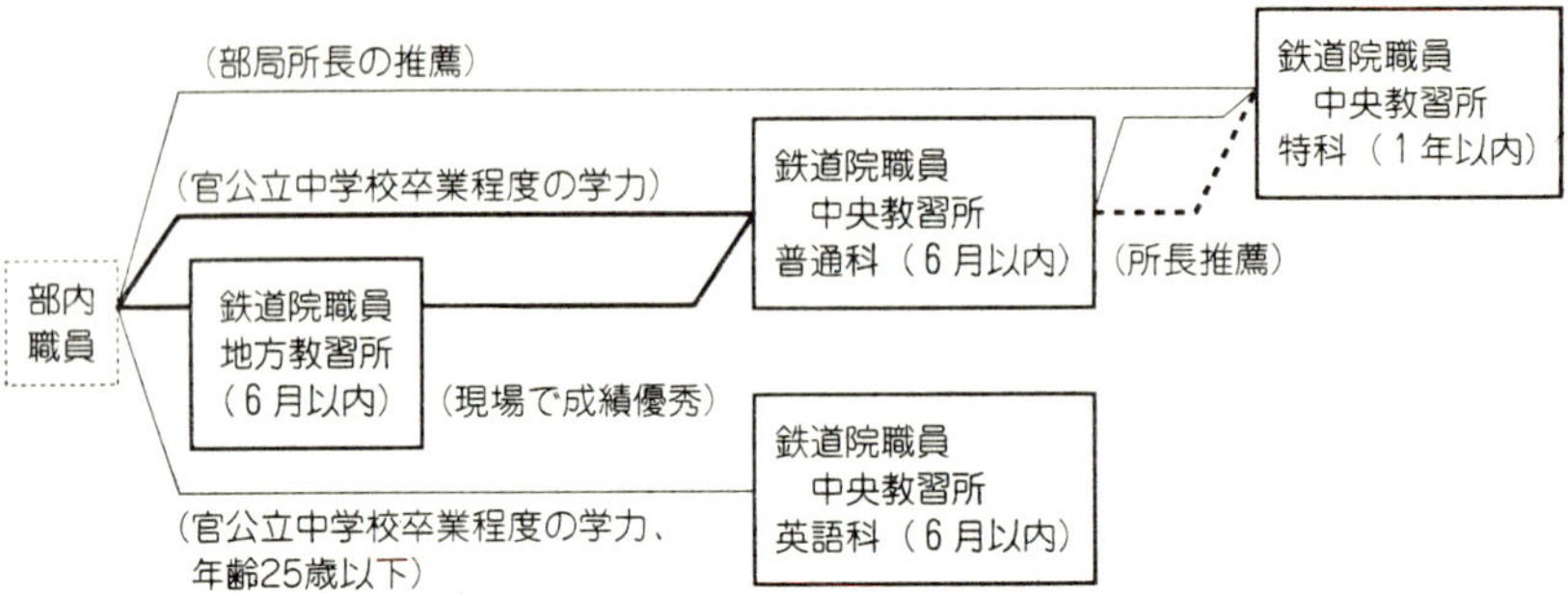

（注）カッコ内は応募資格。太線は推薦のみで選抜。細線は推薦に加え、学科試験も課して選抜。破線は例外的な進路。

が、あれは少々間違ってゐる。成る程、三十年勤続の辛棒はえらいものであるが、其の偉らさ加減は、只、同じ所に永く辛抱して居ったと云ふだけで、向上発展の面影が更にない。巡査は何時も巡査、小使は何時でも小使で、生涯を終って差支えないものなら、社会の向上発展はなくなるわけだ、是では始末に行かぬ。

また、後藤は前任の南満州鉄道総裁時代には、南満医学堂・旅順工科学堂といった高等教育機関を新設してきた。これ以降も、新たな地位に就くたびに教育機関の整備に努める(35)。鉄道教習所については、「陸軍の戸山学校で同校の正しい教範による教育を受けたものが原隊に復帰すると、之が正しい教育の波紋をその所属の隊に投げて、各体の教育が改まり行くことゝなる」(36)のをモデルにしたと松木に語っている。教育機関の整備が組織の安定経営につながるという発想だといえる。かくして、設置から間もない鉄道院は、全国に教習所を設置する計画の立案に着手する。その背景に、後藤と笠松の二人の間の響きあいがあったことは想像に難くない。

2　中央教習所・地方教習所の設置

翌一九〇九（明治四二）年六月二四日、鉄道院は達第五五〇号「鉄道院職員中央教習所規程」、達第五五一号「鉄道院職員地方教習所準則」を制定した。

表1　鉄道院職員地方教習所の教習科目

一九〇九（明治四二）年六月二四日達第五五〇号「鉄道院職員地方教習所準則」

一、駅務及機関庫事務
二、運転及保線ノ一班
三、関係法規
四、交通経済並統計
五、鉄道交通地理
六、電信及電話事務（随意科ト為スコトヲ得）
　但シ教習科目ハ教習所ノ事情ニ依リ総裁ノ認可ヲ経テ之ヲ増減スルコトヲ得

一九一〇（明治四三）年四月十一日北庶達第十一号「鉄道院職員北海道地方教習所細則」

業務科	精神講話	二時間	運転科	精神講話	二時間
	法規	一時間		法規	一時間
	交通地理	一時間		蒸気学及機械学大意	三時間
	旅客	四時間		車両（機関車）	三時間
	貨物	三時間		（客貨車）	二時間
	信号保安及列車運転計画	三時間		信号保安及列車運転計画	三時間
	電気通信	二時間		電気工学	二時間
	計理（会計）	一時間		計理（会計）	一時間
	（倉庫）	一時間		（倉庫）	一時間
	車両大意	二時間		製図	三時間
	数学（珠算）	一時間		保線大意	二時間
	（筆算）	一時間		数学（算術）	二時間
	保線大意	一時間		（代数）	二時間
	統計	二時間		統計	一時間
	英語	四時間		英語	二時間
		（計三〇時間）			（計三〇時間）

ここに図1のような鉄道院独自の学校階梯が誕生したのである。

鉄道院職員地方教習所（以下、「地教」とする）は、各鉄道管理局ごとに東部（上野）・中部（東京）・西部（神戸）・九州（大里、現在の門司）・北海道（札幌）の五カ所を設置、「勤務成績良好ニシテ品行方正ナル者又ハ将来発達ノ見込アルモノニシテ入所ニ必要ナル学力ヲ有シ修業後モ永ク本院ノ業務ニ従事スル志願確実ナルモノ」を入所させる。準則では学科区分がないが、実際には駅務系統・運転系統の二学科体制が基本であり、さらに各鉄道管理局ごとに適切な組織を編成することができた(37)。入所の際は所属長の推薦のみで選抜し、学科試験は実施しない。教習科目は、準則によれば鉄道業務に関連する科目だけだが、実際にはもっと広範な科目が設定されたとみられる。たとえば、北海道地方教習所では表1

表2　鉄道院職員中央教習所の授業時間割（普通科）

甲部	9時—10時	10時—11時	11時—12時	12時—13時半	13時半—14時半
月	青木 倉庫	平山 会計			
火	原田 法規	来住 電信	来住 電信	富永 統計	
水	上田 電話	桑原 旅客	桑原 旅客	吉川 貨物	
木	加藤 貨物	服部 車両及動力一班		富永 統計	
金	武 運転計画	小出 保安及信号			
土	富永 旅客	青山 保線			
備考	交通地理ハ甲乙科トモ旅客及統計ノ講義中ニ於テ適宜教授ス				

乙部	9時—10時	10時—11時	11時—12時	12時—13時半	13時半—14時半
月	青木 倉庫	平山 会計			
火	原田 法規	来住 電信	来住 電信	富永 統計	
水	上田 電話	鹿取 動力	鹿取 動力		
木	江浪 車両	大島 動力		富永 統計	
金	武 運転計画	小出 保安及信号		秋田 業務一班	秋田 業務一班
土	服部 車両	青山 保線			
備考	交通地理ハ甲乙科トモ旅客及統計ノ講義中ニ於テ適宜教授ス				

（注）「後藤新平文書」9-73に掲載。

のように精神講話・数学・英語といった準則にない普通科目を加えた。これに国語漢文・体操などを加えれば、業務科は商業学校、運転科は工業学校とみまがうばかりの科目設定である。定員は東部百名以内、中部百名以内、西部百名以内、九州五十名以内、北海道三十名以内。教習期間中は無給だが、土地の状況によっては、総裁の許可を得て一定の教習手当を支給することができた。東部鉄道管理局の運輸従事員教習所を全国に設置する形だといえよう。

　鉄道院職員中央教習所（以下、「中教」と略記する）は東京に一カ所だけ設置し、普通科（甲部＝業務、乙部＝運転の二部制）・英語科・特科とそれぞれ性格の異なる三学科とする(38)。普通科は定員百名以内で、官公立中学校卒業程度の学力を有する者、地教修了後に現場で成績優秀な者を所属長の推薦によって選抜して入所させる。規程は教習科目についてふれていないが、表2のように授業時間割が判明しており、地教より高度な内容と思われる専門科目が並んでいる。特科は定員三十名以内で、中教普通科卒業生または各部局所長の推薦した者で学科試験に合格した者、中教普通科卒業者で中教所長が特に推薦した者を入所させる。英語科は旧英語練習所を統合したもので、定員三十名以内、年齢二五歳以下で官公立中学校卒業程度の学力を有し、勤続六カ月以上で将来も永く鉄道に勤務することが確実な職員に対し、選抜試験を課したうえで入所させる。いずれの学科でも教習期間中は無給だが、かわりに月額五〜十円の教習手当が支給される。なお、特科・英語科には卒業後四年間の奉職義務が課された。

従来の雑多な職員教育機関は特殊技能者の短期養成に主眼を置いていたのに対し、新設の教習所は中堅幹部の養成にも乗り出したのが特徴である。このほか、従前の教育機関との大きな相違が三点ある。

第一に全国的な標準を定め、第一線級の人物をスタッフに揃えて(39)、開設したことである。とりわけ全国から選抜された中教普通科の卒業者が現場に復帰して核となることで、鉄道国有化以来の懸案だった技術・意志の齟齬は解消に向かうことが期待されていた。

第二に外地鉄道からの「依託教習」を除き、部外からの入所を認めないことである。しかも、規程の文言にはないが、部内であっても雇員以上でなければ入所不可だった(40)。そのかわり学歴は不問(要求されたのは学力)である。単なる員数確保ではなく、学力より人物に主眼を置いて現場の核を養成する意図だったことがうかがわれる。

第三に単なる技術修得よりも人格修養を重視し、学校教育的な要素を多く取り入れたことである。たとえば、東部地方教習所では寄宿舎を設置して風紀の維持に努め、月一回は所長・教官と教習生の晩餐会を実施している(41)。中教では修学旅行、講演会も実施した(42)。

しかし、そうした積極性の反面、専任教官はほとんど配置されなかったこと、卒業後の処遇がみえにくかったことは、鉄道院時代を通じての教習所の特徴（あるいは問題点）であった。「中央教習所—地方教習所」という命名からは陸軍の「中央幼年学校—地方幼年学校」(43)を連想させるが、それは名称だけの話に過ぎない。最高級のスタッフを専任教官として多数擁し、地方から中央へ全員を進学させる制度をとり、その卒業者はことごとく将校に昇進するエリート養成コースの幼年学校とは比ぶべくもなかった。

3　中央教習所・地方教習所の位置づけの差異

この時の「中教—地教」体制は、法令上は前掲図1のように学校階梯を構築する形でありながら、それぞれまったく異なる性格を付与されていたことに留意しなければならない。

まず、地教は鉄道管理局ごとに相当自由な編成が可能であった。また、卒業後さらに中教へ進学する場合は「修業後現業ニ従事シ成績良好」でなければならないというハードルが設けられていたことからわかるように、中教普通科の予科ではなかった。一九〇九（明治四二）年入学の中教普通科第二期生九〇名のうち地教を卒業したばかりの者は一四名(44)もおり、鉄道管理局の判断によっては形ばかりの現場復帰で進学させることも可能だったようだが、「準則」の精神からいえば地教はあくまでも完成教育機関であった。巨大な、そして今後更に拡大してゆくであろう鉄道院を確実な技術で支える第一線の職員養成、それが地教に期待された役割であった。名称から受ける印象とは別に、むしろ地教の方が重要な存在なのである。総裁後藤とともに教習所を生み出した笠松が、中教ではなく東部教習所の講師に就任したのもこのことを裏付けていよう。

一方の中教は、学科によってその位置づけが大きく異なっており、さながらパッチワークのようである。頂点に位置するのは特科だが、実際には開設されなかったとみられる(45)。英語科は外貨獲得という国策を担う重要な学科であり、のちにはロシア語の訓練も行われるなど独自の発展を遂げた(46)ものの、既存の英語練習所を形式的に統合したに過ぎなかった。

問題は中核にあたる普通科である。普通科は「二期二百名の職員を養成するをもってやむというのであり、この事は私ども第一期生が後藤氏の口より親しく聴いた」(47)という卒業生の回想からわかるように臨時の組織である。教習期間はわずか六ヵ月しかないのにもかかわらず、表2にみられるように午前授業の日も多く、さらに修学旅行は数度も実施(48)という相当に緩やかな教習日程であった。しかも特科・英語科と違い、普通科だけは卒業後の奉職義務が明記されていない。これはどういうことだろうか。

中教開所式の総裁訓示を、後藤は次のように語り起こしている。

> 抑も本教習所を設くるに至りたる由緒は何れにあるかと云はは、即ち人を作らねばならぬと云ふことに基因す、想ふに諸般の事業は其の盛衰、興廃一として人に俟たさるものなし、彼の有名なるビスマークは一も金二も金三も金との格言を与へられたり、然とも日本に於ける現時の状態はビスマークの格言の少しく当て嵌まらさるものあるを知る、何となれは日本に於ける各般の事業の有様を見るに、其の成否は金よりも寧ろ人に依りて支配せらるると ころ多きを見る、故に本官は一も人二も人三も人と云ふを以て適当となし、凡ての事業の効果を挙けて人の力に委ねんとす(49)。

これが鉄道部内において後々まで語り伝えられた「一も人、二も人、三も人」である。これに続いて、教習所制度は数多ある技術のうち最低限の「一部分に統一的実用教育を施すの要あるを認め」たため設置に踏み切ったこと、民間の鉄道学校は設置数が少ないうえ「鉄道業務の各般に渉る初歩的教育」であり、中教普通科は「業務の実用化に伴ふ実用的授業」を行うので競合しないこと(地教と鉄道学校との関係については言及なし)を語りかけている。そして、中教普通科の「教授時間の割合に少なきが如きは、夙に学校生活を去り永く雑駁なる業務に従事せる諸子なるを以て濫りに注入的教授を避くる」ためであって、在所中の学習が重要なのはもちろんだが、さらに重要なのは「実務の上に応用する巧拙の如何」であって、その根底に「信愛主義」の内面化が必要だと述べている。

ねらいは明らかだろう。将来を嘱望される職員を東京に集めて鉄道の実用的技術を学習させるとともに、「同じ釜の飯を喰った」仲間たちが全国各地の現場で中核となって頑張っているという精神的紐帯を結ばせること、それが中教普通科がめざすものであった。入所者に配布された「鉄道院職員中央教習所教習生心得」にわざわざ盛られた第二条の「教習生ハ各教習生間ノ親睦和合ヲ心掛ク可シ」(50)という精神規程、ここにこそ後藤の願いが込められていたのである。

4 中央教習所普通科の永続化

中教普通科第一期生の一人は、教習所の志望理由を次のように回想している。

僕は学資がなかったから、上級学校にははいれないと思っていた。そして鉄道にはいったら、教習所制度ができた。ここは、月給をくれて、勉強させてくれるのだから、一つ受けてみようと思って受験したら、うまく入学できたのです(51)。

そもそも一九〇九(明治四二)年の段階で設置されていた官公立中学校は全国で二四三校に過ぎない(52)。東京・神奈川のように、大都市圏でありながら四校しか設置せず、それ以上は私学に任せる府県もあった。その官公立中学校と対等な位置に地教を置き、その上に中教を置いたのだから、進学の夢を断たれて鉄道入りした青年たちの注目を集めないはずがなかった。彼らの学びの場としては、都市なら鉄道学校・夜間中学(53)や私立専門学校の夜間部があったものの、本院・鉄道管理局の給仕でもなければ多くは勤務形態が不規則な職種であり、通学はきわめて困難であった。地方では実業補習学校や青年夜学会程度しかなく、それ以外では講義録で向学心を満足させるほかなかった。突如出現した教習所は、得られなかった学びを獲得する絶好の場であった。それを示すデータとして、この時期の教習所に学んだ青年たちの経歴をみよう。表3～5は、翌一九一〇（明治四三）年五月に入所した中教普通科第二期生である。

表3　鉄道院職員中央教習所普通科第2期生の学歴区分

区分	該当人数（%）	地教重複（%）	備考
官公立中学校卒業	48（53.3）		うち1名は府県管理中学校（東京府城北）
私立中学校卒業	9（10.0）		
師範学校講習科卒業	1（1.1）	1（1.1）	
官公立実業学校卒業	6（6.7）	1（1.1）	甲種工業3、甲種商業1、乙種商業1
私立実業学校卒業	1（1.1）	1（1.1）	甲種商業
その他中等程度卒業	2（2.2）		愛知県立医専予科、私立京都同志社普通部
岩倉鉄道学校卒業	3（3.3）		
官公立中学校中退	7（7.8）	4（4.4）	
私立中学校中退	3（3.3）		
運輸事務伝習所卒業	3（3.3）		
地方教習所卒業	7（7.8）		中等学歴重複者をあわせると14名（15.6%）
総計	90（100）	7（7.8）	

（注）「後藤新平文書」9-73から作成。

表4　鉄道院職員中央教習所普通科第2期生の年齢区分

年齢	人数（%）	学科別人数		身分別人数		
		甲部	乙部	技手	書記	雇員
19歳	1（1.1）	1	0	0	0	1
20	5（5.6）	2	3	0	0	5
21	9（10.0）	6	3	0	0	9
22	13（14.4）	7	6	0	0	13
23	10（11.1）	7	3	0	0	10
24	16（17.8）	9	7	1	0	15
25	12（13.3）	8	4	0	1	11
26	5（5.6）	4	1	0	0	5
27	6（6.7）	4	2	0	0	6
28	4（4.4）	3	1	0	1	3
29	1（1.1）	1	0	0	1	0
30	2（2.2）	0	2	0	2	0
31	1（1.1）	0	1	0	0	1
32	2（2.2）	2	0	0	1	1
記載なし	3（3.3）	3	0	0	0	3
合計	90（100）	57	33	1	6	83
平均年齢	24.1歳	24.3歳	24.0歳	24.0歳	29.0歳	22.9歳

（注）「後藤新平文書」9-73から作成。

表5　鉄道院職員中央教習所普通科第2期生で学歴重複者の年齢区分

氏名	学科	出身	身分	職名	年齢	身分	受けた中等教育
I・Y	甲部	中部	雇	駅務助手	20	雇	府立京都四中（2年中退）
Y・A	甲部	中部	雇	電信掛	21	雇	私立大倉商業（卒業）
K・Z	甲部	中部	雇	車掌	26	雇	県立滋賀一中（3年中退）
N・K	甲部	中部	雇	車掌	24	雇	県立長野師範（講習科修了）
H・S	乙部	中部	雇	？（機関庫勤務）	23	雇	県立岩手工業（本科卒業）
S・E	甲部	西部	雇	車掌	27	雇	県立萩中（3年中退）
I・S	甲部	西部	雇	出札掛兼小荷物掛	19	雇	県立姫路中（4年中退）

（注）「後藤新平文書」9-73から作成。「氏名」は原資料では本名だが、イニシャルで作成した。「学科」は中教での入所学科、「出身」は鉄道管理局名。

表3から、中学校卒業者が五七名、その他の中等学校卒業者が一三名であり、これに中学校中退者一〇名を合わせた八〇名が中等教育を受けたことのある者であることがわかる。一方、小学校学歴しか持たず、旧運輸事務伝習所・地教を経て入所した者は一〇名にとどまる。高等教育を受けた者、小学校卒業のみの者はいない。青年たちには専門学校程度の「学校」だと目されていたことがわかる。

表4は年齢を示す。三〇歳を超えても入所は可能であるが、二一歳から二五歳までが六九％を占め、平均は二四・一歳である。甲部と乙部に年齢差はほとんどない。学歴をにらみつつ計算すれば、多くは採用から数年の青年たちということになる。

興味深いのは、表5のように中等教育を受けたことがありながら、地教を経て中教に入所した者が七名いることである。技術系の乙部は除外して甲部の六名についてみよう。身分は全員が雇員で職名は車掌が多く、年齢平均は二二・八歳、中学校・鉄道学校ならびに官公立実業学校の卒業者は一人もいない。中学校中退者はもちろん、私立商業学校、師範学校講習科など中等段階で一段下の学歴とみなされた青年たちにとって、地教は失地回復の場とみなされていたことがわかる。

この後、中教普通科は予定外の制度的変遷をたどることになった。設置の翌年にあたる一九一〇（明治四三）年、四月二三日達第三四九号で入所資格に一年の勤続経験を追加、同年一一月七日達第九四一号で原則として全寮制となった。当初、後藤が普通科を廃止するとしていた翌一一（同四四）年には、第二回生の卒業に合わせて卒業生徽章を制定し(54)、新規の生徒募集を実施している。とどまるところを知らない中教人気によって、暫定的な教習所制度が恒久化されたとみられる。

一九一一（明治四四）年八月三〇日、第二次西園寺内閣の成立によって後藤は鉄道院総裁を免じられ、後任に同郷（岩手県）出身の内務大臣原敬が兼務発令された。後藤は職員救済事業の充実こそが「鉄道事業ノ実効ヲ挙クル上ニ於テ最モ与ツテ力アルモノナリ」と論じる「事務引継書」(55)を残して鉄道院を去った。後任の原はこれを読んで面食らい、「此引継は実に奇怪」「奇妙」と日記に書き記している(56)。鉄道院総裁としての後藤といえば、「改主建従」(57)で広軌鉄道改築(58)を唱えるというハード面での改善に関する活躍ばかりが有名だが、一連の職員救済事業——一九〇九（同四二）年には中教・地教を設置、鉄道青年会への支援申し出、一一（同四四年）年には常盤病院（のち東京鉄道病院、現在のJR東京総合病院）設置——といったソフト面の改善にも腐心し続けたのである。

一方、原の日記には広軌鉄道改築問題以外で鉄道に関する記述はほとんどない。内務大臣との兼務であるから、鉄道院独自の職員救済のための一施策という意味では顧みられなくても当然である。しかし、原が「建主改従」を唱えていることからすれば、これは重要な意味を持つ。地方路線を増設するには、職員を増員しなければならない。後述するような、中教普通科・局教を襲う急激な人気衰退の波が既に訪れていたとすれば、その改善を意識せずにはいられまい。教習所に関する記述がないということは、原が鉄道院総裁を務めていた時期には、依然として教習所は高い人気を誇っていたのであろう。

4　教習所の拡大

1　中央教習所の拡張と鉄道局教習所の設置

一九一二（大正元）年一二月二一日、第三次桂内閣が発足し、第三代の鉄道院総裁には後藤新平が希望して返り咲いた。

桂は当初、後藤に文部大臣の椅子を用意していた。大逆事件・南北朝正閏問題といった激震が相次いだことで、教育制度の改善は内閣にとって最重要課題であったからである。桂は、将来、総理大臣になるためのステップとして、「台湾の経営をやり、満鉄の経営をやり、逓信大臣とし、鉄道院総裁としては、さう云ふ物質的の方面の働きは極端まで分って来、寧ろ腕があり過ぎる程に世の人が認めたが、別な方面の精神的な方面に力を入れてやれば、人間が非常に大きくなる」(59)と文部大臣への就任を慫慂したという。しかし後藤は「非常に意は動いたやうでしたが、どうももう一つ先きにならばいゝが、今此処では鉄道の経営、それから逓信事業に就いて、まだ自分がやらなければならぬ事があると云ふので、到頭それには応じなかった」(60)という。結局、後藤は逓信大臣に就任するとともに、内閣所管の鉄道院総裁・拓殖局副総裁の兼務発令を受けた。

後藤のいう「やらなければならないこと」は第一に広軌鉄道改築問題をさしていたのであろうが、この頃の鉄道院では教育制度の改善も焦眉の急となっていた。たとえば、本院幹部が前任者の原に提出した意見書をみても、非現業部門では高級事務官への鉄道教育がないため「我カ鉄道行政上ニ於ケル各種欠点ノ最大原因ヲ問ハヽ職員養成ノ不備ニ在リト云フヲ躊躇セサルヘシ」(61)、現業部門でも技術の高度化は進む一方であるから「中等教育サヘナキ者ハ却テ事業ノ進歩発達ヲ阻害スルノ傾アリ」(62)といった厳しい指摘がなされていた。その渦中に舞い戻ってきた後藤が、教習所制度の改善についても指示しなかったはずはない。だが、第三次桂内閣は憲政擁護運動の高まりによってわずか三ヵ月で総辞職に追い込まれ、後藤は再び鉄道院を去った。

その後を襲って一九一三（大正二）年二月二〇日に成立した第一次山本内閣で、第四代鉄道院総裁に就任した床次竹二郎(63)のもと、同年五月一二日達第三六七号「鉄道院職員中央教習所規程」、同年七月三日達第五五七号「鉄道管理局教習所準則」が施行された。時期的に考えると、床次が鉄道院総裁に就任してから教習所改革の作業に着手したのでは少々遅い。しかも床次は内務官僚出身で畑違いである。後藤の在任中に「中教―地教」体制の見直しが進められてい

図2 1913年以降の教習所制度

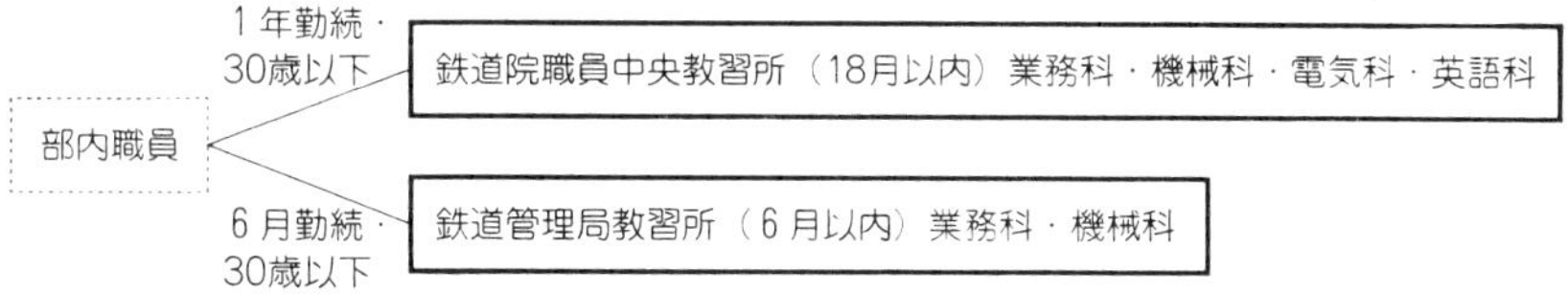

（注）いずれも入所には学科試験あり。

た――後藤の関与の深浅は不明だが――のではないか(64)。

この改正で地方教習所（地教）は鉄道管理局教習所（以下、「局教」とする）と改称になったが、設置個所は従来のままである。改正された点は、中教・局教とも学力程度を不問とするかわりに必ず入所試験を課すこと、局教卒業後に中教に進学する場合の現場復帰条項を廃止することである。従来の地教と異なり、局教は中教予科という性格を強めたかのように見える。だが、局教を卒業しても優先入学や入試科目減免があるわけではない。両者は学校階梯ではなく図2のような並立の関係になったとみるべきであろう。

中教は業務科・機械科・電気科・英語科の四学科を設置する。入所にあたって必ず中学校卒業程度の学科試験を課すが、年齢三〇歳以下で一年以上勤続していなければ受験できない。重要な改正点は、教習期間を一八カ月に延長したことである。従来の規程でいえば普通科六カ月に特科一年を加えた期間に相当する期間で、水準は相当高まっている。また、定員一六〇名（業務科七〇名、他の学科は各三〇名）というのは従来通りの数字だが、特科は実際には設置されていなかったはずだから、実質三〇名の増員である。教習手当は月額六円の定額制とし、全学科に卒業後三年の奉職義務を課した。

局教はそれぞれ業務科・機械科の二学科を設置する（総裁の許可を得れば、機械科は設置しないことができる）。このほかに別科・講習会を設置することができる。入所にあたっては必ず中学校二年修了程度の学科試験を課すが(65)、年齢三〇歳以下で六カ月以上勤続でなければ受験できない。定員は東京・神戸が一五〇名以内、九州は五〇名以内、北海道は三〇名以内。全国総計で三八〇名という数字は従来通りである。教習手当は引き続き土地の状況によって支給することができ、卒業後二年の奉職義務を課した。

2　事務系学科における人気の衰退

中教・局教とも、入所にあたって学科試験が不可欠となったことの意味は小さくない。管見の限り授業科目等は不明だが、従来より程度が高まったと意識されたことは間違いないからである。これによって教習所の威信や人気はさらに高まったのであろうか。

新制度の中教卒業生が現場復帰してからしばらくたった一九一六（大正五）年三月、雑誌『鉄道』は次のような投書を掲載した。

> 卒業生の制服上膊部に当りて、赤緑の色鮮かに輝くもの、之を働輪《ママ》章となす。中教卒業生が一年有余の刻苦研鑽の対価として与へられたる貴重なる賜物なり。働輪章は彼等に相当なる学力あり、相当の専門的智識あることを表示せり。働輪章が談れる光栄ある経歴は果して彼等を有効なる進路に導きつゝありや。（中略）卒業生の約七割は雇員にして、其の大多数は現業に従事しつゝあり。任官せる者と雖も未だ枢要なる地位に在る者を見ず。彼等の待遇は依然として働輪章を佩ばざる他の儕輩と何等択ぶ所なく、彼等の受くる報酬も亦卒業前に比して格別の差異あるなし(66)。

それだけではない。選抜を経て一年半の教習を受けても「卒業生に対する待遇方法に就きて、成文を設けざる」ばかりか「入所のために一回乃至二回の昇給期に遅れ、且卒業後と雖も何等の特典なく、資格なく、昇給率の差異なし」という冷遇ぶり。卒業しても特典がないのは局教も同様だが、「彼等には恰好の進路あり即ち書記試験駅長試験等は多くは彼等に利用せらる」。これらの試験は中教卒業生なら受験不要だといわれるが、「中教卒業生にして書記に任ぜられ、駅長助役に選ばるゝ者少きに非ず。しかれ共其の地位を与へらるゝには多大の年月を要す」実態から、「一般従事員が教習所入所を熱望せず。又卒業生が殊更に働輪章の佩用を忌避するが如き」状況である。しかも、これと軌を一にしたかのように教官のレベルも低下する一方だった(67)というから、鉄道部内における教習所の位置づけは高まるどころではなかった。

一方、局教でも「敢て入所を希望するが如き者なく、殆んど無競争の如き状態」という中教同様の事態が起っていたことが『鉄道青年』の投書からうかがえる。

目下多数の従事員の中にはナーニ教習所などつまらぬ。徒に昇給賞与に計り差障って何の効果も無い。それより今日其日ゝの仕事をして行く方が優だなぞと云ふて教習所の価値及設置の趣意等を弁へざる者もある。（中略）吾が母校では学課教習よりも寧ろ人格養成を目的とせる観がある(68)。

卒業生にして抽象的な「人格養成」をことさらに強調するしかないことから、得られるメリットの貧弱さ、周囲から投げかけられる視線の冷薄さは語るに落ちている。

しかし、教習所での学習にメリットがないというのは信じられない。おそらく、卒業者が現場復帰してからまだ日が浅く、メリットがみえていないだけの話であろう。「昇級賞与に計り差障」るというのも、教習所在所中は休職となるから、一時的にそうなるというだけのことだと考えられる。

とはいうものの、一九一〇年代後半には事務系の現場で働く青年たちに教習所への不満が存在していたこと、それは卒業後の処遇への不満をめぐって生じたものであることは疑い得ない。その証拠に、こうした批判が向けられるのは事務系の学科に限られている。判任官資格が与えられる中教機械科、少年の憧れを誘う機関手への階梯である局教本科機械科、雇員に昇格して上級職種に昇進できる局教別科といった、具体的なメリットが誰の目にも明らかな学科へ向けられた批判はみつからないのである(69)。

こうした教習所人気の衰退がいつ始まったのかは定かでないが、ここでは一九一〇年代前半、すなわち後藤が再び鉄道院総裁に就いた頃にはすでに顕著なものとなっていたという仮説を提起しておく。行財政整理を掲げた第一次山本内閣で鉄道広軌改築準備を白紙に戻した床次鉄道院総裁が、中教拡大を招く教習所改革は中止しなかったからである。「国鉄一家」の精神的紐帯や下級職員の「向上発展」を唱える「改主建従」派の後藤にとっても、党人として「建主改従」を唱える床次にとっても、等しく教習所改革を推進しなければならない事態、それは教習所制度が根底から揺らいでいたということではなかろうか。いずれの立場からしても、優秀な職員を不断に養成する制度(ならびにそれを支える教習所志望熱)の存在は大前提なのは言をまたない。

それにしても、二年間の時限措置として始められた中央教習所普通科を恒久化させるほど沸騰していた、鉄道勤務の青年たちの学習熱はどこへ消えてしまったのだろうか。教育史的にいえば一九一〇年代は実業補習学校の激増期だが、増加したのは主に農業補習学校であった。そもそも実業補習学校を卒業しても鉄道院では中等学歴とならないから、彼らを惹きつけるはずがない。考えられることは二つある。

一つは中学校卒業者を中心とした学習熱の冷却である。教習所での学びにはメリットがない(むしろ給与が下がる!)という評価が広まるにつれ、既に判任官資格を持つ中学校卒業者の学習意欲をそぐのは自明である。彼らは学ぶのなら独学で充分だと考え、中教を忌避するようになるだろう。それを裏付けるように、一九一八(大正七)年段階では、中教の教習生一一六名のうち、半数近い五三名もが局教卒となった(70)。中等学歴との重複は不明だが、設置当初に比べれば局教が中教の予科的な機能を強めたことはうかがえる。

もう一つは、小学校卒業者を中心とした学習熱の転移である。都市部では夜間授業を行う専門学校・実業学校や各種学校が増加している。実業学校の場合、乙種でも修業年限が三年の学校を卒業すれば無試験で雇員に採用となる。各種学校の場合、鉄道局による学校認定を受けた鉄道学校を卒業すれば、中学校卒業者と同じ取り扱いとなる。雇員採用試験を受験するのなら、中学校三年修了程度で実施されるから、夜間中学での学習も有効である。また、菅原亮芳・吉田文が明らかにしたように、一九一〇年代は講義録の雑誌広告が急増した時期である(71)。実際の困難はさておき、業務の余暇に中学講義録・実業講義録などで独学して、雇員採用試験や専門学校入学者検定試験(72)・教員検定試験(73)(小学校准教員以上)に合格すれば、給与に影響なく雇員資格(以上のメリット)を手にできる。

この時期、教習所講義録を全国規模で発行すれば「教習所卒業生が、不幸にして所謂馬鹿を見た等の観念を起すあらんか」(74)という危惧が示されている。わざわざ教習所(の事務系の学科)など行かなくても夜学や独学で充分代替できるという意識が蔓延していたことは明らかである。教習所制度の改善を求める草の根の声は、「在学中並に卒業後の給与待遇は等閑視すべからざる重要事項にして、(中略)如何に教習所の内容を改革すと雖も、顧慮する処なからんには、遂に有効なる成果を期し難かるべし」(75)という点に収斂するものばかりであった。学歴取得によるメリットを明らかに提示しないまま、学習機会を提供するだけでは青年たちの学習熱を喚起できなかったのである。

だが、鉄道院の腰は重かった。山本内閣の総辞職によって床次が鉄道院を去った後、第二次大隈内閣のもとで鉄道院総裁は一九一四(大正三)年四月一六日に鉄道官僚出身の仙石貢、一五(同四)年九月一三日に大蔵官僚出身の添田寿一と一年ほどの周期で更迭が続いた。この間、鉄道院は広軌鉄道改築問題にかかりきりで、教習所のあり方については方針が定まらなかったのかもしれない。一六(同五)年二月一二日達第一〇五二号による中教規程の改正は、他の学科と対等の位置にあった英語科を、業務科卒業生で特に英語の才能ある者を入所させるという、いわば専攻科の位置へ高めるにとどまった。教習所の魅力は薄れてゆく一方だったはずである。

3 「鉄道専門学校」構想

一九一六（大正五）年一〇月九日、寺内内閣の成立によって第七代鉄道院総裁には後藤新平が内務大臣と兼務で就任した。前回、後藤が逓信大臣と兼務で発令されたのを最後に、鉄道院総裁は専任とすることになっていたから、異例の人事である。だが、寺内首相が懸案の広軌鉄道改築問題の解決に意欲的だった以上、鉄道院軽視といった見方は正しくない。適材適所ということであろうし、後藤の希望であったかもしれない。

この入閣は「内閣の参謀長」としての意味合いが強く、内務省では行政事務を次官水野錬太郎に一任、自らは大綱を示すのみであったという(76)。鉄道院でも副総裁中村是公が同様の役割を果たしたのだろう。中村は台湾総督府・満鉄以来の後藤の腹心であった。

興味深いことに、後藤がトップに就任するや、内務省・鉄道院とも職員教育制度の改革を進めている。その様子を概観しておくことにしよう。

内務省は、後藤在任中の一九一七（大正六）年に地方官吏をも対象とする海外研修制度を新設したのに続き、翌一八（同七）年五月二一日勅令第一五五号「警察講習所官制」によって自ら所管する官立学校・警察講習所の設置を果たした。従来、警察官の教育機関は財団法人警察協会が設置する警察官練習所だけで、全国から入所者を集めるというのに専任教員はなく、定員は一〇〇名、講習期間は六カ月しかなかった。これを国に移管し、専任の所長・教授・助教授・書記を勅任または奏任で一五名も配置し、本科（定員二〇〇名・講習期間一年）と特科（定員一〇〇名・講習期間六カ月）を置くという大幅な拡充策である。その開所式で、水野内相は「前内務大臣即ち現外務大臣後藤男爵閣下も、亦警察官の教養を私設団体に任かせるのは宜しくない、国家が自ら当るべきものである。固より多少の費用はかかるであらうが、それは決して惜むべきものでない、是非これは国家の事業として経営しなければならぬと云ふことを主張されまして（中略）幸に今日茲に其結果を見まして官設の警察講習所が出来た」(77)と、後藤の指揮によって実現したことを明らかにしている。

一方、鉄道院は既に中教・地教を設置していたため、その改善に着手した。まず、一九一六（大正五）年に、老朽化した東部教習所（上野）を最新鋭の設備を誇る東京教習所（一九一三年に中部教習所から改称）に統合した。続いて一八（同七）年秋、総裁官房人事課長田島道治が教習所制度の抜本的改善を発表、既に「中村総裁も長谷川副総裁も御賛同せられてあるから、来春四月には之が一部の実行を見る運び」(78)となったことを明らかにした。

田島によれば、「優良な質でありながら家計の都合上小学校以上の教育を受くることの出来ない」者のために「已むを得ず卑近の仕事に甘じて居る少青年」に対し、一般学校と同様のメリットを与えるように教習所制度を改善する。中教は鉄道専門学校に昇格させ、叩き上げの職員に「高等鉄道学」を教授、将来は奏任官である参事補・副参事程度まで昇進可能にする。同時に「各中学校長の推薦で将来鉄道に従事せんとの希望を有する卒業生を入所せしめ、之を一般士官学校、兵学校の如く官費を以て養成」する。

局教は「逓信省の電信練習生の様に、一定の鉄道現業に従事しない者でも、小学校卒業生で直ちに試験に依って採用し、本人各自の希望に依り電気、通信、駅員の各課を官費を以て」養成する。ここでの成績優秀者は鉄道専門学校に進学できるから、局教は「鉄道専門学校」予科の位置づけである。

一九一八年六月末段階での鉄道院奉職者一二七、四八四名のうち、四一%にあたる五一、七二五名は高等小学校卒業程度の、三七%にあたる四七、一九五名は尋常小学校卒業程度の学力しか有していない(79)。はるか雲の上である参事補副参事（いずれも奏任官）まで昇進できるということが、彼らにどれほど期待を抱かせたかはかりしれない。

図3　1919年の鉄道教習所制度

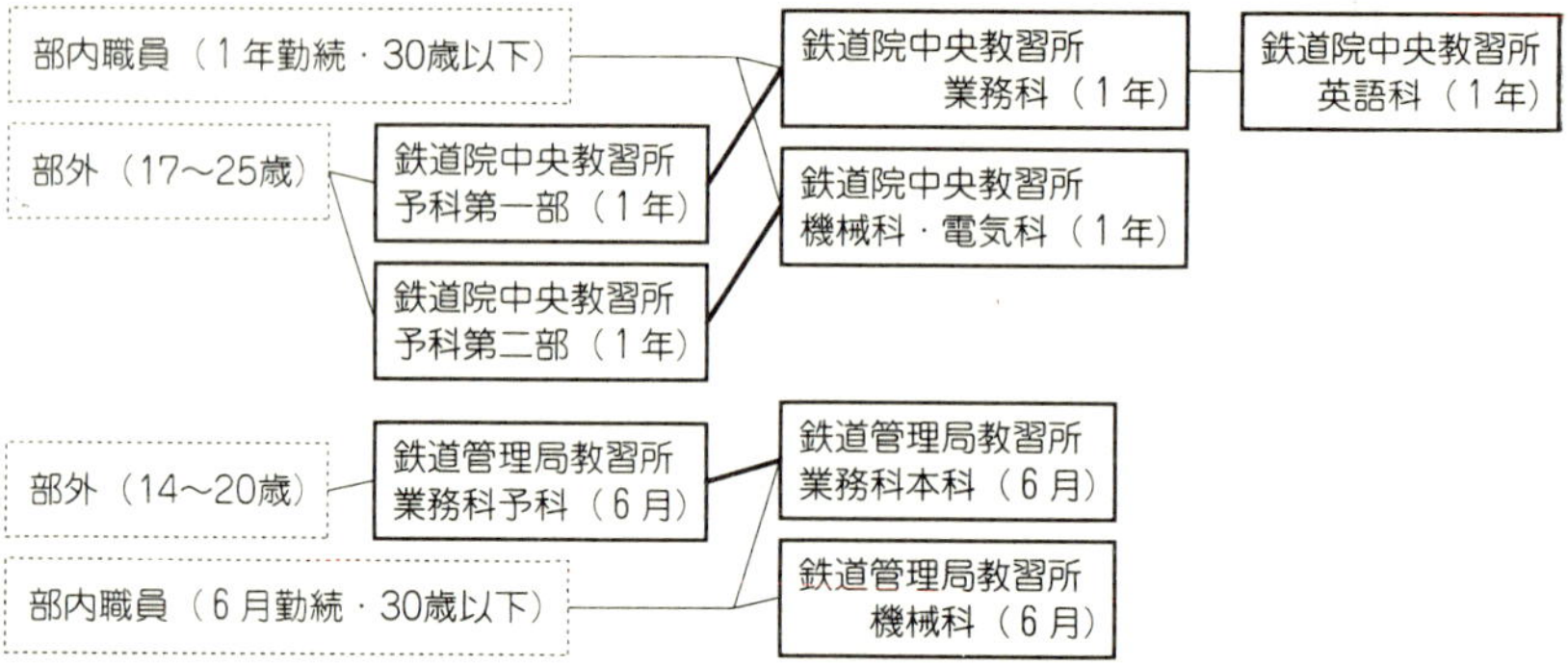

（注）細線は学科試験あり、太線は無試験。部外からの受験は職員（旧職員を含む）の子弟を優先。
鉄道管理局教習所の階梯図については、北海道の場合、乙部のみに該当。

4　教習所の部外開放

一九一九（大正八）年三月七日達第一四九・一五一号で中教[80]・局教の制度改革が正式に発表された。しかし、それは「鉄道専門学校」構想とは似ても似つかぬものであった。中教・局教とも従来は雇員以上に限定していた受験資格を部外（ならびに傭人）にも開放し、彼らに鉄道職員としての基礎的知識を習得させるための予科を設置しただけである。図示すれば図3のようになる。

中教の定員は業務科百名、機械科四〇名、電気科四〇名となった。この数の中には部外からしか募集しない予科第一部四〇名、同第二部三〇名を含むから、部内にとっては実質五〇名の減員である。予科・本科とも入所にあたっては中学校卒業程度の学科試験を課す。教習手当はいずれにも支給し、卒業後は在学期間の二倍の奉職義務を課した。

局教は、事務系の業務科にのみ予科を設置する。入所の際の学科試験は本科が中学校二年修了程度なのに対し、業務科予科は高等小学校卒業程度となっている。少々高めのハードルだが、師範学校や給仕などをめざす成績優秀な貧困子弟を主な対象としたのであろう。教習科目も国語・算術・鉄道業務一班を教授するのが業務科予科の本則であるが、教習所によっては修身・英語・地理・歴史・図画・理化測量・工事及工作材料・体操等をも課す[81]。同様に業務科本科でも、本来の科目にない修身・国語・英語・法規・数学・

表6　鉄道管理局教習所の教習科目

一九一三（大正二）年七月三日達第五五七号「鉄道管理局教習所準則」

業務科　旅客、貨物、線路構造、保安装置、列車運転、電気通信
機械科　機関車、客貨車、製図、線路構造、保安装置、列車運転
科目教習ノ方法ハ実務ヲ簡易ニ講述スルニ止メ理論ニ渉ラサルコトヲ要ス
業務科ニ在リテハ旅客、貨物ヲ講述スル際之ニ関連スル交通路ノ大要及駅運輸統計ノ大要ヲ付説スルコトヲ要ス
一週授業時間ハ三十時間ヲ限度トス但シ実習ニ要スル時間ハ此ノ限ニ在ラス

一九一九（大正八）年三月二四日北管達第六六号「北海道鉄道管理局教習所規程中改正」

予科
第一部　修身、国語、数学、英語、地理、歴史、鉄道業務一班、体操、実習
第二部　修身、国語、数学、英語、理化学、水理及力学、鉄道工学一班、測量及製図、体操、実習

本科甲部
業務科　修身、国語、数学、英語、運輸通論、旅客、貨物、手小荷物、運輸帳票、列車運転、信号保安、線路及車両、法規、会計、電気通信、体操、実習
機械科　修身、数学、英語、熱機関、車両、電気、材料及材料強弱学、工作機械器具、鉄道工学一班（線路、運転、保安）、製図、体操、実習
土木科　修身、数学、英語、鉄道工学（鉄道建築、造家、保安設備、車両其他）、橋梁、力学及応用力学、材料及施行法、機械及電気学大意、製図測量及測量実習、体操

本科乙部
業務科　修身、旅客、貨物、列車運転、信号保安、車両、線路構造、運輸帳票、電気通信、英語
機械科　修身、機関車、客貨車、蒸汽、電気、列車運転、信号保安、線路構造、数学、製図、英語

（注）別科は省略。

運輸統計・計理等をも課す教習所があり、中等教育を強く意識した教習科目で好感度を高めようとした地域もあったことがわかる。教習手当については従来通りで、卒業後は教習期間の二倍の奉職義務がある。また、鉄道管理局の再編に伴い、設置箇所は東京・名古屋・神戸・門司・仙台・北海道の六ヵ所となった。

なお、北海道の本科のみ、入所資格を部外の高等小学校卒業者（ならびに部内の傭人）に限定した二年制の「甲部」をも設置し、局教準則に基づく課程は「乙部」とすることが許可された。甲部は業務科・機械化・土木科を設置し、予科一年（第一部＝業務科へ進む者、第二部＝機械科・土木科へ進む者）、本科一年の二年制である。

この結果、局教の教習科目は表6、

表7　1919年以降の鉄道管理局教習所の定員

教習所			業務科		機械科		備考
所名	局	部	予科	本科	予科	本科	
東京	東部	＊	20	50	＊	50	
	中部	＊	30	70	＊	50	
西部	西部	＊	30	90	＊	25	
九州	九州	＊	20	50	＊	20	
北海道	北海道	甲部	100	100	50	50	北海道独自の課程（予科1年＋本科1年）
		乙部	20	50	＊	20	全国共通の課程（予科6月、本科6月）

定員は表7のようになった。

さきに示されていた「中教＝専門学校程度」「局教＝中等学校程度」どころか、北海道の甲部を除けば、中教・局教とも本科の修業年限は現状維持か短縮となっている。進学・徴集猶予・文官任用といったメリットも付与されないままであった(82)。「鉄道専門学校」構想が実現しなかった理由については、不人気による募集難、不況による緊縮財政、文部省・陸軍省を始めとする他省庁の反対など種々考えられるが、管見の限り、それを特定することはできなかった。また、部外（及び傭人）から中学校卒業者を募るというのはきわめて重要な制度改革であるが、これも立案過程は不明である。あらかじめ「官費学校」としての存在感を高めておくための措置とも、志願者数・教養程度の改善を目指した小手先の改善とも考えられるが、仮説の範囲を出ない。いずれも今後の研究の進展を待ちたい。

それでは、この制度改革によって教習所の事務系学科の人気は回復したのだろうか。初年度の状況は不明だが、翌一九二〇（大正九）年三月の生徒募集でも、「有資格者は大抵入学し得」(83)る状況であったという。外部募集を含めて、さほど人気を集めることはなかったと考えてよいだろう。「卒業生は鉄道の専門的知識を有する為め院内部にて頗重宝がられ幹部方面に在りては施設計画に任に当る者年々多きを加ふるの有様である」「応募せられんことを切望す」(84)という本院人事課の期待を裏切る結果となったのは、至極当然のことであった。

5　局教二年制課程の成功

そうした中で、北海道のみに設置された二年制の甲部はひとり気を吐いた。甲部は「充分根底的に教養する方針」(85)としたが、そこで重視されたのは鉄道専門の学科ではなく普通教科だったことが表7からうかがえる。「その養成目的も将来の現場中堅幹部の養成とされ、(中略)授業の大部分は中学校の教科課程で行われ、専門学科はその基本を教える程度としたので、その形態は一般中学校と何ら変わるところがな」(86)かったといい、卒業後の待遇も中学校卒業者と同様に無試験で雇員として採用するという破格のものであった。

そもそも、なぜ北海道だけ特別措置が認められたのだろうか。それは、北海道における教育機関の整備の遅れに由来する。全国的な進学率の上昇を受けて、鉄道部内においても一九一四(大正三)年から中等学歴を持つ者への優遇措置が取られるようになった。特別に雇員職を用意したほか、昇進のための試験では科目免除も行うようになった。しかし、北海道では中等教育機関の整備が充分でなく、その一四年の段階では中学校六校・実業学校六校しか存在しなかった。そのため、雇員採用が不如意であったのはもちろん、傭人に「雇員採用試験をするに於て、中学卒業生は無試験で採用しても、応募者は皆無であるから之は絶望と云ふてもよい。已むを得ぬ故に中学二三年、或は高等小学卒業程度で採用する如うな始末」(87)であった。このため、一九一七(大正六)年には独自の鉄道学校設置を上申したが、本院ではそうした教育の必要性は理解するものの許可できないとして却下している(88)。二年間の検討を経て、ようやく上申が認められたとみてよい。

ともあれ、これ以降、北海道では状況が一変した。札幌鉄道管理局は一九一九(大正六)年三月一七日の『北海タイムス』に甲部の生徒募集広告を出した。二段抜きで、大きさは他の一般的な私立学校の募集広告の約六倍もあって異彩を放っている。レイアウトは、中央に大文字で「官費学生募集」、その左側に同じ大きさで「待遇」とあり、「在学中(寄宿舎ニ収容シ諸費用ハ官給ス)卒業後(直ニ月収二十七円以上外ニ年二回賞与金)」(89)と説明されている。これは当

表8　北海道鉄道管理局教習所甲部（予科）の受験状況

期別	入学年度	定員	志願者	倍率
第1期	1919（大正8年）	150名	600名	4.0倍
第2期	1920（大正9年）	150名	662名	4.4倍
第3期	1921（大正10年）	150名	1133名	7.6倍

（注）『北海タイムス』ならびに日本国有鉄道北海道総局『北海道鉄道百年史』上巻（1976年、424頁）から作成。定員は第一部・第二部の合計。

時の北海道で、「中等学校教員の俸給平均率よりは少くも二四割以上の優遇」(90)にあたる破格の措置であった。このため表8に示すように、当初から高かった競争率は知名度とともに上昇し、第三期生では七・六倍に達した。

そして、甲部が獲得したのは人気だけではなかった。その開設を機に組織した学友会は、全道中等学校競技連盟への加盟が許されている(91)。現在でいえば、甲子園やインターハイに相当する大会に参加できるということである。人気のみならず、中等学校としての社会的な認識も獲得したのである。

注目すべきなのは、翌一九二〇（大正九）年度から、仙台でも同様の二年制課程を設置したことである。当時の仙台鉄道管理局長は、「所謂子飼仕込であるから鉄道的品性に富んだ職員が得らるゝ訳で」(92)設置したと語っている。札幌とは異なり、雇員以上の採用に困難を来すことはない地域である。それでも札幌同様に人気を博し、「高等小学校卒業者中の優秀者」(93)で定員一五〇名を充足することができたという。

この二つの事例によって、教習所がめざすべき道は明らかになった。正規の学校のように充分な修業年限やメリットが設定され、それが可視的になっていれば、生徒は自ずから集まってくる。それは、待遇に関して現業員からよく出される「学歴による特権を廃し、下級者栄進の途を講ずる」(94)という要求に応える策でもある。こうした当り前のことが地教において実証されたのである。

この時期、かねてからの不人気に加え、第一次世界大戦終結の反動による不況のため、教習所を維持することは各鉄道管理局にとって相当過剰な負担であった。東京では電信修技生三六名の教習生は所属勤務地に復帰させ、局教を一時閉鎖する緊急措置を発動する計画さえ検討されたという(95)。だが、第7章で述べるように、これ以降、教習所制度は大きく発展する。ここからすると、局教二年制課程の成功は教習所の縮小論を放逐し、教育によって得られる果実の貧弱さこそが問題だというコンセンサスを形成するという絶大な効果があったと考えられるのである。

5　おわりに

ここまで教習所史の前半を概観してきた。興味深いのは、後藤新平が「一も人、二も人、三も人」と唱えて設置した教習所の位置づけが、発足直後から次第に変化していったことである。その中には、現場の青年たちの間で教習所人気が沸騰したため、臨時の組織であったはずの中等普通科を永続化せざるを得なくなるという好ましい変化もあった。その一方で、メリットがみえない事務系学科の人気が急速に衰退したり、その余波で完成機関であったはずの局教本科が中等予科という色合いを強めたりといった、望ましくない変化もあった。当初の見込み通りにことが運んだのは、中教機械科や局教機械科・別科といった技術系の学科だけであった。教習所の担当者の苦渋がみえるようである。

こうした予期せぬ動揺の背景(の一つ)に、学校教育の普及があげられよう。一九〇〇〜一〇年代のわが国では就学率が充分に向上した。不就学は例外的なこととなり、義務教育年限の延長(四年から六年に)、中等教育機関の増設など、学校教育の普及が一層進んだ。その結果、中等学歴を持つ若者は新卒で雇員職に就くことが可能になった。現業機関における学歴主義の浸透である。しかし、現場の中堅層には小学校しか卒業していない者が依然多い。学歴主義が彼らにとって愉快なはずはない。他方、中等学校を卒業した新規採用者には学歴の有り難さを噛みしめていた者もいたであろうが、あと一歩の所まで得られなかった上級学校進学への憧憬を持ち続ける者、学歴による待遇差に不満を抱く者も従来より格段に多くなったはずである。「国鉄大家族主義」「国鉄一家」といった表現で精神的紐帯を重視してきた鉄道院にとって、こうした状況は放置できないものだったはずである。折しも、時代はいわゆる「大正デモクラシー」の真っ只中である。

「鉄道専門学校」構想も、北海道・仙台の二年制課程もこうした時期に登場する。そのいずれもが、事務系学科の待遇改善を主眼に据えている点が興味深い。経済的な事情で中等・高等段階の教育機関へ進めず、鉄道入りする少年の多くが夢見る機関士をめざすことのできる技術系にも配属されなかった者に、上級学校に相当する学習機会とメリットを付与することは喫緊の課題と目されていたことがわかる。そして、実際に局教二年制課程は設置され、大成功を収めた。

歴史的な文脈に即していえば、一九一〇年代の日本において学歴主義が急速かつ広範に浸透して既存の社会制度を翻弄したことを示す事例の一つといってよいだろう。その疾風の中で、事務系学科の設置の主眼は、出身会社による齟齬を防ぐというヨコの「統一調和」から、学歴差による齟齬を防ぐタテの「統一調和」へと大きく転換していったのである。

7章・三上敦史

鉄道教習所の教育史 2

●――鉄道省による総合教育体系の展開

1 はじめに

第6章でたどったのは、鉄道院設置を機として新設した教習所が人気の乱高下によって翻弄される時期であった。「鉄道専門学校」構想の挫折と一般社会における学歴主義の浸透と重ねあわせると、部内の青年たちの胸には深い失望が刻まれたことであろう。教習所に関する部外からの良きイメージなど望むべくもない。

本章では、一九二〇(大正九)年の鉄道省の設置以降を取り扱う。鉄道院時代に実を結ばなかった改革への胎動がどうなったのかに留意しながら教習所の占めた位置と役割を素描しよう。それと同時に、経済的に恵まれない俊才が集う「貧者の学校」、あるいは「油にまみれた青春」という教習所のイメージがいかにして成立したのかについても考察しながら時代をたどろう。

2　鉄道省による総合教育体系の展開

1　「交通大学」構想

一九二〇（大正九）年五月一五日、勅令第一四四号「鉄道省官制」により内閣所管の鉄道院は鉄道省となり、鉄道院総裁元田肇が初代の鉄道大臣となった。昇格に沸く鉄道省としては、「鉄道専門学校」構想の挫折で怯むわけにはゆかなかった。そもそも、充分なメリットを得られることが可視的であれば、「官費学校」の一つとして人気を博さないはずがない。特例で設置した局教の二年制課程の成功で、それは明々白々たる事実である。鉄道省は新たに「交通大学」構想を立ち上げ、文部省に相談を持ちかけた。今度は鉄道部内のみの措置ではない。正規の学校として上級学校進学・文官任用・徴集延期といったメリットを付与する、壮大な学校階梯の設置計画である。

『日本国有鉄道百年史』修史委員として編纂に携わった青木槐三は、実際に「交通大学」の青写真を描き、他省庁との折衝にあたったのは、会計課長十河《そごう》信二（のちに国鉄総裁）・旅客課長種田《おいだ》虎雄といった帝国大学法学部出身の少壮官僚たちであったと指摘する(1)。

その十河は当時のことを尋ねたインタビューに対し、次のように答えている。

何も有名校を多く作る必要はない。大学を多く作る必要もない。国鉄の給仕やボーイや駅で雑務をしている人でも兎に角自分の為し得る仕事によって自分の生活によって、自分の現在の位置で一生懸命働いていて、こういう事を勉強したい、こういう事を知りたいという事があれば自由にどこへでも入れるように、小学校までは義務教育で誰でもただで入れるが中学以上はそうはいかんというから、それは国鉄は後藤新平が国鉄一家ということを言ったじゃないか、だからそういう教育、基本的の、基礎的の教育を、せめて中学程度までは国鉄が国鉄の費用でもってそれらの人を教育してやろうじゃないか、ということが五〇年記念の時にぼくの意見で希望であったから、ぼくは祝典幹事長という地位を利用して頑強にそれを押し通したんだ。（中略）

小学校教育は国家がやってくれるが中学教育はやってくれない。そうすると貧乏人は中学へ行けない。国鉄の職員の中にも中学へ行けない者が沢山いる。だから職員に普通教育だけれど常識のもてる人間を育てる中学程度の基礎教育をしてやることが国鉄の事業のために必要じゃないか。それから、教育には学校教育と家庭教育と社会教育といろいろある。国鉄に入る人は国鉄の職業教育を先輩や同僚をみて自然に受けている。ぼくはアメリカへ行って、アメリカの教育で感心したのはハイスクールから高等の学校へ行く、その間にちょっと学校をやめて何かビジネスをやって、そうしてまた大学へ入る。ビジネスもころんとかえる。そうして各人が如何なる使命、能力を神から授かったかを知る。という風に学校教育と家庭教育と社会教育というものをチャンポンに始終やっている。日本は学校教育にあまり頼りすぎているんじゃないか。家庭教育、社会教育ということがもっと大切じゃないか。（中略）そういうことをやらなきゃならん。国鉄という企業内にいても企業内のまた社会教育をやる必要があるじゃないか。企業内の教育というものはまた企業外の教育とちがった教育があるじゃないか。国鉄は軌道の中に閉じこめられ過ぎていないか。国鉄が政治、経済、社会に如何に影響し、又されるかも少し考える必要がありはしないか。ベースを拡大する必要があるじゃなかろうか。

だから国鉄に交通大学を作れという意見が非常に多かった。（中略）今日、大学卒業生の企業内にいる人或いは官界にいる人、勉強している人が何人あるか。比較的少ないんじゃないか。又学歴のない人でも頭の良い人も沢山いる。それらの人は自分さえ勉強する気になれば企業内で技術でも経営でも勉強出来るようにしてやることが奨励にもなり労働問題の解決にも役立つではなかろうか(2)。

少々引用が長くなったが、ポイントは三点あったことがわかる。第一に、最下層の職務に従事しているノン・エリートの青年たちを対象に、中学校から大学に至る学校階梯を構築し、そのメリットを可視的にすること。第二に、その教育制度は学校教育と企業内教育とを融合させたアメリカ的なものにすること。第三に、そうした教育制度を整備することで後藤新平以来の「国鉄一家」という精神的紐帯を守るということである。

十河・種田とも一九〇九（明治四二）年に東京帝大法学部を卒業、高文行政科に合格、鉄道院に採用という経歴である。学士の自前採用は技術系のみという伝統を破って総裁後藤新平が始めた、法学士採用の第一期生にあたる。彼らは鉄道院が鉄道局・鉄道作業局などと称され、内務省や逓信省を転々としていた時代のことなど知らない。鉄道院は内閣直属で国運を牽引する重要な官庁であり、今や専任の大臣を得て独立の省となった。しかも現業官庁であってみれば、陸海軍や逓信のように意欲と能力のある者を幹部として育てていく教育体系の構築が不可欠である。そうした自負と展望が若い彼らを突き動かしていたのは想像に難くない。同時に彼らの瞼には、総裁でありながら現場の職員——都市部の運輸事務所・駅・機関庫にとどまらず、山奥の隧道看守・橋梁看守まで——を訪ねては近況を聞き、しばしば教習所で大演説をやって教習生を喜ばせ、「国鉄一家」意識の喚起に努めた後藤の姿が浮かんでいたはずである。

それにしても、当時の官庁のうち、大学を中心とした独自の総合的教育制度を構築していたのは陸軍省・海軍省だけである。しかも、「鉄道専門学校」構想を拒絶された直後のことである。はた目には常軌を逸しているとしか思えない動きだが、少壮官僚たちの暴走ということだけでは説明がつかない。何らかの理由で、「交通大学」構想に向けて鉄道省が再び動き出したとみるべきであろう。

今となっては省内で行われた議論の詳細は杳として知れない。この構想の立案過程を示す資料が発見できていないからである。けれども、一九一八（大正七）年九月の原敬内閣発足以来、政界で再び「建主改従」が主流となったことと結びつけて考えるのは許されよう。原内閣は鉄道敷設法を改正して地方路線を大増設することを目論んでいたが(3)、そのためには職員の大増員が不可避であり、従来の教習所体制のままではおぼつかない。鉄道院総裁も務めた原の政策が追い風となり、鉄道敷設法改正と対をなすものとして「交通大学」構想が登場してきたのではないだろうか。

2　各省庁の反応

「交通大学」構想を実現するためには、さまざまな省庁の承諾がなければならない。なかでも文部省がきわめて重要である。しかし、鉄道省の相談を受けた文部省は、「鉄道は汽車を動かせばいい、教育は文部省の仕事だ」と拒絶したという(4)。

当時の文部省は、既存の学校体系のうち「中学校→高等学校→帝国大学」というエリート養成の系に新しい制度を付加することには一貫して強い拒絶反応を示している。たとえば、夜間中学校である。文部省が正規の夜間中学校設置を初めて認めたのは、一九四三(昭和一八)年の「中等学校令」のことである。それ以前は、あくまで中学校程度の授業を行う各種学校であり、上級学校進学・文官任用・徴集延期といったさまざまなメリットは付与されていなかった(5)。だが、設置に向けた動きがなかったわけではない。早くも一七(大正六)年には、東京府が正規の府立夜間中学校設置を申請したが、文部省がこれを却下しているのである(6)。その後、一八(同七)年九月に成立した原内閣が中等・高等教育機関の大増設方針を打ち出したことに水を得て、東京府は二〇(同九)年にも同様の申請を行うが、文部省はまたも却下する。原内閣は、中学校四年からの高等学校進学、実業学校夜間部・七年制高等学校・単科大学・私立大学の設置など新たな学校制を登場させたことで知られている。また、文部大臣中橋徳五郎は、夜間中学校を容認してもよいという意見であった(7)。それでも、夜間中学校が日の目を見ることはなかったのである。

鉄道省の構想も夜間中学校と同様、エリート養成の系に手をつけるものであったから、文部省がすんなりと認めるはずがない。ちなみに、一九二一（大正一〇）年の段階で、文部省所管外学校のうち正規の学校と同じ取り扱いを認められていたのは、学習院中等科・陸軍中央幼年学校の二校のみであった(8)。逓信省という傍流官庁の外局から出発した鉄道院が壮大な部内教育の伽藍を設置しようとしても、承諾を取りつけることなど最初から不可能だったのかもしれない。

文部省が正規の学校と認定しない以上、他省庁からも好意的な反応は得られなかった。

まず、陸軍省から徴集延期の学校認定を受けることができなかった。認定のためには、正規の中等・高等教育機関か、「文部大臣ニ於テ認メタル之ト同等ノ学校」(9)でなければならなかった。陸軍省が独自に教育課程を調査して認定を与えることは困難だったからである。しかも、一九一八（大正七）年三月には兵役義務の均等という観点から徴兵令を改正したばかりであった(10)。中等学校卒業者を対象とする一年志願兵の応募資格を厳格化し、師範学校卒業者を対象とする六週間現役を一年現役に延長するといった流れの中で、ひとり鉄道省所管の学校にのみ新たな恩典を与えるのには躊躇せざるをえまい。いくら「学校」「学生」「生徒」を名乗っても、法的な位置づけは鉄道省の一部局・一職員なのである。こうした学校に徴集猶予を与えることに対して、陸軍省は消極的であった(11)。

さらに「交通大学」の官制を制定する内閣法制局、予算措置をとる大蔵省も、「教育は文部省がやるものだ」(12)として反対した。

ここに至って、鉄道省は名を捨て実を取ることにした。とりあえず現在の部内措置のまま教習所を整備して、授業は大学の教員を招聘して実施し(13)、卒業後のメリットは省内限定で付与する。あえて一般学歴を希望する者は特別に選抜して文部省所管の学校へ派遣する。そのうえで、大学設置へ向けてねばり強く交渉を続ける。関係各省庁がこぞって反対するなかでは、こうしなければ「鉄道専門学校」構想と同様、挫折するのは必至であった。

3　教習所・給費生・鉄道中学の鼎立

一九二一（大正一〇）年一〇月一四日、鉄道記念日の『鉄道公報』に添付された別冊「記念号」は、鉄道五〇周年記念の待遇改善を高らかに宣言した。内容は、教育制度の刷新、「年功加給給与規程」の制定、国有鉄道共済の改善と貯金部新設、鉄道博物館の設置、傭人の職名改正、功績章受領者の退職後待遇乗車証交付であった。

教育制度の刷新については、以下の四点を実施する。

第一に、達第八四八号「鉄道省教習所規程」で、不人気の中教にかえて鉄道省教習所（以下、「省教」とする）を東京に設置する。普通部（業務科二〇〇名・機械科八〇名・土木科四〇名・電気科六〇名）は専門学校に相当する段階で、週三二時間授業、修業年限二年である。学科試験は中学校卒業程度で実施し、第一次試験は国語及漢文・英語・数学、第二次試験は国語及漢文・英語である。受験資格は一七〜二二（部内は三〇）歳で「品行方正身元確実」だけだが、鉄道局教習所普通部卒業・中学校卒業・専門学校入学者検定試験合格のうちいずれにも該当しなければ、第一次試験で地理及歴史・物理及化学も課す。その上におかれる高等部（行政科二四名・機械科一〇名・土木科一〇名・電気科一六名）は大学に相当する段階で、週二八時間授業、修業年限二年である。受験資格は二年以上の勤務経験を持つことで、普通部卒業程度の学科試験を課す。

第二に、達第八四九号「鉄道局教習所規程」で、鉄道管理局教習所を鉄道局教習所（以下、「局教」とする）に改組・改称する。従来の準則ならびに電信修技生養成規則を廃止して、設置学科を共通化するとともに局教の役割を大きく拡大したものである。従来の本科は普通部（業務科・機械科・土木科・電気科）とし、週三四時間授業、修業年限は三年で中学校に相当する段階である。受験資格は一四〜一七（部内は二二）歳で「品行方正身元確実」、入学試験は高等小学校卒業程度の国語・算術であった。この他、従来は任意の設置としていた別科も、専修部として正規の学科に位置づけ、設置すべき学科を駅員車掌科（四ヵ月）・電信科（八ヵ月）・機関手科（六ヵ月）・機関助手科（四ヵ月）・検車科（四ヵ

図1　1922年以降の鉄道省における教育制度

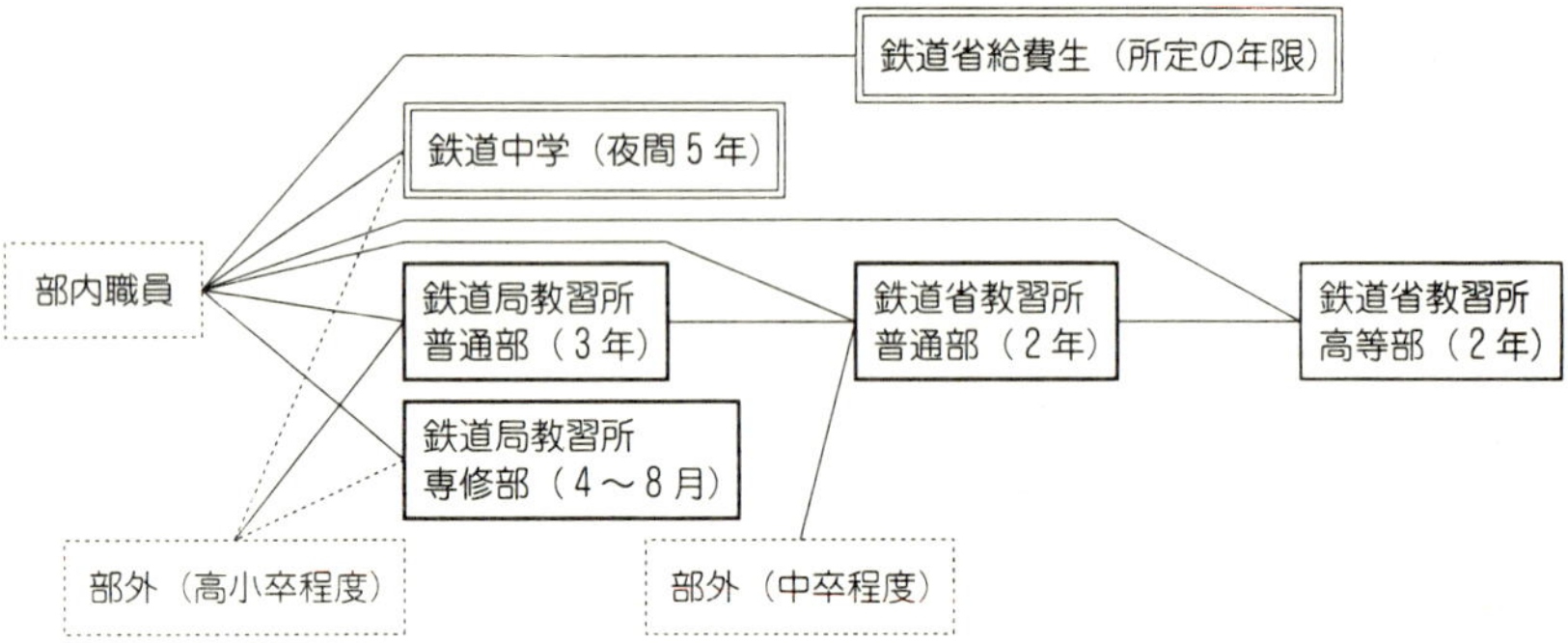

（注）部外からの鉄道中学入学は職員（公傷退職者・殉職者を含む）の子弟のみ。
部外からの専修部入所は電信科のみ。

月）・信号操車科（四カ月）・電車科（六カ月、東京のみ）と規定した。このうち、電信科だけは部外者や女子も受験可能であった(14)。また、鉄道大臣の許可を得て独自の学科を設置できることになっており、札幌では電工科、東京では機関手高等科・電機運転手科・電機運転助手科といった独自の学科も設置した。

第三に、達第八五〇号「鉄道省給費生規程」を施行する。これは三年以上勤続した三五歳以下の職員が鉄道大臣の認める大学・専門学校(15)へ進学する場合、在職のまま通学させる制度で、教習所とは直接関係しない。当然ながら大学・専門学校に入学できなければ採用しないので、相応の学歴や資格を持つ者が対象になる。

第四に、鉄道大臣元田肇の名で財団法人鉄道育英会を設立して、鉄道中学を経営する。これは夜間に中学校程度の授業を行う各種学校で、いわゆる「夜間中学」である。鉄道省から三万円を拠出して財団の基本財産とし、評議員・理事は同省の官員から任命、校舎・設備は教習所を利用する。入学者は職員・公傷退職者ならびにその子弟である。一九二二（大正一一）年度は東京鉄道中学を設置、以後二三（同一二）年に大阪・門司、二四（同一三）年に名古屋・仙台・札幌と、各局に順次設置してゆく(16)。

この結果、一九二二（大正一一）年四月以降、鉄道省が関係する教育制度は図1のように一挙に拡大した。

少々複雑なため、各制度の待遇や相互間の連絡をまとめておこう。

第一に教習所。受験にあたっては、部内なら学歴不問、部外なら学歴によって科目を斟酌するというように部内外で多少の相違はあるが、入所後の処遇に差はない。入所後は学習それ自体が勤務とみなされるから身分・給与・昇級等は保証されるうえ、部外者あるいは傭人が局教（普通部・専修部電気科のみ）に入所すれば試雇(17)に、省教に入所すれば雇員に資格変更される。卒業後は学習期間の二倍の奉職義務があるが、専門学校（省教普通部）・中学校（局教普通部）の卒業者とそれぞれ同等になり(18)、省教普通部卒業者なら一〜三年で判任官に任用と厚遇される(19)。また、局教普通部・専修部各科を卒業後ただちに省教普通部へ、省教普通部卒業後ただちに省教高等部へと進学することが可能であるから、文部省所管学校に並行する一貫した学校階梯といえる。

第二に給費生。これも学習自体が勤務であるから身分・給与・昇級等は保証され、学資も鉄道省が負担する。文部省所管学校へ派遣する制度であるから、中等学歴（検定も可）を有することが基礎資格で、卒業後は学習期間の二倍の奉職義務があるものの、当該学校卒業の正規の学歴に履歴変更される。なお、大学は選科（中等学歴のみで入学可）でも将来本科に編入することを条件に応募可能であり、また実際に採用されていたから(20)、中等学歴さえあれば無償で帝国大学までゆけるという夢を与えた。競争は激甚で、一九三〇（昭和五）年度の例では、受験を許された者八八名、局による学科銓衡を通過して本省に進達された者二六名、省による人物銓衡を通過して実際の入学試験を受験した者五名、入学試験に合格して正式に給費生に採用された者四名という状況であった(21)。

第三に鉄道中学。進学（専検）や資格変更（普文）を第一目標とした各種学校であるから、授業料月額一円五〇銭を徴収するかわりに、卒業後の奉職義務はない。しかし、部外出身の生徒・非常勤の教職員にも省線全線の無賃乗車証を発行(22)するほか、年二回実施する修学旅行は自己負担なし(23)、卒業後は鉄道省でなら中等学歴を持つ者とみなし、雇員として採用するとされた(24)。また、卒業後さらに引き続いて教習所に入所することや、（検定に合格していれば）給費生として進学することも差し支えなかった。

要するに「管理部門での立身出世をはかる給費生」「現業部門での立身出世をはかる教習所」「オールマイティな鉄道中学」が鼎立したわけである。中等程度から大学程度まで、技能教育から普通教育・専門教育まで、短期から長期まで、あらゆる学習機会が給与支給かつ学費無償（あるいは低廉な費用）で開かれる。従来の体制とはまったく異なっており、鉄道省による総合教育体系の創設と呼ぶのがふさわしい。

なお、再度確認しておくが、教習所・鉄道中学はいずれも近々正規の学歴になるものと認識されていた。省教は「鉄道大学の準備ともいふべき」(25)ものであり、局教は間もなく「文部陸軍の両大臣から中学校と同等程度の学校たるとを認定せらるゝに至るべく、さすれば一年志願兵や判任文官任用の特典に与り得べきは勿論進んで高等専門学校に入学を願ひ得る資格をも得らるゝこととゝなる」(26)はずであった。鉄道中学についても、世間一般に文部省による夜間中学の設置認可は間近だと考えられていたし(27)、一九二三（大正一二）年一二月二四日には文部大臣に対し「中学校令ニ依ル中学校トシテ設立御許可相成候様」にとの申請を東京鉄道中学が自ら提出している。メリットが省内限定なのはあくまでも暫定措置と受け止められていた。

4 鉄道省教習所の占めた位置

従来とまったく異なる学校体系として出現した「省教─局教」体制だが、鉄道省内ではどのような位置づけだったのだろうか。省教の初代所長杉本義則は次のように論じている。

鉄道職員教育の骨子は、鉄道のみに通用する特殊教育を施すにあらずして、責任観念強く大局に通し、鉄道と一般社会との関係に就て十分の理解を有するものを養成するにある。所謂職業教育の如きは固より特に其の重きを置かざるところである。職業教育の弊は人格的修養を忽に小知小能に誇る浅薄皮相の人物を出すにある。鉄道に専門的学問知識の必要なることは勿論であるが、専門的知識を授くることが教育の全部ではない高尚なる品性と、穏健なる思想を基礎とし、此上に専門的知識の殿堂を築き上ぐることが最も肝要である(28)。

あたりさわりのない言い方ではあるが、ここで想起してほしい。職業教育よりも人格教育を上位に置くというのは、中教設置時の後藤新平の訓示と同工異曲ではないか。その意味では教習所の原点に立ち返ったともいえる。

その一方で、省教生の回想には次のようなものもみうけられる。

講師連が、講義もそっちのけにして「余は、いかにして、あの難関である高文をパスしたか」を得々と語り、「高文をパスせざる者は人にあらず」が如き口吻をもらすので、「くそくらえだ。何が高文だ。おれは、彼等とは、全く別のコースを辿って今に偉くなってやって、屹度彼等を部下として使ってやるから」と心に誓ったものである。次に癪にさわったのは、当時の鉄道省や教習所の幹部連中が、訓示をするときは、きまり文句として、「教習所は君達が将来、国鉄の中堅幹部となるよう教育するのだから、この期待にそむかないように、大いに努力してもらいたい」という。この中堅幹部といういいぐさが、著しく、私のカンにさわった。「中堅幹部だって。おおきに（マヽ）お世話だよ。おれが、大幹部になったら、どうしてくれるんだ」(29)。

四方八方に向けられた感情的反発をひとまず措くと、入所生を迎えた省教の側に意識の不統一があったのがほの見える。普通部業務科・高等部行政科は事務系の学科である。事務系で「大幹部」となるには、高文行政科への合格が最低条件なのは多言を要すまい。「講師連」の体験談には自己顕示の臭味もあったかも知れないが、実際に「大幹部」への道は高文しかない以上、彼らは省教を大学と同等にみなし、正しいルートと学習法を教示していることになる。一方、「幹部連中」にとって省教は中教の看板を換えたものであり、そこで養成するのはせいぜい「中堅幹部」に過ぎないとみていることがわかる。（そういう目で読み返すと、杉本所長の謂いも高文などをめざすよりも人格を陶冶せよといったふうに読めなくもない。）

それでは鉄道省全体としては、「講師連」「幹部連中」が話す内容のどちらを省教に期待していたのか。可能な限り渉猟した鉄道関係のジャーナリズムに目を通した限り、おそらく統一見解はなかったと考えられる。たとえば、密接な関係にある鉄道学校の経営にどれほどの影響を与えるか、中等学校や鉄道学校を卒業した学歴を持つ職員に不公平感を与えないか、といった現実的な問題についての記事や投書が一件もなく、逆に鉄道学校側から請願や反対運動があったというような記事もないからである。「省教—局教」体制をどう位置づけるかについて、省内で議論が進んでいればこのようなことはあるまい。あくまでも交通大学設置までの暫定的な制度であるから、省昇格、鉄道五〇周年という機を失さず、青年層の向学心を喚起・維持する装置を構築してやればそれで充分といった発想だったのではなかろうか。

だが、改革は善意に発していればよいというものではない。既存の社会的制度・職場慣行と折り合いをつけながらやってきた人々の意識と整合性を保てるかどうかは無視できない問題である。意思統一がなされていなければ、組織防衛は困難である。間もなく訪れる激震に、あえなく教習所制度が崩壊することの遠因はこうしたところにあったのかもしれない。むろん基盤の脆弱さを内包したことは知られる由もなく、華やいだ空気の中で「省教—局教」体制は出発した。新設された省教高等部でも、帝国大学などから招聘された「その時代の一流の学者」の授業に、「一度世の波にもまれた」生徒たちは「帝大で三年で終える学業を二年でやってのける」ために真剣に学ぶ(30)日々が始まったのである。

5　教習所に対する評価

①　志願状況――従来、部内における職員教育のための一組織でしかなかった教習所は、高等教育まで与える総合的な官費学校として屹立した。志願状況はどうなったのだろうか。

中等学校に相当する局教普通部は、鉄道局ごとに札幌・仙台・東京・名古屋・大阪・門司と六ヵ所が設置された。生徒を募集したところ、「修学中は雇員として日給八十五銭宛を給し全部寄宿舎へ収容し食費十三円を支払へば如く、教科書も被服も貸して呉れる仕組みだから小使いを倹約すれば月々相当の貯金をしながら勉強が出来ることになる、それで卒業後は普通文官任用の資格が付いて最低月給五十円位を給せられると云ふことが（中略）昨今の不景気から学資の切れた苦学生や、倅を怎うかして世に出さうと苦労してる親達」の注目を集め人気は一期に沸騰した。東京では定員二百名に対し四千名もの出願があったという(31)。教習科目は表1の通りで、一・二年生の間の普通教科の重視ぶりは、実業学校の中で最も普通教科の比重が高い商業学校をしのぐほどである。「鉄道の中学校」と称されたのもあながち誇張とはいえない。

省教も「給費の専門学校として当時の逓信省の官練や陸海軍関係の学校と同様学費が少なくてすむことと、卒業後の就職の心配がないなどの好条件から必然的に全国の中学校卒業者中の俊秀が応募」(32)した。倍率は表2のように大学程度の高等部で六・四倍、専門学校程度の普通部では一三・四倍。これは全学科の平均値であり、普通部で最も激戦だった電気科では約二一倍にものぼったという。試験の結果については、業務科は入所者七六名のうち「部内職員は純現場五名、非現業六名計十一名」(33)に過ぎず、電気科は部内者が比較的多かったものの、普通部全体としては「その過半が中学を卒えたばかりの、鉄道には全く無経験な連中」(34)となった。

今や教習所は「貧者の学校体系」として確実に市民権を得たといってよい。部外からの人気がこれほどまでに沸騰するとは予期していなかったらしく、あわてた鉄道省は翌一九二三（大正一二）年度以降、部外者の省教普通部受験にあ

表1　鉄道局教習所と中等学校との授業科目・時数比較表

学校・学科・学年 / 授業科目	鉄道局教習所 業務科 1	2	3	機械科 1	2	3	土木科 1	2	3	電気科 1	2	3	中等学校 中学校 3	4	5	商業学校 3	4	5
修身	1	1	1	1	1	1	1	1	1	1	1	1	1	1	1	1	1	1
国語及漢文	8	6	6	8	6	1	8	6	1	8	6	1	7	6	6	6	3	3
英語	9	7	4	9	7	4	9	7	4	9	7	4	7	7	7	7	7	8
地理及歴史	2	2	2	2	2	2	2	2	2	2	2	2	3	3	3	3	0	1
数学	7	5	3	7	5	6	7	5	6	7	5	6	5	4	4	4	6	3
博物	2	2	—	2	2	—	2	2	—	2	2	—	2	2	—	—	—	—
物理及化学	2	4	3	2	4	3	2	4	3	2	4	3	—	4	4	3	2	—
法制及経済	—	2	—	—	2	—	—	2	—	—	2	—	—	—	2	—	4	6
図画	1	1	—	1	1	3	1	1	3	1	1	3	1	1	1	—	—	—
体操	2	2	2	2	2	2	2	2	2	2	2	2	3	3	3	3	3	3
鉄道	—	2	1	—	2	—	—	2	—	—	2	—	—	—	—	—	—	—
運輸	—	—	6	—	—	1	—	—	1	—	—	1	—	—	—	—	—	—
運転	—	—	4	—	—	4	—	—	4	—	—	4	—	—	—	—	—	—
車両	—	—	1	—	—	5	—	—	1	—	—	1	—	—	—	—	—	—
線路	—	—	1	—	—	1	—	—	5	—	—	1	—	—	—	—	—	—
電気	—	—	1	—	—	1	—	—	1	—	—	5	—	—	—	—	—	—
（唱歌）													1	—	—	—	—	—
（工業大意）													—	—	—	—	1	—
（商事要項）													—	—	—	3	2	—
（簿記）													—	—	—	3	4	3
（商品）													—	—	—	—	—	2
（商業実践）													—	—	—	—	—	3
計	34	34	34	34	34	34	34	34	34	34	34	34	30	31	31	33	33	33

（注）入学者の最低年齢を一致させるため、中学校・商業学校は3年生以上について掲載。中学校は1922年当時施行の1911年7月31日文部省令第26号「中学校令施行規則中改正」による。商業学校は1923年4月1日実施の市立下関商業学校の例（国立教育研究所編『日本近代教育百年史』10産業教育2）。

たっては中学校卒業、専検合格、中学校と同等程度の商業学校卒業（業務科）・工業学校卒業（機械科・土木科・電気科）のいずれかの学歴（いずれも取得見込みを含む）を要求する受験制限を行うようになった[35]。ただし、一年以上鉄道部内に勤続した者については、引き続き学歴不問であった。

② 部内出身者の教習所観――

立身出世のためには「一頭地を抜く高等専門程度の省教に憧れるものは少くない（中略）かく部内入学者の少いのは甚だ遺憾でならない」[36]といわれる状況だった以上、次のように喜びに満ちあふれて省教の門をくぐった者が多いのは当然である。

表２　鉄道省教習所第１期生の入試状況

	志願者	合格者(倍率)	中教から編入	入所者合計	内訳
高等部	232	36(6.4)	0	36	判任官25、雇員11
普通部	1042	78(13.4)	61	139	部内30、部外48

（注）「高等部生徒要覧」「普通部生徒要覧」（鉄道青年会本部『鉄道青年』第14年第５号、1922年、64ページ）から作成。

五月二十三日　妻より合格通知の電報池田敬三氏より来る旨聞き歓喜の絶頂に達す。「遂に目的の第一歩に達した」という気持なり。

五月二十四日　通信所主任山科登氏を始め所員、通信区の有志など十一名常磐亭にて祝賀会を開いてくれる。

六月　二日（職務の関係で入所が遅れたため―引用者）おくれたノートの筆記を友人のノートを借りて取り戻す。（中略）教習所生活の二ヶ年を最も有意義に過さんと思う。

六月　三日　授業七時間のうち五時間休講にてがっかりする(37)。

局教も同様で、「郷里に於て羨望の的とした中等学校の友とも語り合ふ事が出来る様になった」(38)、「学校で順位を争った彼等に負けるものか。心掛け一つで己の最大限度まで成功することが出来るのだ」(39)といった声にあふれている。

もちろん、こうした情熱的な思いとは逆に見える事例もある。

鉄道生活の最後までに、どの位まで昇れるかと思って、給料を書いてみたが、定期に昇給して行ったとしても、五十五までにはせいぜい判任官三級くらいにしかならない。高文でもとれば別だが、そうでなかったら、あくせく上に昇ることばかり考えないで、早いところ良いかあちゃんをもらって家庭を安定することだ(40)。

現場経験を積み、それなりの年齢になっての入所である。高文に合格しなければ「大幹部」にはなり得ないし、合格しても主に帝大卒を中心とする若い有資格者の中に飛び込むわけで、「大幹部」への道は平坦ではないという役人世界の仕組みも見えていよう。「中堅幹部」に達して現場で指揮をとるまでになれば満足という思いの者も当然いただろう。

なお、『鉄道青年』の「受験問答」欄には、二年制の旧局教本科を卒業したが局教普通部三年に編入できるか、中教本科卒業者や判任官機関士でも省教を受験できるかといった質問がたびたびみられたことは特に付記しておきたい。「省教―局教」体制が従来の中教・局教とは質的にまったく異なる威信をもって誕生したことの現れだからである。その証しとして、高等部行政科第一期生の工藤和馬が、熊本市にある母校、私立東亜鉄道学校（現在の開新高等学校）の後輩たちへ綴った文章を掲げておく。

現業員の人格であるが、社会から未だ下層に認められてゐる。即ち一般実業者に比して社会から馬鹿にされてゐる。此は実に尤もな事で在校生諸君は卒業して現業に身を投じた時に其の滔々たる風俗を見て一驚を喫するであらう、而して不知不識の裏に感化せらるゝであらう、私もこの感化を著しく蒙った一人である。而も皆此を甘んじて受け此に自らを卑下してゐる。先づ此を打破せねばならぬ。此は頗る大問題であって十余万の同僚の自覚を要する。禍根は種々あらうが多く今迄の現業員の無教育無自覚にあるは云ふ迄もない。此等は将来鉄道に投ずる目的を持って修養しつゝある鉄道学校生徒の心すべき事ではあるまいか。鉄道省、教習所予科の設置の目的も一は此処にある事を信じて疑はない。省教卒業生や鉄道学校卒業者等の比較的知識階級が現業の中心となって一致団結して此等の改善に努める使命を有するのである。終に在校生諸君に御薦めしたいのは鉄道省教習所に入られる事である。中学を出て高等学校に行く様に鉄道学校を出て鉄道省教習所に行くのは極めて自然の道程である。今や省教も稍社会に認められて他の官立学校と殆んど比肩するの地位にあって鉄道学校卒業者の理想としてはふさわしいものである。偶々鉄道大学設立の議省内に進捗しつゝありと聞く、一生を鉄道に委ねんとする諸君の活舞台は広い。省教の入所は鉄道学校在学中の勉強で沢山である。即在校中からそのつもりで数学、英語等に力を注ぎ卒業の時の実力を失はないならば通過は疑なしである。岩倉卒業者の入所頗る多きに比して東亜卒業者の寂寥たるは真に残念な事である。省教入学の利益は今更喋々の必要はないけれども間接の利益として広き文明の都に出ゝ井蛙が大海を知るの理ある事は特筆大書すべき事であらう(41)。

教習生の気負いにも似た感情がよくうかがえる。単なる能力開発や将来の活躍のためのパスポート付与の場にとどまらず、高等教育機関として鉄道職員の社会的評価を上昇させること、職員の意識改革をもたらすこと。省教(およびきたるべき鉄道大学)にはこうした期待もかけられていたのである。

③ 部外出身者の教習所観――一方、部外から入所した教習生はどうか。管見の限り、無類の鉄道好きから入所したというようなものは見出せない。鉄道には人並みの関心しかもたない彼らが教習所を受験するに至った経緯をみると、内容的に大きく二つに分かれているのに気がつく。

一つは、模擬試験あるいは「すべり止め」といった見方である。

或る日、「受験と学生」という研究社発行の雑誌をペラペラめくっていると、大学専門学校入学案内欄に、「鉄道省教習所」という妙な学校が目についた。よく読んでみると、此の学校への入学資格は、従来は中学卒業生であることと、鉄道現場での二年以上の経験を必要としたが、鉄道五十周年記念とかで、今回は一般に解放《マヽ》して、広く人材を募る意味で、中学卒業生であれば、誰でも受験させると書いてある。(中略)しめしめ、これは一つ八高受験の小手調として、教習所を受けてみよう。パスしようが、しまいがそれは問題ではない(42)。

もう一つは、「貧者の学校」という見方である。

私が大正十三年に鉄道省教習所入所即鉄道就職となったのも別に大した理由は無い。省教には高等部があって高等部出身者は大学卒と同じ扱である。前年就職した中学の先輩で専門学校から省教に転じた者もある。だからそんなに悪くはないんだろうと漫然と鉄道にはいった。(中略)お上品に言えばそうなるが、ほんとは大学に行く学資がなかったからである(43)。

教習所なる処に入った時は、一向にうれしくもなかった。もう一つ受かった大倉高商の方へ行き度かった。田舎の駅長をして居た親父が早く死んだので、残り僅かの遺産をどう食いつないで行くかゞ問題である。一年早く出られる、給費制度だ、就職の心配がない、母はこれがよいといった。(中略)我慢してほしいと頼み込まれて、渋々承諾した訳だ。(中略)こういう気持は何も私丈に限らない。机を並べてみると、大体似た様な境遇の連中だったし、嬉しさうな顔をしている者も居なかった(44)。

ただし、これらは既に相当の地位に達し、国鉄を去ってから綴られた回想である。諧謔・韜晦といったものも考慮すれば、部外入所者は熱意がなかったと断じるのには躊躇がある。入所者の意識の実態いかんについては、当時の校友会誌や受験案内書に綴られたものを中心にさらなる分析をすることが待たれる。

3　教習所制度の動揺と縮小

1　鉄道省教習所の廃止と東京鉄道局教習所専門部の新設

新制度発足からわずか三年後、省教普通部・高等部とも第二期生の卒業式を翌日に控えた一九二五（大正一四）年三月三〇日、運命の達第二一五号が出された。「大正十年十月達第八四八号鉄道省教習所規程ハ大正十四年三月三十一日限之ヲ廃止ス但シ本達施行ノ際現ニ在学スル高等部生徒ニ対シテハ大正十五年三月三十一日迄従前ノ規程ニ拠リ教習ヲ継続シ東京鉄道局長ヲシテ之ヲ管理セシム　本達施行ノ際現ニ在学スル普通部生徒ハ東京鉄道局教習所専門部第二学年ニ編入ス」。文言わずか六行の通達は、同時に施行された達第二一六号「鉄道局教習所規程中改正」とあわせて、教習所制度を襲う激震であった。ここで示された教習所制度を図示すれば、図2のようになる。

具体的には、①省教高等部は募集停止、一年後に在所生（現一年生）を卒業させて廃止する、②省教普通部は即時廃止、在所生（現一年生）は新設の東京鉄道局教習所専門部（他の局教には設置せず、以下、東教専門部と表記）へ編入して第二学年とする、③局教普通部・東教専門部の入所資格を部内に限定するという内容であった。

時の政府は行財政整理を公約の一つに掲げて成立した加藤高明の護憲三派内閣、鉄道大臣は鉄道技師出身の仙石貢(45)である。一九二四（大正一三）年六月一一日という就任時期からみて、教習所縮小は公約の一環として、仙石が指揮したのに違いない。

この教習所縮小案が部内に発表された時期は不明だが、一九二五（大正一四）年一月下旬以降のことだと考えられる(46)。発表を聞くや教習所生徒は猛反発し、廃止反対運動に取りかかった。とりわけ、「当時の入所者の中には、高等学校は勿論、商大予科、各地の専門学校等の難関をパスしていたのを、わざわざ放棄して、教習所に入所した天下の秀

図2　1925年以降の鉄道省における教育制度

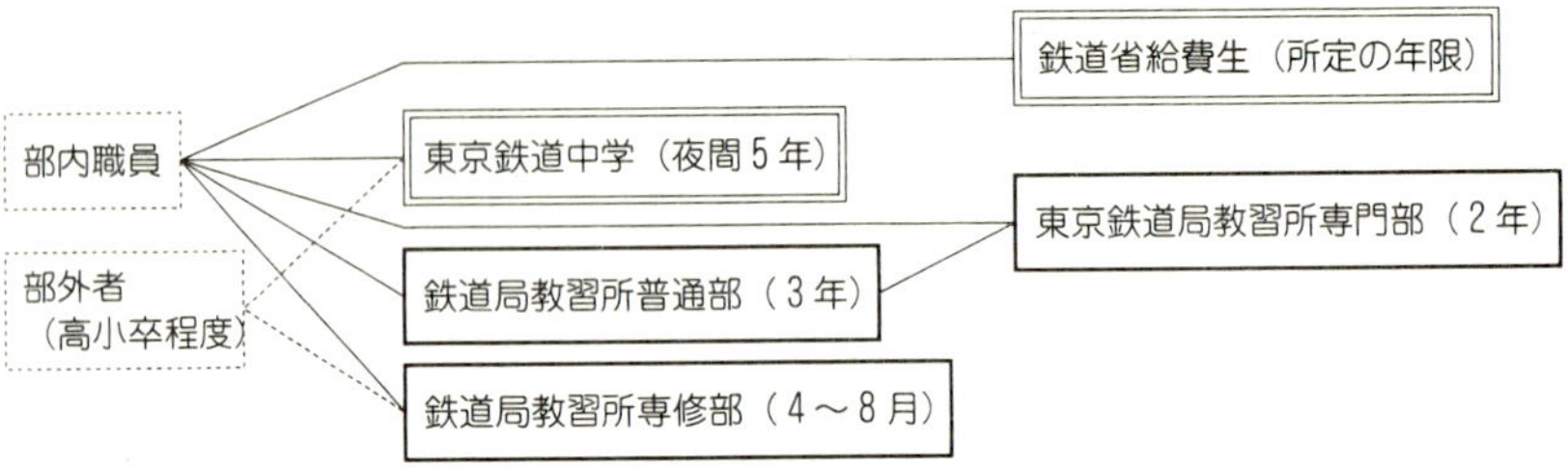

（注）部外からの鉄道中学入学は職員（公傷退職者・殉職者を含む）の子弟のみ。
部外からの専修部入所は電信科のみ。

才も相当数いた。私達の念願は、普通部を卒業したら高等部へと、誰しも考えていた」[47]という省教普通部在所生の失望・憤激は大きかった。

表面的な理由は、誠に簡単で「予算の縮減」ということであったが、当時、私達の間で一般に信ぜられていたことは、その真偽は別として㈠高等部の廃止は、立派な大学を出た人達ですら、高文にパスし得ないのに、高等部行政科出身者は、殆ど全部が高文にパスするので、ある筋の妬視反感を招いたこと。㈡普通部の受験資格を変更し門戸を鎖したのは、一般に公開していたのでは、鉄道に縁もゆかりもない一般受験者が殺到して、しかも彼等の大部分が入所し、鉄道部内志願者の大多数が閉め出しをくわされる。これでは折角、鉄道教習所を設置した趣旨に反する等々であった[48]。

確かに予算の縮減は事実であるが、「省教―局教」体制が発足した一九二二（大正一一）年の時点で既に深刻な経済不況のさなかにあった。不況を百も承知で発足させたにもかかわらず、ここへきて省教縮小の理由をあげても、「表面的」と反発されるのは避けがたい。

国鉄の正史である『日本国有鉄道百年史』には「講師や生徒に要する費用は年々膨大な額にのぼった。その後一般に高等教育が普及し、鉄道に志願する公私立の専門学校・大学の卒業生が急激に増加した。加えて、鉄道五〇年祝典記念事業として設けられた給費生制度による専門学校および大学の卒業生が復職してきた。そのため鉄道はわざわざ膨大な費用をかけてまで、必要以上に高等教育をほどこす必要がなくなった」(49)とある。これは妥当な説明で、加藤内閣成立以降は他省庁でも不況による行財政整理を理由とした文部省所管外学校の廃止・縮小が始まっている(50)。また、同年の文部省告示第二九一・三一四号は高文受験にあたって中学校卒業者と同等以上の学歴として取り扱う教育機関を定めたものだが、新規の文部省所管外学校入学者については認めていない。経済不況という短期的な波動のみならず、正規の中等・高等教育機関や各種検定制度の整備を背景として、文部省所管外学校は段階的な縮小のレールに乗っていたといえよう。

しかし事情はどうあれ、教習生の憤激はとどまるところを知らなかった。さきに引用した体験記の「ある筋」とは帝大出の幹部をさす。前年度に卒業した省教高等部行政科一一名は、在所中に六名、卒業後に五名と、実に全員が高文行政科に合格した(51)。好意的な評価を受けることばかりではなく、一段下の学歴として興味本位、やっかみ、軽侮といったまなざしにさらされることも多かった(52)省教生(ならびに多くの教習所出身者)にとって、それは誇りであった。その高等部を廃止するというのである。帝国大学出身者の「妬視反感」と憤激するのも無理はない。反対運動の中では、省教設置に奔走し、かつての部下が省教在所中に高文に合格したことを聞いて大喜びしたエピソード(53)が残る「旅客局長種田虎男氏もその(廃止論の―引用者)主張者の一人」(54)と目されていたという。高等部廃止は、本当の理由はどうであれ、帝国大学中心の威信構造に対する複雑な感情の澱みを爆発させるに十分であった。

結局、反対運動は実らなかった。翌一九二五(大正一四)年三月三一日限りで、省教は廃止となった。省教普通部一年生のうち業務科五名、機械科七名、土木科一名(55)が東教専門部へ移行せず中退している。学資弁償を受け入れてまで中退できる者は氷山の一角であろうから、これ以外にも省教を「貧者の高等教育」「鉄道の大学」ととらえ、高等部で学ぶことのみを目標としていた者は相当いたはずである。

一方、大学設置を将来の目標に掲げ、職員の向学心を喚起していた鉄道省としても、省教廃止は断腸の思いだった。

達第二一五号と同時に出された達第二一八号は、東教専門部の生徒徽章は旧省教生徒徽章をそのまま流用することを通知した。省教普通部の伝統は東教専門部に受け継がれたというのであろうが、高等部廃止に失望した教習生の退学は止められなかった。鉄道省にとってこれは予想外のことで、相当慌てたらしい。とりあえず人気の低迷をわずかでも食い止めようとしたのだろうが、一九一九(大正八)年二月二〇日に私設鉄道協会から請願されたまま店晒しとなっていた「鉄道院教習所に委託生収容方に関する件」に対し、翌二六(同一五)年一一月になって名古屋鉄道局教習所では欠員がある場合に限って入所を認める旨回答している(56)。

これ以降も給費生・東教専門部は継続された。しかし、文部省の学校階梯でいえば大学に相当する機関であった省教高等部は二度と姿を現すことはなかった。拡大と「正格化」の道を辿ってきた教習所にとって、それは大きな方針転換であった。

2 鉄道局教習所普通部の廃止

しかし、事態は省教高等部廃止だけで終わるはずがない。その論法で行けば、定員が多く中等程度の教育を与える局教普通部こそ問題である。長引く不況で鉄道の輸送量は激減しており、現業部門の人員過剰は深刻であった。その反面、鉄道省は安定した職場だということで就職希望者が増加する一方であった。そのため、世界恐慌の始まる一九二九(昭和四)年度からは事務系職場でも中等学校卒業者を傭人として採用するようになった(57)。さらに翌三〇(同五)年からは、大阪を皮切りに年度によっては傭人の新規採用を中止する鉄道局すら出るようになった。

そもそも「省教—局教」体制は職員の待遇改善策であった。中等学歴を持つ者が傭人にまで多数進出するようになり、「何かにつけて経費節約の一点張の今日に何を苦しんで莫大な費用を投じてまで官費を以って中等教育を授けねばならないのだろう。(中略)こんな不合理な事に費消する経費があるならば喰ふにさへ困つて居る下級現業員の待遇施設

図3　1932年以降の鉄道省における教育制度

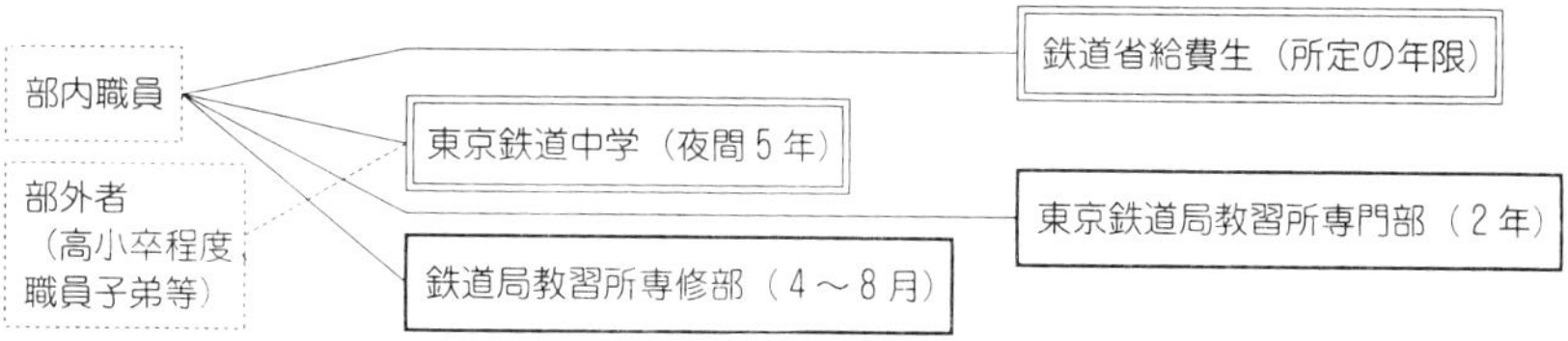

でもして貰ひたいもんだ」[58]といった声があがるようになれば、継続する意味はない。当然の帰結として、一九三二（昭和七）年三月三一日限りで局教普通部は廃止された。時の鉄道大臣は床次竹二郎。後藤と並び三度も鉄道院総裁・鉄道大臣の椅子に座り、教習所の発展を見守ってきた床次が、教習所の縮小を命ずる巡り合わせになったわけである。

この結果、東京を除けば教習所には専修部しか存在しなくなり、鉄道省が関係する教育制度は図3のような形にまで縮小された。

こうした一連の教習所縮小によって、局教普通部、省教高等部をめざしていた鉄道部内の青年たちから猛反発の声があがらなかったのはなぜだろう。不況という社会変動の前には黙るしかなかったとか、省教廃止によって既に教習所人気は過去のものとなっていたといった答えでは、教習所人気が崩壊しなかったことの説明がつかない。

実は教習所制度の枠組みを維持したまま、青年たちの向学心を満足させる方策がいくつもとられていたのである。

第一に、専修部の学科新設や工場技工養成制度の改善である。たとえば、一九二七（昭和二）年から大宮・鷹取の両工場で技工の依託養成を開始した。これは各鉄道工場で任意に行ってきた技工養成を廃止し、二ヵ所に集中して実施するものである。大宮工場では職工見習の名称で受け入れて三年間の教習を実施したが、実習のほか毎日二時間、修身・英語・数学・国語・材料・製図といった中等程度の学科授業も行った[59]。鷹取工場では付設の「見習教習所」に技工見習の名称で入所させ、二年半にわたって全寮制で教育した[60]。いずれも教育内容や名称から、教習所を強く意識していたのは確かである。また、二八（同三）年六月一五日達第四八三号で専修部には保線科が新設となった。保線科は東京のみの設置であったが全国から受験が可能で、選りすぐられた四〇名の線路工手組頭（または五年以上勤務して成績良好な線路工手）を一年という異例の長期にわたって教習し、保線手（身分は鉄道手）まで昇進の道を開く学科であった。この他、三七（同一二）年には車電科・電気保安科、三八（同一三）年には工場作業科と、専修部への学科新設が相次いだ。こうした措置は傭人の中でも最下層と見なされていた職名に教育制度を拡充するもので、「他所属の現業員及び職員の保線員に対する認識の誤り、悪く云へば蔑視の観念を一掃せしむる」(61)効果があり、逆に「最下層と見なされていた」傭人たちからすれば教習所は身近な存在となったのである。

第二に、局教普通部と並んで成績優秀な受験者が集まる専修部電信科の特別待遇は維持された。受験資格が原則として二〇歳以下に限定されるものの職名と関係なく受験が可能であり、傭人でも入所すればただちに雇員に資格変更となる。普通部廃止によって、局教では専修部の数ある学科のうち電信科が「色々の意味に於て鉄道傭人の憧憬の的」(62)となったのは自然なことである。一九三〇年代にはいると、中等学校卒業者・雇員資格試験合格者であっても、三年以上は傭人に甘んじなければならなくなったからこのメリットは小さくない。「高等小学校の卒業生ですと、電信科に入った方が出世が一番早いだらう」(63)「軍隊に入っても（中略）自分の身の上に非常に役立つ」(64)と認識されるようになり、入所者の半数は判任官資格を持つ中等学校卒業者が占める状態となった(65)。

第三に、教習所在所中の「ダブル・スクール」が許可されるようになった。背景としては、夜間中学で中学校卒業資格が得られるようになったことが見逃せない。一九三二（昭和七）年五月一八日文部省発普五六号「夜間授業ヲ行フ中学校ニ類スル各種学校（所謂夜間中学）卒業者ノ専門学校入学者検定規程第一一条ニ依ル指定ニ関スル内規」によって、夜間中学へ専門学校入学者検定規程による無試験検定（いわゆる専検指定）の道が開かれた。法令上、夜間中学は各種学校に過ぎないが、専検指定を受ければその卒業者全員が専検合格者となるから、事実上の中学校昇格である。この措置を受けて、県庁所在地あるいはそれに準ずる都市で夜間中学への専検指定が相次いでいる。波及効果で実業学校・専門学校などの夜間部にも注目が集まったであろう。東京鉄道局教習所では、一九三五（昭和一〇）年から教習時間外に限って他の学校への通学を解禁している(66)。

こうした措置によって、教習所はかえって身近な存在となった。この他、省教の後身とされた東教専門部、大学への派遣は廃止されたものの専門学校への派遣は従来のまま継続された給費生、専検指定をはじめとする夜間中学の「正格化」跡線をひた走った鉄道中学(67)は依然として存在している。省教高等部・局教普通部の廃止によって教習所制度がいびつな形になったとはいえ、立身出世の回路がいくつも存在しているということが青年たちの不満を抑えたのであろう。

だが、支柱を失った教習所制度が精彩を欠いたことは否めない。東教専門部は学歴不問であったが、傭人職でも中等教育を受けた者が増加したため小学校卒業のみで合格を果たすのはきわめて困難なこととなっていた。それゆえ、上からも下からも風当たりが強く、「専門部の如きは給費生制度と同様であって（中略）鉄道の為と云ふより優秀なる本人の為の存在であると云ふやうな考へ方が従来あった。其の為に専門部は要らないぢゃないかと云ふやうな、或は専門部は贅沢なものであると云ふやうな議論が多く」(68)なったという。

また、専修部も順風満帆とは行かなかった。電信科や機関手科・機関助手科などの「花形」と新設学科の間には、評価に相当の懸隔があった。東教所長の武居哲太郎は、一九三七（昭和一二）年に新設された車電科の第一回生が次のように漏らしたと憤慨している。

私が首尾よく試験に合格しますと、うちの区長さんは私に、東京へ行ったらウンと遊んで来い、どうせ大した事も教へまいからと仰言ました。所が東京へ来ると遊ぶ所か、勉強に追はれて随分苦しみました。御陰で色々有益な事を覚えましたけれど、今度現場へ帰ると区長さん始め皆から、君はいい加減に遊んで来たらう。別に何も得る所なくして帰ったらうと云ふ風に思はれ、元の木阿弥と看做されるとしたら全く浮ぶ瀬がありません(69)。

それでも明るく送り出されるのはまだいい方で、「意見書には漫然『成績良好』『将来有望』なんて御座なりを書き込んで責をふさがうとする。此の為過去に於て、時に不逞の従事員を入所させ、寄宿舎生活中、純真な同窓の青少年を毒したと云ふ事を見聞したり、中には現場で手におへない、学問だけ出来る者を、早く教習所へ送って厄介払しやうなんて考へから推薦して来た様な例も、万更なかったわけではないなどと聞かされ」ることすらある。「本当の自分の子に東京へ行ったら遊んで来いと言ふ人がありませうか」「教習所を感化院と同一視されては迷惑千万である」という武井の憤りは、専修部の一部の学科に対する評価を正確に反映したものであろう。

3　一般社会から見た教習所

ここまでみてきたように、教習所は人気沸騰のさなかに省教を廃止し、残る局教は部外からの水路を閉じた。しかし、これ以降も『鉄道青年』をはじめ『鉄道』『鉄道技術』などの各種の鉄道関係雑誌の質疑応答欄には、部内外からの教習所受験に関する質問・相談が毎号二～三ページにわたって掲載されている。それだけではない。『受験と学生』など一般の受験案内書でも、教習所受験の相談は頻繁にみられる。中等段階の局教普通部が廃止された後も同様で、その都度「部外受験は不可」と回答されている。

このことは重要な意味を含む。文部省所管外学校であったため、小学校・中学校・実業学校の児童・生徒に対して情報がきちんと伝わっていないというだけではすまされない。部外受験ができない以上、一般の受験案内書は教習所の情報を掲載しなくなる。情報がない中で教習所への憧憬だけは相当広い範囲で維持されているのである。鉄道院の時代とは隔世の感がある。ここまでの考察から、その成立・浸透過程は次のように推定できる。

①この時期は、教育史的には中等・高等教育機関の拡大期である(70)。正規の学校は依然として高嶺の花であったが、相対的に近い存在となってくる。一九一九(大正八)年、旧来からの師範学校・軍学校などに並んで教習所が部内外を問わず、学歴・縁故の有無に関係なく門戸を開いた。当初はさほど注目されなかったようだが、二二(同一一)年に「省教―局教」が本格的な中等・高等段階の官費学校として出現するに及んで、俄然人気を集めるようになる。中等学校を対象にした各種大会に局教普通部が出場することもあり、知名度は急速に高まってゆく。

②鉄道史的にいえば、一九二〇年代は地方支線を中心として路線延長・組織拡大が続く時期(71)である。かつて「卒業生の待遇方法に就きて、成文を設けざる」と卒業生を嘆かせた中教・地教(局教)の出身者も次第に立身出世を果たし始めたであろう。省教・局教には、一層輝かしい将来が約束されている。局教を卒業すれば給与はともかくとして、中学校卒業者と同様に三年ほどで雇員に資格変更される。省教普通部なら判任官である。事務系の判任官といえば、地方の駅なら駅長である。師範出の小学校長と並ぶ田舎の名士として、故郷に錦を飾ることも夢ではないのだ。

③然るに、高評価が定着した段階で教習所の縮小が始まる。遙か遠い夢である省教高等部の廃止よりも、身近な夢だった局教普通部やその先の省教普通部(すなわち東教専門部)の受験資格制限が衝撃を与えただろう。その結果、部外においては官費で学べる「鉄道の中学校」「鉄道の専門学校」が消滅した(＝就職機会が消滅した)ことになるから、羨望だけがつのる。部内においては逆に入所しやすくなる(＝昇進機会が増大した)から、従来受験しても無駄と考えて応募すらしなかった層にも受験熱が広まる。こうして、鉄道に入ればいっとき「油にまみれた青春」をおくるのと引き替えに官費で勉強させてもらえるという「神話」が形成され始めたことだろう。

④やがて局教普通部も廃止され、教習所は貧しい俊秀が官費で学ぶ専門学校程度の東教専門部と、特殊技能を身につけた職人になるための専修部とに二分化する。だが、下級職員にも中等学歴を持つ者が着々と増えていることを思えばそれほど問題とはなるまい。小学校卒業の学歴しかない者にとっては、充当雇・鉄道官・鉄道官補といった優遇策があ

り、専修部の学科が増設されることで、知的好奇心や昇進期待は相当程度充足される。鉄道局のエリアを越える異動がない彼らにとって、教習所はかえって「おらが学校」という色彩を強める。こうして従来とは違った意味で部内でも語られるようになった「鉄道の学校」、それが形成されはじめた良きイメージを補強し、確固たるものにしていったのだろう。

4　教習所の「正格化」と予期せぬ終焉

1　「鉄道教習所官制」施行後の教習所

新たな転機は一九三九（昭和一四）年に訪れた。八月三〇日の、勅令第六一七号「鉄道教習所官制」、達第五八九号「鉄道教習所規程」である。教習所制度は一挙に拡大するとともに、各鉄道局の所管を離れて新設の大臣官房養成課直属となった。これは単なる移管ではない。鉄道局の付属施設にすぎなかった教習所は、独自の官制による官立学校となるとともに、技工養成所を所管する監督部局となったのである。さらに同年九月一五日達第六四八号「鉄道教習所規則」で、東京・大阪・門司・仙台・札幌の各教習所に普通部が復活した。

普通部は、「鉄道教習所規則」によれば部外からの受験も可能であったが、実際には一九四〇

運転科		機械科		土木科		電気科	
1	2	1	2	1	2	1	2
—	—	—	—	—	—	1	1
—	—	—	—	—	1	1	—
—	—	2	5	—	—	—	—
—	—	—	2	—	—	—	—
—	—	—	—	—	—	—	—
1	1	2	—	2	—	—	—
—	—	—	—	—	—	3	2
—	—	—	—	—	—	—	2
—	—	—	—	—	—	—	4
—	—	—	—	—	—	1	2
—	—	—	—	—	—	—	2
—	—	—	—	—	—	—	1
—	—	—	—	—	—	—	1
—	—	—	—	—	1	1	1
—	—	—	—	—	—	—	2
—	—	—	—	—	—	1	1
2	2	—	—	—	1	—	—
3	3	4	4	3	2	3	2
1	1	—	—	5	3	—	—
3	3	3	3	3	3	3	3
1	1	1	1	1	1	1	1
40	40	40	40	40	40	40	40

表3　鉄道教習所普通部の授業科目・時数比較表

学科・学年 / 授業科目	業務科 1	業務科 2	運転科 1	運転科 2	機械科 1	機械科 2	土木科 1	土木科 2	電気科 1	電気科 2
修身	1	1	1	1	1	1	1	1	1	1
国語	6	6	5	2	5	2	5	2	5	2
地理	—	—	1	1	1	1	1	—	—	—
国史	1	1	1	1	1	1	1	1	1	1
数学	6	3	7	4	7	3	7	3	7	3
珠算	2	2	—	—	—	—	—	—	—	—
英語	5	3	4	2	4	2	4	2	4	2
物理力学	—	—	2	2	2	2	—	—	—	—
物理化学	1	—	—	—	—	—	3	2	3	2
化学	—	—	2	—	2	—	—	—	—	—
法制経済	—	2	—	1	—	—	—	1	—	—
運輸	—	—	—	1	—	—	—	1	—	1
旅客	2	2	—	—	—	—	—	—	—	—
手小荷物	1	1	—	—	—	—	—	—	—	—
貨物	3	3	—	—	—	—	—	—	—	—
連帯運輸	—	2	—	—	—	—	—	—	—	—
運転	—	—	—	—	—	—	—	1	—	1
運転法規	—	—	—	—	—	—	—	—	1	1
運転及信号	2	2	—	5	—	—	—	—	—	—
通信法規	—	1	—	—	—	—	—	—	—	—
鉄道一般	1	—	—	—	—	—	—	—	—	—
鉄道会計	1	2	—	—	—	—	—	—	—	—
交通地理	1	1	—	—	—	—	—	—	—	—
運輸帳票	—	1	—	—	—	—	—	—	—	—
保健	—	1	—	—	—	—	—	—	—	—
工作法	—	—	1	1	—	—	—	—	—	—
材料及工作法	—	—	—	—	2	5	—	—	—	—
材料強弱機構学	—	—	—	2	—	—	—	—	—	—
材料強弱学及機構学・機械設計	—	—	—	—	3	3	—	—	—	—
原動機	—	—	—	—	—	4	—	—	—	—
原動機汽罐汽機	—	—	2	—	—	—	—	—	—	—
内燃機関	—	—	—	2	—	—	—	—	—	—
工場管理	—	—	—	—	—	1	—	—	—	—
鉄道車両	—	—	3	3	—	—	—	—	—	—
地質学	—	—	—	—	—	—	—	1	—	—
応用力学	—	—	—	—	—	—	1	2	—	—
コンクリート及施工法	—	—	—	—	—	—	—	2	—	—
測量法	—	—	—	—	—	—	1	2	—	—
土木工学	—	—	—	—	—	—	2	4	—	—
線路	—	—	—	—	—	—	—	—	1	1
線路及保安	—	1	—	1	—	—	1	2	—	—

学科・学年 / 授業科目	業務科 1	業務科 2
保安装置	—	—
車両	—	1
車両（含自動車）	—	—
水力学及水力機	—	—
電気大意	1	—
電気工学	—	—
電気及磁気	—	—
電気磁気測定	—	—
発電気及電動機	—	—
発変電所	—	—
電灯及電力	—	—
電気鉄道	—	—
電気車両	—	—
電気通信	—	—
電気信号	—	—
保安装置	—	—
規程	—	—
製図	—	—
実習	2	3
体操及訓練	3	3
武道	1	1
計	40	40

（昭和一五）年に実施した第一回の募集からいずれの教習所でも受験資格を部内に限定している[72]。

その第一回入所と教官の座談会の記録によれば、「今の普通部はもう専門部を目指して居ります」「小学校を出た人で、毎日三時間位やって居った

図4　1939年以降の鉄道省における教育制度

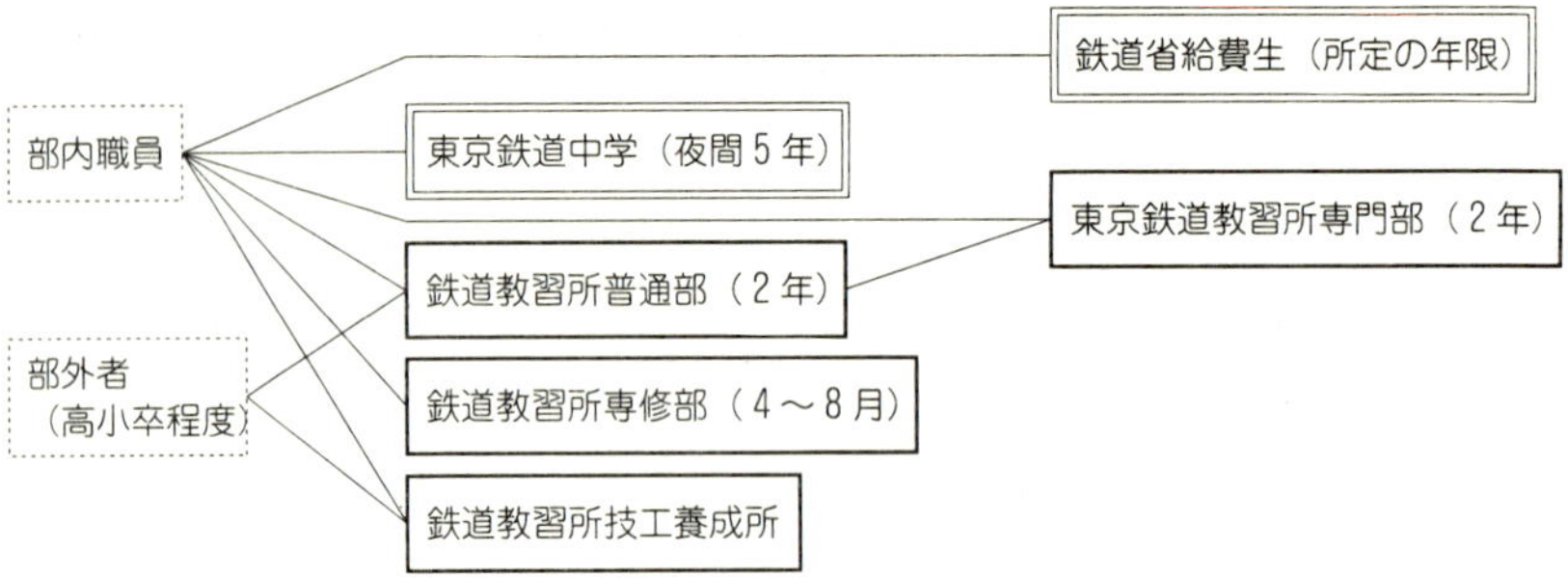

（注）部外者の鉄道教習所普通部入所は、機械科以外で実施。
技工養成所は1943年10月28日、技能者養成所と改称。
1943年4月1日からは技工養成所のほか、船員養成所も付設。

ら専門部位何でもないと思ひますね」[73]といった意見が並んでいる。表3のように、かつての局教普通部より一年短縮され、さらに普通教科の比重が軽くされているものの、「鉄道の中学校」の復活には違いなかった。

専修部も拡充された。列挙すれば、駅員車掌科・電信科・信号操車科・運転高等科（東京のみ）・機関士科・機関助士科・検車科・電気機関士科（東京のみ）・電気機関助士科（東京のみ）・電車運転士科（東京・大阪のみ）・土木高等科（東京のみ）・工事科（東京のみ）・保安科（東京のみ）・線路科・工場作業科（東京のみ）・車電科（東京のみ）・電機科（東京のみ）・通信機科（東京のみ）・電気保安科（東京のみ）の一九学科である。

この結果、教習所制度は図4のような形になった。なお、新潟・広島の鉄道局には鉄道教習所が設置されなかったこと、専修部には特定の教習所にしかない学科もあったことを踏まえ、各教習所・各学科ごとに募集区域が細かく定められた。

この改正は、教習所にとって大きな節目である。従来は鉄道省の部内措置に過ぎなかったが、今度は正式な官立学校なのである。しかも大幅に規模を拡大している。制度的に大きな転換を迎えた理由を確認しておきたい。

一九三九（昭和一四）年七月二〇日、鉄道大臣前田米蔵が閣議に諮った「鉄道教習所設置ノ件」[74]には「鉄道教習所設置理由」と題する文章が添付されている。その冒頭部分には、「有技能者ノ如キハ採用頗ル困難ナル事情ニアル為之ガ自給自足ノ途ヲ講ズルコトハ国有鉄道管理上焦眉ノ急務」という表現がみられる。『札幌鉄道教習所々史』も同様に、「中等校以上の採用が著しく困難になった。依て職員の自給自足即ち職員養成が考慮された」(75)ためだと説明するが、そう単純なものでもあるまい。単に有技能者の自給自足をいうなら、専修部の拡大と技工養成所の設置で十分であるし、普通部も部外開放すればよい。それだけならば鉄道省単独で処理できる問題である。

「鉄道教習所設置理由」をさらに読み進めると、従来の教習所制度は「殊ニ直接教育ノ衝ニ当ル者ニ関シテハ少数ノ専任者ヲ除キ所長以下大多数ノ職員ハ兼任者ヲ以テ充テ居ルタメ鉄道機関トシテ甚ダ不備ナル実状ニ在」ることが問題であり、「専任ノ所長、教授及助教授ヲ配置シ生徒ノ訓育及教授ノ充実ヲ期シ以テ名実共ニ現下ノ情勢ニ即応セル職員ノ教育及養成ノ機関タラシムル」ことが必要だという。文章の主眼は専任教官の確保にある。

文部省所管の学校に目を向ければ、中等・高等教育機関の増設・定員増が着々と進む中で青年学校の男子義務制がとられるのが、この一九三九(昭和一四)年である。鉄道省は教育制度拡充の機を逃さず、悲願の大学への第一歩として教習所制度の復興に取り組み、それが成功したとみる方が正確であろう。現にこの時期、鉄道教習所に関して以下のような報道がなされている。

国鉄では近く全国に一万人収容の厖大な鉄道作業員養成の中等学校と高等専門学校を開設する。即ち鉄道従業員の質的向上と大陸建設の優秀分子を大量的に養成するため、新たに大臣官房に教育部を新設、従来各鉄道局が設けてゐる教習所制度を根本から改革、東京に二千五百名、大阪、名古屋、広島、門司、新潟、仙台、札幌の各局に千名づつを毎年入学さす程度の中等学校級五年制の鉄道教習所を創設別に東京に高等専門程度の鉄道学校を新設すべく準備を急いでゐる。新制度による各局の教習所はなるべく国鉄内部の少年従業員、すなはち小学校卒業と同時に就職したものから採用するが不足の時は高等小学卒または中等学校二年修業程度のものを入学させ三ヶ年間は一般学科、二ヶ年は鉄道専門の各学科を授け、また電気、機関車、保線、通信など各専門的の教育を施し卒業後実務につかせて優秀なるものはさらに東京の高等専門程度の学校に収容、三年同《（ママ）》高等教育を施すのが国鉄お手のものゝ学校だけあって魂の教育に力を入れ心身鍛練を学科と同じ程度に重んずる方針である(76)。

かつての「鉄道専門学校」「交通大学」の際に語られたのと同様の内容である。鉄道省は教習所を正規の学校にする機会を待ち続けてきたことがわかる。独自の官制を出すための折衝の労をいとわなかったのは、それが制度的にも予算的にも安定した鉄道省所管の学校体系を構築するための橋頭堡だと意識していたためであろう。復活した局教普通部が「鉄道教習所規則」にはない受験資格の部内限定を実施したのは、この記事からすれば「正格化」後の制度の先取りであったといえる。さらに、一九三九（昭和一四）年一〇月に開催された第一回教習所長会議で、局教普通部については中等学校・鉄道学校卒業者の受験を制限することの可否や、徴集猶予の認定を求めることが議論されている(77)。また、この頃から東教専門部・給費生の廃止論がみられなくなることも付記しておく。

こうした点からすると、『日本国有鉄道百年史』が述べる「不遇な境遇によって正規な教育を受けられない青少年従業員に、教育の機会を与えるという社会政策的としての意味（中略）を一掃して、教習所本来の機能である要員養成」(78)の意味が前面に押し出されたという見方は妥当性を欠くように思われる。鉄道院時代から一貫して温め続けてきた「鉄道専門学校」「交通大学」などの教習所「正格化」策が戦争を奇貨として一部実現したのが「鉄道教習所官制」だったとみるべきであろう。教習所や各種の試験制度を「正統の学校教育を受ける機会なく鉄道に勤務しつゝ向学精神、向上精神に燃ゆる人達への救ひの手である」ととらえた青年たちの実感は歴史的に妥当な評価であった。

2 戦時体制下の教習所

戦時体制の深化が「追い風」となったのは官制施行にとどまらない。独自の官制による官立学校となった以上、徐々に「学校らしさ」を強めていくのは当然であった。

一九四〇（昭和一五）年一二月　全鉄道教習所を青年学校の課程と同等以上と認定

四一（昭和一六）年　三月　札幌鉄道教習所に「御真影」下付(79)

　　　　　　　　　　四月　東教専門部に徴集延期を認定(80)

四二（昭和一七）年　四月　東教専門部に陸軍現役将校を配属(81)

しかし、生徒の回想をみると、切迫した空気はうかがえない。

専門部ではそれまでは比較的自由主義的教育が行われていたのに対し、戦時下の要請にしたがって、もっぱら皇道帰一の理念のもとに、所長以下職員生徒一丸となって、戦時国鉄中堅要員の錬成を目標に、軍事教練の強化をはかり、修身、歴史、体操の学科には、最も重点をおいたのである。同時に、専任高等教官を多数配して、鉄道専門学科の充実をはかられたのもこの時代である。しかし、このような状勢下にあっても、生徒の最も関心をもったものは、部外講師による、基礎的又は教養の一般学科であった(82)。

時代はまさに月月火水木金金の鍛錬々々で息つく間もない頃であった。それでも、当りまえだと言えばそれまでだが当時あった高文予備試験にパスしたのが数名いたところをみれば勉強家は結構勉強していたのである(83)。

教習生はまずもって鉄道省の職員、すなわち「天皇の官吏」およびその卵である。文部省・陸軍省も一般の学校のように干渉することはなかったのではあるまいか。

また、教習所以外の教育制度では、一九四二（昭和一七）年に給費生とは別に医学科給費生制度を創設し、内地の大学医学部・医学専門学校で給費生を募集するようになった。東京育英中学と改称した鉄道中学は、四三（同一八）年の中等学校令によって正規の夜間中学校の設置が認められたことを受け、東京育英中学校となった。

ところで、戦時体制によって列車の間引き運転、切符の発売制限がかかり、旅行に難渋したという回想はよく見られるが、それは一般の旅客列車だけであった。貨物列車は大増発された結果、一日当たりの列車走行距離はむしろ増加している(84)。これに加えて現場の若年・中堅層には「赤紙」が来る。人材の払底に対処するため、一九四三（昭和一八）年には樺太（豊原市）・新潟・広島の各鉄道局でも教習所を設置するとともに、札幌・広島の各教習所では船員養成所（函館・下関）を付設した。このほか、各教習所とも専修部の入所資格を緩和し、修業期間を短縮したものの、到底追いつかなかった。

こうした輸送状況の逼迫が教習所に影響しないはずがない。一九四四（昭和一九）年からは、東教専門部ならびに各普通部で繰り上げ卒業を実施するとともに、普通部を募集停止して専修部を拡大する措置がとられた。それに加えて、若年の機関助士を機関士に臨時速成する特別機関士科、不足する労働力を女子で補充するための女子駅員車掌科・女子電信科といった「平時では顧慮されない低質の労働力」(85)の教育訓練を行う学科も新設せざるを得なかった。

一九四五（昭和二〇）年に入ると、二月八日陸軍省告示第四号で徴集延期が撤廃された専門部業務科から出征する者も出た(86)。六月には四国鉄道局の増設に伴って、四国鉄道教習所（高松市）を増設している。それに加え、各教習所とも分所・分教所・分室の設置、学用品の不足、訓練の強化、空襲をさけるための疎開など騒然とした状況の中、かろうじて教育を続けたのである。

なお、鉄道省は一九四三（昭和一八）年に逓信省と統合して運輸通信省となった(87)。昔のように逓信省に併呑されるのではなく、運輸・通信という語順での統合。それはかつて逓信省・内務省などの管下にあった一外局が、今や航空・海運をも所管する主要官庁として威信を確保したことの現れである。四五（同二〇）年には逓信業務を内閣所管の外局「通信院」として分離し、運輸省を組織することからもそれは明白であろう。教習所についても、戦争という奇貨によるとはいえ規模は著しく拡大し、今や完全に「鉄道の学校」として定着した。戦争が終われば晴れて交通大学を中心とした学校体系に……そんな思いが関係者の胸を満たしていたのではなかろうか。

3 戦後の拡大と「正格化」

わが国の歴史を塗り替える運命の日が、やってきた。

一九四五（昭和二〇）年八月一五日の正午の放送を、私はこの今泉駅前で聴いたのである。（中略）わずかに「残虐なる爆弾を使用して」とか「忍び難きを忍び」といった生きた言葉だけが理解できた。集まった人たちは大意を理解したのであろう、黙ったまま誰ひとり言葉を交す者はなかった。（中略）そういう重大事であるのに、鉄道はほぼ時刻通りに動いていて、まもなく米沢発坂町行の米坂線の列車が入ってきた。何事もなかったかのように蒸気機関車が蒸気を吹き出しながらホームにすべりこみ、顎紐をきりっと締めた機関士やショベルを握った助士の姿も、いつもと変りはなかった。（中略）なんでも終戦時が最悪の状態であったと、つい考えがちであるが、鉄道はそうではなかった。電化区間はわずかしかない時代だったから、駅が焼けても枕木が焦げる程度で、どうにか走っていたし、切符の発売制限が徹底していたので、ひどい混雑もなかった(88)。

玉音放送を聴いた運輸省鉄道総局長官堀木鎌三は、「戦争は不幸にして敗れた。今や軍隊は壊滅したも同然である。

大きな組織で即座に行動できるのは鉄道しかない。日本の復興は鉄道が中心となってやらねばならない」(89)と鉄道総局幹部に訓示している。時代が変わっても(あるいは変わったからこそ)鉄道の重要性は変わらない。その基盤となるのは職員の質的向上である。文部省の学校認定が軟化し、陸軍省の徴集猶予認定のくびきから解き放たれた今こそ、鉄道院以来挫折し続けてきた総合的な学校体系を構築するまたとないチャンスであった。

運輸省ではまず、専修部に戦時増設した学科の閉鎖を実施、次いで普通部の年限延長と専門部の増設に取り組んだ。一九四五(昭和二〇)年一二月には三島鉄道教習所を新設、翌四六(同二一)年度から三島・大阪の教習所にも専門部を増設するとともに、各専門部・中等部(普通部を改称)の教習期間を三年に延長した。さらにこれらの「正格化」を文部省に働きかけた。交渉はあっさりと進み、中等部は四六(同二一)年四月三〇日文部省官学第五六号で専検指定を受けた。専門部は同年七月に専門学校としての認定を得るとともに(90)、同年一〇月二一日文部省告示第一一四号で高等試験令第八条により高等学校高等科・大学予科と同等以上と認定された。ついに鉄道教習所は、鉄道院時代からの悲願であった専門学校・中等学校と同程度のメリットを獲得したのである。

4 職能教育への転換

一九四七(昭和二二)年九月一九日、運輸省大臣官房考査室は「鉄道七十五周年記念事業及び行事の実施について」という通報を発した。ここには記念事業の一つとして「新学制に伴う鉄道従事員の教育を検討し、特に鉄道大学設立の準備をすすめ、なお財団法人鉄道育英会の事業の拡充についても検討する目的を以て委員会を新置する」ことがうたわれていた。専門学校・中学校の認定を受けた今、めざすは大学の実現であった。

だが、事態は運輸省の予想もしない方向へと進んだ。

まず同年一一月二八日の東京都私立中等学校協会の席上、私学への公費補助は日本国憲法第八九条に違反するという解釈をＧＨＱが打ち出した。慌てた協会は東京都教育委員長とともに交渉し、「私学一般契約」という形で文部省が私学への公費補助を継続することを認めさせた。しかし、ＧＨＱの憲法解釈からすれば、運輸省が財団法人鉄道育英会という特定の一法人に補助を出す東京育英中学校のあり方は憲法違反の疑義が一層濃い。激しいインフレで財政事情が極度に悪化していたこともあって、運輸省は今後の鉄道育英会への補助金支出を拒否する。東京育英中学校は経営不能に陥り、これ以降は財団法人鉄道弘済会が助成金を支出することで維持されるようになった(91)。こうして、鼎立する教育制度のうち、まず鉄道中学が運輸省の手から離れていった。

次いで一九四八(昭和二三)年三月、運命の「リチャード覚書」がＧＨＱ／ＣＴＳ(民間情報局)から運輸省に送達された。文部省所管学校による単線型学校体系を創設するため、教習所における教育は実務を中心とせよというのである。特例として存置することを求める請願は当然却下され、一一月には翌四九(同二四)年三月三一日限りでの鉄道教習所専門部・中等部廃止が、一二月には鉄道大学設立準備委員会の廃止が告示された。それは、ＧＨＱの手による新制教育制度から教習所が完全に排除されたことを意味する。こうして一度は専門学校・中学校の認定をとりつけながら、最終的には鉄道院・鉄道省に続いて運輸省も「正格化」に挫折したのであった。

翌一九四九(昭和二四)年三月三一日、「鉄道教習所規定」「鉄道教習所教習規則」が改正施行され、「鉄道人としての素質教養を高める人物養成に重点を置いた学校教育的色彩の濃い教育から、専ら、鉄道専門の技術技能に主眼をおいたいわゆる職能教育へと、質的に大きな転換」(92)がなされた。ときあたかも官庁の人員削減を目的とした行政機関定員法の国会審議が進められていた。同年五月二三日には同法が成立、六〇万人を超える国鉄職員のうち九万五千名に及ぶ人員整理が始まる。鉄道教育の充実どころか、その基盤である職員の雇用すら揺らいでいた。

学校教育法の施行によって、文部省所管の学校が六・三・三・四制の新制教育に華々しく移行してゆくのと対照的に、近代の鉄道教習所における「学校教育的色彩の濃い教育」の歴史は一九四九(昭和二四)年五月三一日まで在所生に対する二カ月間の補充教育を実施したのを最後にひっそりと幕を下ろしたのである。「油にまみれた青春」「貧者の学校」という良きイメージだけを残して。

5　おわりに

鉄道省における教習所史は、鉄道院による「鉄道専門学校」構想が失敗に終わったところから始まった。当時は新規の学校制度が次々に創設された時期だから、一度挫折したとはいえ希望はあっただろう。だが、それはあくまでも文部省が所管する学校の話であった。他省庁（しかも新参の鉄道省）が一般学歴として通用する中等・高等教育機関を設置することを、文部省は断固として許さなかった。鉄道省が唯一とり得る道は、暫定的に省内限定の学歴として処遇することだった。これは、彌縫策ではあったが、低迷していた教習所人気が急反発する大成功をおさめ、やがて部外募集が停止されるに及んで、鉄道に入れば勉強させてもらえるという「神話」が形成されていったとみられる。

これ以降の教習所は依然として「非正規」の学びの一つに過ぎなかったが、講義録・専検などが社会的機能としてはクール・アウト(93)に過ぎなかったのとは異なり、文部省所管の学校卒業者に伍する上昇のチャンスを広く与えた。とりわけ学習期間の短い局教専修部の拡大が大きな効果を果たしたことに留意したい。一般社会では非正規の（しかも数カ月の）学歴だが、「国鉄一家」の内部では正規の学歴に準じて取り扱われるのである。また、高等教育に相当する省教は短命に終わったものの、高等官への道は東教専門部が引き継いでいる。「油にまみれた青春」をいっとき過ごすことさえいとわなければ、教習所はきわめて有効な「苦学」の場であった。

こう書くと、結局はある程度以上進めないのだから、やはりクール・アウトだ、「小上昇」だという反論が聞こえてきそうである。しかし、それはシニシズムではなかろうか。「末は大臣」となるためには高文合格が必須であるというルールは百も承知なのだから、上から見下ろしてそんな論評をしても仕方がない。尋常小学校卒業の学歴しかない青年たちの前にも、現場での職務に精励すれば鉄道手に昇格する道が、教習所で学べば正規の中等・高等教育を通過した者と同じように任官する道が用意されていたことが重要である。雇員資格・判任官資格が得られ、場合によっては高等官への任用を待つ行列に加わる資格が付与される教習所学歴はじゅうぶんに魔法のキップであり、おそらくそれは「大上昇」であった。今なお選挙公報の学歴欄に躍る「〇〇鉄道教習所修了」の文字は、かつての鉄道青年たちの心に刻印された満足感と、その努力をきわめて高く評価した近代日本の学校観・教育観の名残なのである。

最後に、鉄道教習所の歴史的変遷を分析した結果、たどりついた地平について指摘しておこう。

鉄道教習所の歴史の特徴は、第一に、不況にも不人気にも一部の不要論にも屈せず、年限延長・年限短縮、入所資格の部外開放・部内限定といった制度改革を繰り返しつつも、維持され続けた点にある。とりわけ長期の修業年限を持つ課程が維持され続けたことは注目されていい。

第二に、名称からして単なる学びの場を意味したであろう「教習所」を、「鉄道専門学校」「交通大学」を頂点とする総合的な学校体系へ発展させることに、鉄道院（省）は飽くなき情熱を燃やし続けたことである。特に一九二〇年代には、経済的に恵まれない俊秀にまず中等・高等教育を与え、学業を卒えてから幹部候補として鉄道現場に迎える省内独自のコースを生み出すに至った。広義の企業内教育の一種でありながら、教習所は単なる技術教育だけの場ではなかった。労働者の不満を慰撫するだけの場でもなかった。おまけに、一般社会からは羨望のまなざしまで向けられるようになったのである。

これらは、一般の文部省系統の学校や企業内教育にはない特徴的な点である。おそらくは、一省庁の思惑のみで手を着けられる部分がはるかに大きいためにもたらされたものであろう。他の文部省所管外学校についても、あるいは同様の傾向が見出せるのかもしれない。しかし、本稿の目的は鉄道教習所を歴史の中に位置づけることだったため、あえて深入りはしなかった。それは今後の課題としたい。

なお、これ以外にも、課題は少なくない。なかでも最大の課題は、教習所卒業者のライフコースの分析に踏み込むことである。教習所の中心たる本科・普通部・専門部などの出身者は、文部省所管の中等・高等教育機関の学歴を持たない（逆にいえば「非正規」の学歴を身につけてしまった）ことによって、業務に卓越すればやっかみや「生意気」といった批判、平凡であれば「教習所出のくせに」と嘲笑の対象となるのは避け難かったことが多くの体験記に記されている。そうした微妙な立場にある教習所学歴は果たしてどの程度機能したのかを解明するのは重要な作業である。もちろん、教習所制度に向けられた世間一般からのまなざしも並行して分析する必要がある。さらなる資料の発掘に努め、近代日本の教育制度において教習所が占めた位置を明らかにしてゆきたい。

願わくは、拙稿が教育史・鉄道史の研究者のみならず、実際に教習所で青春時代を過ごした方々、あるいはその関係者の目にもとまり、厳しいご批正をいただけますように。

8章・広田照幸

学歴・身分・賃金

——大正中期国鉄の実態

1　はじめに

1　課題

本章は、戦前期の国鉄における学歴主義の実態を、大正中期の二つの調査データの再分析を通して考察する。戦前期の官庁では、天野郁夫が示したように、民間企業に先がけて明治中期に学歴主義的な採用・昇進システムが制度化されていった(1)。現業官庁たる鉄道院—鉄道省も例外ではなかった。後にみるように、帝国大学の出身者はきわめて速いスピードで昇進していた。

しかし、ここで注目したいのは、傍系の学歴の者や、国鉄組織内部に準備された教育機会を手にした者、あるいはまったく初等教育以上の学歴を持たなかった者たちがどうなっていたのかということである。当時の国鉄において、下級の職からの昇進ルートや組織内での教育機会がさまざまな形で制度化されていたことは、第5～7章で見たとおりである。とすると、多種多様な学歴が組織内のポストの配分や賃金の水準に実際にどう関わっていたのかが、当時の国鉄の組織が帯びていた学歴主義の性格を考えるうえで重要になってくる。

問題になるのは、次の二点である。一つは、傍系の学歴の者、教習所を出たり判任官試験に合格した者、あるいは尋常小学校や高等小学校だけしか出ていない者に、果たしてどの程度のチャンスが実際に開かれていたのかということである。

不熟練労働の傭人職である駅夫として採用された者でも、雇員採用試験に合格できれば、出札掛や貨物掛を経て、助役—駅長へと昇進していく可能性が開けていたことは第5章でふれたとおりである。しかし、ピラミッドの裾野の部分に位置した多くの職種は、順序を踏んだ昇進が予定された階梯職ばかりではなかった（第9章参照）。また、国鉄が裾野の非常に広い、ほぼ完全なピラミッド状の組織であった(2)ため、誰もがどんどん上まで昇進していくのは原理的に不可能であった。それゆえ、志を持って入職しても、おそらく首尾よく昇進できた者ばかりではなかったはずである。下級の職から出発した者に、どの程度昇進機会が開かれていたのかを、実態レベルで検討してみる必要があるだろう。

たとえば、雇員という身分について考えてみよう。雇員の採用には雇員採用規程が存在していたが、実際の運用に際しては主として三つの経路があったといわれる(3)。第一に、雇員採用試験に合格した者、第二に、教習所生徒を経て採用される者、第三に他の学校の卒業者である。ただし、右の資格はあくまでも「雇員になりうる資格」であって、中等レベルの学校を卒業した者でも傭人からキャリアをスタートすることも、まれではなかったようである（昭和初めにはそれが常態となった）。ではこれら三つの経路からそれぞれどの程度の割合で雇員が補充されたのであろうか。また、雇員としての彼らの賃金面での待遇の間に差はなかったのであろうか。

さらに、第三の経路を経た者、すなわち「他の学校の卒業者」については、「中学校、工手学校、鉄道学校其の他の卒業生であって最近に於ては専門学校程度の学校の卒業生も決して少くはない」と説明がなされていた(4)。では、中学出身者と工手学校・鉄道学校など、諸タイプの中等レベルの教育機関の間に、あるいはそれらと専門学校程度の学校出身者との間に、昇進上の有利・不利などの差があったのであろうか。

要するに、学歴がその後のキャリアや賃金をすべて決定していたのではないとすると、学歴が持っていた意味がどの程度のものであったのかについて、学校段階や学校種別に細かく分けながら、考えてみたいと思うわけである。

2 『現業調査資料』にみる基本的特徴

昭和初期に鉄道大臣官房現業調査課が定期刊行していた『現業調査資料』には、当時の国鉄現業職員の待遇の実態を統計的に調査し分析したものが報告されている。そこでは、傭人から判任官までの現業職員全体に関して、あるいは対象を特定の職種（駅長や助役など）に限定して、年齢・勤務年数・勤務場所と平均給や学歴との統計的関係などが丹念に紹介されていた。残念なことに、すべてのデータが単純なクロス表（二変数間の関係）での議論にとどまっており、目についた傾向を列挙するのに終始しているため、十分な考察がなされているとはいいがたい。だが、人事の構造に関する基本的な特徴はある程度知ることができる。

たとえば、次のような点である。身分や勤続年数・年齢が高いほど賃金が一般に高いという傾向がある。学歴との関係では、判任官以下のどの身分でも高等小学校卒業者が最も多い。そして、判任官では中等学校卒業者が比較的多く、鉄道手以下では尋常小学校卒が多くいる。また、本省や建設・改良・電気各事務所など特定の部署には高学歴者が多い(5)。

『現業調査資料』の報告には、さらに、次節以降の分析にとって示唆的な点が二点含まれているので、紹介しておきたい。第一点は、雇員の場合、勤続年数のごく短い者の方がやや長く勤続している雇員よりも平均給が高いということである。すなわち、他の身分では勤続年数が長い者ほど賃金が多くなるという右上がりの単純な直線を描いているのに対して、雇員の場合には、U字型のカーブを描いているのである。これは、「二、三年の後には判任官に抜けて行く者の為めに生じた結果であらう」(6)と推測されているように、高い学歴を持つ者（彼らの初任給は高い）が雇員として採用され、わずか数年後には判任官へと昇進していったことを意味している。

第二点は、身分上は判任官と同等とされる鉄道手の学歴分布が、判任官の下位に位置づく雇員よりも低かったということである。右に述べたように、鉄道手も雇員も高等小学校卒業者が最も高い割合を占めていたが、残りの部分をみると鉄道手は雇員よりも尋常小学校卒業者の比率が高く、中等学校の学歴を持つ者の割合が低いのである(7)。これは、一つには、鉄道手の方が雇員よりも平均年齢が高いことを反映しているとも考えられる。時代をさかのぼるほど社会全体の学歴水準は低かったから、見かけ上の逆転現象が生じたということである。もう一つ考えられるのは、「鉄道手」という身分が学歴のない層の昇進ルートとして存在していたという可能性である。学歴のある者は雇員から判任官へ、「たたき上げ」の者は雇員から鉄道手へという、キャリアの分化が存在したということである。おそらく実際は、これら両方が作用していただろうと思われる。

『現業調査資料』のデータは、二変数間の関係以上の分析を行っていないので、今述べたような現象の背後にある構造を考察していくのには大きな限界がある。学歴・身分・年齢・平均給などの相互の関係を明らかにするためには、もう少し踏み込んだ分析が必要なのである。以下の分析を通して本章がめざすのはそうした方向である。

2 資料

ここで資料として用いるのは、二種類の調査報告書のそれぞれ一部分である。一つめの資料は、一九一八（大正七）年六月に、国鉄の高等官以下の総体を対象として行われた調査の結果(8)である。分厚い報告書の中で、身分別・学歴別に区分して年齢層ごとの人数と支出賃金総計とが記載されている表を、ここでは加工して分析する（以下、「資料1」

とする)。なお、原表には嘱託と女子とが内数で別記されているが、嘱託については人数が少ないので加えた数字をそのまま使うこととし、女子については別記された内数に基づいて除外して計算して、分析からは外すことにする。あらかじめこの資料の限界を述べておけば、まず職種別の数値がないということである。実は同じ身分内でも、職種によって大きく状況が異なっている。つまり、昇進の見通しや賃金額も、学歴や資格の分布も、同一身分内でも職種によってバリエーションがあった。しかし、このデータはそこまで明らかにすることはできない。

また、身分の区別が簡略すぎるという点も本資料の限界の一つである。本来ならば奏任官以上と判任官とは、キャリアの上でも待遇でも大きな差があるため、区分されねばならないが、この資料では「判任官以上」と一括された数字しかあげられていない。また、同じく区別されるべき鉄道手と雇員とがひとまとめにされている。

これらの限界は、分析の精度を著しく下げてしまう可能性をはらんでいる。ただ、身分別に算出した統計数値を読む際にこれらの点に留意して解釈していくことで、ある程度までは弱点を克服できるはずである。

もう一つの資料は、名古屋鉄道局が一九二〇(大正九)年に行った調査(9)である(以下、「資料2」とする)。これは、名古屋の本局と倉庫・工場、名古屋・静岡・甲府・長野・金沢の運輸事務所と保線事務所の所管の判任官以下の全員を対象に調査したもので、いわば中部地区全体の国鉄現業職員をカバーしている。地域が限定されているものの、職種別の分析が可能であり、学歴に関しても「卒業」「修学」の区別が可能であるという点で、質的にすぐれたデータであるということができる。ここでは鉄道医及び薬剤師と女子とを除いた数字を用いて分析を行う。

両資料の最も大きな難点は、それぞれ一時点での調査だということである。そのため、この資料には、若年時に採用され長期勤続によって昇進した者と、ある年齢に達した後、中途採用によって特定身分に配置された者とを区別することができない。以下に出てくる図表で気づかれるとおり、四〇歳・五〇歳代の年齢層を見ると、高い学歴を持ちながら意外なほど低い身分にとどまっている者が、数は多くないが存在していた。彼らは内部の昇進競争で脱落した者だった可能性もないわけではないが、おそらくかなりの部分は中途採用されてまだ日の浅い者だという推測もできる。熟練・不熟練労働者だけでなく、ホワイトカラーもまだこの時期には流動性が高く、頻繁な離転職が繰り返されていた(10)。しかもこの時期の国鉄は組織が急激に膨張していたから、学歴の上下を問わず中途採用者が大量にいたことが十分想像できるからである。

だが、ここでは便宜的に、中途採用者は学歴に対応した職歴を持っていたものと考え、中途採用時には内部昇進者と釣り合うポストに配置されたものと仮定することにしたい。すべての従事員の調査時点のポストを、内部昇進かそれと同等の選抜・評価を経て到達したものとみなすことにしたうえで、学歴と昇進の関係を問うためである。

果たしてこうした仮定が正しいかどうかは、今後の研究で確認される必要がある。だが当時、ことに重工業部門においては、ある種の横断的な労働市場が形成されていたことを考えると、頻繁な離転職は職種的には垂直移動よりは水平移動の側面が強かったことが想像できる。創設期の八幡製鉄所の職員層の履歴を分析した菅山真次によれば、官公吏・教員など、ホワイトカラージョブの前職を持つ者が多く、職人あるいは労働者からのたたき上げがほとんどみられなかった(11)。すなわち、熟練工も狭義の職員(ホワイトカラー)も、類似の仕事の間での移動が多かったということである。そうであるならば、学歴―初職―現職という連鎖の関連の強さを想定することは、あながち強引すぎるとはいえないであろう。とりあえず見取り図を仮説的に描くための仮定として許してもらい、以下の考察を進めていきたい。

3 分析

1 年齢・学歴・身分

まず、資料1を用いて、一九一八(大正七)年当時の国鉄全体の身分と年齢との関係を見ておこう(表1)。気づくのは、全体として若年層が非常に多かったということである。少し後になるが、一九二六（大正一五）年一〇月の全国調査によると、平均勤続年数は鉄道手や判任官はかなり長期勤続である（それぞれ平均一五・八年、一六・七年）。それに対して、雇員は八・九年、傭人は五・四年と非常に短く、判任官以下傭人までの全体の平均は七・四年にとどまっていた(12)。資料1の調査が実施されたころの平均勤続年数は、おそらくもっと短かったはずである。

この時期、鉄道網の全国への拡大＝組織の拡大の過程が進行中で(13)、おそらく、新規に雇用されて間もない若年層が多かったという側面と、鉄道労働の性格上、下級の現業職に大量の不熟練労働力を必要としていたため、流動的な若年労働力が大量に流れ込んでいたという側面との、両方があったであろう。いずれにせよ、一九一八年ごろの国鉄は、特に下級身分を中心に、非常に若い組織であったということができる。

年齢と学歴の関係についても見てみよう（表2）。全体を概観すると、尋常小学校（以下、「尋小」とする）と高等小学校

表1　身分×年齢（1918年全国）

（人）

全体	判任官以上	雇員・鉄道手	傭人	小計
15歳以下	0	5	642	647
16−20歳	0	4,330	18,285	22,615
21−25歳	22	9,918	13,214	23,154
26−30歳	697	8,726	12,940	22,363
31−35歳	1,740	5,877	10,968	18,585
36−40歳	1,848	3,152	9,278	14,278
41−45歳	1,694	2,208	6,616	10,518
46−50歳	1,089	1,041	3,722	5,852
51−55歳	471	482	2,281	3,234
56−60歳	80	151	681	912
61−70歳	13	48	320	381
71歳以上	0	1	14	15
合計	7,654	35,939	78,961	122,554

（以下、「高小」とする）の学歴の者が大半であったが、もっと細かく年齢層別にみると、三〇代以降では高小よりも尋小の者が多いのに対して二〇代では逆転して高小の方が多くなっており、尋小から高小へと学歴代替が進行中であったことがわかる。特に、表は省略するが、雇員・鉄道手二一〜二五歳層では高小四八三六人に対して尋小はわずか七一六人にすぎず、若い世代の中級現業職では尋小のみの学歴の者はマイナーになってきていたことが推測できる。

雇員以上の身分では、若年層の高学歴化の影響か、高小から中等教育への学歴代替も進行中であったこともわかる。特に中学校の出身者が多いことが目をひく。また、三〇代前半以下の年齢層では鉄道教習所（中

表2　学歴別年齢別人数（1918年全国）

（人）

	15歳以下	16-20歳	21-25歳	26-30歳	31-35歳	36-40歳	41-45歳	46-50歳	51-55歳	56-60歳	61歳以上	合計
帝国大学	0	0	3	72	124	138	86	25	7	0	1	456
官立専門	0	1	67	190	206	133	66	29	13	4	1	710
私立専門	0	3	40	192	179	131	65	61	20	3	1	695
中学校	0	621	1,872	1,248	723	295	165	131	52	21	4	5,132
中学程度商業	0	183	228	247	132	43	42	13	2	0	0	890
中学程度工業	0	259	583	481	314	230	154	91	19	2	1	2,134
高等小	322	14,713	10,982	9,096	6,588	4,012	2,880	1,448	521	69	21	50,652
尋常小	320	5,608	6,816	8,507	8,239	7,047	4,921	2,485	1,221	209	41	45,414
中央教習所	0	11	68	179	115	21	6	2	5	0	0	407
地方教習所	0	465	1,110	760	320	114	44	13	2	0	0	2,828
鉄道学校	0	355	905	663	381	112	32	2	2	0	0	2,452
高等試験	0	0	0	1	8	3	0	1	1	0	0	14
普通試験	0	0	1	12	44	40	36	30	13	3	0	179
院内判任官試	0	0	6	50	63	71	24	11	1	0	0	226
其他	5	396	473	665	1,149	1,888	1,997	1,510	1,355	601	326	10,365
小計	647	22,615	23,154	22,363	18,585	14,278	10,518	5,852	3,234	912	396	122,554

央・地方）や鉄道学校の出身者が大量に出てきている。一八九七（明治三〇）年に設立された私立岩倉鉄道学校や、一九〇七（明治四〇）年に開設された中央・地方教習所などによる鉄道職員の養成（第6・7章参照）が順調に進んでいたことを示している。

二〇代後半から四〇代の年齢層では、普通文官試験・院内判任官試験の合格者が一定数存在していることにも注意する必要がある。もっと若い年齢層にそうした者がほとんどいないことをみると、①試験に合格するまでしばらく準備の時間が必要だったことを示しているのかもしれないし、②フォーマルな学校や養成機関が整備されてきたため、この時期には受験者が少なくなったのかもしれない。どちらであったのかはここでは確認できない[14]。

もっと細かく学歴別にみてみよう。表3は主な学歴別に身分別年齢別の人数をみたものである。

まず、帝国大学出身者は、雇員または判任官として採用され、三〇代にはほとんどが判任官以上（後で示すが大半は奏任官以上）に昇進していることがわかる。官立専門学校出身者は雇員として採用され、三〇歳前後には判任官以上に昇進

表 3　学歴別　身分×年齢（1918年全国）

（人）

学歴	身分	15歳以下	16－20歳	21－25歳	26－30歳	31－35歳	36－40歳	41－45歳	46－50歳	51－55歳	56－60歳	61－70歳	71歳以上	合計
帝国大学	判任官以上	0	0	1	56	121	136	86	25	7	0	0	0	432
	雇員・鉄道手	0	0	2	16	3	2	0	0	0	0	1	0	24
	傭人	0	0	0	0	0	0	0	0	0	0	0	0	0
官立専門	判任官以上	0	0	13	130	189	123	62	23	11	3	0	0	554
	雇員・鉄道手	0	1	54	59	17	9	4	5	2	0	1	0	152
	傭人	0	0	0	1	0	1	0	1	0	1	0	0	4
私立専門	判任官以上	0	0	3	67	105	94	53	52	16	1	1	0	392
	雇員・鉄道手	0	2	33	122	71	37	12	9	2	1	0	0	289
	傭人	0	1	4	3	3	0	0	0	2	1	0	0	14
中学校	判任官以上	0	0	1	67	278	172	119	109	36	14	2	0	798
	雇員・鉄道手	0	443	1,719	1,094	422	111	38	19	6	4	1	0	3,857
	傭人	0	178	152	87	23	12	8	3	10	3	1	0	477
中学程度商業	判任官以上	0	0	0	39	56	28	30	10	0	0	0	0	163
	雇員・鉄道手	0	67	177	184	64	10	11	2	1	0	0	0	516
	傭人	0	116	51	24	12	5	1	1	1	0	0	0	211
中学程度工業	判任官以上	0	0	1	53	158	163	113	82	19	1	0	0	590
	雇員・鉄道手	0	75	393	345	128	55	36	7	0	1	0	0	1,040
	傭人	0	184	189	83	28	12	5	2	0	0	1	0	504
中央教習所	判任官以上	0	0	1	74	91	19	6	2	0	0	0	0	193
	雇員・鉄道手	0	10	53	103	11	2	0	0	0	0	0	0	179
	傭人	0	1	14	2	13	0	0	0	5	0	0	0	35
地方教習所	判任官以上	0	0	1	15	48	39	23	9	1	0	0	0	136
	雇員・鉄道手	0	409	1,033	685	244	56	19	3	1	0	0	0	2,450
	傭人	0	56	76	60	28	19	2	1	0	0	0	0	242
鉄道学校	判任官以上	0	0	0	72	143	74	25	1	2	0	0	0	317
	雇員・鉄道手	0	332	876	584	237	37	7	1	0	0	0	0	2,074
	傭人	0	23	29	7	1	1	0	0	0	0	0	0	61
高等小	判任官以上	0	0	1	74	405	778	894	523	185	16	4	0	2,880
	雇員・鉄道手	4	2,760	4,836	4,759	3,623	1,857	1,175	498	157	23	5	0	19,697
	傭人	318	11,953	6,145	4,263	2,560	1,377	811	427	179	30	11	1	28,075
尋常小	判任官以上	0	0	0	12	40	84	141	116	88	14	1	0	496
	雇員・鉄道手	1	209	716	730	1,000	914	793	387	180	31	5	0	4,966
	傭人	319	5,399	6,100	7,765	7,199	6,049	3,987	1,982	953	164	35	0	39,952

している。それに対して、私立専門出身者は三〇代で雇員に留まっている者が多く、大学―専門学校、官立―私立という二種類の学歴格差〔天野郁夫のいう二元二層構造(15)〕が明瞭に反映されていたことがわかる。

また、中学校出身者は、雇員または傭人として採用され、二〇代後半には大半が雇員になっている。その年齢層から判任官に昇進する者も登場し、四〇代は大半が判任官以上に到達している。商業学校と工業学校の出身者は、最初数年間は傭人が多く、その後雇員に昇進し、三〇代に徐々に判任官に昇進している。

中央教習所出身者は、まだ歴史が浅く、修学中の者も数字に含まれるのでどう読むべきか難しいが、三〇代の大半は判任官以上になっている。地方教習所出身者も同様だが、四〇歳前後には約半分が雇員・鉄道手におり、残りの半分が判任官になっている。鉄道学校出身者は雇員として採用され、三〇代に判任官に昇るものが増えていく。

人数的には最も多い高小出身者は、傭人として採用されるのが大半で、二〇〜三〇代は傭人か雇員、四〇代以降は判任官も増えてきて、傭人・雇員・判任官と三分化している。最後に、尋小出身者は、どの年齢層でも傭人が大半で、判任官に到達した者もいないわけではないが、ほとんどは下積みから抜け出せていない。

2　上位身分への到達率

各年齢層ごとに上位身分への到達率を算出することで、今見た点を指標化して学歴集団別に比較してみよう。学歴集団ごとに、各年齢層の人数全体の中で雇員以上の人数が占める比率を「雇員以上比」、同じく判任官以上の人数が占める比率を「判任官以上比」と呼ぶことにして、それぞれ図に示したものが図1と図2である。

まず図1を見ると、尋小出身者は雇員以上比が非常に低く、五〇歳代でも二割にすぎないことがわかる。それに対して、高小出身者は四〇〜五〇代では七割まで上昇している。尋小しか出ていない者と高小まで行った者とは、入職後のキャリアに大きな違いが生じていたということである。ここでのデータは、入職時に配置された職種の差によるのか、

図1　雇員以上比（1918年全国）

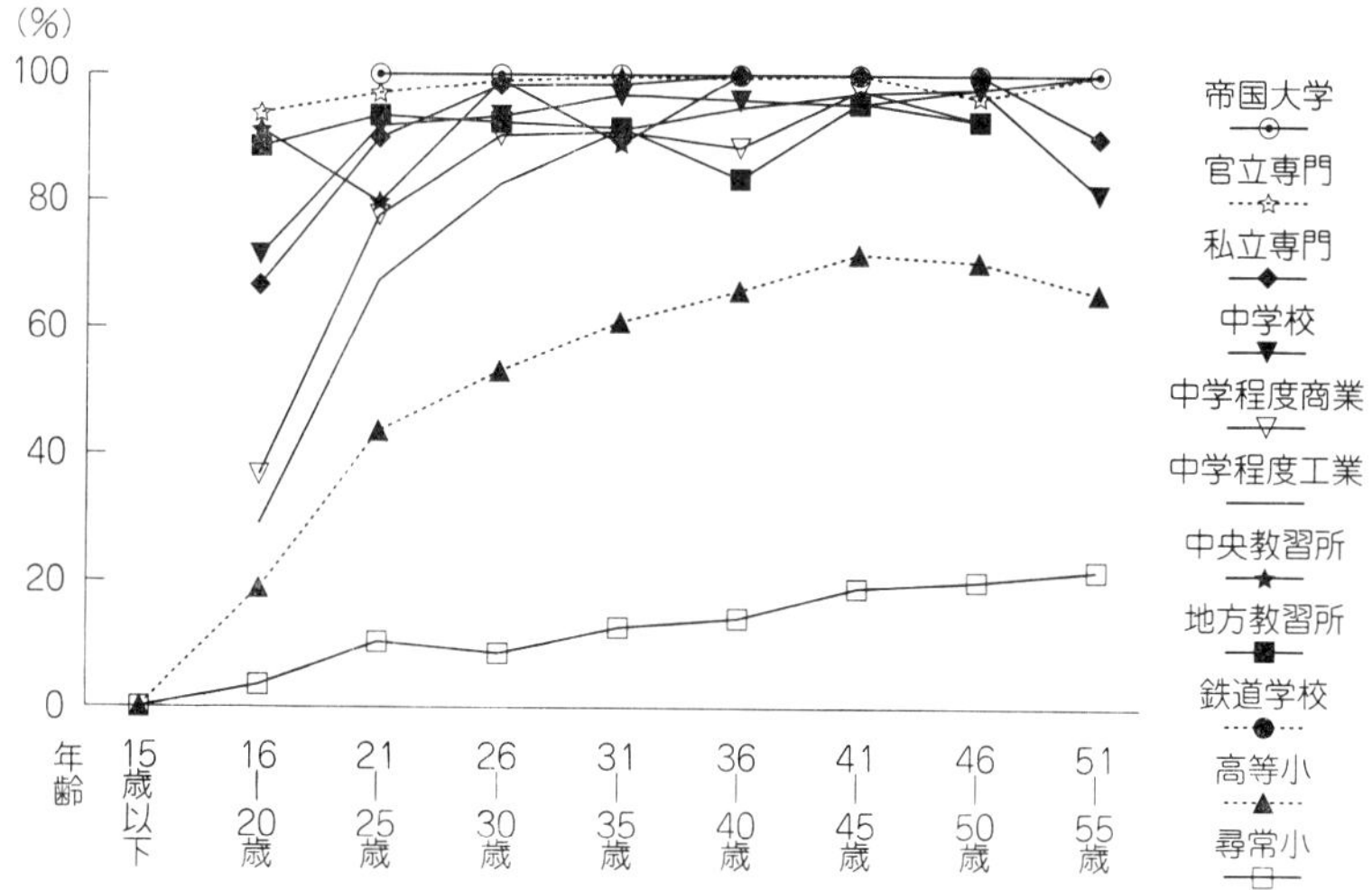

（注）２人以下のグループを除く。

入職後の昇進に必要な学力（最初に触れた雇員採用試験など）の差によるのかは、別に検討することが必要である。だが、いずれにせよ、従来「学歴の効用」といわれる時、中等教育以上の学歴のみが注目されてきたが、実は高小に行ったかどうかが、無視できない大きな影響をその後のキャリアに与えていたことはまちがいない。

また、高小よりも高い学歴を持つ集団はいずれも、最初から雇員以上比が一〇〇％近いか、三〇歳前後に九割を超える水準に達しており、高小出身者の比率とは明らかな差があるといえる。高小までだけでなくプラスアルファの教育歴があるかどうかが、昇進に関してもう一つの大きな差異を生んでいたのである。中学・商業・工業学校や鉄道学校のような国鉄外部の中等学校であれ、中央・地方の教習所のような内部の養成機関であれ、それらを経由した者は、高小の学歴だけの者よりも昇進率にはっきりと差がついた。前者はほとんどが雇員以上に到達しえたのである。

図2は判任官以上比をみたものである。帝国大学・官立専門出身者はごく若い時に雇員として勤めた後、三〇代までには判任官に一〇〇％ないしはそれに近いレベルに到達している。中央教習所出身者は、雇員から時間はかかるが四〇歳頃までには大半が判任官以上になっていた。この時期までの中央教習所は、第6章で

図2　判任官以上比（1918年全国）

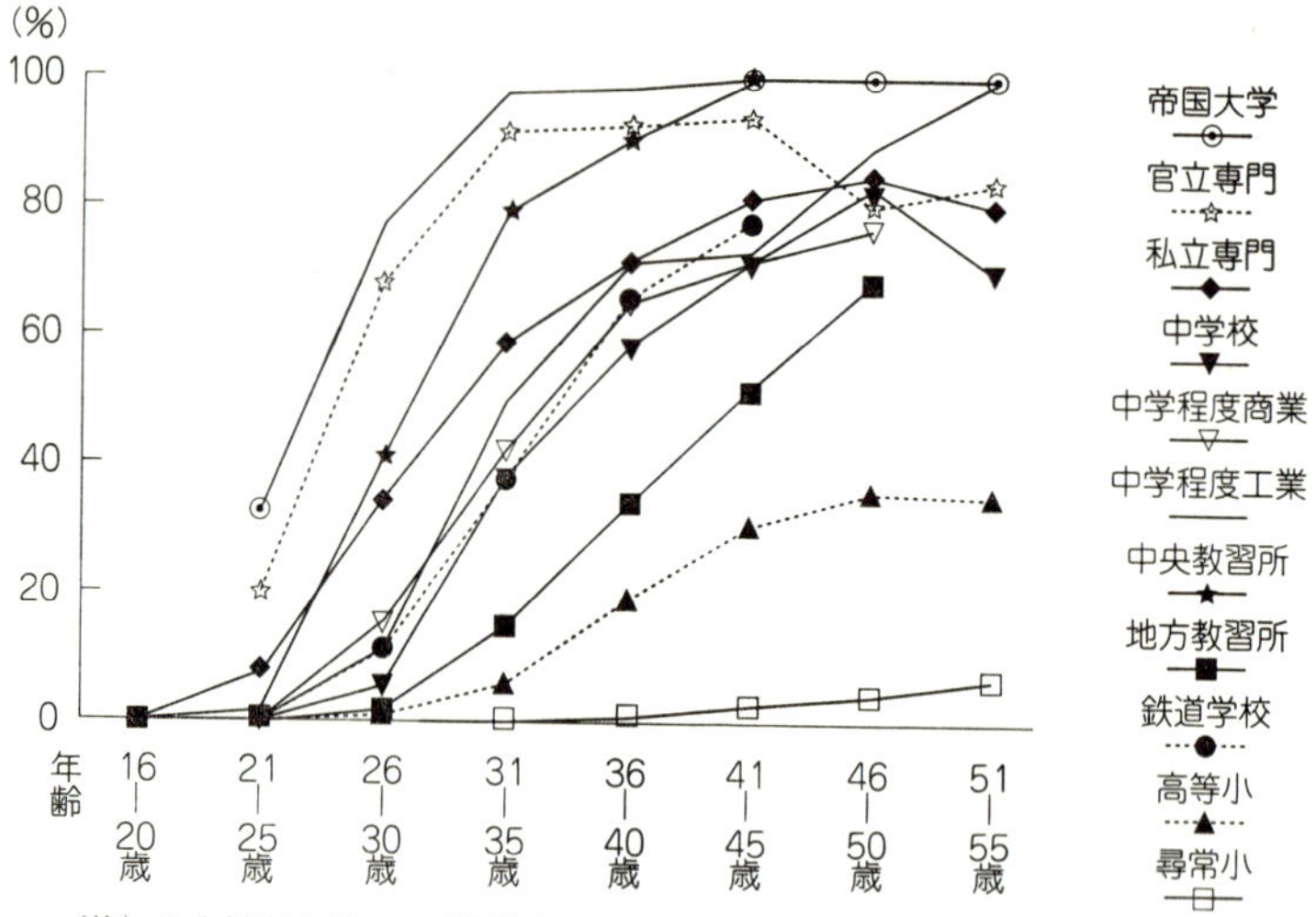

（注）２人以下のグループを除く。

みたように、給料や昇進についてのメリットが薄いとささやかれ、必ずしも高い人気を博してはいなかった。しかし、ここでみるように、中等レベルの学歴の者よりも明らかに昇進率が高かったし、私立専門出身者をも上回っていた。

その次のグループを形成していたのが、私立専門と諸種の中等教育のグループである。私立専門出身者は、三〇代後半より上の世代では、判任官以上に到達している比率が、中等レベルの出身者とあまり変わらない。ただ、若年層では中等レベルの出身者よりも明らかに昇進率が高い。

地方教習所はそれよりやや昇進率が低かった。しかし、高小卒程度の試験で入れた地方教習所の出身者は、高小卒の学歴のみのグループに比べると昇進率が高かったことは確認できる。また、ここで注目すべきは、高小出身者は五〇歳前後には四割近くが判任官まで到達していたということである。対照的に、尋小から判任官になれたのはごく稀であった。

3　卒業・未卒の問題

ここまでの分析で問題となるのは、一つは、資料1で用いられている「学歴」が、中退者と卒業者を区別できないということである。また、もう一つは、同一身分内に性格の異なる職種が混在しているから職種別の検討が必要ということである。本項と次項ではこれら二つの点を、資料2のデータから考察していくことにしよう。

表4は、一九二〇年の資料2（名古屋鉄道局調査）から、卒業か未卒（中退者を意味する）かを区分して、学歴分布を身分別にみたものである(16)。表から明らかなように、中退者がかなり存在していたことがわかる。中等レベルの教育では、卒業した者にほぼ匹敵するだけの中退者がいたことがわかる。高等教育でも、卒業した者に対する中退者の比率は約四割（三七人／九一人）に達していた。それだけ大量の中高等教育の中退者が、当時の国鉄の雇員・判任官層を形成していたのである。

表4　身分別学歴分布（1920年名古屋鉄道局・男子のみ）

	高小未満	高小卒	中等中退（特種除）	中等卒（特種除）	高等特種 法律学校 高工中退等	高等特種 法律学校 高等工業等卒
書記	90	213	134	106	13	31
技手	46	54	24	46	4	31
鉄道手	125	106	6	2	0	2
雇員	1,392	3,192	456	592	15	27
傭人	8,754	4,725	116	47	5	0
小計	10,407	8,290	736	793	37	91
書記	0.9	2.6	18.2	13.4	35.1	34.1
技手	0.4	0.7	3.3	5.8	10.8	34.1
鉄道手	1.2	1.3	0.8	0.3	0	2.2
雇員	13.4	38.5	62.0	74.7	40.5	29.7
傭人	84.1	57.0	15.8	5.9	13.5	0
（%）	100	100.1	100.1	100.1	99.9	100.1

この表から、二つのことがいえるであろう。まず第一に、「中退」の学歴にもそれなりの効用があったということである。中等中退者と高小卒とを比べると、前者は雇員の比率が高く（六・二〇％）、後者は傭人の比率が高い（五七・〇％）。また、中等中退者は、高小卒に比べて、判任官（書記・技手）の比率が明らかに高い。同様に、高等中退者と中等卒と比較すると、前者は判任官の比率が高く（書記・技手あわせて四五・九％）。後者は雇員にとどまっている者の比率が高い（書記・技手は一九・二％）。つまり、卒業に至らなくても、上の段階に在学して中退した者は、それ以前の段階の学校を卒業しただけの者よりは、高いポストに就く割合が高かったということである。

しかし同時に、表4で中退者を同じ学校段階の卒業者と比べてみると、中退者は卒業者よりも低い身分にとどまっている者が多いこともわかる。中等中退者では傭人にとどまっている者が多く（一五・八％）、高等中退者では五四%が傭人・雇員身分にとどまっている(高等卒業者は二九・七%で傭人はいない)。ただし、不思議なことには、判任官である「書記」に関しては、奇妙な数字になっている。中等中退者の一八・二%が書記であり、それは中等卒業者の一三・四%を上回っている。高等レベルでも中退者と卒業者で書記の割合はほぼ同じである(三五・一%と三四・一%)、技術系とは異なり事務系では中退者が卒業者と肩を並べて競争していたとも解釈できなくもないが、根拠はない。むしろ、①一般に中・高等教育では、時代をさかのぼるほど中退率が高かった。それゆえ、年配の世代に中退者が多く、若い世代では卒業に至った者の割合が高かったはずである。古参の中退者が多く書記に到達した結果、見かけ上中退者が卒業者と同等以上に書記まで到達している、と考えることができる。また、②高等教育卒業者の中には、奏任官へと昇進して抜けていった者がおり、この表の数字以上に中退者と卒業者の格差が大きかったことも想像できる。

こうしてみると、中退は学歴として無価値だったわけではないが、当然のことながら卒業に至った者よりも不利な立場におかれていたとみることができよう。全体としていうと、「下の段階の学校の卒業者―上の段階の学校の中退者―上の学校の卒業者」という連続的な格差の構造(ただし、重なる部分が非常に多かった)が形成されていたといえるのではないだろうか。

4　職種別の特徴

次に職種別の検討を行いたいが、資料2でも、それぞれの職種の年齢層別の学歴分布は残念ながらわからない。そこで、①特定の年齢層の者が比較的集まる職種を選んで分析するとともに、②特定の系統の職種を下級から上級まで縦割りにして分析することで、ある程度の傾向性を把握することにしたい。

職種間の比較をする際に気をつけねばならないのは、特定の職種には特定の年齢層の者が集まっている可能性があるということである。表1でみたように、身分別にみると傭人には若年層が多く、鉄道手には年配層が多かった。同様に、職種によっては若年層ばかりのものも、年配層ばかりのものも存在していた。そこで、年齢分布の比較的似かよった職種を選び出すことで、各職種が帯びている世代的な偏りを補正しておく必要があるわけである。

まず、各職種の年齢分布を調べて、その中から、四〇歳前後に集中している職種で人数の比較的多いものを集めてみると、七つの職種が抽出できた。それらの職種の学歴分布をみたものが図3である。身分的には上位に位置する操車掛（鉄道手）の方が、荷扱専務車掌（雇員）や守衛（傭人）より学歴が低いという逆転現象がみられることや、同じ身分に属していても、守衛（傭人）と職工組長（同）・線路工夫組頭（同）ではかなりの学歴分布の差がみられることがわかる。これらのことが意味しているのは、学歴が低い者でも昇進できる経路（職種）もあったし、同一身分内でも職種間で大きなバリエーションがあったということである。

図3　職種別学歴（1920年名古屋鉄道局）

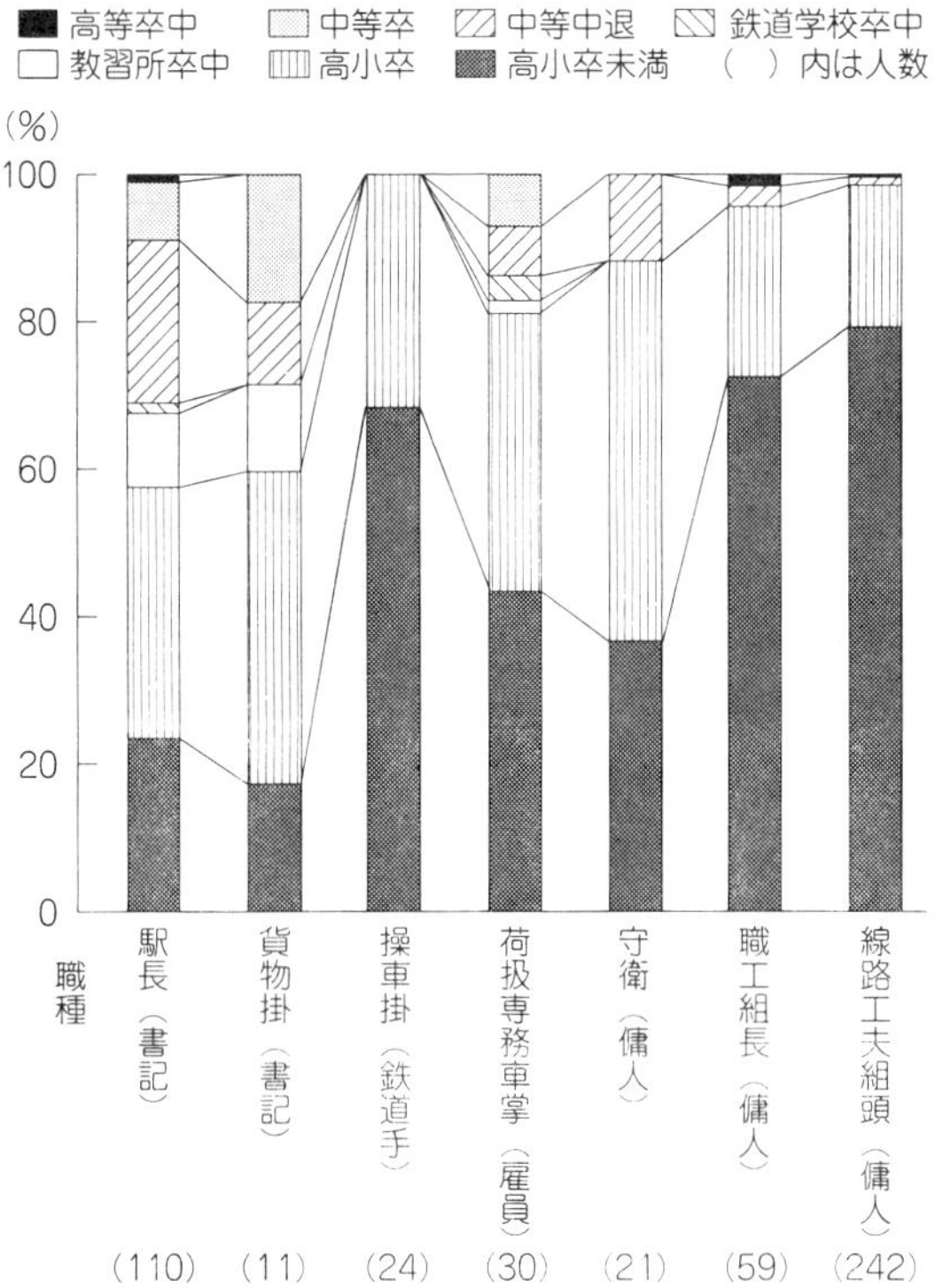

（注）40歳前後の職種。

同様に、三〇歳前後に集中している職種を選んで学歴分布をみたものが図4である。雇員以上をみると、事務員・技術員は学歴の高い者が多く、操車掛・車号掛は学歴の低い者が多い。この年齢層でも、学歴が重視される職種―昇進経路と学歴以外の

図4　職種別学歴（1920年名古屋鉄道局）

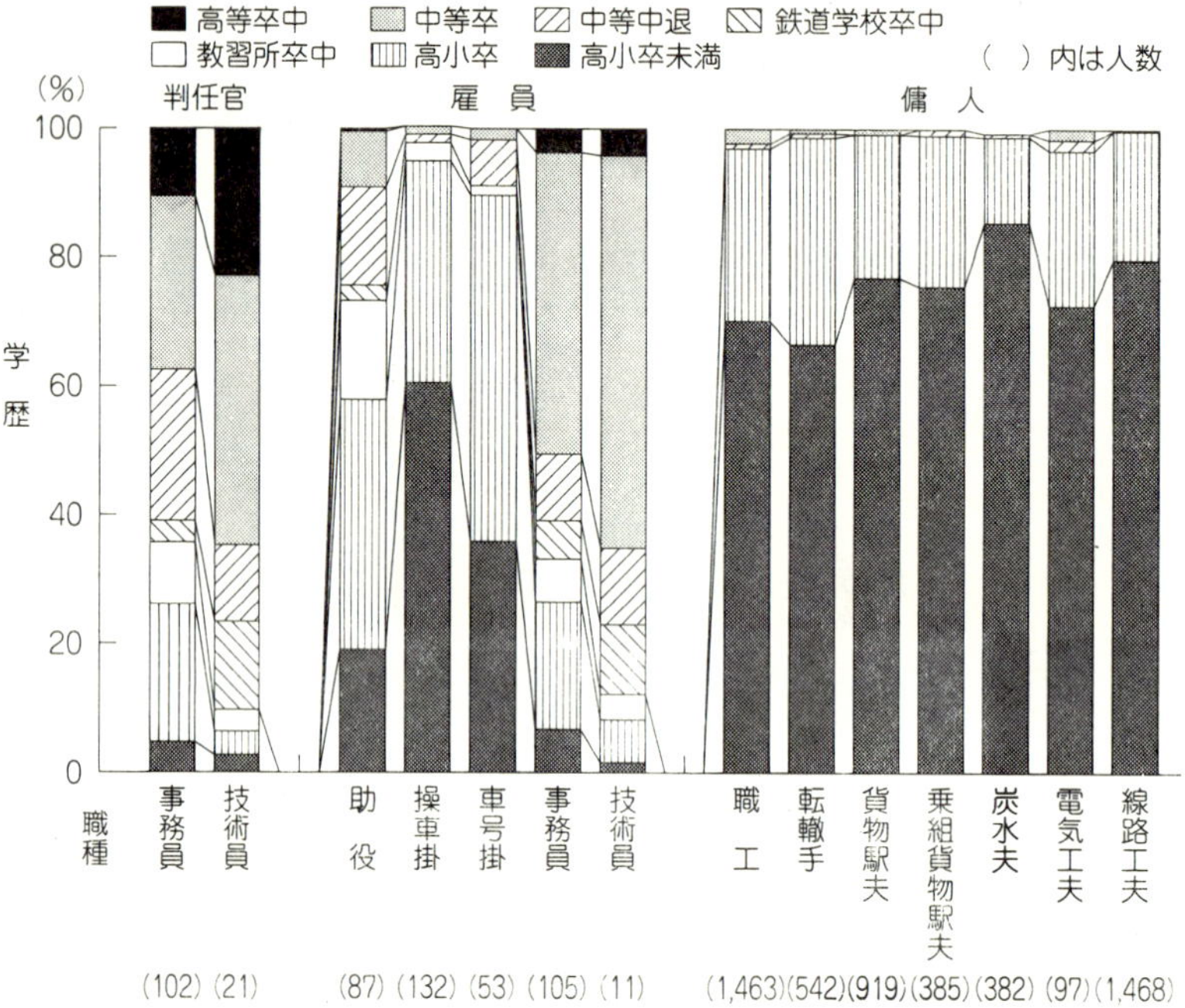

（注）30歳前後の職種。

要素が重視される職種―昇進経路とが存在していたのである。助役は、学歴の分布が両者の中間程度に位置しているが、これは両方の経路から人員をリクルートした結果であるといえるだろう。

次に傭人をみると、いずれの職種も高小卒未満が七〜九割を占めている。高小卒以上の者は、三〇歳ごろまでには雇員以上になる割合が高かった（図1参照）ので、三〇歳にもなって傭人職にとどまっているのは大半が高小卒未満の者だ、という状況になってきていたのである。

次に、下級から上級まで複数の職が連続的な階梯性を持っていた、機関手系統の職種を縦割りにして、上下のそれぞれの職種の学歴分布について分析してみることにしよう。

図5は機関手系統のさまざまな職種の年齢別構成である。機関夫や機関助手見習は、ほとんどが二〇歳未満のごく若い層で、機関助手（雇員）は二〇歳前後の職種、二〇代後半から三〇代に機関手（雇員）となる。機関手（鉄道手）の年齢が四〇代後半に集中しているのに対し、判任官の機関手（技手）は二〇代

図5　機関手系統主要職種の年齢構成（1920年名古屋鉄道局）

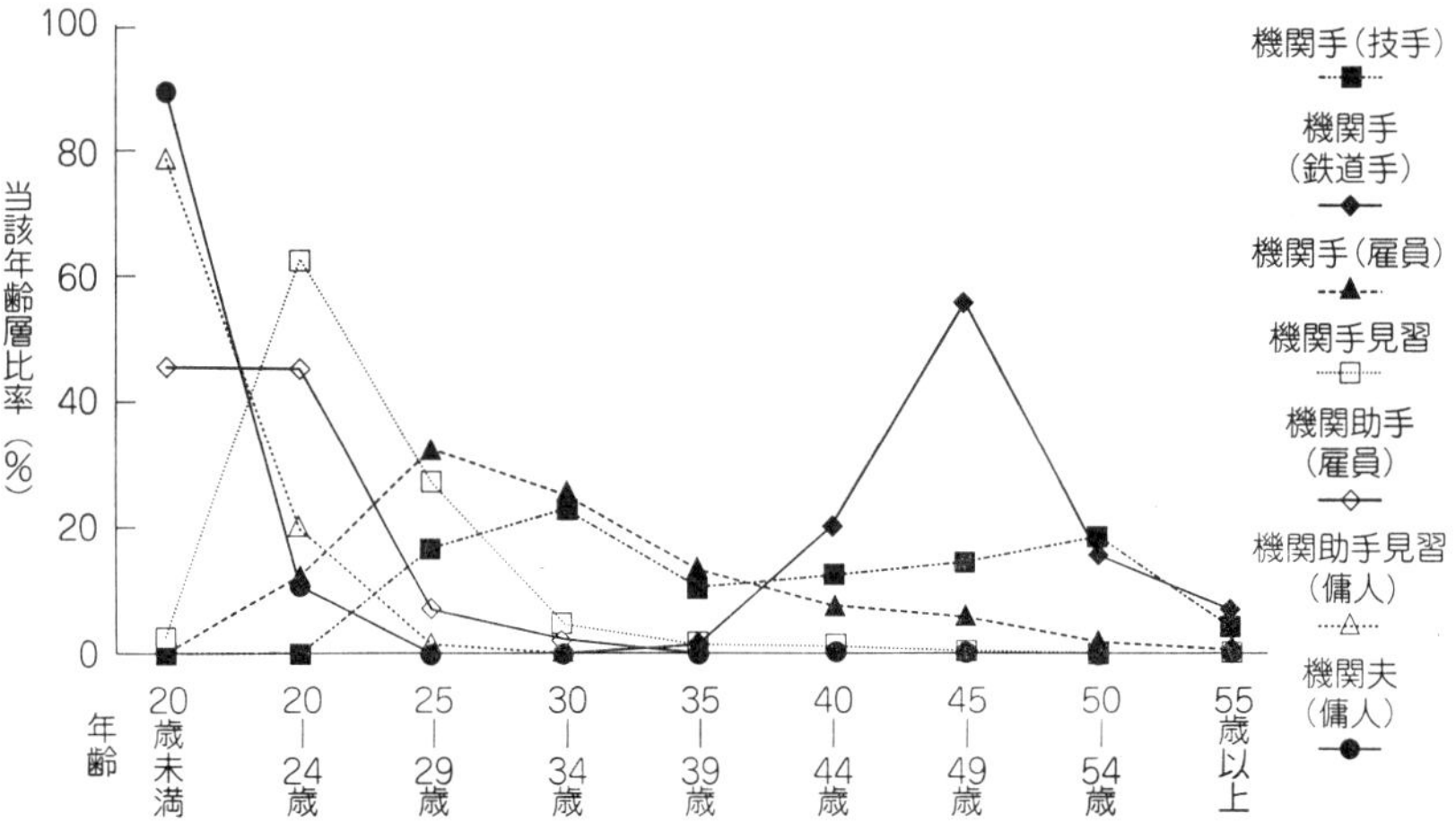

後半から五〇代まで幅広く分布していることをみると、下級職から順次たたき上げで昇進していったベテランの機関手の中から、鉄道手さらには技手の身分へと累進していく者がいた一方で、雇員身分の機関手を短期間勤めた後、二〇代後半〜三〇代前半に技手身分の機関手へと昇進していった者も少なからずいたことがこの図からわかる。

　では彼らの学歴分布はどうだったであろうか（図6）。第一に、最下級の職種である機関夫・機関助手見習（ともに傭人）では、もはや高小卒が大半を占めるようになっており、高小卒未満は二割程度しかいなかったことがわかる。図4の一般的な傭人職の学歴分布に比べると、著しく高小卒の割合が高いということができる。戦後もそうであったように運転系統は国鉄労働者の「花形」であり、この時期の新規入職者はすでに高小卒がマジョリティを占めるようになってきていたのである。第二に、鉄道手身分の機関手は高小卒未満の者が五割を占め、高小卒プラスアルファの教育歴を持つ者は一割にも満たなかった。九割以上が尋小か高小を経ただけで、現場での技能習得―昇進を経て鉄道手の地位に達していたのである。第三に、それとは対照的に雇員や技手身分の機関手には地方教習所の経歴の者が二割程度占め、中等学校の中退者や卒業者も数%程度含まれていた。図5と重ねて考えるならば、若い世代では教習所による内部での組織的な教育が進んでいたとともに外部の中等レベルの学校を経由してきた者が機関手として雇員↓判任官（技手）というルートに進出しはじめていたということになるであろう。

図6　職種別学歴（1920年名古屋鉄道局）

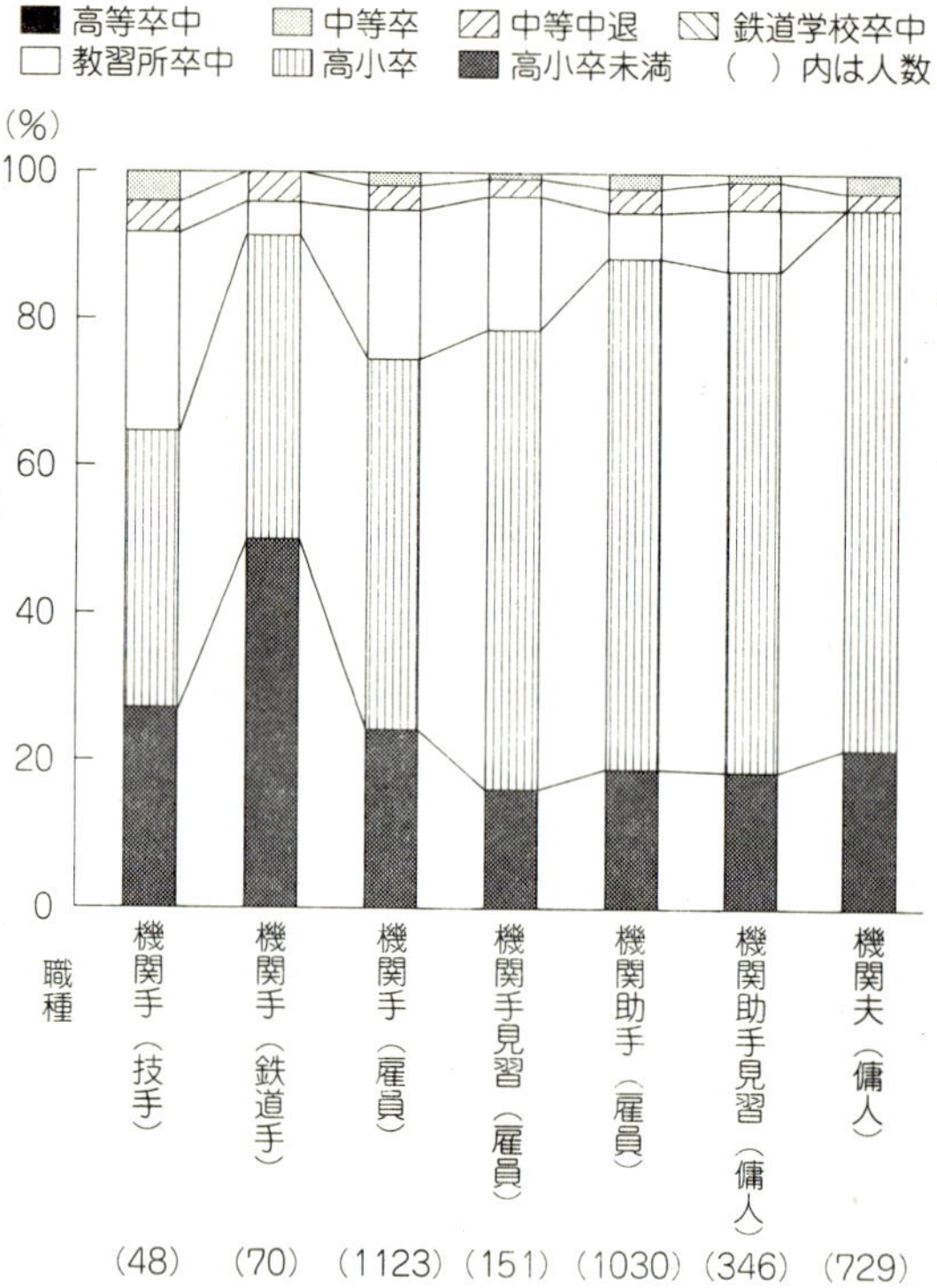

（注）機関手系主要職種。

5　各身分内での平均賃金の学歴差

最後に、身分別・学歴別の平均賃金を手がかりにしながら、年齢の上昇に伴う上級身分への昇進と各身分内での待遇を学歴別により細かく比較しみよう。

図7は、傭人に関して、学歴別年齢層別平均賃金をグラフにしたものである。まず目につくのは、尋小と高小とのカーブが重なっているということである。また、意外なことに、年配層で中学校出身者が尋小・高小よりも平均賃金が低いということにも気がつく。学歴の差異が同一身分内での平均賃金の格差にはつながっていないのである。学歴は上級の職への昇進には意味あるが、昇進しない者（中途採用で下の学歴の者と同様の仕事につくとか、学歴が無意味な労役的な仕事に従事し続ける、とか）の場合には、意味をもたないのではないかという可能性を感じさせる。この点は後でもう一度ふれることにする。

一方、工業学校の出身者は急速に賃金が上昇している。また、工業・商業・地方教習所出身者は、高小・尋小出身者

図7　学歴別年齢別賃金（傭人）（1918年全国）

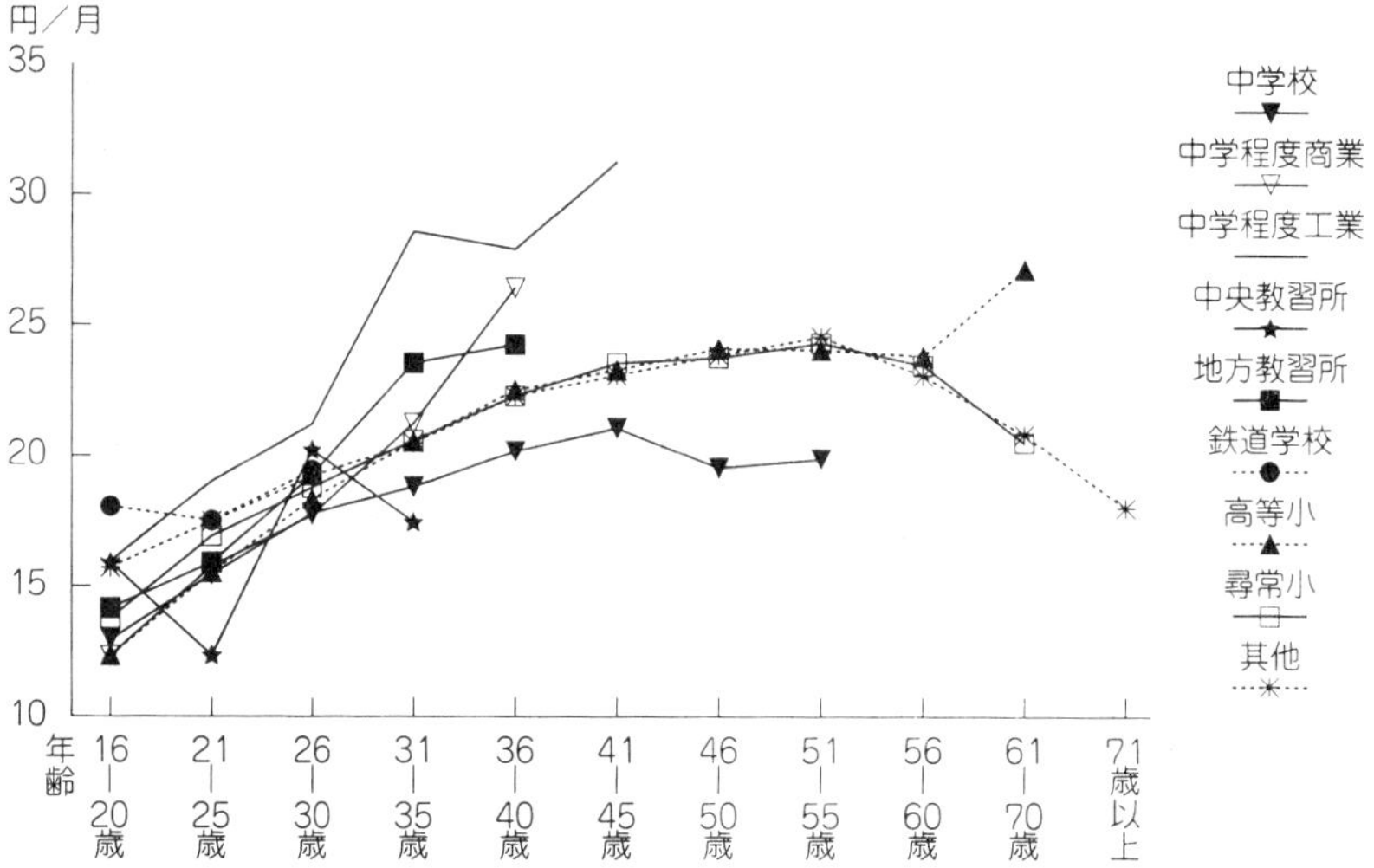

（注）各セル6人以上を表示。ただし36－40歳商業は5人。

よりも、特に三〇代以降で賃金に格差が生じている。外部の中等レベルの学校の出身者で三〇代になって傭人職にいる者は、職工などのような昇職のない傭人職にいる者か、もしくは勤続期間の短い中途採用者が大半であろう。彼らが、学歴のゆえに同じ職種の内部で比較的高賃金を得ているのか、それとも、中途採用までの職歴が評価されて高賃金を得ることになったのか、このデータだけでは判断がつかない。

図8は雇員及び鉄道手について、同様に年齢別に賃金をみたものである。まず、帝国大学の伸びの著しさが目につく。雇員の中でも別格だったわけである。また、官立専門出身者のうち三〇歳前後以上の者（彼らのほとんどは昇進に遅れた者というよりは、おそらく中退者または中途採用者であろう）は、帝大と対照的に賃金は決して高くない。彼らは、いわば、他の雇員・鉄道手と同等の扱いを受けていたということになるのかもしれない。

もっと重要なことは、今述べた二種類の学歴の者を除くどの学歴集団も、よく似たカーブを描いているということである。どれも年齢の上昇につれて平均賃金は上がっていくが、相互の水準の差はごく小さいままである。

図8　学歴別年齢別賃金（雇員・鉄道手）（1918年全国）

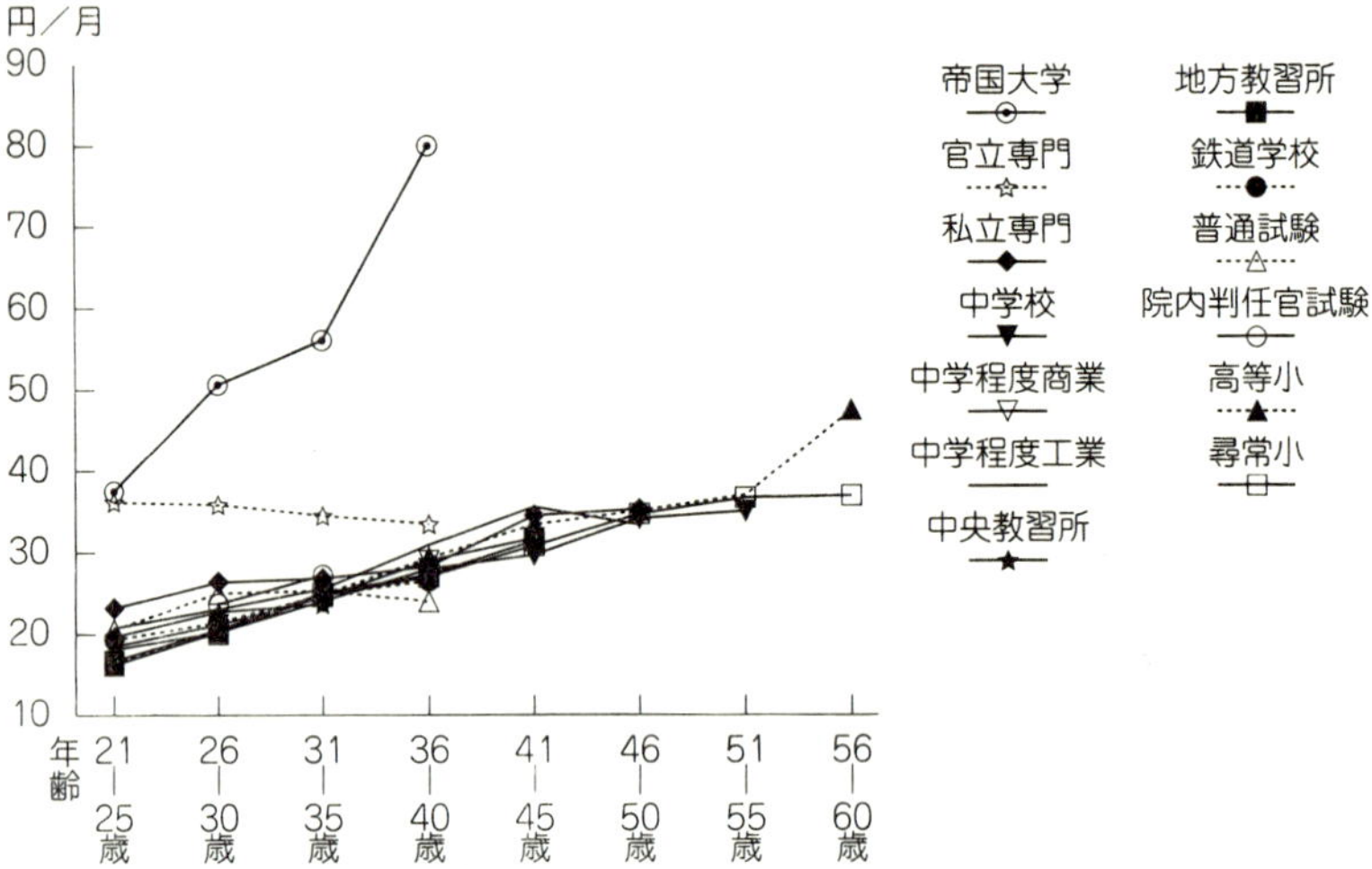

（注）各セル6人以上を表示。ただし帝国大学は1人でも表示。

図9は判任官以上についてみたものである。帝国大学出身者は急速な上昇を遂げている。また、人数が少ないので図には表示していないが、高等文官試験合格者も帝国大学出身者とほぼ重なるように上昇している。彼らは、判任官から短期間で奏任官に、さらにその上へと昇進していっていたことを示している。それら二グループには及ばないが、官立専門出身者も年齢の上昇とともに賃金が一六〇円代まで上昇しており、帝大出身者ほどのスピードではないが、奏任官以上の身分へと昇進していっていたことがわかる。

それに対して、他の学歴集団は、図8と同様、ここでも相互によく似たカーブを描いている。特に高等教育に分類される私立専門出身者と、高小や尋小の出身者との間にほとんど差がないというのは驚きである。グラフをよくみると微細な差はないわけではなく、工業・商業・私立専門出身者の平均賃金は、高小や尋小出身者に比べてやや高い。しかし、全体としては、初等教育のみの者と中等レベルの者、私立専門出身者は、意外なほど賃金に差がついていなかったことが重要である。前にみたように、雇員以上へ、あるいは判任官以上への昇進率では、尋小レベルと高小レベル、それ以上とで差があった。そうであるならば、ここでの知見が意味しているのは、学歴は昇進には大きな意味を持っていたが、同じ身分内では、学歴による賃金の差はついていなかったのではないか、ということである。

図9　学歴別年齢別賃金（判任官以上）（1918年全国）

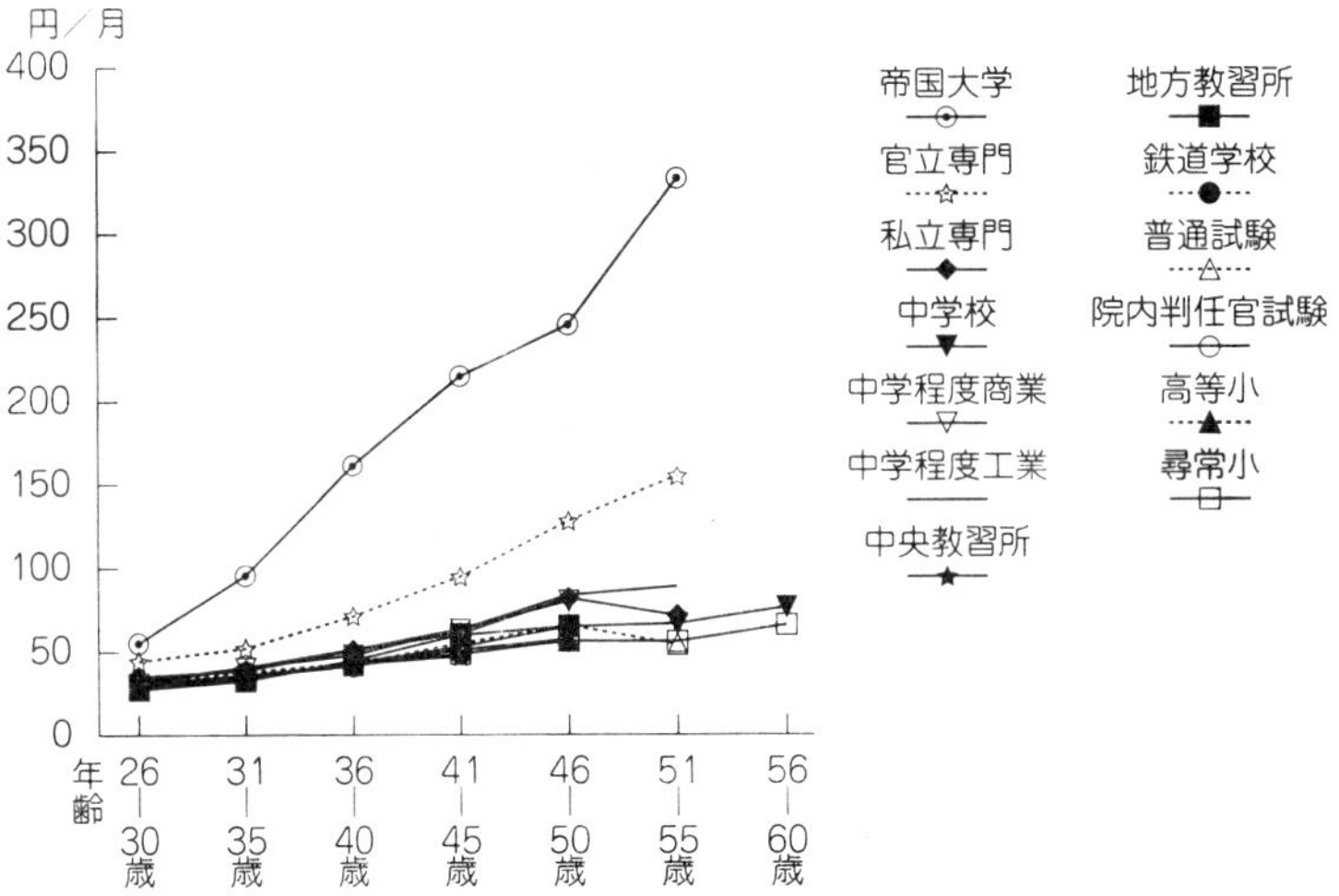

（注）各セル6人以上を表示。

ところで、本稿が扱ったデータでは、判任官から奏任官以上の高等官への昇進の比率はわからない。帝大や官立専門出身者は判任官からさらに上へ昇進することがあらかじめ約束されていたものの、彼ら以外の学歴集団間には図9で平均給にあまり差がないことをみると、おそらく、他の学歴の者の間には高等官に昇進した比率はあまり差がなかったことが推測できる。それだけではない。尋小・高小出身者でたたき上げで判任官にまで達した者と、中等レベルの学歴あるいは私立専門学校の学歴を持つ者との間の平均賃金の差が、中高年齢層においてもさほど広がっていないことは、私立専門出身者も含めた彼らのほとんどが判任官にとどまっていたということを意味しているのではないだろうか。

4　小括

ここまでの知見を簡単にまとめておこう。

まず第一に、大正中期までの国鉄においては、尋常小学校出身者は大半が傭人職にとどまっていたのに対して、高等小学校出身者以上の者には、ある程度の昇進のチャンスが開かれていたということである。高小出身者についていえば、若い層はほとんどが傭人であったが、四〇代では傭人・雇員・判任官以上と三つの集団に分化していた。人数も多い彼らが、この時期の雇員・判任官層の中核を形づくっていたといえる。また、尋小出や高小出を数多く含んでいたはずの地方教習所・中央教習所は、この時期にはかなりの程度の卒業者を出し、彼らは雇員や判任官へと昇進していっていた。

学歴別の昇進率を算出した分析によれば、雇員への昇進に関しては、尋小と高小との間に大きな格差が、また、高小とそれより高い学歴との間にもう一つの格差が存在した。さらに、判任官以上への昇進に関しては、中等レベル以上の学歴の間に序列ともいうべき差異がみられた。すなわち、短期間雇員として勤めた後、判任官―高等官へとスムーズに昇進した帝大や高等文官試験合格者、それよりもやや時間がかかるが同様のキャリアをたどる官立専門出身者、三〇代で大半が判任官に到達する中央教習所出身者、それよりは少し昇進が遅い私立専門・中学・商工・鉄道学校の出身者、さらに遅れて地方教習所出身者、という序列である。

総じていえば、帝大や官立専門出身者がきわめて特権的なルートをたどって昇進していく一方で、おびただしく存在した尋小出の者にはごくわずかな可能性しか開かれていなかった。それら二つの集団に挟まれた学歴層は、かなり近いレベルで昇進への競争を行っていたといえるのかもしれない。ただし、高小のみの者は中等レベル以上の学歴の者に比べて不利であったから、彼らの中の昇進を志す者たちは、地方教習所を経て中央教習所の受験をめざしたり、この時期から都市部に数多くつくられていった中等レベルの夜学に通ったりして、中等レベル以上の学歴の者に負けないように努力していったことであろう。駅夫から駅長へという「立身出世の物語」は、まさにこの層を対象としたものであったといえよう。

では学歴の有効性はどのようなものとして、まとめることができるだろうか。本章の分析からわかるのは、学歴の有無にかかわらず同一身分内では賃金上の「平等性」が保たれていたものの、学歴（学力かもしれない）が昇進に大きく働いていたことである。つまり、中途採用で下の学歴の者と同様の仕事につくとか、学歴が無意味な労役的な仕事に従事し続けるといった事情で上級身分に昇進しなかった者の場合には、たとえ他の者よりも学歴があったとしても賃金上には反映しなかった。逆に、自分より低い学歴の者が大半を占める低い身分からキャリアをはじめた場合、若い頃には周囲の者と同様の低い賃金しか受け取れなかったが、学歴（学力）を生かして昇進していけば、ポストの上昇に見合って賃金も上がっていった。

この意味で興味深いのは、一つには、高小出身者である。尋小出身者と高小出身者の平均賃金の年齢別推移は、傭人層でも雇員層以上でもほぼ重なっていた。しかし、高小出身の者は雇員や判任官に昇進する比率が尋小よりも高かった。上級職への昇進が制度化されていた階梯職（機関夫など）に高小出身者が集まったり、一定の学力が求められる上級職への試験に高小出身者が有利であったりすることなど、おそらく高小出身者は尋小出身者よりも雇員へと昇進しやすい条件があったといえるであろう。若い頃は尋小出と差のない低い賃金を受け取り、尋小出と同じ傭人身分の仕事に甘んじていながらも、いずれは雇員や判任官に上がっていく——。これまで学歴主義の歴史研究においては高等小学校の学歴はさほど注目されてこなかった。しかし、少なくとも大正中期までの国鉄に関していえば、高小への修学は中等教育以上の学歴と同様に、経済的効用を持っていたといえる。下積み仕事に終始するのではなく、組織内を上昇するための条件として。

一般に、大経営における若年者の雇用に関して、尋小出身者と高小出身者の差別的採用が導入されていったのは、企業内教育の制度化が本格化してくる第一次大戦後であるといわれてきた(17)。むろん、高小卒業者を採用する方針をとった養成制度を整備した企業は、それ以前からみられたけれども、離職率の多さなど、それが十分機能していなかった面が強調されてきた(18)。重工業部門において、高小新規卒業者を採用して、養成工に教育して企業内への定着を進めた時期といえば、確かにそうなのであろう。

では、高小出身者と尋小出身者との間で、年配層を含めて大きなキャリアの差が、すでに一九一八年の時点でみられた国鉄は、例外的なケースということになるのであろうか。否、むしろ、ここでみた国鉄のように、多様な職種を抱えた大経営に関して、実態レベルでみていくと、こういう差が生じていても別に不思議ではない。従来の研究が主として比較的同質的な集団である職工のみに注目したり、大経営において成文化された規程を資料としてきたために、ある種の視点の偏りが存在しているように思われる。成文化されていないインフォーマルな雇用慣行や、まったく性質の異なる職種や業種（職人徒弟・職工見習と大商店の店員や銀行の給仕、代用教員、等）への入職パターンや、その後の転職先のちがいなどを視野に入れていくと、すでに明治期から、高小出身者と尋小出身者とは、労働市場において重ならない部分が大きかったといえるのではないだろうか。

明治期の高等小学校は、地域の中ではきわめて威信が高かった(19)。その卒業生は、自家で働かない場合、彼らは比較的大きい商店・企業や官庁や学校（代用教員）に就職していった。国鉄の場合でいうと、機関夫や駅夫のように、昇進が見込める職種に入職していった。また、内部で登用試験がある場合にも、高小で学んだことが役に立ったから、尋小出身者よりも有利な地歩を占めていた。すなわち、高小／尋小の学歴差が新規採用の規程に明示されるようになる第一次大戦後よりもはるか前から、両者の格差は存在し続けていたのである。その意味で、高小卒以下を一括して「十分な学歴がない層」とくくってしまうことは少し単純すぎるといえよう。また、もう一つ興味深いのは中等教育の中退者である。中等レベルの学歴の所有者の中には少なからぬ中退者が存在した。しかも、中等教育の中退者の身分的な分布は高小卒よりも上方に位置づいていた。中退は学歴（学力かもしれないが）として無意味ではなかったのである。

以上のことが意味しているのは、大正中期までの国鉄では、中途退学の学歴を含め、義務教育より上の学歴（あるいは学力）が、上の身分への昇進機会に大きく作用していたということである。学歴が、直接、賃金の格差につながっていたというより、むしろ、学歴が昇進機会の格差を生み、それが構造化された格好で、学歴集団別の賃金格差を形づくっていた。それゆえ、結論としてはアンビバレントなものになる。一方では、義務教育後のさまざまな教育機会は、正系の中学―高校―帝大というルートをたどらなかった者にも、学歴の種類や卒業―中退の間で微細な格差を生じつつも、それなりの昇進のチャンスをもたらしたといえる。しかし、他方では学歴（学力）が不十分なばかりに、昇進していく同僚を横目でみながら悔しい思いをする人たちも多かったということになる。

限られたデータの分析をもとにしてきた本章の結論は、どうしても限定されたものにならざるをえない。二つの点を最後に残された課題として提示しておきたい。

一つは、個票を用いたキャリア分析が必要だということである。ここで扱ったデータは、中途採用者を判別できない点やキャリア的に特定の職種間の結びつきの全体構造がわからないという点で大きな制約があった。また、卒業―中退がどこでどうキャリアに差異を生むのかという点や、地方・中央教習所の入所者の入職以前の学歴などもわからないままである。これらを明らかにするためには、職員の履歴簿などの別種の資料をもとに計量的な分析を行って、採用―昇進の構造やパターンを精緻に実証する必要がある。この種の資料はほとんどが散逸したり処分されてしまっているものの、いくつか残存しているものがあることは確認できている。しかし、非公開になっているために利用が不可能である。目的と利用の仕方とを関係者にご理解いただかないかぎり、この点に関するこれ以上の分析の深化は難しい。

もう一つは、別の時期の同種のデータの分析が必要であるということである。本章は大正中期という限定された時期を扱ってきた。しかし、考えてみると、この時期はその前後の時期と異なる固有性を帯びていた時期であった。

明治期との違いを考えると、判任官待遇の「鉄道手」が制度化された（一九一三年）こと以外に、少なくとも三つの点で大きな変化があった。第一に採用、昇進に関する規程が整備され、必然的に学歴や学力との対応の制度化が進行してきていたという点である（第5章参照）。第二に、以前に比べて中等教育や高等教育の出身者が増加し、組織内部の学歴構成が大きく変化しつつあったということである。表2でみたように、この時期には下級現業職で尋小から高小への学歴代替が、中級レベルで高小から中等学歴への学歴代替が、それぞれ進行しつつあった。おそらく明治期の国鉄では、義務教育後のさまざまな学歴が持つ意味はずいぶん異なっていたはずである。第三に、この時期は教習所が制度化され人材の輩出が軌道に乗ってきていた時期であった。それゆえ、内部養成のための教育制度が十分制度化されていなかった時期の状況は、別に詳しく検討してみる必要があるだろう。

それと同時に、この時期はその後の昭和戦前・戦時期とも異なっていた。第一に、当時はまだ労働力の移動が頻繁であり、組織そのものの歴史もまだ浅かった。現業職員の定着率が高まって長期勤続者が増えてきた時、また新規学卒者の定期採用が入職経路として主流になっていった時、学歴と採用—昇進の構造がどのように変化したのかが、あらためて問題にされなければならない。第二に、中・高等教育は一九二〇年代に急激に拡大したのだが、その進学率の急上昇は国鉄の新規採用に大きな影響を与えたにちがいない。本章では、まだ高小出身者にある程度のチャンスが開かれていたということを明らかにしてきた。しかし、まもなく学歴代替が急速に進行して、若い世代では高小だけではダメな時代がやってきたはずである。もちろん、教習所をはじめとする内部養成のシステムも二〇年代にはいっそう整備・拡充されていったから、内部で受験し、教育・訓練を受けてチャンスを得ていった者はその後もたくさんいたはずである。しかし、少なくともそこでの競争の様相は、本章でみた大正中期のそれとはまったく異なるものになっていただろう。

いわば、本章が扱った大正中期という時期は、教育の構造や国鉄の組織が大きく変貌しつつあった過渡的な時期であったということができる。戦前期の国鉄の組織で働いた人々にとって学歴がどういう意味を持っていたのかを明らかにするためには、本章で明らかになった実態をいわば参照点にして、前後の時期をきちんと検討してみなければならない(20)。

鉄道員の世界

9章・広田照幸

1　はじめに

本書第Ⅱ部では戦前期の国鉄に関して、①人事関係規程の制度史的分析（第5章）、②鉄道教習所の制度史的分析（第6・7章）、③採用・昇進の実態の数量的分析（第8章）を行った。ここでは、問題をもっと広くとらえる方向で、採用・選抜や養成の問題や人々の意識のあり方などの問題を論じたい。まず、身分制度の改編など集団的な地位改善の側面（第2節）に目を向けて、次に、個人的な上昇機会の側面（第3節）について整理して、戦前期の国鉄現業職員のおかれていた状況を考察する。最後に、われわれの研究への反省をふくめて、今後の課題を示すことにする（第4節）。

鉄道国有法（一九〇六年）により全国に分散した巨大な現業部門を抱えることになった国鉄が、諸官庁の中で最も典型的なピラミッド型の構造をした組織であったことは、すでに序章で述べたとおりである。そのピラミッド型の組織には、二つの特徴があった。

ひとつは、上下の懸隔がはなはだ大きかったということである。判任官以上は、官吏として叙位叙勲の恩典を与えら

表1　主要傭人職種の勤続年数（1920年名古屋鉄道局）

	1年未満	1—3年	3—5年	5—10年	10—15年	15年以上	20歳以上25歳未満	20歳未満比	人数
機関夫	84.6	14.8	0.5	0.0	0.0	0.0	99.7	89.2	729
掃除夫	69.1	11.9	3.5	8.6	4.2	2.8	72.3	66.3	430
連結手	35.8	51.8	7.7	3.5	1.0	0.2	73.2	26.4	519
駅夫	32.8	38.8	8.2	11.1	4.6	4.6	69.1	43.4	1,868
乗組貨物駅夫	21.1	41.3	13.6	13.5	4.7	5.8	19.6	2.2	1,180
炭水夫	14.2	34.6	8.8	14.8	14.4	13.3	16.6	4.5	445
線路工夫	12.5	21.4	8.1	18.3	14.8	24.9	23.5	5.1	1,837
職工	10.6	25.8	16.3	23.4	10.8	13.1	18.6	6.1	2,059

（注）400人以上の職種。

れ、恩給受給権も有していた。受け取る賃金（給与）も、明治末（一九一〇年）の水準でいうと、判任官は雇員（平均一九・六円／月）の二・三倍、奏任官は六・八倍、親・勅任官にいたっては、一六・八倍にも達していた(1)。大半の傭人や、雇員の少なくない部分は、当時の都市下層と大差ない生活水準のレベルにあり、その一方で、奏任官以上ともなると、ずいぶん豊かな暮らしが可能だった。

もうひとつの特徴は、身分上のピラミッドの底辺の部分が、二種類の集団によって構成されていたということである。表1は、一九二〇年の名古屋鉄道局調査(2)から、人数の多い傭人職（四〇〇人以上）をすべて抜き出して、勤続年数を調べたものである。機関夫・掃除夫・連結手・駅夫は勤続年数が短い者が多く、二五歳未満の若年者が大半を占めている。一方、乗組貨物駅夫・炭水夫・線路工夫・職工では若年者は少なく、勤続年数が長い者が多い。つまり、雇員職への昇進を前提にした、若年者が短期間勤める職種と、昇進がなく、そこに長くとどまり続ける職種とがあったということである。もちろん、前者の場合も、機関夫を別にすればその職種にとどまり続ける者はいたし、後者の場合も、西成田豊が職工に関して明らかにしているように、勤め続ける中で賃金は年功的に次第に上昇していった(3)。ともあれ、雇員へ上昇する前段階としての傭人職と、傭人身分にとどまり続ける傭人職とがあったということは、国鉄組織の特徴として確認しておかねばならない。

上下の格差が大きく、その底辺では身分的な上昇に向けて機会が開かれていた職種と、単に賃金の上昇のみが可能だった職種があったとすると、下積み現業職員には二つの方向が存在していた。ひとつは、試験や職務精励を通して個人的に地位を上昇させることであり、もうひとつは、制度や待遇の改善を要求して集団的な地位の改善をはかることである。本書第Ⅱ部の各章が注目してきたのは前者の側面であるが、それをあらためて整理する前に、まずは後者、すなわち集団的な地位の改善について、みておくことにしよう。

2　集団的な地位改善

鉄道国有化の直後、後藤新平総裁の打ち出した「国鉄大家族主義」のイデオロギーと慈恵的福利政策と並んで、判任官以上は「天皇の官吏」という身分になる、というプライドないしは特権意識が、戦前期の国鉄現業職員の労働運動や階級運動への志向性を弱めていたことは、しばしば指摘されている通りである。一九一九年の「大日本鉄道従業員会」の結成、翌年の「大日本機関車乗務員会」の結成など、労働組合結成の動きは、現業職員のごく一部を包摂したものに過ぎなかったし、当局の弾圧によって、十分な影響力を行使するいとまもなく衰退・壊滅せざるをえなかった(4)。

代わって、労働者の不満の封じ込めのために、プロイセンの国有鉄道労働委員会制度(一八九二年)にならって当局側が二〇年五月に作ったのが、現業委員会である(5)。

とはいえ、現業委員会はまったく形式的なものだったわけではなく、そのルートを通した現業職員からのさまざまな要求は、少なからず当局の政策に反映していったようである(6)。また、慈恵的福利政策や身分上の制度改善の多くは、現業職員たちの要求を先取りしたものか、あるいは彼らの不平や不満に応えたものであったということができるだろう。

現業委員会を通して、あるいはそうした公的なルートを通さないで表明された、現業職員たちの要求が、実際にどういうプロセスで影響を与えていったのかは、よくわからない。しかし、組織上の地位改善策として制度化されていったものはさまざまにあった。

第一に、当初は職種と身分とは厳密な対応関係にあったが、それを制度改正し、下位の身分のまま、上位の身分と同等の待遇を与える制度が作られていったということである(7)。

まず、傭人を雇員待遇とする道である。一九〇八(明治四一)年の規程では傭人職は九五種存在したが、その内、一一年検車手に関して、翌一二年、電話交換手・発電機関手及び電気手の四職種に関して、身分上は傭人職のまま雇員に登用できる道が開かれた。いわゆる「現職雇員」である。さらに、一四年に機関助手見習、翌年に電燈検査手・看護婦、一八・一九年に扛重機運転助手など五職が追加された。さらに、発足間もない現業委員会でこの問題に対して盛んに要求が出され、二一年四月には駅夫世話役など一四職が対象範囲に加えられ、同年一一月にはさらに拡張されて、合わせて三〇職が対象範囲とされるに至った。そして、一九二七(昭和二)年には、鉄道部内のすべての職種の傭人を現職のまま雇員に登用できる制度へと拡張・統一され(8)、その割合は傭人総人員の一割とされた(三〇年から一割二分五厘、三八年には一割三分五厘となった)。

長年勤続した現業職の雇員を判任官待遇にする道も作られた。一九一三(大正二)年の「鉄道院官制」の改正(勅令第七四号)で、判任官待遇の「鉄道手」が新設されたのである。任用にあたっては試験規則が定められていた(中学第三学年修業程度)。しかし、五年以上の勤続者で優秀な者は試験を経る必要がないことになっていたため、実際にはほとんど実施されなかったようである。法制局や大蔵省との関係で判任官の定員増加が困難だったのに対して、鉄道手の定員増は省告示の改正で対応できたため、鉄道手の人数は急速に増加した。一九一四年に六八七人だった鉄道手は、二四年に一六四二人、三四年に五五一〇人となった。さらに一九四一・四二年に大幅増員、四三年には一月に甲乙二種の鉄道手が定められ、新たに一万二千余人の増員が行われた。

判任文官を奏任待遇とする制度も作られた。一九二一（大正一〇）年の「奏任文官及判任官優遇ニ関スル件」（勅令第二二三号）で、「判任文官ニシテ引続キ五年以上一級俸ヲ受ケテ在職シ事務練熟優等ナル者ハ特ニ之ヲ奏任ノ待遇ト為スコトヲ得」とされ、鉄道部内の定員が三九名と定められた(9)。

第二に、特定の職種がひとつ上の身分へと格上げされたということである。検車手と電燈検査手が一九二〇（大正九）年に傭人職名表から削除され雇員職となったのを手はじめに、電気手・発電機関手が同様に雇員職に昇格し、一九三〇（昭和五）年には、駅手世話役、線路工手長、客車清掃手世話役など、多数の傭人職員を指導監督する十二職種が、雇員職へと格上げされた。さらに一九四五（昭和二〇）年には、傭人職がついに廃止され、すべて雇員または雇員見習へと移行された。

第三に職名改称である。職名が含意している社会的地位の低さが問題にされたのである。一八九八（明治三一）年の日本鉄道の機関方、二年後の大宮工場など鉄工組合諸支部によるストライキの際の要求事項のひとつは、職名の改称を求めるものであった（機関方→機関士、火夫→常務機関生、職工→技工、等）(10)。鉄道国有化以後も、下級現業職員の間に名称変更の要求は強かった。一九二〇年に創設された現業委員会でも名称変更の要望が強く出された。その結果、一九二一（大正一〇）年には、労務職的なものが改称され、「〇〇夫」は「〇〇手」（「駅夫」→「駅手」等）、「職工」は「技工」となった。

さらに、一九三六（昭和一一）年には、再び大きな職名変更があった。中間職の「〇〇手」が「〇〇掛」に、労務職の「〇〇助手」が「〇〇手」へ、「〇〇主任」が「〇〇長」へと改称された。「車電助手」が「車電手」に、「車電手」が「車電掛」に、「発電所主任」が「発電区長」に、というふうである。また、いくつかの「手」職は「士」職へと改称された（「機関手」「機関助手」→「機関士」「機関助士」、「建築手」→「工事士」「建築士」等）(11)。

第四に、当然のことながら、増給や年功加給、諸手当等、経済的な要求は強かった。たとえば、年功加給についてみてみよう。一九一九（大正八）年七月から五年以上の長期勤続者の年功加給が制度化され、四段階で最高四円の支給が制度化されていた。二〇年に創設された現業委員会は、各部署の委員会で、支給額の増加や給与方法の改善要望を決議していった。そのため、当局は、二一年に支給額の増額、支給資格中の「成績良好ノ者」という条件を徹廃する改正を行った。しかし、現業委員会は更に再改正を要望していき、その結果、二五年に再度改正、さらに翌年また改正を、当局は行うこととなった(12)。

現業職員の経済状況の改善について、今は全体像をまとめるだけの準備がないので、賃金（俸給）の格差の身分別推移についてだけふれておく。一言でいうと、上下の格差は次第に縮まっていった。傭人は、大量の若年層を含んでいるため拡大期とそうでない時期とで平均賃金の変動が著しい。それゆえ、雇員の平均賃金を基準にそれより上位の各身分との格差を計算してみた。一九一〇（明治四三）年と一九三五（昭和一〇）年の二時点で、それぞれの年の雇員の平均賃金を一〇〇とすると、親・勅任官は一五六三→七〇七、奏任官は六三五→三八九、判任官は二一七→一五六となっていた。特に一九一〇年から二〇年にかけての時期に格差が大きく縮小したが、その後もコンスタントに縮まっていた(13)。

こうした、身分制度や賃金の問題のほかにも、「待遇の改善」についてはここでは論じきれないほどさまざまなトピックがあった。労働時間や労働条件をめぐる諸問題、官舎の手当てなど福利厚生や、身分によって差異化されていた被服の問題も、待遇改善の問題として、現業委員会でも問題にされたし(14)、実際に改善がなされていった。

いずれにせよ、制度や待遇の改善を要求して集団的な地位の改善をはかるさまざまな動きがあったし、それが一定程度の政策に反映していったことは疑いがない(15)。

3　個人的上昇

1　「身分の自由昇進制」

戦前期の国鉄では、身分的上昇を伴った内部登用が盛んに行われ、それと同時に、養成制度の整備が進められたことは、前章までで見てきたとおりである。

この点で対照的なのが、国鉄と同様に膨大な現業部門を抱えた逓信省の場合であった。一九三五（昭和一〇）年に国鉄の人事について解説・論評した本によれば、鉄道省の人事のあり方は、逓信省のそれと対照的であった。逓信省では「初めから夫々の身分に適応した採用方をして居」り、「傭人として採用せられたるものは大体に於て傭人として終り、雇員として採用せられたるものも大体に於て万年雇員とし、判任官に任用せらるゝものは始めより一定の資格条件等を定めて、判任官候補者の如き形式にて数年間雇員として諸般の事務技術を修得せしめたる後に判任官に任用する」(16)という人事政策をとっていた。この著者は、逓信省とは異なり「身分の自由昇進制」を採用している、という表現で国鉄の人事政策の特徴を論じている(17)。

第8章でみたように、大正中期の時点で高小卒業者の少なくない部分が判任官に昇進していた。昭和初期においても「身分の自由昇進制」が標榜されていたことを考えると、戦前期の国鉄は、少なくとも形式上は、下からの上昇移動機会が一定程度オープンになっていたということができよう。もちろん、当時の民間大企業の養成・登用制度の運用実態と、別に比較してみる必要があるが(18)、それは今後の課題としたい。

ところで、各身分層の人員が、どの程度下からの内部昇進者によって補充されていたのであろうか。一九三二（昭和七）年一〇月一〇日現在の判任官以下の身分の人たちの、補充経路を示すデータをみてみよう(19)。

判任官総人員　二〇九二三人

傭人→雇員→鉄道手→判任官　五八九（二・八％）

傭人→雇員→判任官　八二四九（三九・四％）

雇員→鉄道手→判任官　一九一（〇・九％）

雇員→判任官　一一五〇二（五五・〇％）

判任官として奉職した者　三九二（一・九％）

鉄道手総人員　四〇五〇人

傭人→雇員→鉄道手　三六八二（九〇・九％）

雇員→鉄道手　三四五（七・〇％）

傭人→鉄道手　二三（〇・五％）

雇員総人員　七五五七二人

傭人→雇員　五八三六八（七七・二％）

雇員として奉職した者　一七二〇四（二二・八％）

これによれば、当時の判任官の約四割、鉄道手の約九割、雇員の約八割が、傭人からの内部昇進者によって占められていたことがわかる。確かに、雇員以上の現業職員の大半は、一番下積みの傭人から昇進していった者によって補充されていたわけである。

2　上昇機会と学歴

では、こうした上昇機会の開放と学歴との関係について、どのように考えたらよいのであろうか。ここでは、光と陰の両面について論じておきたい。

まずは明るい側面についてである。それは、国鉄が低学歴の青少年層に魅力的な職業に映っていただろうということである。家庭の経済的理由などで中・高等教育への進学の夢を絶たれた、学歴の低い青少年たちにとっては、「自由昇進制」をとる国鉄は、上昇移動機会がかなり開かれた組織として映ったはずである。学卒者の増加による脅威はあったものの、彼らも自分たち学歴の低い者とさほどかわらないところから、キャリアを積み始めるしくみになっていた（第5章）。しかも、時期的に性格上の変化はあったものの、早くから教習所の養成システムが整備されていたため、低学歴の若い国鉄現業職員が学習・訓練の機会を手に入れて、中学や工業学校の卒業生と肩を並べて競争できる、あるいは専門学校レベルの教育を受けるチャンスも制度化されていた。

教習所入所の経歴だけでなく、中退の学歴や高小卒の学歴、低度の中等教育の学歴なども、上昇のための効用があった。中途退学者でも、そこまでの学歴が評価されたり、学力を生かして資格試験や昇進試験に合格して、上昇していくことが可能だった。また、大正中期のデータでは、高小卒でもまったくのたたき上げで判任官にいたる率も四割（五〇歳代）に達していた（以上第8章）。国鉄に勤めながら中等学校レベルの夜学等に通い、卒業した者も少なからずいたが、彼らは昭和初めまでは資格認定試験を要せず、正規の中等学校卒業者と同等に扱われていた(20)。大正末の調査では、乙種実業学校の学歴も甲種実業学校や中学出身者ほどスムーズにではないが、判任官への昇進を約束してくれるものであった(21)。

表2　若年層の多い職種の学歴分布
（1920年名古屋鉄道局）

	20歳未満比率（%）	24歳未満比率（%）	人数（人）	学歴(a) 高小卒より上 教習所除く（%）	学歴(b) 高小卒より上 教習所含む（%）	学歴(c) 高小卒以上 教習所含む（%）
〈雇員〉						
臨時電信掛（男）	87.5	100	56	8.9	39.3	87.5
教習生	86.5	100	96	13.5	13.5	87.5
改札掛	67.4	86.7	135	23.0	51.9	91.1
機関助手	45.3	90.4	1,030	5.7	11.5	81.2
車掌乗務見習	43.9	87.8	41	31.7	58.5	97.6
電信掛（男）	41.5	80.3	193	15.0	38.3	88.1
車掌心得	23.8	78.4	361	26.6	43.5	90.3
〈傭人〉						
給仕（男）	96.7	97.8	91	8.8	8.8	74.7
職工見習	90.7	93.0	43	2.3	2.3	60.5
機関夫	89.2	99.7	729	4.7	4.7	78.6
乗組掃除駅夫	89.0	96.3	82	2.4	3.7	70.7
機関助手見習	78.6	98.3	346	4.6	13.0	81.5
掃除夫（男）	66.3	72.3	430	2.1	2.1	47.0
職工手伝（男）	52.6	82.3	407	2.9	3.2	39.6
検車助手	44.8	77.1	105	8.6	8.6	51.4
駅夫	43.4	69.1	1,914	2.6	2.6	49.5
連結手	26.4	73.2	519	0.8	1.2	38.2

（注）当該職種人数40人以上で24歳未満比率70%以上または20歳未満比率40%以上を抽出。

3　不利な「たたき上げ」層

しかしながら、同時にネガティブな側面に目を向けると、学歴の低い層を失望させたり、彼らの不満を醸成するような側面がいくつも存在したことも指摘しておかねばならない。

ひとつは、中・高等教育の拡大や、教習所の整備が、そうした教育機会を経ない純粋なたたき上げ層にとって不利な状況を作っていったであろうということである。

表2は、一九二〇（大正九）年の名古屋鉄道局調査(22)から、若年層が大半を占める職種を抜き出して、彼らの学歴を調べたものである。まず、高小より高い学歴、すなわち中等学校中退以上の学歴（教習所を除く）を持つ者の比率(a)をみると、改札掛や車掌心得では二〇%台、車掌乗務見習では三〇%に達していたことがわかる。また、その比率に教習所出身者を加えると(b)、機関助手を例外として四～六割になる(23)。つまり、運転系統を除くと、雇員に昇進する者・雇員に採用される者のうち、何らかの中等教育ないしは教習所の教育を受けた者が、高小卒以下の者と拮抗するぐらいになってきていたのである。

また、高小卒以上の学歴（教習所を含む）の者が占める割合を(c)みると、雇員職では八～九割に達している。傭人職でも、熟練形成とは無縁な雑用工である職工手伝、最も危険な作業に従事する連結手などを除くと、高小卒以上の者が七〜八割を占める職種が多くなった。熟練工への出発点である職工見習でも、高小卒が多数派を占めるようになっていた。雇員職はもちろんのこと、傭人職においても、尋小卒や高小中退者はマイノリティになりつつあり、しかも彼らは傭人職の中の不熟練労働や危険な職種に集まっていたといえる。

さらに、学歴代替の進行の中で（第8章）、尋小卒では上昇の見込みが薄く、高小卒でもなかなか判任官にまではたどりつけない状況が、一九三〇年代にやってきた。中途退職者が減少し、長期勤続化が一般的に進行してポストの流動性が減少したうえ、一九二九（昭和四）年から数年間の新規職員採用が手控えられたため、人事が停滞してきたのである。その結果、「雇員資格を有する傭人は何時迄経っても雇員になれず、雇員は同様に判任官になれない。判任官も亦然り」(24)という事態が生じた。本来雇員として採用される資格を持っていた中等学校卒業者は、女学校修業者を除き、実際にはすべて傭人として採用されていたが（第5章）、彼らでさえ数年間は「プラットホームや便所掃除の雑務にのみ使」われる(25)というありさまだった。ましてや、尋小や高小の学歴しかない者の多くは、勤続年数の上では、雇員あるいは判任官に昇る資格を満たしていたとしても、いつまでたっても下積みの職にとどめおかれることになった。

ただし、こうした人事の閉塞は、日中戦争勃発（一九三七年）後には解消したようである。太平洋戦争期にかけて、多数の職員の徴用、大陸の鉄道等への熟練労働力の供出によって、むしろ熟練した人員の不足が重大な問題になった。だが、その穴を埋めるべく採用された、おびただしい数の青少年の大半は、中等教育や高等教育へ進学することができなかった者たちであった。彼らの大半は高等小学校や国民学校高等科の卒業生で、彼らのうち、一九四九（昭和二四）年の大量の人員整理（約一〇万人）の対象になることを免れた者の多くは、その後、戦後の国鉄の学歴主義的な差別構造、しかも慢性的な人事の閉塞構造の中で、志を満たされぬ思いをする運命が待っていた。

4　微細な差異の連鎖

学歴の低い層を失望させる点としてもうひとつ指摘しておかねばならないのは、学歴の有無は、微細な差異の連鎖の中で明確に差別化されていたということである。規程上では、初等／中等／高等の間に断層が存在した（第5章）。大正中期のデータから人事の実態レベルで明らかになったのは、尋小／高小以上と、高小／中等学歴、私立専門以下／帝大や官立専門という三つの断層があったということであった。また、同じ中等程度の学歴の間にも、制度的にも、昇進の実態にも、細かい差異づけが存在していた（第5・8章）。

表3は、一九二四年における学歴別初任給に関する規定である。いかに細かく学歴別の格差が設けられていたかがよくわかろう。また、駅務系統で試験を経ないで傭人から雇員に昇進する場合、中卒では三〜五年であったのに対して高小卒では一〇〜一五年かかったという(26)。また、雇員から判任官への昇進についても中学卒業者は部内勤続六年、学歴資格がない場合には部内雇員勤続九年の条件が課されていたという証言もある(27)。大学卒業生ならば比較的短期間で昇進できた判任官の技手から奏任官の技師への昇進に関しても、一九三五（昭和一〇）年頃の内規によると、中等学校以下の学歴の者の場合には、判任官三級以上の技手として二〇年以上（！）の実際的経験を必要としたという(28)。

つまり、「自由昇進制」は、ミクロにみれば、同じ職場で似たような仕事をしている同僚が、自分よりも高学歴のゆえにさっさと昇進してしまうのを目の当たりにすることを意味していた。それをマクロにみれば、数十年の勤続期間の間に、学歴の格差がはなはだしいキャリアの格差を生んだということができる。

戦時中までの人事慣行を押さえたうえで国鉄における人事慣行の戦後改革について考察した、禹宗杬の興味深い研究によれば、学歴による格差の問題は一九五〇年代の人事改革上の焦点になっていた。すなわち、一九五〇年ごろの組合側の基本的な構想は、「先任権と試験を組み合わせて学歴に対抗しながら昇進の階梯を伸ばしていく」ことにあり、「彼ら（ブルーカラー層―引用者）は自分も組織体の正式構成員であるとの理由でホワイトカラー並みの雇用保障を求める一

表3　採用標準給額（1924年3月22日改定、鉄秘第772号）

以下（月給；円）		以下（日給；円）	
官立大学　法経商学部	75	中学校	1.30
工理農	85[1]	商業学校	
		尋小卒5年以上・高小卒3年以上	1.30
私立大学各学部[2]	70[3]	尋小卒4年以下	1.20
早稲田大学理工学部	80	工業学校	
神戸高商	70	尋小卒5年以上・高小卒3年以上	1.50
官立高商	65	高等女学校	0.90[5]
東京商科大附属商学専門部	65	実科高等女学校	0.85[5]
外国語学校	65	女子商業学校　尋小卒4年以上	0.70[5]
私立大学	60	高等小学校（女子）	0.70[5]
私立大学専門部		攻玉社工学校	
中学及び同等以上を入学資格と		本科	1.40
するもの	50	研究科	1.50
その他	45	電機学校	
高等工業	75[4]	本科	1.30
北海道帝国大学附属土木専門部	75[4]	高等科	1.40
日本大学高等工学校	55	早稲田工手学校	1.35
鉄道省教習所		東京工科学校・中央工学校	
普通部業務科	55	本科	1.25
普通部その他	60	高等科	1.35
高等部行政科	70	東京商工学校	
高等部その他	75	本科	1.25[6]
高等試験	70	高等科	1.35
電気主任技術者		関西商工学校	1.25[6]
第一種	85	岩倉鉄道学校	
第二種	70	業務科	1.25
第三種	45	その他	1.35
私設無線電信従業者		東亜鉄道学校	1.25
第一級	75	名古屋電気学校	1.25
第二級	55	鉄道局教習所	
第三級	45	普通部業務科	1.30
		普通部その他	1.40
		普通試験	1.30
		専門学校入学資格検定	1.30

（注）(1)「特ニ承認ヲ経テ百円迄給スルコトヲ得」(2)「大学令ニ拠ルモノ」(3)「特ニ承認ヲ経テ八十円迄給スルコトヲ得」(4)「特ニ承認ヲ経テ八十円迄給スルコトヲ得」(5)「女子ニシテ改札掛ニ従事セシムル者ハ十銭以内ヲ加給スルコトヲ得」(6)「商科生ヲ除ク」（工務局人事係「自大正二年至昭和八年　内規」東京大学大学院経済学研究科図書室所蔵）。

方、従来学歴別に分断されていた労働市場を一つの内部市場に統合し、その階梯を先任権と試験によって昇っていこうとした」のだという(29)。このように、学歴による待遇とキャリアの格差の問題は、戦後にもちこされ、人事慣行改革をめぐる労使間の対立の焦点になっていたのである。

5　専制的支配

ネガティブな側面としてもうひとつ指摘しておかねばならないのは、人事上の評価のあり方が、上長の下位者に対する専制的支配をもたらしたということである。

青木正久は、戦前期の国鉄の人事管理の特徴を次の三点にまとめている。第一に、職務昇進および身分昇格の階梯が明瞭に設けられていて、しかも、その階梯が相当長く伸びていたということである。第二に、昇進・昇格の決定が、経験年数、学歴、試験（および教習所入所）、勤務成績（および能力）の四つの要素の、「渾然一体的評価」によってなされていたということである。そして第三に、その評価に関して、現場長・助役など現場管理者が人事に関する専制的権限を有していたということである(30)。

青木の指摘する第二、第三の点は、抜きんでた学歴や試験による客観的な能力証明を持たない多くの下積みの現業職員にとって、深刻な問題であったであろう。それは、上長による一種の全人格的支配を生み、同時に、監督的立場にある中間層の昇進への欲求は、自分の下位にいる者の労働強化を生んだのではないだろうか。

戦後まもなくの国鉄に関して、大島藤太郎は「仕事の分業はいいのだが、国鉄では同時にそれが人格の階層制となるのである」(31)と述べている。日本の国鉄において戦前から継承された、上長による下位者の全人格的支配は、しばしば「前近代的」「半封建的」と形容され、前近代からの遺物としてみなされることが多い。だが、それは単なる文化的後進性ではなく、評価—昇進に関する制度的構造が関与した組織の文化が、それを助長していたといえる。「一般職員の採用は、要員の補充が目的で、鉄道管理局・工場その他の各現場機関で行われる。目的が、要員補充だから学歴・年齢等の条件も一定しない。人事異動も、表面上は、勤務成績・能力・受験成績等を考慮することになっているが、特権階級（本庁採用の法学士や工学士―引用者）のように先任者はほとんど考慮されていない。したがって現実の異動は、結局、上長の主観・情実人事によるものが多い」(32)。そうであるならば、現場における上長の恣意的な評価権が、コネや引きや好感を期待する下位者の上長に対する服従や追従や、上長による一種の全人格的支配を生んだともいえるのである。

また、下級者の人事評価を握る、監督的立場にある中間層自体が、昇進のための評価を気にせざるをえなかった。だが、鉄道における中間層が管理する範囲は、定型化された厖大な通常業務に限られていた。そのため、他の同僚よりも抜きんでた成績をあげようとしても、できることは限られている。「結局自己の権限内で他の同僚に先んじてなしうることは、部下に対する単純な労働強化の命令」(33)でしかなかった。

模型火室による投炭作業競技会が行われるようになったのは、高価な石炭を節約するため片手ショベルが採用された、大正初めごろからであった。昭和初期には、さまざまな種類の競技会が実施されるようになった。それらは、教育学者ふうにいえば、現場の技能水準を向上させ、労働者の自己啓発の契機になった、ということになるけれども、裏返していうと、「成績をあげた個所に優勝旗その他を授与し、各部署間の競争心をあおり、何の基準もなく労働の強化を極点にまであげようという」(34)ものであったともいえる。

それゆえ、当然のことながら、上長を「親父」と呼んで敬愛する者ばかりではなかった。一つだけ例を紹介しておこう。大正期の鉄道現業職員向けの雑誌『鉄道青年』で、ある下級現業職員が匿名で「上長に対する部下の要望」なる記事を投稿して掲載された。上長は精神を修養し、徳を持ってほしいといった内容である。ただし、文末に記者が、氏名を明記しないのはけしからん、と一言論評を加えていた。それに対し、次号で、おそらくは別の下級現業職員が、激烈な調子で批判の投書を送っている(35)。

貴会発行第六巻第二号の上長に対する部下の要望欄なる記者の附記を閲し甚だ不快を感じ候。……仮令匿名なりとも第二号所載の「下級現業員」の如き要望あらしむるは、所謂上長不徳の致す所にして、幹部に高潔なる精神を有する士の乏しきを表示するものにして、人選の拙劣なるものと存じ候。斯かる怨嗟の声を聞くは全く事実にして我等下級現業員の屢々経験するところなるも、大勢如何ともする能はず、泣くも訴ふるに所なく、止むを得ず貴誌を藉りたるものに候。されば上長官たるもの自己の良心に訴へ、貴誌記事を見て反省するところあらば投稿者は満足の意を表し、貴会も亦其任務を尽せるにあらずや。……

終わりに望み《ママ》現下鉄道行政日に月に改善せられつゝあるも形式に流れず、事実を尊ぶべし。表面の改良を実行せんよりは、寧ろ係員怨嗟の声を除くに意を用ひられんことを望む。下級現業職員の要望は多々にして数百万言を費すも尚尽くる所に非ず候。(姓名を明記せばパンの問題を如何せん、呵々!)

鉄道職員精神修養の語は社会の声、貴会亦大に尽す所あるは多とすべき事に候。されど鉄道幹部員の精神修養亦刻下の急務に候はずや。記者以て如何となす。(無名氏)

要は、ひどい上長が多いのは誰もが知っている事実で、下級の者は「怨嗟の声」にあふれている、上長を反省させろ、というわけである。昇進や評価の問題と関連しているか否かはわからないが、監督者に対して抱いていた下級者の怒りや不満のすごさが伝わってくる思いがする。

一般に、戦前期の国鉄では、学歴がキャリアにとって非常に重要な意味を持っていたことは疑いがない。だが、同時に、学歴だけで人事が左右されていたわけでもなかった。十分な学歴を持たない青少年たちにとって、年数、学歴、試験、勤務成績の渾然一体的評価のシステムは、学歴だけで将来のキャリアが決まってしまうよりは、夢や希望を抱けるものであっただろう。とはいえ、個人的上昇の夢や希望が強いほど、それが実現しない時には失意や不満も大きくなる。わずかな学歴の差が昇進までの年数に大きな違いを生んだり、上長の恣意的な評価や専制的支配を甘受しなければならないぶん、日常的な失意や不満もまた、十二分に大きかったように思われるのである。

4　今後の課題

1　変化のダイナミズム

最後に、今後考察が深められねばならない点を二点、述べておきたい。

ひとつは、もっと綿密な方向に研究を進めて、歴史的文脈の中に国鉄現業職員の選抜・養成の問題を位置づけることである。

戦前期国鉄における現業職員の選抜養成のシステムは、判任官以上の官吏／それより下位の被傭人という大枠を基礎としつつも、内実は複雑な変化をとげていた。すなわち、戦前期の数十年間を通して固定的であったわけではないし、単線的な進化と呼ぶべき一方向的な変化として総括できるような変化でもなかった。

確かに、制度化という不可逆的な過程が展開していった意味では、単線的な変化を読みとることも可能である。第5章で明らかになったことを、内部の昇進試験や学歴要件が規程類に明示され、昇進手続きや昇進ルートが制度的に確立する過程とみれば、人材選抜や養成のシステムが確立していった歴史といえなくはない。しかし、そうした単線的な発展の物語で描くのは、過度の単純化というそしりをまぬがれないであろう。実際に生じていたのは、組織内外のさまざまな情勢の変化に伴い揺れ動く人事政策であったり、状況に応じて改編を繰り返した養成制度であったりした。

たとえば、明治末から大正末にかけて整備されていったかにみえた規程類が、昭和初めには現実との齟齬を起こすことになった。大正末にいったんは確立したかに見えたシステムは、すぐに学卒者の過剰や財政削減、戦時大拡張などにより、根本的な改変を迫られることになったのである（第5章）。あるいは、第6・7章でみたように、教習所制度の歴史には、頻繁な制度改正や人気の乱高下が見られた。それは、一定の質の人材の確保や専門性を持った人材の育成を、現場でOJTや独学に期待して行うか、それとも特別な訓練施設でOff・JTの形で行うかという点の揺れや、人材を内部から調達して育成をめざすか、それとも外部の学卒者などに期待して採用に重点をおくかという点での揺れなどを、端的に反映していた。人材の調達をいかにして行うか、という問題に関して、戦前期の国鉄はたえず揺れ動いていたということができる。

おそらく、教育構造の変化、労働市場の他の部門との関係の変化、好・不況や戦争、組織の拡張、技術や管理経営システムの更新、人材の確保の仕方に関する対立した理念など、複合的な要因が、戦前期国鉄における現業職員の人材選抜と育成のシステムを変化させていったはずである。そうであるならば、さまざまな時期の、それら外部・内部の諸要因が、人事政策や養成制度にどういう影響を与え、それが夢や志を抱いて国鉄に職を求めていった者の上昇移動機会にどのような結果をもたらしたのかを、綿密にたどる必要がある。

2 「上昇への希求」の政治的・社会的文脈

もうひとつ考える必要があるのは、国鉄に関するわれわれの研究が「個人的上昇」を、研究上の前提にしてきたことへの見直しである。すなわち、「組織内での上昇の希求」というタイプの意識や行動のあり方自体が、ある政治的・社会的文脈を刻印されたものだということである。

一般に、恵まれない状況におかれた人々が「よりよい生活」を夢みる場合、とることのできるいくつかの方法がある。この点で、一九二〇年代に登場した新しい世代の農村青年の分化の様子を整理した、大門正克の次の記述は参考になる(36)。

新しく登場した青年は、都会熱につかれて出郷する青年と村に残った青年に分化した。農村から都市に向かった青年は、出郷してからも教育水準の上昇を志向し、都市ではかれら「苦学熱」がさかんにとりざたされた。……これに対し、村に残った農村青年にはいくつかの選択肢が残されていた。農村で独学に励み、人格の修養を積むか、あるいは農村に自己教育の機会を設けるか、農村と都市の格差から反都市主義的傾向を強めるか、さらには貧困そのものからの脱出をはかり、新しい農村文化の創造をめざして農民運動に加わるか、普通選挙の実施を機に政党に接近するか――。一九二〇年代の農村では、農村青年のなかからやがて農村改造の新しい担い手が登場し、かれらのエネルギーは、問題の解決方法や担い手=階層によって、その後無産政党青年部や青年党、青年団自主化などに分化・噴出したのである。

あたりまえのことであるが、「勉強してえらくなる」という価値観は、「よりよい生活」をめざすための、たくさんある選択肢の中の一つにすぎない。修養を積んだりして、恵まれない現状を精神的なもので克服・超越しようとすることも選べるし、境遇を同じうする者の連帯・結束を固め、集団的に生活の安定や待遇の改善をはかることを選ぶこともできるのである。

歴史的・社会的な諸条件を捨象して考えてみるならば、おそらく、戦前期の国鉄においても、下積みの職種に入職した者が「よりよい生活」を実現するためには多様な選択肢がなかったわけではないだろう。

たとえば、「よりよい生活」の定義の仕方が戦前期の日本の国鉄と対照的だったのは、英国の鉄道である。英国の鉄道では、一九世紀半ば以降、熟練労働者を中心にした職能別の組合(一八七一年)、不熟練労働者を中心にしたラディカルな組合（一八八九年）、さらに全階層を包含した産業別組合（一九一三年）が、全国的な組織として企業横断的に作られた。組合は共済制度で、ストライキや解雇者の生活保障の資金を確保しつつ、何度かの大きなストライキを経験しながら、団体交渉を通じて集団的な待遇改善をはかっていったのである(37)。

学歴や試験の体系によりながら、個人的な上昇＝昇進・昇格を希求した日本の国鉄現業職員と、集団的に結束し、労使間の団体交渉を通して、労働条件や待遇の改善を要求していった英国の鉄道員――結果としてどちらがよかったかはわからないが、「よりよい生活」をめざすには複数の道がありえたことだけは確かである。

この問題について本格的に論じるだけの紙幅もないし、私の準備も不十分である。ここではただ、二つの点だけにふれておきたい。

ひとつは、経済史家にとってはあたりまえのことにすぎないのかもしれないが、選抜や養成の問題は、広義の労使関係史の中において考えてみる必要があるということである。

兵藤釗によれば、職人的徒弟制度が技能伝習の方法として初期の重工業経営の中にみられたものの、欧米流の徒弟規制＝入職規制を行いうるような条件は、日本には存在していなかった。そして、自主的な労働組合が排除されたため、「労働者が入職や昇進の条件を団体的に規制しうる途は閉ざされ」た。その結果、企業の手による養成制度が重要な役割を果たすものとして作られると同時に、労働過程が直接的に管理される規制力は強くなった(38)。鉱夫の仲間組織である友子制度を考察した村串仁三郎は、大正中頃からの経営側の養成制度が形成されたことが、友子の基本的な機能であった取り立て制度に含まれていた、友子主導の技能養成機能を急速に衰退させたことを指摘している(39)。

英国の鉄道の場合、企業内教育制度は作られていたが、熟練の養成は必ずしも鉄道会社が全面的に掌握していたわけではなかった。職能別の組合が徒弟規制＝入職規制の権限を持ち、会社がそれを無視した方策を採った時にはストライキも辞さなかった(40)。組合は、監督者による恣意的な評価をきらい、昇進に関してはしばしば先任権の原則を主張したし(41)、経営側が作った教育・訓練の経歴を、その者の昇進決定の際に考慮すべき要素に入れるかどうかについても、簡単には合意しなかった(42)。一方では徒弟規制＝入職規制や共済制度により、組合員の地位や生活を保障し、他方では団体交渉を通じて、労働条件や賃金の改善を集団的に要求・実現していったのである。

このようにみてくると、組織内部に教育機会が準備されること、また、教育経験や実務経験が監督者等に評価されること、その評価が昇進につながること……といった一連の慣行は、ある政治的・社会的性質を帯びているということがわかる。イデオロギーの伝達のみが〈政治〉なのではない、学歴の評価のされ方や養成制度の整備、資格や評価のあり方は、いずれも当の組織で、あるいは社会全体で政治的なものとして機能する。言い換えると、選抜システムは、権力や財（ポストや賃金）の配分、評価する権能、自発的同調や抵抗の喚起など、多様な側面において政治性を持っている。それゆえ、国鉄についていえば、共済制度の成立や現業委員会の発足、「大日本鉄道従業員会」等の結成や弾圧など、労使関係の調整をめざした制度や労働運動などと関連したものとして、採用・昇進・訓練の問題をみていく必要があるのではないだろうか(43)。

もう一つは、人々の「よりよい生活の希求」という意識のあり方を、ある歴史的・社会的な刻印を帯びたものとして考察する必要があるということである。それは、序論で述べたように、社会の近代化、産業化の進行の中で形成されてくる側面がある。同時に、いろんな可能性のうちから、その社会や集団に特有の形態を帯びるという側面もある。後者についていえば、たとえば英国の場合、組合の団体交渉の関心は、もっぱら賃金の上昇、労働時間の短縮、労働条件の改善に向けられていた(44)。「豊かで楽な状況」が目標だったといえるだろう。それに対し、日本では身分的待遇の改善や昇進機会の拡大が、賃金や労働条件などと並んで重要な焦点になった。集団的であれ個人的であれ、「地位の上昇」がめざされていたのである。人々の「よりよい生活の希求」という意識のあり方は、社会や集団によって、異なる目標や行動に結びついていたといえよう。

二村一夫は、日本の労働者の身分意識、労働者意識、出世観や労働運動への加入動機の間の関係を次のように読み解いている。

明治維新で四民平等が実現されながらも、実質的には職業等による社会的地位の差が歴然として残り、その結果、「身分」観念は根強く残った。企業内の職務の序列も身分関係と観念されたが、労働者たちは、自らを身分上の底辺に位置づけられることを当然だとは思わなかった。彼らは、英国の労働者とちがって、労働者であることに誇りを抱かず、さまざまな意味での「身分」の上昇、社会的地位の向上に大きな意味をおいていた。労働者であることから抜け出したいと考えていたのである。だが、企業内での職位＝身分を決めたのが学歴であったため、貧しさのゆえに進学できなかった彼らの前には、能力がありながら出世が難しいという事態が立ちふさがっていた。そうした自分たちのおかれた事態に対する憤懣が、戦前から一九五〇年代ぐらいまでの労働運動に加わる動機として少なくない意味を持っていた。英国と対比してみると、日本の労働者は、労働条件の改善という純粋に経済的な問題よりも、社会的地位の向上や人間解放の主張に共感を寄せていたという二村の指摘は、「よりよい生活」の日英の考え方の違いをうまく説明してくれる(45)。

そう考えてくると、刻苦勉励して恵まれない下積み仕事から抜け出して昇進しようとすることと、自分や仲間の恵まれない状況に憤怒の思いを抱いて労働運動に飛び込むこととは、社会的意味は大きくちがうが、根は同じ所にあったということがいえよう。ただ、この問題は二村の説明に尽きるわけではない。近代日本の豊かでない家庭に生まれ育った青少年が、どういう思いを抱きながらどういう人生をたどったのかについて、説明されるべきこと、記述されるべきことは、もっといろいろとあるにちがいない。そのためにも、序章で述べておいた〈学び〉は、単に教育学的な主題としてではなく、もっと広い歴史的・社会的文脈の中でその起源や展開、機能について考察されねばならないだろう。

註

序章

1　デイヴィド・ヴィンセント『パンと知識と解放と──一九世紀イギリス労働者階級の自叙伝を読む──』川北稔・松浦京子訳、岩波書店、一九九一年、二三五頁。

2　同右、二四四頁。

3　同右、二二五頁。

4　こうした視点でまとめられた最近のすぐれた研究として、花井信『製糸女工の教育史』大月書店、一九九九年、がある。また、菅原亮芳は、「立身出世」を目指していた存在としてイメージされがちな講義録の講読者について、彼らの手記の分析を通して、「純粋な向学心の芽生え」も学習動機の中に見られることを指摘している（菅原「『独学』史試論──中学講義録の世界をめぐって──」寺﨑昌男他編『近代日本における知の配分と国民統合』第一法規、一九九三年）。

5　文部省『日本の教育と成長』（帝国地方政学会、一九六五年）付表7から算出。ちなみに、同じように、尋常小学校卒業者数に対する後期中等教育（中学校・高等女学校・甲種実業学校等）の卒業者数の割合を見ると、一九三〇（昭和五）年には一七・七%、一九二〇（大正九）年は六・七%である。

6　天野郁夫『教育と選抜』第一法規、一九八二年。同『試験の社会史』東京大学出版会、一九八三年。

7　天野『教育と選抜』一三頁。

8　同右、二一頁。

9　天野『試験の社会史』二七三頁。

10　いい添えておくが、天野は明治前半期の小学校での過酷な試験の実態についても言及している（同四章）。しかし、試験のイデオロギーの流布とアスピレーションを喚起する機能を果たしたことが指摘されるにとどまっており、低段階の教育機関への就学が社会の選抜メカニズムの中で果たした役割については、そこでは考察されていない。
11　辻功「わが国における職業資格制度の発達（その1）」『筑波大学教育学系論集』第二巻、一九七八年。
12　たとえば、尾高煌之助は、初期の近代工場において実地訓練で技能を習得した者が熟練職工として珍重され、「渡り職工」として各地の工場への技術移転の役割を果たしたり、独立して中小の工場を作っていったことを明らかにしている（尾高『職人の世界・工場の世界』リブロポート、一九九三年）。また、職工＝工員の頻繁な移動は、好・不況の波にともなう量的な変動があったものの、昭和戦時期まで続いていった。これらは、移動する個人の側から見れば、横断的な労働市場における、習得した技能をてこにした地位上昇（より高い賃金の希求）でもあり、新たな技能を習得する機会の追求でもあった（後者の側面を強調したものとして、高口明久「わたり職工の社会史」中内敏夫・久冨善之編『企業社会と偏差値』藤原書店、一九九四年、がある）。
13　たとえば、知多綿織物問屋竹之内商店の「勤務録」（一九〇一～三九年）を分析した福森徹によれば、中等学歴以上の者は主人の血縁者を除くと一人も採用されていない。一九一八（大正七）年以降は高小卒業者のみが採用されていた（福森「木綿卸売商における雇用関係の展開」『経営史学』第二五巻第四号、経営史学会、一九九一年）。
14　たとえば、菅山真次によると、第一次大戦後の日立製作所では、学歴主義的階層秩序が確立してくる一九二〇年代半ば以降、正規の学歴が職員登用に決定的な意味を持つような制度改正がなされ、その結果、企業内の養成施設を含め、夜学で学んだ各種学校の出身者が職員に登用されるチャンスは狭められた。正規の学歴を登用基準とすることは、「苦学力行による職員への出世の道を閉ざすものであ」り、日立工業専修学校（企業内に設置された各種学校）の卒業生の中には、学力が評価されない不満から労働運動に身を投じた者もいたという（菅山「一九二〇年代重電機経営の下級職員層」『社会経済史学』第五三巻第五号、一九八七年）。また、竹内洋は学卒者と子飼いの店員との葛藤を、明治末の白木屋百貨店の事例を紹介しながら論じている（竹内『立身出世主義』ＮＨＫ出版、一九九七年、第八章）。
15　いささか図式的であるが貴重な先行研究として、小林輝行『近代日本の家庭と教育』（一九八二年、杉山書店）がある。小林は、階層別・出生順位別の差異にも配慮しながら、明治期の農家の子供の進路分化のパターンを整理している。また一地域の事例研究として、天野郁夫編『学歴主義の社会史』有信堂、一九九二年、第Ⅲ部、がある。
16　松丸志摩三『村の次三男』（新評論社、一九五四年）。
17　「工業化と技術者養成」というタイトルで、天野『教育と近代化』玉川大学出版部、一九九七年、に収録。
18　「初等義務教育の制度化」というタイトルで、『教育と近代化』に収録。
19　なお、この点に関心のある方は、以下のものも参照されたい。広田照幸「教育社会学における歴史的・社会史的研究の反省と展望」『教育社会学研究』第四七集、一九九〇年。伊藤彰浩「〝教育の歴史社会学〟の現段階」『教育社会学研究』第五七集、一九九五年。天野郁夫「解題――あとがきにかえて」前掲『教育と近代化』。

20 天野郁夫「日本の近代化過程にみる非学歴主義的選抜」荒井克弘編『学歴主義にかわる社会的選抜システムの模索』昭和六三年度科学研究費補助金総合研究A・研究成果報告書、一九八九年（のち「独学と講義録」というタイトルで天野『日本の教育システム』東京大学出版会、一九九六年に収録）。「講義録と私立大学――知識伝達の日本的形態」天野『教育と近代化』玉川大学出版部、一九九七年。

21 天野『学歴の社会史』新潮社、一九九二年。

22 竹内洋『日本人の出世観』学文社、一九七八年。『選抜社会』リクルート出版、一九八八年。『立志・苦学・出世』講談社現代新書、一九九一年。『日本のメリトクラシー――構造と心性』東京大学出版会、一九九五年。『立身出世主義』日本放送出版協会、一九九七年。『学歴貴族の栄光と挫折』中央公論新社、一九九九年。

23 竹内『立身出世主義』第一〇章「ささやかな出世と癒しの文化」。

24 加賀美智子「日本『近代』の『家』と出世」『ソシオロジ』第一九巻第二号、一九七四年。

25 原田勝正『日本の国鉄』岩波新書、一九八四年。なお、近年の鉄道史研究の展開については、以下のものを参照。湯沢威「鉄道史研究」社会経済史学会編『社会経済史学の課題と展望』有斐閣、一九九二年。原田勝正編『日本の鉄道――成立と展開――』日本経済評論社、一九八六年。中村尚史『日本鉄道業の形成』日本経済評論社、一九九八年、など。

26 一九〇八（明治四一）年には、鉄道局と帝国鉄道庁が廃止されて、鉄道院となった。

27 角本良平『鉄道政策の検証』白桃書房、一九八九年、表1―3〜12から作成した。

28 本給と手当賞与を加算したもの。武知京三『近代日本交通労動史研究』日本経済評論社、一九九二年、三四一頁。

29 原田勝正『鉄道と近代化』吉川弘文館、一九九八年、一五三頁。

30 大島藤太郎『国鉄』岩波新書、一九五六年、一一二頁。

31 同右、一一三頁。

32 内閣統計局編纂『第45回日本帝国統計年報』から作成。

33 熊谷光久『日本軍の人的制度と問題点の研究』国書刊行会、一九九四年、第一章。

34 陸軍大臣官房『第35回陸軍省統計年報』による。

35 事情があって資料名は伏せる。

36　竹内洋『日本人の出世観』学文社、一九七八年。

1章

1　これまでなされてきた義務教育の就学率に関する代表的な研究としては、安川寿之輔「義務教育における就学の史的考察——明治期兵庫県下の小学校を中心として——」『教育学研究』第二六巻第三号、一九六二年、「義務教育の史的分析——資本主義の生成と寄生地主制——」『日本の教育史学』第七号、一九六四年、天野郁夫「日本の経験——近代日本の初等義務教育におけるWESTAGEの研究」『開発段階にあるアジア諸国における初等教育のWESTAGEの研究』国立教育研究所、第五六集、一九六七年（「初等義務教育の制度化——ウェステージの視点から」『教育と近代化——日本の経験』玉川大学出版部、一九九五年に再録）、国立教育研究所『日本近代教育百年史』佐藤秀夫執筆部分、第三巻、六一〇—六一四頁、同第四巻、一〇〇五—一〇一〇頁、一九七四年、松野安男「近代日本における就学率の上昇過程の説明について」その一『東洋大学文学部紀要』第三四集、一九八〇年、土方苑子「『文部省年報』就学率の再検討」『教育学研究』第五四巻第四号、一九八七年などがある。

2　「実質的就学率」は安川前掲論文について、「通学率」は佐藤前掲論文において、「wastage としての入学—卒業比率」は天野前掲論文において、それぞれ就学率の実態を明らかにするために用いられている。

3　天野、前掲論文。

4　土方苑子『近代日本の学校と地域社会——村のこどもはどう生きたか』東京大学出版会、一九九四年。

5　三羽光彦『高等小学校制度史研究』岐阜経済大学研究叢書五、法律文化社、一九九三年。

6　木村元「一九三〇—一九四〇年代初頭日本義務制初等学校の動向と再編の課題——初等義務教育の変容と中等学校入試改革の動向に注目して——」『一橋大学研究年報　社会学研究』三八、二〇〇〇年。

7　安川、前掲論文。

8　三羽、前掲書、一六二—一六四頁では、高等小学校に英語が加設科目としてあったことや中学校入学者に高小一年修了者が多いことをもって、高等小学校に中等学校への進学準備の機能があったこと、また、教育界からもそうした期待があったことを論じている。

9　天野、前掲論文。

10　深谷昌志『学歴主義の系譜』黎明書房、一九六九年、天野郁夫『教育と選抜』第一書房、一九八二年、斉藤利彦『競争と管理の

学校史』一九九五年、などにおいて、中等教育機関への進学が容易ではなかった実態が指摘されている。
11　女子については『諸調査』の二二年のデータが欠落しているため、暫定的に二一年のデータを用いて算出した。したがって、中等教育機関進学率の女子のデータ一二・〇%には二一年のデータによる部分が含まれている。
12　『就職に関する資料』では、尋常小学校卒業者と高等小学校卒業者に加えて、高等小学校中退者についても統計をまとめている。一定数存在する高等小学校の中退者の進路分化は興味深い課題ではあるが、別途検討することとし、本稿では分析の対象としない。
13・14　『就職に関する資料』と『文部省年報』の尋小卒業者数を比較すると、男子では二九（昭和四）年、三〇（昭和五）年、女子では三〇（昭和五）年のみ『就職に関する資料』の卒業者が多いが、それ以外の年度はすべて『文部省年報』の卒業者の方が多くなっている。上級学校進学者数についても、女子について三四（昭和九）年から三七（昭和一二）年まで『就職に関する資料』の進学者数が多くなっている以外は、すべて『文部省年報』と『諸調査』とから算出した進学者の方が多い。このように、卒業者、進学者ともに『就職に関する資料』の方が少ない傾向がある。このような差異がどのような状況のなかで生じたものであるかはわからない。ただし、進学率として算出した数字の傾向については大きな違いがないとして、上級学校進学者を正規の中等教育機関として考えた。
15　国立教育研究所『近代日本教育百年史』一九七四年、二四七―二五三頁。
16　『文部省年報』と『就職に関する資料』との高小卒業者数でも、一貫して『文部省年報』の方が多い。さらに、『就職に関する資料』の上級学校進学者数は、『全国諸調査』から算出した正規の中等教育機関への進学者数を大幅に上回っているが、ここでの上級学校に何が含まれているかについては、『就職に関する資料』には明記されておらず不明である。本稿では、とりあえず、『文部省年報』記載の「中等学校ニ類スル各種学校」入学者を用いて、この差を埋めることを試みたが、数字の上では充分に成功してはいない。また、実業補習学校や青年学校への入学者とも比較したが、これらの機関への入学者は桁違いに多く、『就職に関する資料』の上級学校進学者を大幅に上回る結果となった。
17　文部省『実業教育五十年史』正・続篇、一九三六年（日本図書センターより一九八一年に復刻）。
18　赤石清悦・小金井義『各種学校』帝国地方行政学会、一九六四年、二二一―二八頁。
19　上ノ坊仁「都市の子供は就職のために高小学へ」『児童』第四巻第三号、一九三六年、刀江書院、四五頁。
20　鈴木寿郎「農村の子供は親に食はれる」『児童』第四巻第三号、一九三六年、刀江書院、四八頁。
21　中西運造「少年少女の求職問題に就いて」『児童』第四巻第三号、一九三六年、刀江書院、五八頁。

22 『就職に関する資料』の高小卒業男子の農林業従事者数は、一九三一（昭和六）年と三二（昭和七）年は、それ以外の年度と比較して一〇万人少なくなっているが、これはデータの誤記である。合計と照合すると、一〇万の位の一が抜けていることがわかる。したがって、本稿では一〇万を加えて修正した値を用いて算出した。

23 上ノ坊仁「都市の子供は就職のために高小学へ」『児童』第四巻第三号、一九三六年、刀江書院、四七頁。

24 文部省『実業教育資料・各種会社工場従業員歴総合集計、第六揖附録（其の一）』一九三一年は、文部省『会社工場従業員学歴調査報告』一九三一年をまとめたものであろうと指摘されている（間宏『日本労務管理史資料集』第一期第九巻、五山堂書店、九一一〇頁）。また、同時期に文部省「実業教育資料官業従業員学学歴総合集計、第九揖』一九三一年も出版されている。昭和初期には、初等教育から高等教育までの学歴がひろく社会一般に注目されるようになっていることがうかがえる。

25 『文部省年報』から、たとえば一九一〇（明治四三）年度に尋小に入学した世代は、一九一八（大正七）年に高小を卒業し、一九二一（大正一〇）年に中学校や五年制の実業学校を卒業するというように制度上の接続の年数で学歴別卒業者を算出した。計算には、実業補習学校、青年学校、各種学校などは含めていない。これらを含めれば、尋小、高小卒の学歴所有者の比率は本文で提示したものよりも小さくなる。

2章

1 美濃口時次郎『人的資源論』八元社、一九四一年、二七三頁。

2 西川俊作・尾高煌之助・斎藤修編著『日本経済の二〇〇年』日本評論社、一九九六年、四〇五―四〇七頁。また、一九三〇年代が社会移動にとっての転機であったことは、中村牧子による実証的な分析によって明らかにされている（中村牧子『人の移動と近代化――「日本社会」を読み換える』有信堂高文社、一九九九年、第六章を参照）。

3 山時隆信「農村青年婦女子の都市集中問題」『日本農業』第二五巻第八号、一九二九年、二四頁。

4 したがって、青少年の都市への移動・就職は都市問題・青少年問題との関連づけにおいて、職業指導などの教育活動にも影響を与えることになっていく。拙稿「『勤労青少年』をめぐる社会秩序の編成過程――戦間期における転職・不良化問題と『輔導』論の展開に注目して――」『教育社会学研究』第六七集、二〇〇〇年などを参照。

5 松村勝治郎「農漁村青少年の離村問題と其の対策」『職業指導』第八巻第七号、一九三五年、三三頁。

6 並木正吉『農村は変わる』岩波新書、一九六〇年。

7 猪間驥一「東京市人口増加の性質に就いて」上田貞次郎編『日本人口問題研究』協調会、一九三三年。

8 野尻重雄『農民離村の実証的研究』岩波書店、一九四二年（以下『研究』とする）。

9 中川清「戦前東京における人口の定着傾向」『新潟大学商学論集』第一四号、一九八一年。

10 加瀬和俊「一九二〇年代における男子労働力の都市流入構造についての一考察」『東京水産大学論集』第二六号、一九九一年。

11 橋本健二『現代日本の階級構造――理論・方法・計量分析――』東信堂、一九九九年、一七五―一七七頁。

12 橋本健二「ジェンダーと階層構造――理論内在的セクシズムの問題――」『教育社会学研究』第六一集、一九九七年、六一―六二頁。

13 粒来香「兄弟順位と社会移動」佐藤俊樹編『階層・移動研究の現在』文部省科研費報告書、一九九五年、同「近代都市東京の形成」原純輔編『日本の階層システム1　近代化と社会階層』第四章、東京大学出版会、二〇〇〇年。

14 粒来香「離農と離村の計量分析――兄弟順位との関連を中心に――」一九九五年SSM調査研究会研究成果報告書『現代日本の社会階層に関する全国調査報告書研究　第二巻　近代日本の移動と階層：一八九六―一九九五』一九九八年。

15 本調査の概要は以下の通りであった。なお引用にあたってカタカナをひらがなに、旧字を新字に改めてある。

「調査の対象　昭和四年より昭和八年迄の五ヶ年間に小学校（ここでは「尋常小学校」を指していると考えられる―筆者注）を卒業した者に就き調査したもので、即ち村の小学校を卒業した現在算へ年十二歳乃至十八歳（この記述は正確ではないだろう。正しくは調査時点でおおよそ一六歳から二〇歳までの年齢層が対象となるはずである―同前）の青少年の移動状況である。尚、男子は長男、二三男に分ったが茲に二三男とは次男以下を意味する。

調査町村の選定　調査町村は一府県六ヶ村宛として経済更生指定村中より原則として農村三、山村二、漁村一の如く割当て、秋田・福島・埼玉・島根・長崎・熊本の諸県は必ずしも右の割合に依らず、海岸線なき栃木・群馬・山梨・長野・岐阜・滋賀・奈良の諸県は農村四、山村二の割合で選択し其の選択は地方庁に依頼し主として小学校当事者及関係者が調査に当つた。」

なお、調査対象町村は、農村一四七、山村九一、漁村三九、計二七七ヶ村となっている。またここでいう離村者とは、「自分の村より他村又は他地方へ移動せる者にして少くとも一ヶ年以上生活の本拠を村外に移せるもの」を指しており、「遊学・兵役関係・嫁入其の他に依り村外に在る者も含まれ、単に労働力の移動のみを意味するものではない」とされている。

16 このことは、結果として地域における相続慣行の違いというものを無視することとなった。粒来、前掲論文（一九九五）を参照。

17 〈調査〉に関しては、これまでの研究においてあまり注目されることはなかったようである。わずかに野尻が「某官庁による全国二七七村調査」としてその結果の一部にふれているに過ぎない（『研究』四八九頁）。

同時に〈調査〉が持つ資料的制約についても述べておこう。第一に、一時点の調査であるがゆえに、時系列での比較ができないこと。第二に移動した人々がどのような経緯（例えば調査時点での在村者もそれ以前に流出→帰村した可能性もある）をたどったかがわからないこと（もっとも比較可能な調査データは管見の限り存在しない）。第三に対象者の年齢（単純に計算して調査時点で一六〜二〇歳）から考えて基本的に単身者の移動を想定するが、実際には含まれていたであろう挙家離村との弁別が不可能であること。第四に五年分の卒業生を一まとめに集計してあるため、年齢効果や時代効果といったものが推測できないこと、などをあげることができる。

18 『研究』四八八―四八九頁。

19 『研究』四八九頁。

20 野尻の定義によれば、職業的完全移動とは、「労働力の職業的地域的に農業経済よりの離脱移動に際し、個々の労働力が自らの農業経済よりの地位の喪失が完全なるものであ」る（傍点原文ママ。『研究』三九頁）。

21 『研究』四九〇頁。

22 埼玉、新潟、福島、岩手四県選定十二個村戸別訪問移動調査（六九〇九戸対象、昭和一四・一五年四月現在の状況）における、男子職業離村者二四三八人の移動状況。

23 『研究』四九一頁。

24 『研究』四九〇頁。

25 粒来、前掲論文（一九九五）、七一―七五頁。

26 ところで、野尻によれば、長男離村の増加の要因は戦時体制への移行に伴う大規模な都市労働市場の出現と農村における階層構造――低階層、しかも非農家における長子保留への意識の希薄化――に求められてきた。こうした時代的趨勢が移動の様態に影響を与えたであろうことは当然予想できる。しかしながら、〈調査〉では、そうした影響というものを測定することはできない。

27 その意味で言うと、〈調査〉に表れた地域性の中で、意外な印象を受けるのはやはり東北地方の六大都市移動の少なさである。東北地方の人口扶養ないし移動問題は、その流出超過率の高さをめぐって、当時の研究者の関心を集める重要なテーマとなっていた。同時代的研究の一例として、上田貞次郎・小田橋貞壽「東北人口の移動について」『社会政策時報』一七六号、一九三五年、及び那須皓・神谷慶治「農業の人口収容力――特に東北地方に就て――」農業経済学会編『日本農業の展望』岩波書店、一九三五年、人口問題研究会編『東北地方の人口に関する調査（人口問題資料第九輯）』刀江書院、一九三八年、同会編『東北地方の産業と人口（第二回同攻者会合記録）（人口問題資料第十一輯）』刀江書院、一九三八年、などがある。

28 野尻は、当時の時代状況を「歴史的な移動急進時代」と表現しつつも、「農家の後嗣者であり、家族労働構成の主宰的地位を占むべく予定されてゐる長子移動は、さう容易には急進せしめられるものではない」という結論を導き、「世帯主長男職業完全移動に依る農家経済への直接的間接的影響は、甚大であるとは謂へないであらう」としている（『研究』四九六頁）。
29 一町村当りの年平均離村者数についても、男子一七・五（長男五・四、二三男十二・一）、女子一七・五人と、まったくの同数となっている。
30 『研究』一七四頁。
31 『研究』一六九頁。
32 『研究』二六二頁。
33 より具体的に、県内よりも六大都市移動の多さが顕著である県としては、沖縄・新潟・神奈川・千葉・埼玉・兵庫・奈良（以上男女とも）、山梨・石川・富山・長野・近畿各府県・徳島（男子）、鹿児島（女子）があげられている。〈調査〉、一六～一七頁。
34 それは必然的に移住者を媒介とした家郷と行き先としての都市との地域的連関性を表すこととなる。交野正芳「農村社会の変動と都市移住者」松本通晴・丸木恵祐編『都市移住の社会学』世界思想社、一九九四年などを参照。
35 厚生省臨時軍事援護部『小学校卒業児童に関する資料』一九四〇年、七三―七四頁。これらの資料については本書第一章を参照。
36 美濃口、前掲書、二四五頁。
37 「戦前の次三男の就職先の主なものは商店の丁稚小僧であった。それについては大工その他の職人であった」（並木、前掲書、八五頁）。
38 〈調査〉の対象者及び調査時点から時期はやや下がるが、一九三八（昭和一三）年三月に東京市少年職業紹介所が受け付けた地方からの求職カードの職業別分類によれば、これらの職業が占める割合は約七三％にも上っている（木田進「農村児童大都市就職に就て」『職業紹介』第六巻第七号、一九三八年）。
39 昭和戦前期の繊維労働者の地域移動状況については、西川俊作『地域間労働移動と労働市場――昭和戦前期・繊維労働者の地域間移動――』有斐閣、一九七六年を参照。
40 濱名篤の指摘によれば、昭和初期において女中の輩出基盤は結婚前の地方出身者が中心であり、さらに昭和一〇年前後には高学歴女性にとっての女中の職業としての魅力が低下し、「女中難」という状況が明確になるとともに、それが初等学歴層のための職業となっていったとされる（濱名篤「明治末期から昭和初期における『女中』の変容」『社会科学研究』第四九巻第六号、一九九八年、六二―六六頁)。なお、野尻は「女工」と「女中」への移動に際しては、両者の間に顕著な階層的差異が存在していることを指摘する(『研究』三〇二頁)。

41 埼玉・新潟・福島・岩手四県下計六九〇九戸より過去十年間の移動者(男子九五七名、女子六四二名)について選定十二個村の移動職業を年次動態別に集計したもの(『研究』三〇五頁)。

42 事実並木は戦時中の工業労働力不足対策として、商業人口による「時局産業」への労働代替が構想されていたことを明らかにしている。ただし、実質的な条件整備は一九四〇(昭和一五)年以降の強制的企業整備を待たねばならなかったとされる(並木、前掲書、一六五頁)。

43 濱名、前掲論文、八二―八四頁。

44 この項目の意味内容については、何の記載もなされていない。調査対象者の年齢が一六〜二〇歳であることを考えると、常識的に中等教育・高等教育双方が含まれていると思われるし、それぞれにおける学校種別も明らかではないから、ここでは数値を提示するに留めておく。

45 もっとも、ここでの公務自由業には兵役に基づく軍人が含まれるので、必ずしも都市型の職業とは言い切れない。したがって、ここでは踏み込んだ検討は行わない。

46 具体的に、農業従事者の比較的多い地方として、東北六県、埼玉・群馬・沖縄の男女とも、東京の二三男、茨城・富山・岐阜・香川の女子などがあり、とりわけ沖縄と青森の女子は著しい(〈調査〉一七頁)。

47 こうした傾向は、戦後の『農家就業動向調査』に基づく橋本健二の指摘と符合するものであるといえる。橋本、前掲書、一五五頁。

48 『研究』三〇二頁。

49 並木、前掲書、第Ⅰ章を参照。

50 愛知県『農山漁村青年移動並ニ団体調査書』一九三八年。

3章

1 工業学校には、甲種工業学校と乙種工業学校があった。このうち乙種は、在来工業と対応した学科が中心であった。多くの工業系各種学校が重工業化に対応した学科構成であったことから、各種学校との比較対象となるのは、重工業化に対応した学科を持っていた甲種工業学校とする。

2　岩内亮一『日本の工業化と熟練形成』日本評論社、一九八九年。
3　沢井実「重化学工業化と技術者」宮本又郎・阿部武司編『日本経営史2　経営革新と工業化』岩波書店、一九九五年。
4　粒来香・佐藤俊樹「戦間期日本における職業と学歴――一八九六―一九二五年出生コーホートにみる旧制中等教育の社会的位置」『教育社会学研究』第五六集、一九九五年。
5　拙稿「近代日本における資格制度と工業化――電気事業主任技術者検定制度の導入過程に着目して――」『教育社会学研究』第五六集、一九九六年。
6　表1では一九三一年から実業各種学校の学校数が急増したが、小金井によると、これは昭和五年以前の府県からの報告が実業学校に類するものをその他の各種学校として報告したものが多かったために、文部省が注意を促したことによるものである。事実上は、この時まで年々漸増してきたと考えられる。小金井義「各種学校の歴史⑧――大正期・昭和前期における各種学校（2）」『各種学校教育』No.9、一九六六を参照。
7　赤石清悦・小金井義『各種学校』帝国地方行政学会、一九六四年。
8　電気系学科の学校数は実際の学校数がわからないため、日本電気事業史編纂会『日本電気事業史』一九四一年、を用いて、一九四〇年現在の電気系の工業学校と各種学校を設置年別に累計したものである。
9　辻功「資格制度研究序説――資格と教育の関係を中心として――」『東京教育大学教育学部紀要』第二二巻、一九七六年、同「わが国における職業資格制度の発達（その1）――明治初年から第二次世界大戦終了まで――」『筑波大学教育学系論集』第二巻、一九七八年。これらの論文は『日本の公的職業資格制度の研究』日本図書センター、二〇〇〇年、にまとめられたが、本章で指摘した点については議論に変化がみられない。
10　天野郁夫『教育と選抜』第一法規、一九八二年、及び橋本鉱市「近代日本における専門職と資格試験制度」『教育社会学研究』第五一集、一九九二年。
11　注5に同じ。
12　注9に同じ。
13　辻功前掲論文「資格制度研究序説」。
14　辻功前掲論文「わが国における職業資格制度の発達（その1）」。
15　同前。
16　このデータの中で各種学校は一括して扱われているため、その中から工業各種学校を抜き出すのは不可能といえよう。

17 電気事業主任技術者制度五十周年記念事業委員会『電気事業主任技術者制度五十年史』一九六五年。
18 なお、等級区分以外に関しては、これ以外の時期にも改正が行われた。該当するものについては折にふれて取り上げる。
19 第五級でも五〇キロワット以下の高圧電気供給事業所では主任技術者として就業可能であったが、そのような事業所は高圧事業所の約半数にとどまっていた。
20 それまでの電気事業法施行規則の中では、別の規定によって定めるということが書かれていただけであった。「主任技術者ハ別ニ定ムル所ニ依リ相当ノ資格ヲ有スル者ナルコトヲ要ス」(電気事業法施行規則第三九条、逓信省令第二五号)。
21 資格認定が行われたのは次の八校で電気工学を専修し卒業したものである。兵庫県立工業学校、宮城県立工業学校、秋田県立工業学校、広島県立工業学校、福岡県立小倉工業学校、私立高知工業学校、私立三井工業学校、南満州工業学校。但し兵庫県立工業学校、秋田県立工業学校、福岡県立小倉工業学校、私立三井工業学校の大正六年二月以前の卒業者、宮城県立工業学校、広島県立工業学校、私立高知工業学校の大正七年二月以前の卒業者、南満州工業学校の大正八年以前の卒業者は資格認定の対象外とされた。
22 拙稿前掲論文「近代日本における資格制度と工学化」。
23 電気事業の推移については、拙稿「近代日本における資格制度と工学化」の他、栗原東洋編『現代日本産業発達史Ⅲ 電力』交詢社出版局、一九六四年、大淀昇一「日本の工業電化と工業教育の展開」『日本産業教育学会研究紀要』第九号、一九七九年、「鉱業・電力」長岡新吉編著『近代日本の経済』ミネルヴァ書房、一九八八年所収、等を参照。
24 逓信省『逓信事業史』第6巻、一九四一年。
25 注17と同じ。
26 官報の告示の欄に資格認定校を掲載する旨が電気事業主任技術者資格検定規則に定められていた。
27 電機学校『電機学校二十五年史』一九三三年。
28 出典は『鶴岡市史』下巻。『山形県立鶴岡工業高等学校七十年史』より重引した。
29 注14に同じ。

〈資料一〉 逓信省令第九四号(一九一三年十月六日)

第一条 電気事業主任技術者ノ資格ハ左ノ区別ニ依リ之ヲ検定ス

第一級 電気供給事業及び電気鉄道事業

第二級　一万五千ヴォルト以下ノ電気供給事業及電気鉄道事業
第三級　七千ヴォルト以下ノ電気供給事業及電気鉄道事業
第四級　低圧又ハ高圧ノ電気供給事業
第五級　低圧又ハ五〇キロワット以下ノ高圧電気供給事業
第六級　二〇キロワット以下ノ低圧又ハ高圧ノ電気供給事業

〈資料二〉電気事業法施行規則の改正——逓信省令第二十五号（一九二一年五月十日）

電気事業法施行規則中左ノ通改正ス
第三十九条第一項ヲ左ノ如ク改ム
　主任技術者ハ左ノ区別ニ従ヒ電気事業主任技術者資格検定規則ニ依ル相当ノ資格ヲ有スル者及電気技術ノ経験ヲ有スル者ナルコトヲ要ス

電気事業ノ種類	電気事業主任技術者
電気供給事業及電気鉄道事業	第一種ノ資格ヲ有スル者
三万五千「ヴォルト」以下ノ電気供給事業及電気鉄道事業	第二種ノ資格ヲ得タル後二年以上電気技術ノ経験ヲ有スル者又ハ従前ノ規定ニ依リ第二級ノ資格ヲ有スル者
一万五千「ヴォルト」以下ノ電気供給事業及電気鉄道事業	第二種ノ資格ヲ有スル者
低圧又ハ高圧ノ電気供給事業	第三種ノ資格ヲ得タル後二年以上電気技術ノ経験ヲ有スル者又ハ従前ノ規定ニ依リ第四級ノ資格ヲ有スル者
低圧又ハ百「キロワット」以下ノ高圧電気供給事業	第三種ノ資格ヲ有スル者

〈資料三〉逓信省令第二十四号（大正一〇年五月十日）

電気事業主任技術者資格検定規則中左ノ通改正ス
第四条　大学令ニ依ル大学ノ工学部若ハ之ト同等以上ノ学校ニ於テ電気工学ヲ専修シ其卒業証書ヲ有スル者又ハ之ニ相当スル学士試験ニ合格シタル者若ハ電気工学ニ関シ工学博士ノ学位ヲ有スル者ハ第一種ノ資格ヲ有ス
　専門学校令ニ依ル実業専門学校又ハ之ト同等以上ノ学校ニ於テ電気工学ヲ専修シ其ノ卒業証書ヲ有スル者ハ第二種ノ資格

ヲ有ス

実業学校令ニ依ル実業学校又ハ之ト同等以上ノ学校ニ於テ電気工学ヲ専修シ其ノ卒業証書ヲ有スル者ハ第三種ノ資格ヲ有ス

前三項ノ学校ハ検定委員ニ於テ学科目　程度　設備其ノ他必要ナル事項ヲ各科ニ付調査シ適当ト認メタル上逓信大臣之ヲ認定ス

前項ニ依リ認定シタル学校名及資格ハ之ヲ告示ス

第四条ノ二　大学令ニ依ル大学ノ工学部ニ於テ第三条ニ定ムル科目ヲ実業専門学校又ハ之ト同等以上ノ程度ニ於テ修得シタル者ハ検定委員ノ銓衡ヲ経テ第二種ノ合格証書ヲ受クルコトヲ得

専門学校令ニ依ル実業専門学校又ハ之ト同等以上ノ学校ニ於テ電気工学ヲ専修シ其ノ卒業証書ヲ有スル者ニシテ更ニ二年以上同種ノ学校ニ於テ電気工学ニ関スル科目ヲ修得シ其ノ証明書ヲ有スルモノハ検定委員ノ銓衡ヲ経テ第一種ノ合格証書ヲ受クルコトヲ得

専門学校令ニ依ル実業専門学校ト同等以上ノ外国ノ大学又ハ工業学校ニ於テ電気工学ヲ専修シ其ノ卒業証書ヲ有スル者ハ検定委員ノ銓衡ヲ経テ第一種又ハ第二種ノ合格証書ヲ受クルコトヲ得　但シ必要ト認ムルトキハ第三条ニ定ムル試験科目ノ一部ニ付試験ヲ行フコトアルヘシ

第五条　第二種ノ資格ヲ有スル者満四年以上電気技術ノ実務ニ従事シ責任アル地位ニ在リタルトキハ検定委員ノ銓衡ヲ経テ第一種ノ合格証書ヲ受クルコトヲ得

但シ第四条第二項及第四条ノ二ニ依ルモノハ其ノ修業年限及学科ノ程度ニ依リ検査委員ニ於テ適当ト認ムルトキ本條ノ年数ヲ短縮スルコトアルヘシ

前項但書ニヨリ逓信大臣ノ認定シタル学校名及銓衡ニ必要ナル年数ハ之ヲ告示ス

4章

1　この点を、明治以降の日本を対象にして実証的に明らかにしたものとして、沢山美果子「近代家族の成立と母子関係——第一次世界大戦前後の新中間層——」人間文化研究会編『女性と文化Ⅲ——家・家族・家庭』JCA出版、一九八四年、同「教育家族の成立」『叢書〈産む・育てる・教える〉1・教育』藤原書店、一九九〇年、山本敏子「日本における〈近代家族〉の誕生——明治期ジャーナリズムにおける『一家団欒』像の形成を手掛りに——」『日本の教育史学』第三四集、一九九一年、牟田和恵『戦略としての家族』新曜社、一九九六年など。また、落合恵美子『近代家族とフェミニズム』勁草書房、一九八九年、上野千鶴子『近代家族の成立と終焉』岩波書店、一九九四年、山田昌弘『近代家族のゆくえ』新曜社、一九九四年などは、欧米の家族史研究の展開をリファーしながら、より理論的な側面から〈近代家族〉の特徴的性格を描き出している。なお、〈近代家族〉の分析のためには、親が子どもに対して抱く愛情や教育的配慮といった心性のレベルとともに、社会が家族のあり方として〈近代家族〉を理想的な状態だとみなす規範あるいはまなざしのレベルについてもあわせて考察する必要がある。とりわけ後者はメディアのみならず、さまざまな制度的実践と結びつき、前者に多大な影響を及ぼす関係にあることから、これら両者の関係を総合的に把握していくことが肝要ではある。しかし、本稿ではとりあえず、下層家族における前者の側面に分析の焦点を定めることにし、前記の課題については他日に期することにする。さしあたり、拙稿「戦間期日本における家族秩序の問題化と『家庭』の論理――下層社会に対する社会事業の認識と実践に着目して――」『教育社会学研究』第六〇集、一九九七年および「近代日本における下層家族の『家庭』化戦略――戦間期方面委員制度の家族史的展開――」『東京大学大学院教育学研究科紀要』第三八巻、一九九八年を参照。

2　注1であげたような〈近代家族〉分析の文脈で戦前期、とりわけ明治中後期～大正期における家族の分析を行ったもののほとんどが、都市新中間層のみを分析の対象として措定している。ただし、都市新中間層という特定の階層に限定されない方向から〈近代家族〉にアプローチしているものとして、大正期以降における親子心中の急増と重ね合わせて家族の構造的変化を論じた岩本通弥（「血縁幻想の病理――近代家族と親子心中――」『都市民俗学へのいざないⅠ・渾沌と生成』雄山閣、一九八九年）や「近代の家族」を〈都市家族〉という文脈によって論じた中川清（「都市家族の形成と変容」『都市問題』第八〇巻第二号、一九八九年）などもある。とくに後者は〈都市家族〉を都市下層の展開と重ね合わせて論じている点で、同『日本の都市下層』勁草書房、一九八五年とともに、本稿執筆にあたって大きな示唆を得た。

3　落合恵美子は、大正期における都市新中間層家族とそれが「大衆化」した戦後の家族を、欧米における「一九世紀近代家族」と「二〇世紀近代家族」に重ね合わせ、それらを異質性のもとで理解しようとしているが、ここでの分析はいわば「一九世紀近代家族」から「二〇世紀近代家族」への変動過程を、「一九世紀近代家族」の外延から理解していこうとするものである。落合恵美子『21世紀家族へ』有斐閣、一九九四年、一〇五～九頁を参照。また、この問いに対する理論的背景については、拙稿「表象としての『家庭』と家族の歴史政治学――『近代日本と家族』研究の一視角――」『東京大学大学院教育学研究科紀要』第三六巻、一九九六年を参照。

4　千本暁子「日本における性別役割分業の形成――家計調査をとおして――」『制度としての〈女〉』平凡社、一九九〇年。また、姫岡はドイツにおける市民的家族像の労働者層への浸透を、とりわけ女性の位置づけの変化に注目しながら論じている（姫岡とし子「労働者家族の近代――世紀転換期のドイツ――」同前書）。

5　L・ストーン『家族・性・結婚の社会史――一五〇〇年―一八〇〇年のイギリス――』北本正章訳、勁草書房、一九九一年、五頁。

6　広田もまた、「子ども観の変容を前近代／近代という単純な二分法ではなく、重層性や階段性をもった複雑なプロセスとして考えること」（広田照幸「〈子どもの現在〉をどう見るか」『教育社会学研究』第六三集、一九九八年、七頁）の重要性を提起している。ちなみに、ストーンは一八〇〇年頃のイギリスにおいて親たちが選ぶことのできた子育て様式として次の六つをあげている。①貴族階級＝無視の様式、②上層ブルジョワジー＝子ども中心的、情愛的、許容的な様式、③上層ブルジョワジー＝子ども中心的だが抑圧的な様式、④敬虔な非国教会派＝自己中心的、闖入的な様式、⑤小屋住み労働者、職人層＝無慈悲だが注意深い様式、⑥貧民層＝無関心で搾取的な様式。Stone, L., ***The Family, Sex, and Marriage in England, 1500-1800***, Weidenfeld & Nicolson, 1977. なお、一九七九年の Abridged edition（ストーン、前掲訳書）では、この箇所は割愛されている。

7　後に紹介する内務省地方局が編纂した『細民調査統計表』（一九一一年調査）と『細民調査統計表摘要』（一九一二年調査）を用いて下層社会の実相を明らかにした津田は、「教育の有無についてははっきり実態を把握できない」（津田真澂『日本の都市下層社会』ミネルヴァ書房、一九七二年、一一六頁）と述べ、その記述の断片的性格について指摘している。

8　とはいえ、大正期以降の下層社会諸調査が必ずしも一貫性を保持しているというわけではない。たとえば「細民調査」は治安・防貧対策の一環であったし、「不良住宅地区調査」は一九二七年の不良住宅地区改良法、「要保護世帯調査」は二九年の救護法の公布、三二年の施行と連動しているものであり、したがって、その調査対象も調査規模もズレが存在している。しかし、それらは下層社会の生活構造やその社会構造上の位置を明瞭に示唆する重要なデータであり、本稿ではこれらを積極的に利用していくことにする。

9　さしあたり、津田前掲書、第2編第2章第2節の「貧困の概念とその規定の歴史」を参照。

10　中川清『日本の都市下層』勁草書房、一九八五年、二一―二二頁。

11　同前書、二九頁。

12　津田、前掲書、一四〇頁。

13　千本、前掲書。

14　横山源之助『日本之下層社会』教文館、一八九九年、四三―四四頁。引用にあたって、漢字表記を新字体にあらため、傍点、圏点の類いを省略した。ただし、仮名づかいはそのままにしてある。以後同様。また、以後引用中、身分的差別に抵触する語句が使用されている箇所もあるが、原文のままとした。
15　同前書附録「日本の社会運動」四三―四四頁。
16　天涯茫々生（横山源之助）「下層社会の新現象　共同長屋」『新小説』第八年、第三巻、一九〇三年、二四七―二四八頁。引用にあたって、人名を伏せ字とした。
17　以下の教育程度に関する分析は、中川前掲書（一九八五年）においておおむねなされているが、本稿執筆にあたってすべてを再度集計し直した。その際、いくつかの箇所で若干算出方法が異なっているため、同書とは数値が異なるところがある。
18　内務省地方局『細民調査統計表』一九一二年刊。「細民戸別調査」は同調査に収録されている六つの調査のうちのひとつで、調査対象は下谷萬年町・山伏町・入谷町・金杉下町・龍泉寺町および浅草区神吉町・新谷町などといったスラム地域に居住する三、〇四七世帯。
19　内務省地方局『細民調査統計表摘要』一九一四年刊。調査対象は、本所区松倉町など十町、一、一七一世帯、深川区猿江裏町など四町、一、七三九世帯および大阪市難波警察署管内の難波など五町、一、六八一世帯の計四、五九一世帯。ただし、示した数値は東京の本所と深川を合わせた二、九一〇世帯のみで算出したもの。
20　内務省社会局『細民調査統計表』一九二二年刊。以下の数値のもとになった調査対象は、深川区猿江裏町・本村町、浅草区浅草町、四谷区旭町の計四九七世帯。
21　東京市社会局『東京市内の細民に関する調査』（一九二〇年調査、一九二一年刊）には、「細民の子女にありては就学奨励普及の結果世帯主に比し教育あるもの﹅数著しく優り来れるもの﹅如し」（九二頁）と述べられている。ここで指摘されている「就学督促」の事情や下層の子どもたちの一部が通ったであろう特殊小学校や尋常夜学校の設立とその消失の過程に関して、ここでは詳しく論じることができない。さしあたり、田中勝文「児童保護と教育、その社会史的考察――東京市の特殊小学校設立をめぐって――」『名古屋大学教育学部紀要（教育学科）』第一二巻、一九六五年、同「明治中期の貧民学校――小学簡易科制度の実態分析――」『日本の教育史学』第八集、一九六五年、川向秀武「東京における夜間小学校の成立と展開――『特殊夜学校』・『尋常夜中学校』を中心として――」『人文学報』第九三号、一九七三年、別役厚子「東京市『特殊学校』の設立過程の検討――地域との葛藤に視点をあてて――」『日本の教育史学』第三八集、一九九五年、などを参照。
22　東京府学務部社会課『東京府郡部不良住宅地区調査』一九二八年刊。調査対象は、荏原郡四町、豊多摩郡四町、北豊島郡十町、南足立郡一町、南葛飾郡六町の東京府下郡部五郡の不良住宅地区、計五、五八九世帯。
23　東京市社会局『東京市四谷区深川区方面地区に於ける児童調査』一九二八年刊、一二頁。調査対象は四谷区谷町など五町、五一二世帯と深川区東町など三町、六六七世帯。

24 西野理子「『家族戦略』研究の意義と可能性」丸山茂他編『シリーズ比較家族10・家族のオートノミー』早稲田大学出版会、一九九八年、一五六頁。なお、同「『家族戦略』概念の意義――産業化と家族変動との関係を理解する上での一考察――」『社会学年誌』三二、一九九一年も参照。

25 中川、前掲書(一九八五年)、二八四―二八六頁。

26 大我居士(桜田文吾)「貧天地」『日本』一八九〇年九月二一日。

27 中川、前掲書(一九八五年)、二九五頁。

28 千本、前掲書、一八九頁。

29 家計調査の歴史に関しては、奥村忠雄・多田吉三「日本家計研究小史(1)~(4)」『大阪市立大学家政学部紀要・社会福祉学』第四巻第四号~第六巻、一九五六~八年を参照。

30 比較対象として、工場労働者の「育児教育費」について、内務省衛生局『東京市京橋区月島に於ける実地調査報告第一輯』(一九二一年刊)、いわゆる『月島調査』を参照しておく。掲載されている収入段階別一月平均支出額中、「育児教育費」は、収入五〇円以下で九八銭、五〇~七〇円で一円六七銭、七〇~九〇円で一円五三銭、九〇円以上で五円七三銭となっている。これらの数値を細民調査と比較すると、労働者世帯の方が下層世帯よりも若干低くなっているが、これはそれぞれの項目に含まれる費目内容の問題が反映している結果だとも考えられる。したがって、さしあたり「育児教育費」に関しては、下層社会と家計の上に現れる限りでは同質的だったと結論づけておくが、その背後にある意識や子ども観についてまでは、ここで論及することができない。

31 なお、調査対象三地区の平均世帯人員は、四谷・浅草が四・五一人、深川が三・九九人、合計平均四・三四人であり、当該世帯が両親の揃った核家族だと仮定した場合の平均子ども数を算出すると、四谷二・五二人、浅草二・五一人、深川一・九九人、合計平均二・三五人となる。

32 千本、前掲書、二一九―二二〇頁。

33 天涯茫々生(横山源之助)「共同長屋探見記」『文藝倶樂部』第一七巻、第一六号、一九一一年、二〇四―二〇五頁。また、下層社会におけるこうした小遣いの性格について注目しているものとして、広田照幸『日本人のしつけは衰退したか』講談社現代新書、一九九九年、四四―四八頁。

34 鈴木、前掲論文(一九九七年)、一四―一五頁。

35 このことは、その上層に位置する労働者階級にこの規範が浸透し尽くされていることを前提としているわけではない。労働者階級と下層社会とはその一部において重なる部分があったし、労働者階級がそれ自体として別様のロジックを持っていた可能性もある。このことに関する分析は他日に期することとしたい。

5章

1 天野郁夫『教育と選抜』（第一法規、一九八二年）、『試験の社会史』（東京大学出版会、一九八三年）、『学歴の社会史』（新潮社、一九九二年）、麻生誠『エリートと教育』（福村出版、一九六七年）、深谷昌志『学歴主義の系譜』（黎明書房、一九六九年）、竹内洋『立志・苦学・出世』（講談社、一九九一年）、など。

2 氏原正治郎「戦後労働市場の変貌」『日本の労使関係』（東京大学出版会、一九六八年）など。

3 帝国鉄道倶楽部編輯局編『実務兼用鉄道各職員受験準備完成』（三友堂、一九一九年）続編七頁。

4 竹内常善は、戦間期の閉塞的な階層構造のなかでも、社会の一角にはこのような小上昇のルートが存在していたことについて注意を促している。「一九三〇年代の彼らについては、一つの点だけを指摘しておきたい。（中略）それは労働者を準中間層に引き上げるためのパイプがかなり安定的に維持されていたことである。（中略）国鉄の鉄道手、陸海軍工廠の技手とか、叩き上げ型の巡査部長など、下層から長期の努力と実績を積上げることで中間層化していく事例は個別的に確認することはできる」（竹内「諸階層とその動向」社会経済史学会編『一九三〇年代の日本経済』東京大学出版会、一九八二年）。

5 本章以下の第Ⅱ部では、戦前期の国鉄に従事する人員の全体をさす一般的な概念として、「職員」の語をあてることにする。したがってここでいう「職員」は、戦前期の大経営企業における経営身分階層としての狭義の「職員」概念とは意味あいを異にする。この点、念のため注記しておく。

6 鉄道手は一九一三（大正二）年五月、「鉄道院官制」の改正（勅令第七四号）により新設された。現業職員の中の永年勤続者に対する優遇的制度として設けられた、国鉄に特殊の階梯上の身分である。伊藤繁次郎『鉄道職員』（鉄道研究社、一九三五年）二一二〜二二七頁に詳しい。

7 傭人相当の職名は達示によって明確に規定されており、鉄道作業局時代の一九〇〇（明治三三）年にはすでにその制定のあった事実を確認することができる（「国有鉄道傭人職名の変遷」鉄道大臣官房現業調査課『現業調査資料』第四巻第六号、一九三〇年）。具体的な職名については、のちにあげる表1等を参照のこと。

8 「現職雇員」と呼ばれる、職制上は傭人職として定められた職種でありながら、特に雇員としての待遇が与えられる。一九一一（明治四四）年に検車手に対してこの制度が適用されて以来、次々に拡張されていった。当初の段階では、いずれ純粋の雇員職に昇格する人材のための階梯的存在という色彩が濃厚であったが、昭和初期以降の制度拡張に伴い、長期勤続者に対する優遇制度としての性格へと変容していった。伊藤前掲『鉄道職員』二二七—二三四頁。

9 のちの節で触れるように、いくつかの職種別採用規程中には現職雇員についての規定が含まれているし、また判任官機関手に関しては、身分と職名とが一体化した位相に対して採用基準が示されているといえる。

10 大正末時点での職名による。

11 協調会編『鉄道労働事情概要』(一九二二年)一二頁(=大正期鉄道史資料・第Ⅱ期第十七巻『国鉄労働関係資料』一九九二年)。

12 以下の節における各種の「採用規程」の出典は、いずれも『鉄道公報』による。

13 本稿では便宜上、初等学校卒業程度を「無学歴」として扱うことにし、中等以上の学歴をもって「有学歴」扱いとする。

14 天野前掲『教育と選抜』『試験の社会史』『学歴の社会史』。

15 ただし、場合によっては例えば図4aにおける注油夫のように、特に試験の定めのないものもある。

16 場合によっては普通科目二科目を合わせた四本立てであったり、普通科目なしの二本立ての場合もある。

17 ここで「中学校」としたのは、正確には「中学校又ハ之ト同等程度ノ学校」である。師範学校をはじめとする各種の中等レベルの諸学校が含まれていると思われるが、とりあえずここでは、それらを代表して「中学校」と表記しておく。同様に「工業学校」とは、正確には「尋常小学校卒業程度ノ学力ヲ以テ入学セシムル修業年限二年半以上ノ学校機械科」である。したがってそこに想定されている範疇には、正規の工業学校のほかに、本書第三章のなかに新谷によって示されているような工業系の各種学校の一部も含まれているものと考えられるが、一応これを「工業学校」としておく。

18 岩内亮一は、大正前期までにそうした「技能養成と雇用・昇進管理にまつわる問題を生ぜしめなかった」事例のひとつとして国鉄教習所を取り上げている(岩内『日本の工業化と熟練形成』日本評論社、一九八九年、一二九頁)。

6章

1 ほぼ月一回行われる講演の内容は、北海道新聞社のホームページで閲覧可能。アドレスは http://www.aurora-net.or.jp/doshin/dii/seikon/seikon.htm。

2 ただし、早坂の話は若干事実と違う。野中は一九四三(昭和一八)年に旧制京都府立園部中(現在の府立園部高)を卒業して大阪鉄道局に採用されているから(野中広務『私は闘う』文芸春秋、一九九六年、一九六頁)、鉄道教習所には中等学校を出た後で入所したのであろう。

3　瀬島源三郎「関東震災前後の省教」（日本国有鉄道中央鉄道教習所『八十年史』一九五三年、一四八頁）。瀬島は元鉄道省教習所教官。

4　藤川福衛「当時の想い出」（前掲『八十年史』一四八頁）。藤川は尋常小学校を卒業して東部鉄道管理局に採用された。傭人（上野駅手）ながら特例で東部地方教習所に入所、その後も中央教習所、鉄道省教習所と学んで高文行政科に合格する。

5　戦前の官庁職員は、下から順に「傭人→雇員→判任官→奏任官→勅任官（→親任官）」という身分構造をとっていた。このうち傭人・雇員は官吏ではなく、単に雇用関係があるのみ。官吏（文官）に任用されるためには、判任官なら文官普通試験（普文）に、「高等官」と称される奏任官以上なら文官高等試験（高文）に合格することが原則であった。ちなみに普文は受験資格不問、高文は中等学歴（および同等の資格取得）が受験資格。

6　『鉄道』第二巻第二号、鉄道合同雑誌社、一九四二年、六一頁。

7　日本国有鉄道編の正史『日本国有鉄道百年史』（一九七二年）、国立教育研究所編『日本近代教育百年史』（一九七四年）など。

8　国立公文書館・国立国会図書館・交通博物館図書室はもちろん、運輸省鉄道局（省庁再編により、現在は国土交通省鉄道局）の協力を得て同省の地下書庫まで実地調査したが、教習所関係の資料は一切現存しなかった。また、国鉄関係の書類の一部を移管した日本鉄道建設公団国鉄清算事業本部にも照会していただいたが、発見できなかったとのことである。この他、JR北海道社員研修センター（旧札幌鉄道教習所）にも照会したが、資料は現存しないとのことであった。

9　管見の限り、全国的に渉猟しても次の三点しか発見できなかった。これ以外のものをご存じの方は、ご教示いただきたい。

①札幌鉄道教習所『札幌鉄道教習所々史』（一九四三年）。一九三九（昭和一四）年の「鉄道教習所官制」以降の記述に限られ、歴史的な展開はわからない。

②札幌鉄道教習所『所史』（一九五二年）。一九一〇（明治四三）年の設置以来の制度的概略が記述され、数値データも掲載している貴重な資料。ただし記述内容は札幌鉄道教習所のみに限られており、また回想や卒業者の動向は掲載していない。

③日本国有鉄道中央鉄道教習所『八十年史』（一九五三年）。教習所制度史の概略にふれた唯一の資料で、日本国有鉄道の正史『日本国有鉄道百年史』（一九七二年）にも多く引用されている。

10　こうした学校を「国民教育の系」に含めるのには違和感がある。中学校と並ぶ正規の学歴として機能しており、少なくともエリート養成の系をたどる資格だけは与えられていたからである。

11　奈良常五郎『日本ＹＭＣＡ史』（日本ＹＭＣＡ同盟、一九五九年、一五一頁）にも、「残念なことにＹＭＣＡの中心部からは離れてしまった」とある。
12 『鉄道青年』第二一年第六号、一九二九年、一四頁。
13 鉄道寮では、一八七二（明治五）年一二月六日に新橋（のち汐留、現存せず）駅構内で電信修技生の養成を開始した。鉄道開業に伴い、新橋―横浜間の電信線が電信寮から移管されたためである。これをもって「国鉄職能教育のはじまりでもあるが、また同時に、これを当中央教習所の起源ともいうことができる」（前掲『八十年史』二頁）という説明もある。ただし、その養成は電信寮（のちの逓信省）の「電信修技生取扱規則」によって実施されており、七五（同八）年七月には電信寮に養成を委託するようになった。
14 中村尚史『日本鉄道業の形成』日本経済評論社、一九九八年、五九頁。工技生養成所出身者の代表格は一九一八（大正七）年に鉄道院副総裁まで登りつめた長谷川謹介である。
15 井上勝に関しては、村井正利『子爵井上勝君小伝』（日本経済新聞社、一八八一年復刻）、青木槐三「鉄道を育てたひとびと」（日本国有鉄道総裁室修史課編『日本国有鉄道百年史』（以下、『百年史』とする）通史、一九七四年に付録として収録）などを参照。青木は新聞記者を経て一九三六（昭和一四）年からジャパン・ツーリスト・ビューロー文化部長、国策会社である華北交通東京支社長などを歴任。執筆時は日本交通協会理事で、日本国有鉄道修史委員会委員。
16 『日本』一八九五年三月一四日付（鉄道同好会『鉄道同好会誌』第一二号、一八九五年、一九頁から重引。同誌は北海道炭礦鉄道の社内報）。執筆者名は曲木如長とあるが、経歴等は不明。この計画は日清戦争によって頓挫。
17 財団法人逓信同窓会『逓信教育史』一九八四年、五九頁。
18 学校法人明昭学園岩倉鉄道高等学校『岩倉のあゆみ　明治・大正・昭和』一九八五年、四五頁。
19 同右、二五頁。
20 一九〇〇（明治三三）年北海道鉄道部訓令第三三九号。北海道鉄道部は北海道庁の一部局。鉄道国有化まで、北海道内の鉄道は北海道庁が所管していた。
21 鉄道時報局『鉄道時報』第一〇七号、一九〇一年、八頁。
22 『百年史』第三巻、一九七二年、二七五頁。
23 前掲青木「鉄道を育てたひとびと」。
24 一九一二（明治四五）年三月に鉄道院・南満州鉄道・日本郵船・東洋汽船・帝国ホテルの出資で設立された任意法人で、戦後は運輸省の手を離れ㈱日本交通公社となる。詳細は財団法人日本交通公社社史編纂室編『日本交通公社七十年史』（一九八二年刊）

を参照。

25 『百年史』第五巻、三二七頁。

26 国立教育研究所編『日本近代教育史9　産業教育(1)』九一七頁。亀川はのちの昭和高等鉄道学校長。

27 『百年史』第五巻、三二七頁。

28 この時は第二次桂内閣。なお、後藤はこの後、一九一二（大正元）年、一六（同五）年にも総裁に就任。「3度も鉄道の長官となったので鉄道院を後藤新平一色で塗りつぶし、後藤新平はその間あらゆる鉄道の大企画に手をつけたので、いまでも中期以降の鉄道の各方面の事業はその源流を尋ねてゆくと、大概は後藤新平の発起につき当たる」（前掲青木「鉄道を育てたひとびと」）という評価もある。ちなみに、帝国鉄道庁総裁だった平井晴二郎は鉄道院副総裁に就任した。

29 前掲青木「鉄道を育てたひとびと」。

30 水沢市立後藤新平記念館蔵「後藤新平文書」九—七〇—六、「鉄道院忘年会に於ける後藤総裁演説」（一九〇九（明治四二）年一二月二八日）。

31 笠松愼太郎「鉄道に従事する青年諸君の為に」（『鉄道青年』第二二年第六号、一九三〇年、一六二頁）。

32 笠松愼太郎「駅夫から交通文化賞まで」（有隣会本部編集委員会『有隣』第七号、一九六一年、四八頁）。

33 笠松愼太郎『鉄道人に聴く』春秋社、一九三七年、三三三頁。なお、笠松はのちに副参事まで登りつめる。

34 後藤新平「予の好む青年」（『後藤新平論集』東京堂、一九一一年）、七四頁。

35 このとき鉄道院総裁と兼務の逓信大臣としては、通信官吏練習所の教育内容を大幅に高め、大臣直属の逓信官吏練習所を設置した。また、のちの内務大臣時代には警察講習所の設置を指示し、東京市長時代には東京市吏員講習所・教育講習所を設置している。

36 松木幹一郎「後藤伯と国有鉄道」（『鉄道青年』第二一年第六〇号、一九二九年、二九頁）。

37 駅務系統・運輸系統の他、判明した限りでも次のように多様な展開を見せた。
○西部——教習所を設置するのみならず、地方教習所講義録を発行。一九一一（明治四四）年七月段階で数千部を配布。
○中部——一九一〇（明治四三）年一二月に電車科を増設。翌一一（同四四）年四月には別科（電信修技科・駅員車掌養成科・火夫養成科）を増設し、別科生のための分教所を長野・金沢に設置。
○北海道——一九一一（明治四四）年五月に電信の別科（翌年から通信選科）を増設。
○九州——一九一一（明治四四）年八月に電信の別科を増設。

38　一九一二（明治四五）年には普通科に並行して電気科（修業年限一年、定員三〇名以内）を設置（前掲『八十年史』九頁）。
39　たとえば、中教所長には岩倉鉄道学校長も務めた鉄道院技監野村龍太郎（のち鉄道院副総裁・満鉄総裁）、生徒監には鉄道院理事（総裁官房秘書課長）松木幹一郎（のち帝都復興院副総裁・台湾電力社長）が就任した。笠松は東部教習所講師に就任。
40　青木槐三『国鉄繁盛記』交通協力会、一九五二年、一一二頁。
41　『鉄道青年』第二巻第三号、一九一〇年、四二頁。ただし、抜群に優秀な者はその限りでなかったらしく、前述した藤川福衛は笠松が目を付け特例として入所させている。
42　中教第一回卒業式における幹事兼生徒監松木幹一郎の学事報告（『鉄道青年』第二年第六号、一九一〇年、二六頁）。
43　一九二〇（大正九）年以前の呼称。同年八月の「陸軍幼年学校令」によって、中央幼年学校本科は士官学校予科、中央幼年学校予科・地方幼年学校はともに幼年学校となる。
44　「後藤新平文書」九—七〇—一七、「実践躬行にあり（中央教習所普通科第二期生卒業式に於て）」。ちなみに該当者の内訳は、中部五名、西部九名。
45　後藤が辞任する際、後任の総裁宛に事務引継書とともに書き残した「国有鉄道成績」には特科に関する記述がない。国立国会図書館蔵の実業之日本社編『各種方面青年無学資立身法』（一九一七年）の中教に関する記事をみると、特科に関する記述には抹線が書き込まれている。また、管見の限り特科に関する体験記や意見はひとつもみつからなかった。
46　前掲「国有鉄道成績」には「英露語科」と表記されているが、学科の改組・改称は行われていない。一九一一（明治四四）年には英語科別科も設置されているから、いずれかにロシア語のコースを増設したのだろう。
47　平城卯市「追憶」（『有隣』第二号、一九五六年、一一六頁）。平城は中教普通科第一期。
48　中教第一回卒業式における幹事兼生徒監松木幹一郎の学事報告（『鉄道青年』第二年第六号、一九一〇年、二六頁）。当時の松木は鉄道院理事。なお、発行年不詳の絵葉書『中央教習所見学旅行記念』には、伊勢神宮（外宮・内宮）・若草山・東本願寺・近江坂本（三橋・日吉神社）・比叡山（四明嶽・根本中堂）・三井寺・石山寺・敦賀港・福井城趾・山代温泉・兼六園・高岡市物産館・善光寺の計二三枚が収められている。
49　「後藤新平文書」九—七〇—三、「中央教習所開所式に於ける後藤総裁訓辞」。
50　「後藤新平文書」九—七三（タイトルなし）。ちなみに第一〜三条が内面に関わる規程で、第一条は「教習生ハ各自其責任ヲ重ンジ熱心篤実ニ修業シ所期ノ目的ヲ達スルニ務ム可シ」、第三条は「教習生ハ吏員服務上ノ規律ヲ遵守シ常ニ品位ニ注意シ言行ヲ慎ミ尚ホ風紀ヲ乱シ又ハ対面ヲ損スル行為アル可カラス」。

51　「国鉄の回顧　舞台裏を語る座談会（その一）」（財団法人運輸調査局『運輸と経済』一九六二年一月号、七七頁）における三木弁次の発言だが、「月給」は不正確。

52　文部大臣官房文書課『日本帝国文部省第三十七年報』一九一一年、一五七頁。

53　たとえば、前述した藤川福衛は、地教入所前には高文合格を目標に私立下谷中等夜学校で学んでいた（『鉄道青年』第一六年第三号、一九二四年、一一七頁）。

54　松木幹一郎「中央教習所第二回教習成績に就て」（『鉄道青年』第三年第二号、一九一一年、二〇頁）。

55　前掲「後藤新平文書」九―七九。この「事務引継書」に前掲「国有鉄道成績」（同九―七八）が添付されていた。なお、その後も原に面会を求め、「鉄道の事に関し職員救済方法を立つることの必要を説」（「原敬日記」第三七冊、明治四四年一一月一日）くなど、後藤の鉄道院への思い入れは尋常ではなかった。

56　「原敬日記」第三七冊、明治四四年八月一日。

57　鉄道広軌改築を含む既存路線改良を主眼とすべきだとする意見を「改主建従」、地方への新路線建設を主眼とすべきだとする意見を「建主改従」と呼ぶ。当然ながら、地方選出の政党政治家の多くは後者であり、彼らを皮肉る新語として「我田引鉄」が登場した。

58　日本の国鉄のレール間隔は一、〇六七ミリメートルだが、これを世界的に標準とされる一、四三五ミリメートル（現在の新幹線と同一）へ改軌すべきだという議論。従来から軍部を中心に意見としてはあったが、一九一一（明治四四）年四月、内閣に広軌鉄道改築準備委員会が設置されたことで政治の場で議論されるようになった。政友会は地方新線の建設を主張して反対、原内閣に至って財政危機を理由に中止となる。なお、正しくは一、四三五ミリメートルのレール間隔を「標準軌」、これを超えるサイズを「広軌」、下回るサイズを「狭軌」と呼ぶ。

59　鶴見祐輔『後藤新平』第三巻、一九三七年、後藤新平伯伝記編纂会、四二七頁。鶴見は鉄道官吏で後藤新平の女婿。のちに衆議院議員・内務政務次官、戦後は参議院議員・厚生大臣を務める。

60　同右。

61　猪木士彦「高等事務官養成方法其他ニ関スル意見書」（「原敬関係文書」に収録、一九一二（明治四五）年に提出か）。猪木の肩書きは鉄道院参事。

62　井出繁三郎「鉄道院整理私案」（「原敬関係文書」に収録、一九一二（大正元）年に提出）。井出はのちに鉄道省監督局長などを務めるが、このときの役職等は不明。

63　逓信大臣と兼務。後藤新平と同様、一九一八（大正七）年、三一（昭和六）年と三度も大臣兼鉄道院総裁に就任する。

64　管見の限り、後藤の関与を示す資料は発見できなかった。けれども既述したように、後藤が新たな役職に就くたびに新しい教育機関が設置されたり、改善が行われたりする。鉄道院でいえば、後述する一九一九（大正八）年の教習所改革も後藤の総裁就任から程なくしてのことであった。後藤が直接指揮を執ったとまではいえなくても、担当者に教育機関の整備を指示した可能性は濃厚である。この点に関しては後日を期したい。

65　各鉄道管理局の判断により、中学三年修業程度に引き上げる場合もあった。

66　玄海人「中央教習所論」（鉄道共攻会『鉄道』第十年三月号、一九一六年、三六頁）。記述内容から推測して、筆者は中教教官または卒業生。

67　一九三八（昭和一三）年十月三日実施、「鉄道教育者に聴く」座談会（『鉄道青年』第三〇年第十二号、一九三八年、五八頁）における笠松愼太郎の発言より。

68　稲川儀一「有為の鉄道青年は須らく教習所に入れ」（『鉄道青年』第九年第二号、一九七一年、一六頁）。稲川は旧中部教習所卒、執筆時は浜松駅所属の車掌。

69　もう一つの隠れた理由として、技術系の学科の卒業者が入っていくのは程度の差こそあれ「職人の世界」「男の職場」と称すべき場であったことも見逃せないであろう。事務系の職場では、過酷な肉体労働や雑用ばかりの傭人からデスクワークができる雇員・判任官へというモノトーンの立身出世コースしか用意されていない。しかも、その競争には尋常小学校から帝国大学まであらゆる学歴の者が参加する。だが、機関庫・検車所といった技術系の職場は、昇進しても身につけた技能を活かして腕一本で生きてゆく世界である。それゆえ、無事故運転を何年何カ月とか、ハンマーの打音一つで部品の可否がわかるといった生き甲斐をも持ち得た。しかも、それは自己満足で終わるものではなく、判任官機関手に昇進するとか、「お召列車」の運転を命ぜられるとか、同僚に一目置かれるといった有形無形のメリットにかえってゆく可能性を秘めていた。

70　浩風生「鉄道職員教育の制度施設」（『鉄道』第一三年七月号、一九一九年、一五頁）。

71　放送教育開発センター『研究報告六七　近代化過程における遠隔教育の初期的形態に関する研究』（一九九四年）を参照。

72　一九〇三（明治三六）年三月に創設された検定試験で、「専検」と呼ばれた。合格すれば中学校卒業の学歴を持たない者でも専門学校を受験することが許されるほか、一年志願兵出願、判任官任用など中等学歴が関係するほとんどの場面で中学校卒業者と同等の取り扱いを受けられた。当初は各道府県ごとに任意に実施したが、二四（大正一三）年十月以降は文部省が一括実施するようになった。戦後は学制改革により、五一（昭和二六）年に現在の大学入学資格検定（大検）に移行した。

73 教員免許状は高等師範学校・師範学校や種々の教員養成所の卒業者のほか、検定試験合格者に授与されていた。師範学校・中学校・高等女学校の教員については一八八五（明治一八）年から文部省が実施しており、「文検」と呼ばれた。小学校の教員については各道府県ごとにさまざまなグレードの試験を実施していた。

74 『鉄道』第一一年一二月号、一九一七年、六五頁。

75 前掲「鉄道職員教育の制度施設」。

76 前掲『後藤新平』第三巻、六六九頁。なお、内閣発足から間もなく外務大臣本野一郎が病気で辞任、後任人事が不調に終わる。この結果、一九一八（大正七）年四月二三日、寺内首相の要請で後藤は外務大臣に転じ、内務大臣には水野、鉄道院総裁には中村がそれぞれ昇格した。

77 警察大学校史編さん委員会編『警察大学校史――幹部教育百年の歩み――』一九八五年、四九頁。

78 『鉄道青年』第十年第九号、一九一八年、六頁。

79 「鉄道職員教養上特に留意すへき一方面」（『鉄道』第一五年八月号、一九二一年、八一頁）。鉄道省保健課による調査結果を引用。

80 この時、鉄道院職員中央教習所から鉄道院中央教習所へ改称されたが、出版物ではいずれも「中教」と略称されている。本稿でもこれにならう。

81 「鉄道管理局教習所総覧」（『鉄道青年』第十二年第四号、一九二〇年、五五頁）。

82 ただし、『鉄道青年』によれば、一九一九（大正八）年から中教卒業者に対し、高等試験令第七条によって高文の予備試験（高文予試）を受験する資格が認定されたという記述がある（横川四郎「高文試験にパスした鉄道省の二秀才」第一四年第一二号、一九二二年、六一頁）。事実だとすれば、中教は中学校卒業者と同等以上の学歴を有すると認定されたということになるが、官報をみる限り認定の告示はみつからなかった。

83 水戸里「部内入学者に対する省教入学試験改善を叫ぶ」（東京鉄道局『運輸月報』第六巻第一号、一九二五年、六六頁）。

84 福富正男「鉄道院教習所生徒募集に就て」（『鉄道』第一四年三月号、一九二〇年、八九頁）。執筆時の福富は鉄道院参事（人事課長）。

85 『北海タイムス』一九一九年五月三〇日付。

86 日本国有鉄道北海道総局編『北海道鉄道百年史』上巻、一九七六年、四二四頁。

87 中部鉄道管理局庶務課長杉本義朗「前任地を顧みて」（『鉄道青年』第十年第十一号、一九一八年、九頁）。

88 前掲『北海道鉄道百年史』四二四頁。
89 『北海タイムス』一九一九年三月二七日付。
90 『北海タイムス』一九一九年四月八日付。
91 札幌鉄道教習所『所史』一九五二年、六六頁。
92 米原竹次郎「開庁一週年を記念して」(仙台鉄道局有志『大節居士之生涯』一九二四年、一〇九頁)。米原は当時の仙台鉄道管理局長。
93 同右。
94 「我々は何を要求するか――要求内容の梗概――」(『鉄道青年』第一一年第一二号〈意志疎通号〉一九一九年、四頁)。なお、この年の『鉄道青年』は、「意志疎通号」と題して現業員の待遇に関する不満を並べる特集を二度も行ない、二度目にあたる一二月号で、現業員の不満の多くは生活・待遇問題に起因するという分析結果を示している。
95 笠松慎太郎「鉄道教習六〇年の思い出」(前掲『八十年史』一九五三年)。

7章

1 「大正九年頃から現場出身の者に高等教育を施そう、教育に要る費用は鉄道が一切払って一文も従業員から徴収せぬことにしよう、中学から大学の教育までやってのけよう、それには交通大学を設立しようと十河信二等が計画し文部省に交渉した」(青木槐三『国鉄繁盛記』交通協力会、一九五二年、一〇七頁)。
2 鉄中育英六十五周年記念事業委員会編『鉄中育英六十五周年(一九二一―一九八六)』一九八六年、一二―一五頁。なお、同書一五六頁によれば、祝典事業における十河の肩書きは幹事長ではなく総務部長。
3 同法案は一九二〇(大正九)年一二月開会の第四四議会に上程され、貴族院で審議未了となったものの、翌二一(同一〇)年一二月開会の第四五議会では成立する。
4 青木槐三『国鉄繁盛記』交通協力会、一九五二年、一〇七頁。
5 詳細は、菅原亮芳「昭和戦前期『夜間中学』史試論――基礎的資料の整理を手がかりに――」(教育史学会機関誌『日本の教育史学』第三〇集、一九八七年)、拙稿「一九二〇―三〇年代における夜間中学の展開――札幌遠友夜学校中等部・札幌中等夜学校を中心に――」(同誌第四四集、二〇〇一年)を参照。
6 学校法人城北学園創立五十周年記念誌編集委員会編『城北史』一九九二年、五三頁。

7　たとえば一九二一（大正一〇）年の視学官会議の訓示で、中学校の「収容力ノ増加ハ学校ノ増設ニ俟ツ」が「彼ノ『ゲーリー』氏式教室利用法ヲモ参酌実施致シマシテモ、相当ニ収容力ヲ増加シ得ル」と発言している（桑原三二『東京府における公立夜間中学の経緯（東京府公立夜間中学発達史）』一九七八年、五頁）。

8　文部省専門学務局『大正十年　高等学校高等科入学者選抜試験ニ関スル諸調査』一九二二年、三一頁。

9　遠藤芳信『近代日本軍隊教育史研究』（青木書店、一九九四年、三四八頁）によれば、一八八六（明治一九）年勅令第七三号「徴兵令中改正追加」からこの文言を使用。

10　詳細は前掲『近代日本軍隊教育史研究』第五章を参照。

11　財団法人逓信同窓会編『逓信教育史』（一九八四年、二三三頁）によれば、一九〇九（明治四二）年一一月に設置された逓信官吏練習所は、入学資格は中学校卒業程度、修業年限二年という専門学校程度の教育内容であったが、陸軍省は「役人に対して徴兵を猶予するという前例は全くない」として徴集猶予を認めなかった。交渉を継続した結果、翌一〇（同四三）年六月になって認められるものの、同校にはかつての独自の官制を持つ東京郵便電信学校として徴集猶予を受けていた過去がある。教育水準を下げ、修業年限も短縮した通信官吏練習所の時代（〇五（同三八）～〇九（同四二）年）には徴集猶予を返上していたが、教育水準・修業年限とも復旧させたのだから徴集猶予も復旧せよといった交渉に陸軍省が折れたのだろうから、この事例を文部省所管外学校に一般化することはできない。

12　前掲『鉄中育英六十五周年』一五六頁。

13　前掲『国鉄繁盛記』（一〇七頁）によれば、相談を受けた東京帝国大学では、工学部はいい顔をしなかったものの、法学部の牧野英一教授などは大賛成だったという。

14　部外からの入所は局によるが一九三〇（昭和五）年頃まで実施されていた。女子の入所は確認できなかった。

15　毎回、募集対象学校を新規に公示する。一九二二（大正一一）年の第一回募集では、官立大学（法・経・工）、東京商大、官立高商、東京商大商業専門部、官立高工、北大土木専門部、官立外語が対象だった。なお、高等学校は一度も募集対象にならなかった。

16　前掲『鉄中育英六十五周年』一九八六年、一九頁。なお、東京以外の各都市には結局設置されなかった。おそらく経済的な理由だったと思われる。

17　一年後に雇員に資格変更となる。ただし、部内傭人が試雇になると、給与が減額となる場合もあった。そのため、一九三七（昭和一二）年からは入所時には資格変更を行わず、卒業時にただちに雇員とするように改善された。なお、専修部の他の学科では、入所時・在所中に特別な待遇の変更はなく、現場復帰後に順次昇進・昇給が行われた。

18　ただし、藤戸日出丸「無題」（有隣会本部編集委員会『有隣』第二号、一九五六年、一一八頁によれば、「専門学校程度という（省教—三上）普通部は初任給六十円で当時の専門学校出の七十五円との開きは学歴段階として、厳として犯すべからざるものであった」という。資料が見つからなかったが、局教にも同様の格差はあっただろう。藤戸は一九二四年省教土木科卒、執筆時は札幌鉄道管理局信号課長。

19　鉄道青年会編『鉄道教習所並各職受験案内』一九二二年、二頁。なお、局教普通部卒業者の場合は、「特別に待遇せられることはないが、概して進級も早く、且比較的重要な職務に就くことが出きる」（同書、四頁）。

20　大学給費生は一九二九（昭和四）年以降は募集されなくなる。また、鉄道広報の彙報欄には卒業時の学校・氏名しか掲載されないため、選科から本科へというコースをたどった人数は不明。二二（大正一一）年に京都帝大経済学部選科に入学し、二五（同一四）年に本科を卒業した平野玄雄によれば、二五（大正一四）年にも京都帝大経済学部選科に二名の給費生が入学したという（「給費生志望の方に」鉄道青年会本部『鉄道青年』第一七年第七号、一九二五年、一三二頁）。

21　前掲『鉄道青年』第二二年第一〇号、一九三〇年、一九九頁。なお、採用された四名は高等商業学校二名、高等工業学校二名。学歴は中学校卒業三名、工業学校卒業一名。

22　前掲『鉄中育英六十五周年』一三九頁。

23　同右、一六九頁。

24　前掲『鉄道青年』第一四年第八号、一九二二年、八〇頁。

25　影近清毅「鉄道育英会の事業に就いて」（鉄道共攻会『鉄道』第一六年三月号、一九二二年、二一頁）。執筆時の影近は鉄道育英会理事。

26　喜代志生「鉄道五十年祝典記念事業としての教育施設」（前掲『鉄道』第一五年一一月号、一九二一年、四一頁）。筆者は教習所教官。

27　菅原亮芳「近代日本における私立中等学校の特質とその社会的機能に関する研究（一）」（『日本私学教育研究所紀要』第二八号（一）教育・経営篇、一九九三年）。

28　杉本義則「鉄道省教習所の教育方針に就て」（前掲『鉄道青年』第一六年第一号、一九二四年、二八頁）。杉本は省教所長。

29　早瀬亨「わが青春に悔なし」（前掲『有隣』第六号、一九六〇年、一一四頁）。早瀬は一九二六年省教普通部業務科卒。

30　前掲『国鉄繁盛記』一〇七頁。高等部行政科を例にとれば、刑法牧野英一、財政土方成美、民法鳩山秀夫・二上兵治、商法田中耕太郎・片山義勝、社会政策渡辺鉄蔵、交通論堀光亀、商業政策内池廉吉、金融論高垣寅次郎などの名前がみえる。

31 前掲『鉄道青年』第一四年第三号、一九二二年、六二頁。

32 佐藤佳年「省教の追憶」(前掲『八十年史』一五四頁)。佐藤は一九二四年省教普通部卒。引用文中の官練は逓信官吏練習所の略称で、専門学校程度の逓信省所管学校である。

33 同右。

34 奥田幸男「有隣の友へ」(前掲『有隣』第二号、一九五六年、三六頁)。奥田は一九二五年省教卒、執筆時は公安本部勤務。

35 『鉄道公報』第七九六号、一九二三(大正一二)年一月一五日、二三頁。鉄道学校は中学校と同等程度の商業学校・工業学校に含まれる。

36 水戸里「部内入学者に対する省教入学試験改善を叫ぶ」(東京鉄道局『運輸月報』第六巻第一号、一九二五年、六六頁)。

37 木俣彰一「教習所時代の日記」(前掲『有隣』第七号、一九六一年、七三頁)から抜粋。木俣は一九二七年卒、元長野鉄道管理局長。

38 稲村銀一「入学の前後」(前掲『鉄道青年』第一八年第一〇号、一九二六年、一九〇頁)。執筆時は東京鉄道局教習所普通部電気科在学中。

39 みどり子「受験期」(前掲『鉄道青年』第一八年第一一号、一九二六年、一八一頁)。筆者は東京鉄道局教習所普通部在学中。引用文中の「学校」は尋常小学校であろう。

40 平方利雄「恵花君の思い出」(前掲『有隣』創刊号、一九五五年、八六頁)。平方は一九三六年卒、執筆時に監察役付。

41 工藤和馬「所感」(東亜鉄道学校『校友』第一〇号、一九二一年、一八頁)。

42 早瀬亨「心にうつるよしなしごと」(前掲『有隣』創刊号、一九五五年、五八頁)。引用文中の八高(旧制第八高等学校)は、戦後の学制改革で名古屋大に包摂。

43 岡田光信「国鉄を去る」(前掲『有隣』第七号、一九六一年、六二頁)。岡田は一九二六年省教卒、元中国支社監察役。

44 宇野正活「あれから三十年」(前掲『有隣』創刊号、一九五五年、二四頁)。宇野は一九二六年省教機械科卒、執筆時は退官して三輪製機常務取締役。引用文中の大倉高商は、現在の東京経済大学。

45 仙石貢は一九一四(大正三)年四月〜一五(同四)年九月の鉄道院総裁以来、二回目のトップ就任。「後藤・床次・仙石が国鉄に与えた影響は大きい」と三名を同列に論じる評価〔青木槐三「鉄道を育てたひとびと」日本国有鉄道総裁室修史課編『日本国有鉄道百年史』(以下、『百年史』)通史に付録として収録〕もある。

46 前掲『鉄道青年』第一七年第三号（一九二五年）の「受験質疑応答」欄までは、依然として省教入所の問答が掲載されている。同じく第四号には、部外から省教を受験しようとしていた中学五年生から「いつも募集広告を出す一月二十三日頃の官報に一寸今年は募集が遅れるかも知れないとか廃止になるかも知れぬからそのつもりで位のことわり書をのせてくれてもよさそうなものである」という批判が掲載されている。なお、間接的ながらも省教廃止の公式発表となったのは二月一日の鉄道局報（東教専門部の募集要項を掲載）で、直接には二月三〇日の鉄道公報だった。

47 早瀬亨「三三年目の珍妙同級会記」（前掲『有隣』第三号、一九五七年、一四六頁）。

48 同右。

49 前掲『百年史』第七巻、一九七二年、三五一頁。

50 たとえば逓信省では、一九二四（大正一三）年から中等程度の逓信講習所支所の廃止が始まり、二二ヶ所のうち一八ヶ所が廃止された（財団法人逓信同窓会『逓信教育百年史』一九九二年、三八頁）。専門程度の逓信官吏練習所は辛くも廃止を免れたが、一九三〇（昭和五）年に部外募集が中止されている（前掲『逓信教育史』二四四頁）。内務省所管の警察講習所も俎上に上り、所長松井茂（法学博士）が陣頭指揮を執って法制局・大蔵省を説得、かろうじて廃止を免れたという（前掲『警察大学校史』六六頁）。

51 前掲『国鉄繁盛記』一〇八頁。行政科の第一回入試は受験者八九〇余名で、定員二四名だったが厳選して一二名のみ合格させたという（一名は病気で中退）。

52 そうした吐露は数多くみられるので引用しない。藤戸日出丸「無題」（前掲『有隣』第二号、一九五六年、一一八頁）によれば、それがために満鉄転出の募集があるたびに多数の教習所出身者が応募し、新天地へ旅立っていったという。

53 前掲『国鉄繁盛記』（一〇九頁）によれば、種田は「見習時代助役をしていた時も向学心にもえる駅員に毎夜下宿で数学を教えてやっていた」し、直属の部下であった中村嘉平（高等部一期）が高文に合格した際、「免状を見るとよろこんで官舎ですきやき会を催した」という。また、鶴見祐輔『種田虎雄伝』（一九五八年、二五七頁）によれば、退官後もかつての部下で教習所生みの親である笠松慎太郎との親交が続いている。種田が偏狭な理由から省教廃止を主張したというのは無理があるのではなかろうか。

54 小川清一「『思い出』と『雑感』」（前掲『有隣』第二号、一九五六年、一二〇頁）。小川は一九二六年省教普通部電気科卒、執筆時は吹田鉄道教習所講師。

55 一九二五（大正一四）年四月一一日付鉄道広報。

56 私鉄経営者協会編『鉄道同志会誌』一九五六年、一五頁。実際には欠員が生じず、植民地鉄道からの委託生を除けば民鉄職員が教習所に入学した例はなかった。

57 浜松工場四十年史編纂委員会編『四十年のあゆみ』一九五三年、一三八頁。
58 KT生「局教普通科の廃止論」（前掲『鉄道青年』第一七年第四号、一九二五年、一〇二頁）。ちなみにこの主張に対し、七月号にはHT生と名乗る人物からの反駁「四月号の局教普通部廃止論に就て」が掲載されている。
59 日本国有鉄道大宮工場編『七十年史』一九六五年、二九〇頁。
60 前掲『四十年のあゆみ』一三七頁。また、鷹取工場六十年史編集委員会編『六十年史』一九六二年、八四頁。
61 齋藤朴「保線科開設当時の思ひ出」（鉄道技術社『鉄道技術』第八巻第七号、一九三四年、一二三頁）。齋藤は東教専修部保線科の初代学級主任。
62 K・T生「憧憬の電信科を征服する迄」（前掲『鉄道青年』第二七年第一一号、一九三五年、一二九頁）。筆者は東京鉄道局教習所在所中。
63 「東鉄教習所専修部電信科生に聴く」（前掲『鉄道青年』第三一年第三号、一九三九年、一四〇頁）。
64 「受験勉強の仕方」（前掲『鉄道青年』第二七年第一二号、一九三五年、一三〇頁）。
65 同右。
66 「東鉄教習所の現況に就て所長武井先生は語る」（前掲『鉄道青年』第二七年第六号、一九三五年、一六四頁）。
67 鉄道中学を各鉄道局ごとに設置する構想は実現しなかったものの、東京鉄道中学は一九二七（昭和二）年六月一日に教育勅語謄本を奉戴、三三（同八）年三月三一日文部省告示第一三五号で専検指定、三六（同一一）年三月二十四日東京府告第一九一号で青年学校の課程認定と、学校としての体裁を整えていった。
68 矢下治哉『武居哲太郎遺稿集』一九四一年、四〇五頁。武居は東京帝大法学部卒、札幌・名古屋の鉄道局長を経て、一九三三（昭和八）～三九（同一四）年に東京鉄道教習所長、引き続き四〇（同一五）年まで同教習所顧問を務め、同年に死去。
69 同右、七〇頁。
70 文部省所管の中等・高等教育機関について、一九一四（大正三）年、二〇（同九）年、二六（同一五）年の学校数を示せば左の通り。

○大　学	四→	一六→	三七
○高等学校	八→	一五→	三一
○専門学校	八八→	一〇一→	一三九
○中 学 校	三一九→	三六八→	五一八

○実業学校　二〇七→二七九→五九三

71　路線延長でいえば、一九二〇（大正九）年度から三〇（昭和五）年度までの十年間で一〇四三六・一キロメートル（六四八四・七マイル）から一四五七四・九キロメートル（九〇五六・四マイル）へと、四〇パーセントも拡大している（石野哲『停車場変遷大辞典』国鉄・JR編I、一九八八年、JTB、二七二頁）。しかも多くは地方の新設路線であるから、駅・保線事務所以外にも、機関庫・工事事務所などの業務施設を新設しなければならない場合も多く、現場の中堅幹部ポストは大きく拡大している。

72　鹿島幹雄「教習所普通部志願者の手引き」（鉄道合同雑誌社『鉄道』第二巻第十一号、一九四一年、七三頁）。鹿島は「恐らく今後も部内者より募集するものと認められる」と述べるが、募集難により一九四三（昭和一八）年度入学生以降は部外からも募集。『鉄道』は四〇（同一五）年九月の雑誌統制により、従来の『鉄道界』『鉄道の友』『鉄道知識』『検車界』『鉄道受験ニュース』『交通講座』を統合して創刊された鉄道受験雑誌。

73　「専門部生徒と教官に入所試験突破の秘訣を聴く」（前掲『鉄道』第二巻第一号、一九四一年、一〇三頁）における専門部業務科一年生佐藤勝也の発言より。

74　国立公文書館保存資料「公文類聚」第六十三編巻二十八、官職門二十五、鉄道省一。

75　前掲『札幌鉄道教習所々史』八頁。

76　鉄道時報局『鉄道時報』第二〇七三号、一九三九年八月二六日付、一四面。鉄道時報局は鉄道関係ジャーナリズムの一つで、週刊の『鉄道時報』はじめ各種の鉄道関係書を発行。

77　前掲『鉄道時報』第二〇八六号、一九三九年一一月二五日付、九面。

78　前掲『百年史』第一〇巻、六三頁。

79　同右、一一頁。他の教習所にも下付されたかは不明。

80　中川義雄「昭和十六年度教習所受験回顧と十七年度受験展望」（前掲『鉄道』第三巻第三号、一九四二年、七一頁）。中川は東京鉄道局勤務。

81　陸軍省告示第一九号により、一九二五（大正一四）年勅令第二四六号「文部大臣所轄外ノ学校ニ陸軍現役将校ヲ配属スルノ件」が専門部に適用となった。

82　村山長吉朗「専門部の教育」（前掲『有隣』第四号、一九五八年、六頁）。村山は専門部卒で元門司鉄道教習所長、執筆時は中央鉄道教習所専門部長。

83　金谷常延「四回生会記」（前掲『有隣』第三号、一九五七年、一四九頁）。金谷は一九四三年卒、執筆時は大阪鉄道管理局貨物課勤務。

84　齋藤雅男『驀進――鉄路とともに50年』（鉄道ジャーナル社、一九九九年、二四頁）によれば、旅客・貨物の合計では一九四四（昭和一九）年にピークを迎えており、翌四五年は八月に敗戦を迎えたにもかかわらず、貨物列車に注目すればさらに伸びている。齋藤は早大理工学部出身で、一九四六（昭和二一）年に運輸省入省。八八（同六三）年からは国連の開発計画・鉄道工学専門家Executive Adviser (Railway Systems Engineering), United Nations Development Program に就任。

85　前掲『百年史』第十巻、六三頁。

86　前掲「専門部の教育」では「学徒出陣」と記述しているが、専門部在所生の法的地位は官庁の構成員であって「学徒」ではないから、正確な用語法とはいえない。「出陣」した者は一般成人と同様の手続きで召集されただけである。

87　内部組織として、大臣官房のほか鉄道総局・海運総局・企画局・自動車局・航空局・港湾局・通信院の二総局四局一外局を置き、職員総数八〇万名を抱える巨大官庁であった。

88　宮脇俊三『時刻表2万キロ』河出書房新社、一九七八年、一一八頁。宮脇は紀行作家。

89　前掲『驀進――鉄路とともに50年』三三頁。

90　前掲「専門部の教育」六頁。ただし、根拠法令は不明。官報・運輸公報などにも掲載がない。

91　前掲『鉄中育英六十五周年』一一五頁、鉄道弘済会二十年史編纂委員会『鉄道弘済会二十年史』一九五二年、一六八頁。なお、同校は一九四八（昭和二三）年の新学制により東京育英高校（夜間のみ）、五四（同二九）年に学校法人芝浦学園と統合して芝浦工大付属高校（定時制）となり、七一（同四六）年に閉課となる。

92　立松和男「三年間」（前掲『八十年史』二二九頁）。立松は当時の東京鉄道教習所長（在任一九四六～五〇年）。

93　竹内洋『立志・苦学・出世』一九九一年、講談社現代新書、一五六頁。

8章

1　天野郁夫『試験の社会史』東京大学出版会、一九八三年。

2　島恭彦『日本資本主義と国有鉄道』日本評論社、一九五〇年。

3　協調会『鉄道労働事情概要』一九二一年、一二頁（野田正穂・原田勝正他編『大正期鉄道史資料第Ⅱ期第一七巻　国鉄労働関係資料』日本経済評論社、一九九二年、所収）。ただし、一九二七（昭和二）年の「雇員及傭人採用規程」では、雇員採用試験に合格しなくても、一定期間以上傭人として勤続し成績良好と評価された者は雇員に登用されうることが明記され、学歴や試験を必要としない雇員への昇格ルートが確立した（『日本国有鉄道百年史』第七巻、二八八頁）。ただし、第五章で扱ったような職種ごとの採用規程が作られた職種以外では、二七年以前にも、勤続経験によって雇員への登用がなされていた可能性があるが、これについては未確認である。

4　同右。

5　「年齢と勤続年数から見た国有鉄道従事員の平均給と教育程度」『現業調査資料』第一巻第二号、鉄道大臣官房現業調査課、一九二七年九月。「勤続年数より見たる国有鉄道従事員の平均給」『現業調査資料』第五巻第三号、一九三一年五月。「年齢から見た国有鉄道従事員の平均給」『現業調査資料』第五巻第六号、一九三一年一一月。「国有鉄道従事員の教育程度」『現業調査資料』第六巻第一号、一九三二年一月、等。

6　「勤続年数より見たる国有鉄道従事員の平均給」『現業調査資料』第五巻第三号、一九三一年五月、二四頁。

7　「国有鉄道従事員の教育程度」『現業調査資料』第六巻第一号、一九三二年一月。

8　鉄道大臣官房保健課『職員ノ住居、家族、年齢、教育及勤続年数調』一九一九年（法政大学大原社会問題研究所所蔵）。

9　名古屋鉄道局『職員生活状態調査』一九二一年（内閣統計局統計図書館所蔵）。

10　兵藤釗『日本における労資関係の展開』東京大学出版会、一九七一年。坂本藤良『日本雇用史（上）（下）』中央経済社、一九七七年。

11　菅山真次「企業職員層のキャリアと教育」『近代化過程における遠隔教育の初期的形態に関する研究』（放送教育開発センター研究報告第六七号）、一九九四年。

12　鉄道大臣官房現業調査課『国有鉄道従業員労務統計実地調査概要』一九二八年（野田正穂・原田勝正他編『大正期鉄道史資料第Ⅱ期第一七巻　国鉄労働関係資料』日本経済評論社、一九九二年、所収）。

13　私鉄の国有化が一段落した一九〇九年には、高等官から傭人まで合わせて、国鉄従事員は約九万人だったが、一八年には約一四万人、二〇年には約一六万人に増加していっている。

14　普通試験合格者一七九人中の内訳を見ると、判任官一四二人、雇員三五人、傭人二人である。院内判任官試験合格者は、同様にそれぞれ、一八六人、三八人、二人である。このうち、雇員・傭人の試験合格者の年齢分布を見ると、普通試験は三一〜三五歳層がもっとも多く（三〇％）、院内判任官試験は二六〜三〇歳層が多い（四八％）。彼らを試験に合格して間がない者（まだ判任官に登用されてない）とみなすなら、多くの者は二〇代後半から三〇代前半に試験に合格していたことを意味するだろう。

15　天野郁夫『旧制専門学校』日経新書、一九七八年。

16 教習所、私塾、中等特種（各種学校・鉄道学校など）は省いてある。
17 兵藤前掲書、四四三頁。日立製作所の事例を分析した菅山真次は、同社での学歴主義的階層秩序が確立した時期を一九二〇年代後半だとしている（菅山真次「一九二〇年代重電機経営の下級職員層」『社会経済史学』一九八七年）。
18 たとえば菅山真次「一九二〇年代の企業内養成工制度」『土地制度史学』第一〇八号、一九八五年。
19 天野郁夫『学歴の歴史』新潮社、一九九二年、第一二章。
20 本稿脱稿後に刊行された禹宗杬『「身分の取引」と日本の雇用慣行』（日本経済評論社、二〇〇三年）は、この点を考えるうえで示唆的な議論を展開している。また、この点をさらに深めたものとして、広田照幸「鉄道従業員の採用・昇進・競争――戦間期国鉄の学歴間格差を中心として――」望田幸男・広田照幸編『実業世界の教育社会史』昭和堂、二〇〇四年、がある。

9章

1 日本国有鉄道『日本国有鉄道百年史』第三巻、一九七一年、三〇〇頁の表から算出。
2 名古屋鉄道局『職員生活状態調査』一九二一年（内閣統計局統計図書館所蔵）。なお、同調査の詳細は本書第八章を参照。
3 西成田豊「日本近代化と労資関係」『経済学研究』第三〇巻、一橋大学、一九八九年。同「日本的労使関係の史的展開（上）」『一橋論叢』第一一三巻第六号、一九九五年。
4 赤嶋秀雄『暗黒時代　鉄道労働運動史』叢文社、一九七七年、等を参照。
5 現業委員会については、『日本国有鉄道百年史』のほか、藤原壮介「戦前における国鉄労働政策の変遷」日本労働協会調査研究部、一九六〇年、武知京三『近代日本交通労働史研究』日本経済評論社、一九九二年、第四章、大島藤太郎「交通労働者の状態」廣岡治哉編『近代日本交通史』法政大学出版局、一九八七年、野田正穂他編『大正期鉄道史資料第Ⅱ期　第一七巻　国鉄労働関係資料』日本経済評論社、一九九二年、等を参照。
6 「現業委員会は従事員に何を与へたか（一）～（四）」『現業調査資料』第一巻第二・三・五号、第二巻第一号、鉄道大臣官房現業調査課、一九二七～二八年。
7 『日本国有鉄道百年史』第五・七巻、伊能繁次郎『鉄道常識叢書第十二篇　鉄道職員』鉄道研究社、一九三五年、第六章、吉田忠『鉄道要員常識』奥付不明（発行は一九四三ないし四四年頃。新津市立鉄道博物館所蔵）、等による。
8 条件は「八年以上勤続シ成績優良ナル者」とされた。ただし、看護婦など四職に関しては、短い勤続年数で昇進が可能だった。
9 伊能前掲書、第六章、二〇七―二〇八頁。

10 同争議については、庄司吉之助「日鉄機関方・職工同盟罷業の意義」『商学論集』第三六巻第四号、福島大学経済学会、一九六八年、池田信『労働史の諸断面』啓文社、一九九〇年、第一章、等を参照。

11 『日本国有鉄道百年史』第七巻、一九七一年、二八二頁。

12 「現業委員会は従事員に何を与えたか(二)」『現業調査資料』第一巻第三号、一九二七年。

13 『国有鉄道 鉄道統計累年表』交通統計研究所出版部、一九九五年、四八六—四八七頁の表から算出。

14 現業委員会および連合現業委員会で可決された事項のうち、多かったものは、順に、人事問題、被服問題、業務の改善に関する問題であった(武知京三「解題『国鉄問題資料』」野田他編前掲書、四頁)。

15 この点を綿密に考察したものとして、本稿脱稿後に次のものが刊行されている。禹宗杬『「身分の取引」と日本の雇用慣行』日本経済評論社、二〇〇三年。

16 伊能前掲書、第二章、三二および三八頁。

17 同右、第二章、三二頁。

18 たとえば岩内亮一『日本の工業化と熟練』日本評論社、一九八九年、菅山真次「一九二〇年代重電機経営の下級職員層」『社会経済史学』第五三巻第五号、一九八七年、等。

19 伊能前掲書、第三章、七七頁。

20 同右、第二章、三九頁。

21 鉄道大臣官房保健課『鉄道勤務状況調』(一九二六年)。この調査については、別の機会にあらためて再分析してみたいが、「乙種商工」の出身者は、三〇代前半層の約五割、四〇代の八割以上が判任官以上に到達している。高小出身者のうち四〇代が判任官以上になった者が四割弱であるから、乙種実業学校の学歴は、昇進に非常に効用があったことがわかる。なお、調査時点が二年間にまたがっているのは、本省所属人員のデータの部分が関東大震災で消失したためである。

22 名古屋鉄道局前掲『職員生活状態調査』。

23 「教習生」は教習所を卒業すると(b)は一〇〇%になる。

24 伊能前掲書、第三章、七九頁。

25 同右、第二章、三八頁。

26 青木正久「国鉄における戦後『民主化』運動」『社会政策学会年報』第二七集、一九八三年、一三二頁。

27 吉田前掲書、二五頁。

28 伊能前掲書、第五章、一〇八頁。
29 禹宗杬「一九五〇年代前半国鉄における新しい人事慣行の模索」『社会政策学会年報』第四二集、一九九八年。また、一九四五～五〇年代の学歴主義的な差別構造に対する、現業職員層の態度に関しては、次のものも参照。大島藤太郎『国鉄』岩波新書、一九五六年、青木前掲論文、禹宗杬「国鉄における職階給の導入とその変容」『土地制度史学』第一六一号、一九九八年。
30 青木前掲論文。
31 大島藤太郎『国鉄』岩波新書、一九五六年、一四二頁。
32 同右、一二八―一二九頁。
33 同右、一三七頁。
34 同右、一六三頁。
35 『鉄道青年』第六巻第三号、鉄道青年会本部、一九一四年三月。
36 大門正克『近代日本と農村社会』日本経済評論社、一九九四年、一六六―一六七頁。また、離村した青少年の苦学・独学に注目したものとして、大門「農村から都市へ」成田龍一編『都市と民衆』吉川弘文館、一九九三年、がある。
37 コール、G・D・H『イギリス労働運動史Ⅱ・Ⅲ』林健太郎他訳、岩波書店、一九五三・五七年、佐野稔『イギリス産業別組合成立史』ミネルヴァ書房、一九七一年、飯田鼎『労働運動の展開と労使関係』（著作集第二巻）御茶の水書房、一九九七年、等を参照。
38 兵藤釗『日本的労使関係の展開』東京大学出版会、一九七一年。引用部分は四三三―四三四頁。
39 村串仁三郎『日本の鉱夫』世界書院、一九九八年、第九章。
40 Reiko Okayama, "Industrial Relations in Britain and Japan", Keiichiro Nakagawa (ed.), ***The International Conference on Business, History 4 Labor and Management***, University of Tokyo Press, 1979, p.232.
41 たとえば、「英国鉄道従業員と労働問題」鉄道院総裁官房研究所『業務研究資料』第七巻第一〇、十二号、一九一九年。
42 『英国運輸における対従事員関係』運輸調査局、一九五五年、一三四頁。
43 たとえば、兵藤は第一次大戦後の重工業大経営の昇給に関する準則が、技能、勤怠など属人的要件についてなされる方式になったこと、しかもそれが客観化されないままに終わったことが、経営に対する労働者の従属を生んだことを指摘している（兵藤前掲書、四五三頁）。この点は、本章第三節第五項で述べた通り国鉄の昇進をめぐる問題にもあてはまる。監督者の主観的判断に依拠する人事はミクロな政治性をはらんでいる。近年の企業内教育論でもそうだが、「能力や勤務ぶりが正当に評価されているか否か」

という問題の立て方はその点を見逃しやすい。

44　たとえば、前掲「英国鉄道従業員と労働問題」参照。

45　二村一夫「日本労使関係の歴史的特質」『社会政策学会年報』第三一集、一九八七年、八七—八八頁。また、二村一夫『足尾暴動の史的分析』東京大学出版会、一九八八年、終章、も参照。

あとがき

近代日本において社会の中・下層に置かれていた人々には、義務教育後にどのような教育・学習機会が開かれていたのか、そうした教育・学習機会は社会的な選抜過程とどのように関わりあっていたのか、本書の筆者たちに共通するこの大きな問いを、ようやく一冊の書物にまとめることができた。

これまでの教育と選抜をめぐる研究においてあまり光をあてられることのなかった社会の中・下層にあえて焦点をあてて、本書を編もうと思いたったその背後には、編者二人の大学院時代からの課題が通奏低音のように流れている。

編者二人はともに、天野郁夫編『学歴主義の社会史』(有信堂、一九九一年)として結実した共同研究のメンバーであった。この著書のねらいは、その「はしがき」にもあるように、近代日本における「中央」でも企業・官庁でも高学歴層でもない人々にねらいを定めたロー・アングルの教育の歴史を書くことにあった。そして、地方の中等レベルの学校に焦点をあて、その地域に居住した人々の意識の次元におりることで、その課題に応えようとしたのである。

たしかに『学歴主義の社会史』は、その当時としてみれば「ロー・アングルの教育の歴史」であった。しかし、中等学校は地域における最高学府であり、その機会にあずかることのできる者はごくわずかでしかなかった。地域の大半の人々にとっては、義務教育をなんとか終了した後は、せいぜい高等小学校へ行く程度で、その後は労働の世界がまち受けているのであった。それは言い換えれば、近代日本の社会を支えていたのは、このような人々だったということになる。華々しく脚光をあびる高学歴エリートたちが日本の近代化をリードしたのと対照的に、学歴をあまりもたず社会の下積みとして日々労働に従事した多くの人々の存在は、教育や選抜の問題を考えるとき軽視することはできない。彼らは労働の場に社会生活の足場をおきながら、じつにさまざまな学校教育以外の学習機会を利用していたし、その学習結果は社会的な選抜と複雑に交錯している。学歴社会や学歴主義の成立過程を問うならば、さらに「ロー・アングル」にならねばならないという課題が残ったのである。

そのためには、研究の焦点を学校から社会階層へとシフトする必要があった。社会の中・下層のあまり学歴をもたない人々は、どのような学習機会をどのような目的で利用したのか、それは結果的に職業の世界でどのように評価されたのかといった問題、また、親世代は学歴をもたなくとも、子供世代に対しては教育を与えようとしたのか、そうではなかったのかといった、家族内での世代間の教育伝達の問題は、社会の中・下層に焦点を据えて分析しなければ、その教育と社会的選抜の複雑に交錯した様相を明らかにできないのである。

こうした課題を分析枠組みとして提示したのが、序章の図2である。これは、従来の研究の射程を拡大するための枠組みであるが、その背後にはここで述べたような編者二人が引きずってきた課題意識が、枠組みの構築の経緯として存在しているのである。

漠とした問題意識がそれぞれの論文として結実するまでには、約三年の歳月が必要であった。各章の執筆者は、それぞれ固有の研究上の関心を抱いており、独自に分析を進めていた。それを、ほぼ隔月に一回の研究会で、順次、研究の進捗状況を報告し相互に議論を重ね、問題を共有していく作業をすすめた。とはいえ、分析枠組みに基づいて共同で作業を進めたり、体系的に章立てをしてそれを分担するといった共同研究のスタイルをとることはしなかった。むしろ、各執筆者のより焦点を絞った研究対象をそれぞれの問題設定からアプローチすることが、今後の研究の多様な展開の糸口になると考えて、各章がそれだけで完結する個人研究のスタイルに近い形式をあえてとることにした。

分析枠組みで示された各側面を、初等教育学歴、地域移動、家族、職業資格などに問題を特化して分析した第Ⅰ部、教育や学歴と最も深い関わりを有する官僚制機構の末端に位置する国鉄労働者層の世界を事例として、その採用規定、教習所の教育、組織内の学歴構造などから多面的に分析を加えた第Ⅱ部、各章の執筆者それぞれが提示した知見をこえて、われわれの研究会がトータルに共有してきた意図をどれだけ形にすることができたかは、読者の判断に委ねたい。

だが、われわれとしては、歴史資料になかなか残されない社会の中・下層を対象とするうえでつきものの、資料収集の困難さを克服しようとした努力や、近代化過程における重要なターニング・ポイントであることが指摘されている戦間期を主たるターゲットに据えた点などに、いささかの自負を感じているという程度のことは述べてもよいだろう。

いうまでもなく、問題意識や分析枠組みに関わる全体像を明らかにしたわけではなく、社会の表面にはなかなか表れない多数の人々の世界を、あたかもジグソーパズルのように、それを構成するいくつかのピースの位置を探しあてたに過ぎない。今だに空隙として残る多くのピースの場を確定する作業は、今後も続けられる必要があることは重々承知している。

そこで、今後の作業の進捗を少しでも図るために、本書の限界と今後の課題について述べておきたい。

その第一は、ノン・エリートの女性の教育や学歴のもつ意味や、彼女たちの労働市場での処遇の側面を充分明らかにできなかったことである。第Ⅰ部の第1章、第2章、第4章では、男性と女性とを対比して分析しているが、第Ⅱ部の国鉄労働者の世界における学歴主義に関わる分析では、女性の問題はほぼ抜け落ちている。それは、国鉄労働者というきわめて男性的な、女性が表面に現れない世界を対象としたという制約によるものでもある。一般的に女性の就業年限は短かかったうえに、雇用されて働くという慣行も弱かった。しかし、戦間期には女性の就業年数も上昇し、「職業婦人」という言葉に象徴されるように女性の職業進出は盛んになっていく。女性は果たして男子と同様の意味で〈学び〉を求めたのか。また、充分な学歴をもたない女性にとってその後の〈学び〉と選抜がどう関わっていたのかなど、女性の世界を男性の世界と対比させつつ解き明かしていくことが必要である。そうすることで、これまでどちらかといえば男性中心に語られてきた近代日本の学歴主義を、再度問い返すことができるだろう。

さらに、女性は家族と社会階層をつなぐ結節点に位置していたという点でも重要な存在である。戦前期の女性は、一般に、出生した家族と婚姻によって形成された家族との二つの家族を生きたが、そこで社会階層の移動が生じる可能性があり、その二つの家族における教育戦略の重なりと違いは、階層と関わるものとしてみることができよう。とくに、母親として次世代の教育にどのように関与したのかといった問題を考えたとき、出生家族の文化の伝達が第一とされたのか、定位家族の文化伝達が第一とされたのかといったことを考えてみても、それに対する充分な回答が提出されてはいない。女性をキーとすることで階層文化の浸透や葛藤の新しい側面が考察しうるかもしれず、これを今後の課題としてあげておきたい。

第二は、地域という視点を導入することの重要性を序論で指摘したが、中央と地方、あるいは都市と農村との差異という問題は、すべての章にわたって充分に反映されるには至らなかった点である。地域という視点は、近代化における階層形成の問題を考えるうえで欠かすことはできない。たとえば、地方の農村部の家族を吸収して拡大していった都市部の労働者層や新中間層は、地方のどのような階層を補充基盤としていたのだろうか。また、そうした地理的移動に、教育はどのように関わっていたのだろうかといったことはさらなる実証が必要だろう。

人の移動が地方から都市への方向であるのに対し、文化や情報には都市から地方へと伝達されていくルートが存在している。都市文化の地方への伝播は、地方に住む人々の教育や学校に対する見方や、人生の送り方に対する意識をどのように変えていったのだろうか。文化や情報の伝達により地方に居住する人々が変容するというこの問題についても、検討を進める必要はあるように思われる。

第三に、職業構造や組織構造と社会階層との関わりである。ここで扱った国鉄という組織はその抱える人数の点において最大の官僚制的組織のひとつであった。一般に、官僚制的組織は学歴による社会的選抜が貫徹する組織であり、学歴と職階の対応関係は明確であり、したがって社会階層間の学歴の差異の構造も比較的明確である。われわれは、そういった特徴をもつ組織を対象として、そこでフォーマルな学歴以外の学習機会や経験によって蓄積された技能が、職業の階層構造を昇っていく際にどの程度効力を発揮するのかを検討した。

近代的組織は、拡大するにしたがって多かれ少なかれ官僚制的な機構をとるのだが、別種の組織を対象としても国鉄と同様の傾向がみられるのか、あるいは近代的な組織でない場合は、教育は社会的選抜にどのような影響を及ぼすものであったのか、フォーマルな学歴とそれ以外の多様な学習経験との関係はどのようなものであったのかなどについても関心は拡がっていく。そして、この問題は、第9章で示唆された、組織の文化と社会的選抜との関連の問題を分析の俎上に乗せたとき重要になってくる。

第四は、あらためて、あるいは、とどのつまりはというのが適切なのかもしれないが、社会階層の問題である。本書においても、「社会階層」を重要な変数としているが、他の諸研究と同様に抜け落ちているのが近代日本の社会階層間の構造的関係である。社会が上層から下層までのハイアラーキカルな構造をなしているなかで、共通の集団意識によって強固に結束した階層はどこにあったのか、ピラミッド構造のどこに分割線をいれることができるのかという問いに対しての回答はまだ充分になされていない。本書では、国鉄労働者の場合は、労働者階級として結束するというよりも、多くは階級からの離脱をめざした個人間の競争の様態をとったことが示唆されている。もし、これが国鉄だけでなく広く日本社会一般に共通した現象だとしたら、日本の近代は、身分意識を共通にして自他を区別するような、実体的な集団としての社会階層は存在しなかったといえよう。誰もが開放的な競争に参加し、一歩一歩上昇して下層からの離脱をめざし、その願いは世代を超えて引き継がれていったとみることもできよう。操作的に階層を定義して、他の諸変数との関係を分析する研究ではなく、実態に基づく階層の様相を分析することはさらなる課題であろう。

第五に、そのためには、社会意識の問題を階層と関連させて分析することが、ひとつの糸口となろう。社会階層に関する計量的な分析を中心とする研究では、数字の結果を事後的に解釈して、行動の意図を推測するといった方法で社会意識が扱われている場合が多く、他方、社会意識そのものを分析対象とすると、全体構造における位置づけが容易ではなく、相互に難点を抱えていた。今ここでそれを解決する方法を提示できるわけではないが、あくまでも課題のレベルで留意しておくことが重要ではないかと思われる。

さて、思いつくままに課題を羅列してみれば、序論で提示した枠組みのそれぞれの部分に課題を抱えていることがわかる。問題はそれほど大きく達成困難なのか、われわれの力量がそれに及ばないのか、どちらにせよまだまだやるべきことがあるということだけは明らかになった。皆で苦労しながら一つの山に登ってきたら、次に登るべき多くの峰が視界に飛び込んできたというそういう感じである。おそらく研究というものはそんなものだろう。

なお、本書のもととなるそれぞれの研究を遂行するにあたって、第Ⅱ部の第5章から第9章の国鉄労働者の世界の考察については、平成一〇年度ＪＲ東日本鉄道文化財団より研究助成をいただいた。また、第Ⅰ部の第4章は、文部省科学研究費補助金〔基盤研究（Ｂ）「近代化過程における中等教育の機能変容に関する地域間比較研究」、平成一〇年度〜平成一二年度〕による研究成果の一部である。これらの助成を受けることができたおかげで、関東近隣をこえて名古屋や北海道と地方に散在している資料を収集することができ、その結果、一冊の書物として成果をまとめることができた。ここに記して感謝したい。

最後に、われわれの企画を応援していただいた、世織書房の伊藤晶宣氏に一同心よりお礼申し上げたい。

二〇〇四年五月

吉田　文

●編著者紹介

広田照幸（ひろた・てるゆき）――一九五九年、広島県生まれ。東京大学大学院教育学研究科博士課程単位取得退学。現在、東京大学大学院教育学研究科助教授。著書に『陸軍将校の教育社会史』（世織書房、一九九七年）、『日本人のしつけは衰退したか』（講談社現代新書、一九九九年）、『教育言説の歴史社会学』（名古屋大学出版会、二〇〇一年）、『教育には何ができないか』（春秋社、二〇〇三年）などがある。〔編者〕

吉田　文（よしだ・あや）――一九五七年、東京都生まれ。東京大学大学院教育学研究科博士課程単位取得退学。現在、メディア教育開発センター教授。著書に『FDが大学教育を変える』（文葉社、二〇〇二年）、『アメリカ高等教育とeラーニング――日本への教訓――』（東京電機大学出版局、二〇〇三年）、訳書に『教養教育の系譜』（玉川大学出版部、一九八九年）などがある。〔編者〕

髙瀬雅弘（たかせ・まさひろ）――一九七三年、東京都生まれ。東京大学大学院教育学研究科博士課程単位取得退学。現在、一橋大学・日本大学非常勤講師。論文に「戦前期青少年労働問題をめぐる制度とまなざし――『児童労働問題』から『少年労働問題』へ――」（『社会学年誌』第四一号、二〇〇〇年）、「『勤労青少年』をめぐる社会秩序の編成過程――戦間期における転職・不良化問題と『輔導』論の展開に注目して――」（『教育社会学研究』第六七集、二〇〇〇年）、「一九二〇年代における少年労働保護政策の転換――工場法から少年職業紹介へ――」（『東京大学大学院教育学研究科紀要』第四二巻、二〇〇三年）などがある。

新谷康浩（しんたに・やすひろ）――一九六九年、和歌山県生まれ。東北大学大学院教育学研究科博士課程単位取得退学。現在、横浜国立大学教育人間科学部助教授。論文に「近代日本における資格制度と工業化――電気事業主任技術者検定制度の導入過程に着目して――」（『教育社会学研究』第五八集、一九九六年）、「戦後経済変動と技術者の労働市場参入――高専卒業者の入職パターンにおける時系列変化を中心に――」（共著、『教育社会学研究』第六四集、一九九九年）、「高度経済成長期以降の労働市場における短期高等教育の評価とその変化――高専・

短大卒業者の処遇に着目して――』(『産業教育学研究』第三一巻一号、二〇〇一年）などがある。

鈴木智道（すずき・ともみち）――一九七一年、静岡県生まれ。東京大学大学院教育学研究科博士課程単位取得退学。現在、法政大学社会学部助教授。論文に「戦間期日本における家族秩序の問題化と『家庭』の論理――下層社会に対する社会事業の認識と実践に着目して――」(『教育社会学研究』第六〇集、一九九七年)、「近代日本における下層家族の『家庭』化戦略――戦間期方面委員制度の家族史的展開――」(『東京大学大学院教育学研究科紀要』第三八巻、一九九九年）などがある。

河野誠哉（かわの・せいや）――一九六九年、宮崎県生まれ。東京大学大学院教育学研究科博士課程単位取得退学。現在、東京学芸大学非常勤講師。共著に『〈近代教育〉の社会理論』(勁草書房、二〇〇三年)、論文に「〈表簿の実践〉としての教育評価史試論――明治期小学校における学業成績表形式の変容をめぐって――」(『教育社会学研究』第五六集、一九九五年)、「近代日本の児童研究の系譜における認識論的転換――分析視角の移動とその近代学校論的意味――」(『近代教育フォーラム』第一一号、二〇〇二年）などがある。

三上敦史（みかみ・あつし）――一九六八年、北海道生まれ。北海道大学大学院教育学研究科博士課程修了。現在、愛知教育大学教育学部助手。論文に「一九二〇―三〇年代における夜間中学の展開――札幌遠友夜学校中等部・札幌中等夜学校を中心に――」(『日本の教育史学』第四四集、二〇〇一年)、「総力戦体制下の夜間中学――学徒動員・授業停止を免れた中学校――」(『日本の教育史学』第四六集、二〇〇三年)、「札幌遠友夜学校の終焉――北海道帝国大学関係者による社会事業と総力戦」(『北海道大学一二五年史別冊論文集』北海道大学図書刊行会、二〇〇三年）などがある。

お詫び

本書は活版です。組版・印刷技術が転換を迎えた今日、活版はその姿を消しつつあります。その為、本書の刊行が遅れ、編著者にはご迷惑をおかけ致しました。

職業と選抜の歴史社会学――**国鉄と社会諸階層**

2004年10月30日　第１刷発行

編　者	吉田 文・広田照幸
カバー写真	大崎和男
発行者	伊藤晶宣
発行所	㈱世織書房
印刷所	㈱豊文社印刷所
製本所	協栄製本㈱

〒240-0003　神奈川県横浜市保土ヶ谷区天王町１丁目12番地12
電話045(334)554 振替00250-2-18694

落丁本・乱丁本はお取替いたします　Printed in Japan
ISBN4-902163-12-8